関東軍兵士はなぜシベリアに抑留されたか

米ソ超大国のパワーゲームによる悲劇

エレーナ・カタソノワ【著】
白井久也【監訳】

社会評論社

ジャリコーウォで行われた日ソ停戦会議

武装解除。ソ連兵が記録している。

収容所に到着。軍服を脱ぎ支給された服に着替える。

日本人捕虜収容所の正門。左右の門柱にはレーニンとスターリンの肖像が掲げられ、スローガンが架け渡してある。

診療所入り口での日本人医療スタッフ。

図書室の入り口。民主運動の下、学習の重要な場所となった。

トラックに乗って作業に出発。先頭の旗は、作業競争に勝利して授与されたものと思われる。

家屋建築作業。日本人の技術は優秀で、現在も残っている建物は多い。

昼食の準備が整った食堂。質量とも十分とは言えなかった。

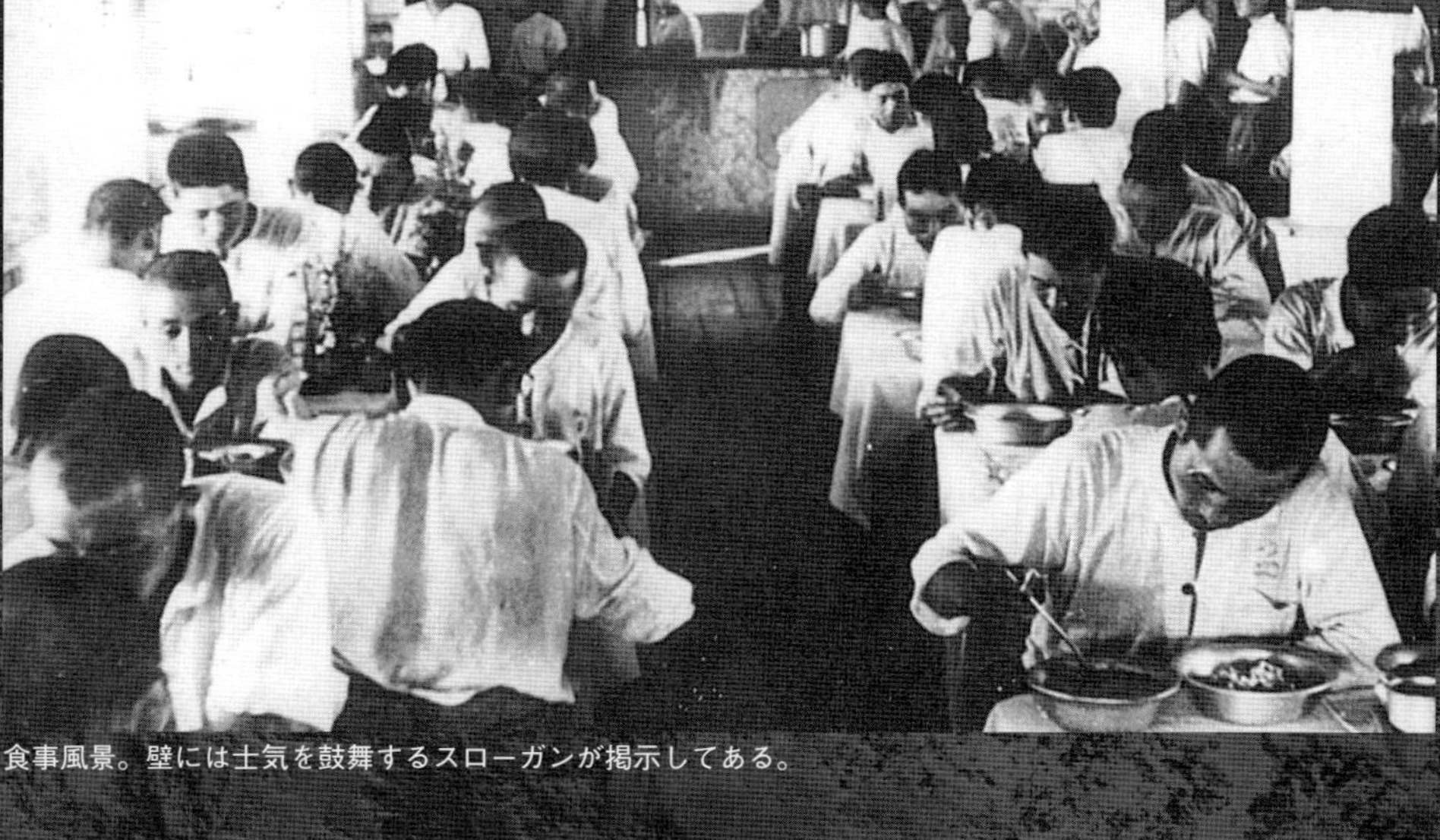

食事風景。壁には士気を鼓舞するスローガンが掲示してある。

日本人捕虜を対象に発行された『日本しんぶん』を読む。

図書室風景。新聞を読む者、読書する者さまざまである。

娯楽の乏しい収容所では演劇サークルの発表会がしばしば行われた。

野球大会。バットもミットもすべて手製である。

アコーディオン演奏のミニ音楽会。

帰国者と別れの歓送会。居残り組には辛い思いでとなった。

帰国の日。レーニンの肖像やプラカード、旗を持ち、労働歌を歌っている者もいる。

関東軍兵士はなぜシベリアに抑留されたか＊目次

凡例

一　各章立ての見出しは、ロシア語原書表記を土台にして、本文の趣旨に沿って書き改めた。

二　各章の中見出しは、ロシア語表記のものをそのまま使った場合もあるが、総じて分かりやすく書き直した。また、各章ごとに中見出しを大幅に増やした。

三　訳注は煩雑さを避けるため、いちいち特記せずにすべて〔　〕で括《くく》った。

四　本文中に出てくる数字の表記は原則として、すべて漢数字で統一し、単位が一〇万以上の位取《くらいど》りに当たっては、万を挿入して読みやすくした。

五　本文中の読みづらい人名、固有名詞、熟・単語などは、読みやすくするため適宜、ルビを振った。

六　本文中ならびに、写真文中の人名表記に当たっては、敬称を省略したものもある。

七　本書の注のナンバーは、ロシア語では第一章から結語まで通しナンバーになっていたが、日本語版では通しナンバーを各章ごとに改めて、注を参照しやすくした。

八　文中で日本とソ連またはロシアの二国を表現する術語は、日本側から見たときは「日ロ」もしくは「日ソ」、ソ連またはロシア側から見たときは「ソ日」または「ロ日」とそれぞれ表記を統一した。

九　日本語版は、ロシア語原書にない人名索引と年表を新たに作成して、読者の便宜を図った。

親愛なる日本の読者の皆様へ——日本語版への序文

第二次大戦後、シベリアなど旧ソ連各地に抑留された日本人捕虜問題の解決の道を模索した、私の多年にわたる実践的かつ科学的な活動の総括となったこの本が、日本の読者によって読まれることは、私にとってはとても大きな名誉であります。このことは、第二次大戦後の国際関係の歴史の文脈の中で、これらの問題に対する多くの新しい見方を生み出すことになるでしょう。

この本の標題や、その中で書かれている日本人捕虜の権利に関する出来事や注釈は、歴史分野の学際的な研究の一著作として付け加えていただいて結構です。しかし、それにもかかわらず、この本には私がたくさんの個人的に体験したことや苦しみぬいて学んだことなどが、盛り込まれています。

日本人捕虜の運命は、私の胸の中に永遠に刻み込まれて、私の人生の不可分の一部になってしまったことを、告白せざるを得ません。ロシア科学アカデミーの要請によって、日本へ約四年間にわたる学術的な出張をしたとき、全国抑留者協議会〔略称　全抑協〕で働きながら、私が全力をあげて取り組んだのは次のことでした。すなわち、シベリアなど旧ソ連の領土に抑留され、消息が不明なままになっている元日本人捕虜の名前を探し求め、死亡者の遺族とともに遠くシベリア・極東の片隅にある墓碑を訪ね、日本式の葬儀を行うのを援助し、各地に記念碑を建立してきました。

私はまた、全抑協の会員たちと一緒になって、ソ連の収容所で過酷な抑留生活を送った元日本人捕虜に対して、広く国際条約で認められている権利を回復するために闘いました。その結果、ロシアの国家組織によって、死に追いやられた元捕虜と残された遺家族に労働証明書が、また、ソ連の捕虜として不法にも受刑者となった元日本人捕虜たちに名誉回復の文書が発行されるようになったのでした。一方、日本での勤務を終えて祖国に帰り、ロシアの公文書館へ出入りをするようになった私は、いわゆる「シベリア捕虜」の歴史に絡むたくさんの重要な疑問に、解答できる未公開の資料がたくさん保存されていることを知りました。ソ日・ロ日関係の歴史研究が新たなテーマとなった私にとって、それは学問的な研究意欲を掻きたてる思いもよらない刺激でした。

多くの苦難を伴い、少なからぬ肉体的かつまた道徳的な力が求められるこの仕事に、何が今日、私を駆り立てたのでしょうか？　まず第一に、戦後にわが国の国家犯罪の犠牲となった人たちに対する、途轍もなく大きな同情の感情であり、さらにその後の平時に、ロ日関係の正常化を目指す途上で、ロ米超大国の大きな駆け引きの材料として使われた人質に対する哀惜の念であります。

歴史的な、また人間的な自分の義務として、私はソ連の捕虜となった日本市民に対して、合法性と歴史的な公正の回復を研究するものです。そして、これに関連して、私は現代ロシアについて、誇りの感情を持っております。というのは、ロシアは近年、民主的な法に適った国家への転換の道を歩んでおり、ソ連の後継国家として、この人道的な分野で過去の誤りを是正するために、とりわけわれわれ両国人民の間に横たわる重要な一歩を踏み出しているからです。

しかし、周知の通り、この複雑な問題に終止符を打つまでにはなお至っておりません。日本の現存する元抑留者の運命のみでなく、われわれ両国人民の少なからぬ関係の分野でも、さらなる全面的かつまた最終的な調整に依存しているからです。そのことは、とりわけわれわれ両国人民の間に横たわる重要な心理的な障害、すなわちわれわれ二国間に長年、未解決の諸問題となってきたいわゆる、「シベリア捕虜」問題を解決し、同時に、二一世紀の双務的な社会的、政治的な対話の発展の基礎となる、真の相互理解、信頼と善隣と友好に至る道を確立することにあります。

この重要なやり甲斐のある仕事で、私のこのつつましい著作が何らかの貢献をもたらすならば、私は幸せこのうえないでしょう。私は日露歴史研究センター代表白井久也氏と同センターの会員並びに協力者、日本の私のあらゆる友人の支持と努力のおかげで、この本が日本の読者の共通の財産となったことについて、深甚なる謝意を表します。

平和への愛と希望をこめて、日本の皆様の繁栄を心から祈っています。

二〇〇四年六月

エレーナ・カタソノワ

まえがき――歴史の堆積物の除去

われわれは戦争について語るとき、多年にわたって、その政治的に隠されてきた真相、勝利者の軍事戦略、戦利品、領土や征服地などについて、例外的にあれこれ述べることが習慣になってきた。しかし、戦争に駆り立てられて被害をこうむった人々、人的損耗や戦争で不具になった人々の運命に関しては、いつもほとんど忘れ去られてきた。それはまた、国際的な権利と国際政治の構成部分であるのだが――。

第二次世界大戦の主要な戦争犯罪人に対する、ニュルンベルク裁判〔第二次大戦後の一九四五年一一月から一〇カ月間、ニュルンベルクでナチス・ドイツの重要戦争犯罪人に対して、連合国が行った国際軍事裁判、起訴された二四人のうち、死刑一二人を含む一九人が有罪となった〕の判決が示しているように、侵略戦争は最も重大な国際犯罪である。今日では、だれにもそのような戦争の正当化を試みようとする願望が起きることは、ありえないように思われる。それにもかかわらず、見解の相違や争いの調整を望まない国家は、平和交渉のテーブルにつかないで、武力に訴えるため、国民はその戦争の犠牲者となってきた。犠牲となるのは、肉体だけではなく、道徳や精神の面にも及ぶ。だからこそ、これまで国民の権利を擁護する問題、とりわけ捕虜の権利の問題は、文明的な規範によって武力紛争の解決を図ろうとする諸国家の宣言としてのみ残ってきたのであった。

かつて太古の時代から、権力を与えられた政府、司令官、宗教活動家、賢人たちは、すべての人々にとって義務を負わせる基準や、規則を導入することによって、戦争の重大な結果の軽減を図ろうとしてきた。そのような規則は、あらゆる文化的な世界で見出すことが可能である。この考え方は、現代も通用している。

過去にたびたび締結された捕虜の処遇に関する協定は、今日の多国間条約や協定の先駆者となった。一九世紀、二〇世紀にこの分野で、欧州で達成されたことは、この豊かな歴史的な経験を考慮したうえで、評価されねばならない。これに関連して、われわれのテーマの枠の中で、まず第一に言及せねばならないのは、国際人道法の分野で基本となる、ほかならぬ陸戦の法規慣例に関する一九〇七年のハーグ条約とは、いかなる文書であるかということである。この条約の起草者の一人は、ロシア科学アカデミー正会員F・F・マルテンスであって、捕虜などの待遇に関する一九二九年ならびに、一九四九年のジュネーブ条約の起草者の一人でもある。

残念なことに、第二次世界大戦前夜に、ソ連と日本はこれらの基本的な国際権利条約の順守に当たって、相互の義務を果たさなかった。しかし、この事実を特別に書き立てるに当たらないのは、これらの権威ある国際的な権利文書は、タイミング良くちゃんと署名を行ったその他の国々でも戦争犠牲者の境遇を援助することができなかったことによる。このことは、「法律は戦時には沈黙を守っている」という、キケロ〔古代ローマの政治家、博学・多才と雄弁で多声を得た。共和制主義者で、カエサルと対立、その死後はアントニウスに反対して殺された。著書に『友情論』『幸福論』など〕の言葉をやむなく思い起こさざるを得ない。

戦争とその犠牲者に関係のある法規は、平和時にもしばしば沈黙を押し通すものだ。平時にあっても法規に代わるのは政治である。これについては、古代ローマ人がこの言葉の直接的な意味で、戦争を考慮に入れたことは言うまでもない。つまり「冷戦」ではなくて、荒々しい暴力の発現として、世界的な政治対立としてである。

われわれが現在、影響を受けている「冷戦」とそれがもたらした残滓《ざんし》は、第二次大戦後の政治的かつイデオロギー的対立の結果であった。世界で二極構造が、地球的規模で形成されたときから始まったものだ。戦場での大国の非現実的な計画と満たされない自尊心は、政治的な「冷戦」の過程で活気に溢れるようになった。このためにもすべてが、とりわけこの大きな政治的な駆け引きの小さな歯車となった国民の運命が、弄《もてあそ》ばれるようになったのだ。この歴史の石臼の中に落ち込んだのは、ソ連の収容所にぶち込まれて第二次大戦の最後の捕虜となった、ほかならぬ日本人たちであった。

ロシアと日本は、二〇世紀に他の国よりも極めてしばしば戦争をして、第二次大戦の総括として、これまでに平和条約を持ったことがなかった。このような状況は、われわれの国の関係が半世紀以上も甚だ複雑かつ矛盾した形で発展し、離陸と落下を身をもって体験してきたものだ。

ソ連時代、平和条約と二国関係のさらなる発展を巡る、多角的かつ二国間交渉の過程で、最も重要な障害となったのは、ソ米両国体制による「冷戦」の発現であった。反ヒトラー同盟を結んだ旧連合国の一員であったソ連と米国との間の矛盾は、第二次大戦終結の最後の段階で日本との戦争になって、国際舞台で全面的な対決を迎えることになった。新しい世界秩序を打ち立てる条件の下で、日本とその世界構造と結びついた諸問題の絡み合いは、二つの超大国が世界でリーダーシップを求める闘争の分野の一つとなったのであった。

米国は日本の支配層がソ連へ接近するのを妨げる目的で、公然と圧力をかけるのをやめたことは一度もなかった。対外政策で米国との軍事同盟を志向する一方で、身の丈に合ったソ連との関係発展を維持して、米国の庇護の下に米国型の近代化の道を歩もうとする国に対してさえもである。これとともに、日本では客観的な要因、すなわちより大きな漁業資源やシベリア・極東の豊富な天然資源などが注目を浴びており、不活発ながらもソ日間の政治的な対話の推進が必要とされてきた。

今日になってようやく有名になった数多くの歴史文書が示しているのは、戦時の重い遺産として、戦後、ソ日・ロ日の間で、重要な分野で、継続的かつ原則的な対立が深まっていることである。まず第一に、戦後、未処理の二つの基本的な問題について言及せねばならない。それは、日本外交が戦術的な目的でしばしば、自らはまり込んで身動きがとれなくなっている二点である。

「領土問題」に関することと同時に、人道問題すなわち、満州〔現在の中国東北地方。戦前、日本が大陸に建国した傀儡国家。日本の敗戦とともに消滅した〕でソ連軍の捕虜となって、ソ連で強制労働をさせられた元関東軍兵士たちの運命である。この二つの問題はしばしば、ソ連と米国の間の交渉の政治的な取引の対象となると同時に、ソ連と日本の接触の障害の石ともなってきた。

このいきさつを考えると、余り世間には知られていないが、ソ日共同宣言の調印に至る過程を検討する必要がある。ソ連と対日理事会〔第二次大戦後設けられた連合国の対日管理機関の一つで、米、英、中、ソの四国代表で構成された〕での元連合国との間の尖鋭的な政治的角逐、国連の捕虜特別委員会での緊張した国際的な討議、それと同時に、一九五五年から一九五六年にかけて、何回も袋小路に入り込んだソ日交渉で、それは最終的にソ日共同宣言の調印に漕ぎつけた。共同宣言は両国間の戦争状態の終結と外交関係の確立をもたらす目的を持っていた。

この文書〔日ソ共同宣言〕は、日本国民の受刑者の最後の一団が祖国へ帰還を果たす基礎を作った。しかし、当時の両国の政治的な関心はその他にあったので、日本人捕虜の他の権利に関する一連の原則的な問題の実現はその枠内に留まって、実際の解決はいつとは分からぬままに引き延ばされることになってしまったのであった。

日本でこの問題は、一度も政治的かつ社会的な緊急性を失ったことはなかった。わが国では自己の権利を求める元日本人捕虜の運動に呼応して、学界や政界で討論が行われた。

その際、日本の世論は民族の歴史の悲劇的なページとして、ソ連に囚われの身となった元日本人捕虜の境遇について、洗い直すことを求めた。とりわけ強調されたのは、日本人収容所の収容人員から大量の人的喪失をもたらしたソ連の捕虜としての恐怖と、スターリン体制の違法行為であった。

そのような政治的な評価は、わが国の公式的な共産主義イデオロギー上の教義として、偏向した形で書かれている。これによる反発もあって、日本の世論はソ連に対して感情的に常に非常に厳しい否定的な傾向を強めるに至るようになった。

わが国にとってこの甚だ先鋭的な諸問題は、日本側の態度いかんに関わってきたと言える。この問題の検討は何よりまず第一に、わが国の最高指導部の大権であって、それは客観的に見て国家機密の範疇に属する問題点であった。わが国の住民だけではなくて、歴史学者や日本学者も、真の歴史的事件に関する十分に客観的な情報を持っておらず、ソ連の国家ならびに党の公文書館で「厳秘」のスタンプを押して保管されている文書館資料に、目を通す可能性について、話すことすらできなかった。

一九八〇年代の半ばごろに始まったロシアの民主改革は、以前の歴史的、客観的な構造や、政治的観念とアプローチの再検討、人権のテーマに関する直接的なアピールなどを促進した。このような肯定的なプロセスは、全体としてロ日関係の刺激となった。

とりわけ、ペレストロイカ（改革）の最初の年の大きな進歩となったのは、元日本人捕虜問題の研究と実務的解決の輪郭が見えてきたことであった。これについてはまず最初に、ゴルバチョフ・ソ連大統領が一九九一年に日本を公式訪問したときに、ロ日両国政府間で調印された「捕虜収容所に収容されていた者に関するソ日協定」が証明している。

同時にこれとともに、ソ連大統領は日本側に、ソ連の捕虜として死んだ日本人三七、八〇〇人分のリストを手渡した。同大統領はその遺族に対して哀悼の意を表明し、ソ連政府側から墓参の許可を与えた最初の人物となった。この年に、政治的な抑圧の犠牲者の名誉回復を行う全般的な流れの中で、ソ連の捕虜になっているときに、誤って刑事訴追された元戦犯捕虜の決定を見直すプロセスが始まった。

これらの事業はすべて、ソ連の法定相続人であるロシア連邦政府によって継続され、発展が見られた。この目的のために、ロシアの公文書館で、死者二〇、〇〇〇人の氏名を確認する調査活動が展開された。一九九一年一〇月一八日、元戦犯捕虜の名誉回復のプロセスを積極化する基礎になる「政治的抑圧の犠牲者の名誉回復について」という法律が施行された。地方政府が実施し、日本人墓地の整備、日本の組織との記念碑の共同建設、特別な遺族グループの現地への招待など一連の措置であった。

この補完的な措置として、在日ロシア領事館は一九九四年二月一七日、これに該当する人々については、入国査証取得の手数料の徴収を免除することになった。一九九五年一月一三日、「海外のロシア（ソ連）軍人墓地、ロシア連邦内外国軍人墓地の保存と整備に関する政府間協定の実施について」のロシア政府の政令が発せられた。

一九九二年三月六日、長期間にわたる困難な調整の後に、戦後、旧ソ連領にいた元日本人捕虜とその家族に対してロシア政府が労働証明書を発行する命令が実施された。これについては、ロシア外務省が公式に日本外務省に対して、覚書で通告した。この措置に基づいて、元日本人捕虜約四〇、〇〇〇人が、ロシア政府発行の労働証明書を受け取った。

一九九三年一〇月、ロシアは最終的に、スターリン体制下で日本人に対して非人道的な態度で処遇したことを認めた。このためエリツィン前ロシア大統領は、日本への公式訪問時に、ロシア民族の名で日本社会に謝罪を行った。このことによって、訪問は大いに盛り上がって、日本にとって最も肯定的な反響を巻き起こした。

プーチン・ロシア大統領も、この問題に対して深い理解を寄せている。それは日本のトップの政治家と会ったときに表明された。二〇〇〇年九月に日本を公式訪問したとき、ロシア内務省と日本の厚生省の間で、協議が行われたことを思い出せば十分であろう。その結果として、V・B・ルシャイロ内務相と丹波実駐ロ日本大使の間で、「捕虜収容所にいた人々のデータの引き渡しに関する議定書」が調印された。

この文書には、政府間の「捕虜収容所に収容されていた者に関するソ日協定」の実施を加速する目的で、両国が協力を続ける意向が書き留められている。同時に、収容所で死んだ日本人捕虜の未通知情報や日本人墓地の所在地などの情報を提供することが、記録されている。この目的のために、一九九七年二月二七日付のロシア大統領令で創設されたロシア大統領付属捕虜、抑留者、行方不明者問題特別委員会が、活動を続けている。

ロシア政府の政治生活の内奥の変化は、このテーマの客観的な研究のための現実的な可能性を開いた。ロシアの研究者たちは最初に、未公開公文書資料のかなりの部分に接近する一方、軍事捕虜のテーマ自体について祖国の史料を使って科学的な研究をする権利を受け取った。

＊著者は固有の、もしくは地理的な名称の書き方については、次の規則を守っている。

(a)　日本人の固有の名前は次の規則によって書かれ

ている。(最初は姓、あとで名前)

(b) 日本人の人名や地名表記は誤りを避けるために、格変化は行わない。例外はロシア語で定着したものとする。(例　沖縄)

(c) 日本人の人名や地名やその他の名称の表記に当たって、一九四〇年末から一九五〇年代初めにかけて、わが国の公文書館文書で採用されている、音声記号による表記を利用した。

* * *

この本の著者は、日本の全国抑留者補償協議会(略称　全抑協)本部で四年間にわたって働いて、抑留者の権利の回復に結びつく様々な諸問題に関する双務交渉の準備や実施に、携わってきた。元戦犯捕虜の名誉回復、捕虜労働証明書の発行、死亡者の氏名や埋葬地の確認のための調査活動、慰霊碑の建設、国際シンポジウムの実施などである。

多年にわたって、運命は私に途轍もなくたくさんの日本やロシアの社会活動家、政治家、日本の社会的な捕虜組織のメンバーや指導者との、感動的な出会いや会談を贈ってくれた、中でも特記せねばならないのは元日本人捕虜の権利回復のための運動の創設者であって、かつまた多年にわたる指導者でもあって、日本人としてロシアの「友好勲章」の最初の受賞者である故斎藤六郎氏とともに働き、親しく付き合うことができたことである。この本は齋藤氏を記念して、書かれている。

さらにここで、私にいつも変わらぬ支持と協力をしてくれる日本人の友人たちに、それぞれ感謝の言葉を述べたい。日露関係研究所代表で、ロシア自然科学アカデミー名誉教授でもある岡本栄一氏、日露歴史研究センター代表で、同じくロシア自然科学アカデミー名誉教授でもある白井久也氏、山形県鶴岡市長富塚陽一氏ならびに同市の住民—伴和香子、秋庭おふ三、加藤徹三の各氏である。

第一章 日本人捕虜の過酷な運命を決めた舞台裏

一　スターリンと対日戦争

戦争の犠牲となった人々の運命について、熟考するためには、戦争そのものについて、また戦争の原因と結果を語ることから始めなくてはならない。

ソ連と日本の戦争の可能性に関する問題は、一九四五年夏のずっと前からあったということは、今日では思い起こす必要はもうないかも知れない。日本の連合艦隊が米国海軍基地パール・ハーバーを攻撃した翌日、一九四一年一二月八日、ルーズベルト米国大統領はソ連政府に対して、対日戦にソ連が参加するよう求めた。しかし、スターリンは外交的な形式として、これを拒否する回答を行った。この提案を受け入れれば、ソ日関係の緊張をもたらし、ソ日戦争開始の公算が大となり、ソ連をして二正面で戦争を戦わしめる必然性を招くことを考慮したからである。

われわれは現時点では、日本に宣戦を布告する可能性を考えない――モロトフは一九四一年一二月一〇日付の駐米ソ連大使リトビノフ宛ての電報で、述べている――当時、日本はソ日中立条約〔一九四一年四月一三日、松岡洋右とモロトフの日ソ外相がモスクワで調印〕を順守していて、中立を守らねばならなかったのである。動機は以下の通りである。

第一　ソ日条約はわれわれに中立を宣言し、われわれは当時、この条約の義務を履行しない基盤は持たなかった。われわれは自分から条約を侵犯するイニシァティブを発揮することができるとは、考えていなかった。なぜならば、われわれ自身がつねに条約を侵犯する政府を非難してきたからだ。

第二　そのころ、われわれはドイツと困難な戦争を行っていて、極東配備の軍隊の半分を含めて、ドイツに対してすべてのわが軍を集中しており、日本に今、宣戦を布告して二つの戦線で戦争を遂行することは賢明でないし、危険だと考えていた。ソ連人民とソ連の世論は、現時点で対日宣戦布告する政策を理解しなかったし、賛成もしなかった。当時、ドイツ軍はソ連領土から追い出されていなかったし、一方、ソ連の国民経済はとことんまで逼迫《ひっぱく》していた。

わが国の世論は、ソ連側からの対日宣戦布告は、ヒトラーの軍隊に対するソ連の抵抗を弱体化させ、ヒトラー・ドイツの利益になることを完全に知っていた。われわれは、われわれの主要な敵はまさにヒトラー・ドイツであると考えていた。ドイツの侵攻に対するソ連の抵抗の弱体化は、ソ連やわれわれのあらゆる同盟国の損害を招くことによって、枢軸国の強化をもたらすことになる(1)。

米国大統領に対するこの拒否回答は、必ずしも日本に敵対するソ連と米国との共同行動を拒否することを意味しなかった。ただし、それを開始するためにはなお、時宜を得ていなかった。こうしてスターリンは、自分の裁量によっていかなるときでも、好都合にそのような決定を行うことができる権利を保留したが、それはまず第一にソ独戦線の軍事行動の推移にかかっていた。

スターリンのこの立場を部分的に説明すると、ソ連指導者のこの判断は、モスクワ郊外での会戦〔モスクワ攻防戦を指す〕開始後、正に一、二日後に下されたもので、そのときはその結末に関して、いかなる予測を行うことも、なお早かった。

ルーズベルトは、ソ連側の申し立てに対して、しかるべき理解を示して、スターリンが日本に対して共同行動を拒否したのは、一時的な動機によるものであることを良く自覚した。しかし、それにもかかわらず、彼はこの際、この問題に対するモスクワの明らかな関心を何が何でも惹こうとはせずに、ソ連側に対して、「日本と中立を維持する決定を表明せずに、問題が未解決のまま残っているという心理的な圧迫感を日本人に持たせることを頼み込んだのであった」。このことは—ルーズベルトの理解によると—日本軍が英国と米国に対して、自由に敵対行動を起こさせないように、その大規模な軍隊をソ連国境に釘付けにしておく必要があったからだ(2)。

恐らく、当時、同盟国に対するこの義務のみが、ソ連自身が果たすことができることであった。それにもかかわらず、日本との関係を最も疎遠なものにするシナリオが、ソ連によって作り続けられた。それは、とりわけ一九四一年一二月二〇日にモスクワで行われたスターリンとイーデン英外相会談の記録から判断することができる。

スターリン同志はこう答えた。すなわちソ連が対日宣戦布告をすれば、陸や海中や空中でも、ソ連は正真正銘の厳しい戦闘を開始せざるを得ない。これはベルギーあるいはギリシャが日本に布告する戦争の宣言ではない。だからこそ、ソ連政府は自己の可能性と兵力を綿密に研究せねばならない。現時点で、ソ連はなお日本と戦争をする準備ができていない。最近、大規模なわが極東軍が西部戦線へ移動した。

目下、極東では新しい兵力の編成中であって、ソ連がこの地域でしかるべく準備が整うまでには、なお四ヵ月以上かかる。同志スターリンは、もし日本がソ連を攻撃してくれるならば、はるかに良いと語った。防衛的な性格の戦争は、はるかに人気があって、ソ連人の隊列を一枚岩に統一してくれる。ソ連にとってよい例証となったのは、ヒトラーの侵略を撃退するソ連の戦争である。スターリンが考えているのは、ドイツ人がもし戦線で敗北を始めれば、日本はもしかしたら、あるいは多分、対ソ攻撃をするだろうということだった。だからヒトラーは、対ソ戦に日本を引き込むためには、あらゆる手段を求めて攻勢に出るだろう――。

そのあとで、彼は次のことを付け加えた。つまり極東の状況に関するテーマで春に英国と交渉を再開する用意があるということだった。もちろん、日本人が対ソ攻撃を開始し、「そのとき」は、状況が自然に決定しているかも知れない。(3)

コーカサスとスターリングラード〔現在のボルゴグラード〕の会戦のあとに始まったハリコフ郊外でのソ連軍の失敗した攻撃、レニングラード〔現在のサンクトペテルブルグ〕の継続的な封鎖や作戦の困難は、ソ連が連合国と共同で日本を敵とする軍事行動を起こす日時を長期にわたって不可能にした。同じ頃、米国と英国はソ連をこの戦争に引き込むための外交的な行動に訴えることを、止めようとはしなかった。

日本の軍隊によるキスカ島とアッツ島（アリューシャン列島）の占領後間もなくして、ルーズベルトは再び、一九四二年六月一七日付のスターリン宛て親書で、この問題を取り上げた。これに続いて、一九四二年一二月に米国は日本が攻撃を仕掛けた場合、ソ連を援助するという口実を設けて、ソ連極東地方に米国の軍事基地を建設するための提案を、モスクワに試みて失敗した。

スターリングラード作戦が成功したときになって初めて、日本を敵とする戦争にソ連が参戦する問題が、実際的な見地から検討されるようになった。一九四三年一一月のテヘラン会談〔ルーズベルト、チャーチル、スターリンの三首脳による協議。ソ連の対日参戦なども話し合われた〕で、連合国の要求に応える形でスターリンは日本を敵とする軍事行動に入ることを、公然と声明した。

ソ連指導部をして、直接性に欠けるこの声明の発表に駆り立てたことが、連合国がテヘランで、また本質的に欧州で、第二戦線の開設を可能にしたが、それはまたソ連の対日参戦問題が決着を見たことにも依存しているという考え方がある。

事態がどうなっても、とにかく太平洋で軍事行動に入る判断を迫られた一九四三年一二月二八日のソ連共産党中央委員会総会で、スターリンは出席者に対して、次のように報告して、注意を促した。すなわち、日本軍に対する攻撃作戦を成功裏に行うためには、ソ連は極東での軍事力を最大限三倍に拡充する必要があり、それはドイツ降伏三ヵ月後に可能であるというものであった。「ならば―日本を敵とする共同戦線を！」(4)。スターリンはこう結んだ。

スターリンの報告は一般的な形式でなされたにもかかわらず、イギリス人とアメリカ人はソ連リーダーの発言を熱狂的に受け止めた。チャーチルが一九四三年一一月のテヘラン会談で、スターリンにこの決定が対日戦争で幅広い展望を切り開く「歴史的なもの」であると言ったことはよく知られている。一方、ルーズベルトはこれに対応して、早速、具体的な基礎に基づいて予備的な合意を行う試みに着手し、一一月二九日のスターリン宛ての覚書で、ドイツ降伏後に日本に対して実施できる作戦を事前に決めておく提案を行った。

連合国が企図したのは、ソ連が大陸で日本軍を撃滅する一方、米英は海軍と空軍の行動に基本的な努力を集中するというものであった。
来るべき軍事作戦の詳細と条件は、ドイツに対する勝利の直前の一九四五年二月四日から開かれたヤルタ会談で、米英ソ首脳によって最終的に決定された。連合国による会議の公式の議事日程として、ファシスト・ドイツとの戦争の終結、欧州の戦後復興、国際連合の創設、とりわけ重要な意義が付されたものとしてソ連の全面的な対日参戦などの諸問題が取り上げられた。

連合国の密約によれば、モスクワはドイツ降伏二、三ヵ月後に太平洋における戦争で、連合国に組することとの義務を負うが、その条件として、南サハリン〔樺太〕とそれに隣接するクリル〔千島〕列島の対ソ返還、並びにモンゴル人民共和国の現存する地位の保全、旅順港と国際港大連の租借、中華民国との東中国〔当時の満州、すなわち中国東北地方〕と南満州鉄道などの共同開発があげられていた。

将来の日本に対する連合国の改革の基本原則は米国、英国、中華民国が一九四五年七月二六日に署名したポツダム宣言によって最終的に確定したが、このときはソ連は加わらなかった。一九四五年八月八日、ソ連もポツダム宣言に参加した。それは日本との戦争開始の公式的な基礎となった。

ポツダム宣言は、次のように言っている。「日本国民ヲ欺瞞シ之ヲシテ世界征服ノ挙ニ出ツルノ過誤ヲ犯サシメタル者ノ権力及勢力ハ永久ニ除去セラレサルヘカラス」〔外務省広報課『われらの北方領土　二〇〇〇年版』より抜粋〕。また、「無責任ナル軍国主義」〔同〕も一掃されなければならない。日本の主権を本州、北海道、九州、四国に限定するカイロ宣言を、強制的に実行する要求が正しいことが判明した。連合国は戦争犯罪人を厳罰に処し、日本社会での民主的な風潮を復活・強化するため、日本政府に対してあらゆる障害を排除することを求めた。彼らは同時に、「言論、宗教及思想ノ自由竝ニ基本的人権ノ尊重ハ確立セラルヘシ」〔同〕と約束した。

宣言が述べているところによると、上記の諸目的を達成するために、日本領土の占領が行われるが、「前記諸目的カ達成セラレ且日本国国民ノ自由ニ表明セル意思ニ従ヒ平和的傾向ヲ有シ且責任アル政府カ樹立セ

ラルニ於テハ連合国ノ占領軍ハ直ニ日本国ヨリ撤収セラルヘシ」〔同〕とあった。(5)

この際、われわれは自分たちが叙述した範囲で、まだ一度も立ち帰ったことのないポツダム宣言第九条に、特別な注意を払わなければならない。それは日本国軍隊は完全武装解除ののち「平和のかまど」〔家庭の意味〕に帰って、勤労生活を営むことを記している。

今日、疑いなく言えることは、ソ連は対日参戦することによって、反ヒトラー連合に関する連合国の関心に応えたことである。米国および英国の指導者たち、まず第一にこれらの諸国の軍司令部は、対日戦争にソ連が参戦することが軍事戦略的な観点から非常に望まれることで、意見の一致を見ていた。これによってかなりの分野で、全体として戦争の終結を早めて、何万人、多分百万人の米英将兵の命を救うことになったのであった。

ソ連の対日参戦の重要性について言及するならば、マーシャル米参謀総長によると、それはまさに日本を降伏させる決定的な行動となったと断言した。(6) これに関連して、かなり興味深く思い出されるのは、スチムソン米陸軍長官によると、日本上陸を敢行した場合の米兵の損耗は、対独戦での損耗を上回って一〇〇万人以上に達するはずであった。(7) ロシアの研究者もまた、ソ連の対日参戦は「第二次大戦の終結を早め、戦争犠牲者を少なくし、待ちに待った和平の達成のためになった」(8) と考えて、この出来事の解釈を堅持している。

ソ連に対日参戦させた西側諸国は、自分たちのためのグローバルな共通戦略の課題を決定した。確信をもって主張できることは、日本は当時、中華民国並びにアジアにある米英の有名、無名の植民地や影響力のある地域で、その政治的かつ経済的な利益の直接的な脅威となっていたことである。軍事力配置が行われた条件の下で起きたこれらの危険を排除するために、ソ連の巨大な国際政治や軍事的な潜在力を利用することは完全に理に適っていた。

ソ連の行動は、日本の侵略が一段と盛んになった中華民国をも、考慮に入れたものであった。中華民国指導部は、このプロセスにブレーキをかけられるのは、日本と対立するソ連およびその他の反ヒトラー同盟諸国の力しかないことを理解していた。だれにとっても秘密でなかったのは、当時の西側の政治指導者たちは、ソ連の権威の拡大とその軍事的な潜在力の増加に、不安を感じて、ソ連の弱体化を狙って、大きな戦争でソ連と日本を戦わせることが国益であると考えたことであった。

二　第二次大戦の早期終結とソ連の国益

一言で言えば、今日、確固たる明確さをもって声明できるのは、ソ連と日本との潜在的な戦争に関する可能性の問題が、第二次大戦前夜、もしくはその戦時に際して、主要な世界の大国の外交や国際関係の中で、中心的な地位を占めていたことである。

その上で、第二次大戦の早期終結がソ連の国益にも十分に合致することを認めねばならない。ソ連の国益は、極東での戦争の問題だけではなくて、第二次大戦の過程や終結、さらに戦後世界の構築などを含むソ連、米国、英国の包括的な同盟関係を規定するものである。

残念ながら、わが国にはこの問題に関して、世界的な史料に散見する、あらゆる多面的な見解を分析する可能性はない。だからこそ、その能力は様々な諸国にある、何百もの本や科学的な論文に捧げられているのだ。一つだけ言えることは、こうだ。すなわちロシア、米国、日本ではこのテーマの研究に当たって、色々なアプローチに出合うことができる。同様に、それでもなお、この問題に関するロシアの研究者の間では、この問題の本質について統一した見解がないことだ。

ソ連時代の研究者たちが多年にわたって、非常に説得力のある論拠として考えていたのは次のことである。すなわち、その当時の日本の政策ではソ連について、とりわけ「仮想敵」とする見地が確立されていた。「日本の参謀本部は、対ソ戦の準備を中止しなかった。一方、侵略的な日本軍部によって引き起こされた満蒙国境での武力衝突は、毎日ではなかったが、少しはあった」という言及がなされていた。

これに関しては、とくに権威のある軍事筋V・P・ジモーニンとB・P・ガリツキーが指摘している。「当時、極東では緊張の火種が存在し続けていて、ソ連は国家の完全な安全確保を考えることができなかった。ソ連が日本との戦争に突入することは――彼らの意見によると――日本の国家政策によって準備されたもので、侵略的な反ソ的な軍事攻撃や挑発が遂行された」

その際、説得力のある理由として、彼らが言及したのは、一九三八年七月のハサン湖〔張鼓峰〕や一九三九年のハルハ河〔ノモンハン〕の武力衝突の事実を挙げて、一九四三年末に至るまでに「日本がソ連極東の領土に侵入、オムスクまでの広大な領土を占領する」という計画と綿密な準備が行われた、と言われていた。

著者たちの引用によると、一九四一年四月一三日にソ日中立条約の調印を行った後、日本側からの恒常的な侵犯は、最初が船舶航行の分野であった。彼らの語るところによると、条約調印時から「四年間にわたって、日本の軍艦は約二〇〇〇回も、ソ連の商船や漁船を停船させて、しばしば武器を使用、検問を行って、そのうちの何隻かを自分の港へ連行した。少なくとも八隻が、沈没した。一九四一年から一九四四年にかけて日本海軍の挑発行動によってソ連の船舶航行がこうむった損害は、総額六億三、七〇〇〇万ルーブルにのぼった」などである。

上記の著者の論拠の中で、さらに挙げられている対日非難は、日本が独ソ戦の最中に、ドイツに政治的、経済的援助を行い、ドイツに秘密情報を流したり、戦略的な原料を供給していたことだ。そのうえに、「ソ連の極東国境から至近距離の地点で、日本軍の戦略的な主力が大規模な集結をして、多年にわたって対ソ攻撃を行う準備に熱中している」[9]というものだった。

日本自身がソ連の太平洋艦隊に対する自国の軍事行動を侵略として認めるために、長くかかった。これに関する質問を最初に行ったのは、日本の細川護熙首相で、彼の後継者となった村山富市首相も、一九九五年八月の第二次大戦終結五〇周年に際しての演説の中で、この評価を公式的に確認した。それにもかかわらず、日本の歴史文献ではこれまで、ソ連の対日参戦は違法であるという見解に出合うことがしばしばである。

近年、この説明は何らかの形で、ロシアの学界やジャーナリズムでも台頭していて、ソ連史とともに特に重要な戦争に絡む過去の事件を、再評価しようとする共通の傾向が表面化している。

今日、ロシアのジャーナリズムでは、ソ連時代の歴史家に対する非難に出合うことがある。彼らは長いこと、ソ連を敵視する日本軍国主義の侵略的な企図について、例外的にたくさん書いてきた。それは主として、いわゆる「関特演」〔関東軍特種演習の略。一九四一年七月から八月にかけて、関東軍がソ満国境に約七〇万の大兵力を動員して、モスクワ攻防戦で守勢に立っていたソ連軍救援のための極東軍の西送を牽制した〕や「乙」作戦〔一九三六年八月に日本陸軍参謀本部第二部が作成した「対ソ戦指導に関する計画の基本原則」の文書〕などによる日本の侵略の事実を暴露するものである。東京裁判〔戦後、東条英機らA級戦犯二八名を連合国が訴追した極東国際軍事裁判を指す。一九四六年五月三日に審理を開始し、四八年一一月一二日に東条ら七名に絞首刑、一六名に無期禁錮、二名に有期禁錮の判決が下った〕でソ連が弾劾する基礎になったものだ。

とりわけ「イズベスチヤ」紙に掲載された「ソ連側から告発した日本人捕虜——東京裁判の知られざるページ」という論文では、日本の侵略に対する実際の非難は、その行為にあらずして、主として本人の企図に基づくものである……しかし、法律を徹底して厳正に運用すれば、実行されなかった計画でも、裁くことができるのではないか？」と指摘されている。——この論文の筆者はこう問いかけている。(10)

あれこれ論じる記事の引用から、このロシアの研究者は次のような判断を下している。すなわち、ソ連が始めた対日戦争は「同じ規模、同じ意義の行動をいかなる日本人も現実的に予測できなかった」(11)として、ソ連側から十分に検証されねばならない。

この評価を裏付けるに当たって、ソ日中立条約の廃棄通告に関して新しい解釈も提示されている。「一九四五年春、ソ連側は多くの人々が指摘しているように、条約を破棄せずに、条約を延期しないということだけ通告した」(12)とV・E・モロジャコフは言っている。

何人かのロシア人歴史家、中でも有名な研究者A・A・コーシキンは、次のように考えている。すなわち、ソ日中立条約を破棄したソ連政府は「第二次大戦の終結を早める狙いで、ソ連の対日参戦の可能性について、日本政府に通告した」(13)

これらの見方はそれ自体が論議を呼んだり、詳細な分析が必要なので、その仕事の枠の中に留めおくことにする。われわれの見方によると、ここで妥当だと言えるのは、古いイデオロギーの刻印があるソ連時代の史料を載せた半官製誌の枠内で出口を探すことは、ソ連のあらゆる対外政策に関する祖国の史料や全体的な批判の完全な修正を迫るものではない。これによって確かめられるように、何人かの研究者たちは、ロ日関係の重い戦後遺産のあらゆる責任は、ソ連側にあるという一面的な紋切り型の結論に転嫁する欠点があることである。

これとともに、このことは今日、ソ連時代の史料で一般に通用するソ日関係のたくさんの原則的な要因の中で最も重要なものを修正する必要がないという認識を排除するものではないことである。

この最初の一つを行ったのは、ロシアの研究者B・N・スラビンスキーであった。彼は自分の著書の中で、ソ日戦争に対する祖国の歴史家の見方に疑念を呈したのだ。このことから考えられるのは、とりわけ戦前のソ満国境でのソ日軍事衝突の評価、その原因と結果などである。「多分、これらの事件は、ソ連側にも罪があるのではないか」―彼はロシアの歴史家にこう疑問を投げかけた。(14) スラビンスキーの著作で類似のイメージとして描かれているのは、一九四一年のソ日中立条約に関する、わが国の史料に対する伝統的なアプローチの見直しの必要性である。

これらの事件の新しい解釈では、国際的な犠牲の観点から見ると、ソ連は日本との中立条約を破って最初に対日攻撃を始めたが、ソ連は連合国とのいかなる義務にも従わなかったという認識について、論理的な疑義が生じてくる。もちろん、ソ連側に対する日本側からの権利の請求は公式の基盤がある。ソ連政府はソ日中立条約を破棄する権利を有していて、この文書を完全に紙屑同然のものとしてしまった。しかし、ソ連政府はこのあとも一年間にわたって、その条件を堅持すべきだったのに、対日戦は五ヵ月後に布告されてしまったのであった。

さらに、近年、ソ連はこれに関して、事前の通告を行わずに対日戦争を始めたということがしばしば言及されている。ザバイカル軍管区の前線偵察部隊は、モロトフ・ソ連外相が佐藤尚武駐ソ日本大使に、公式の宣戦布告を行う数分前にあらゆる方面で国境へ移動した。東京でも実質的に同時に、マリク駐日ソ連大使が日本政府にこの声明のテキストを渡した。ポツダム宣言発表の二日前、一九四五年七月二四日に、日本政府はソ連に対して、戦争終結の事業について、仲介を依頼したが、〔佐藤駐ソ大使がロゾフスキー外務次官に会って、再度、ソ連に条件付和平の斡旋を依頼したこと〕ソ連側の回答は本当のことを言うとそのようなものであったことが判明した。

これは——歴史的な事実である。しかし、これとともに当時のソ連政府の行動には二つの評価がある。まず第一に覚えておかねばならないのは、一九四〇年代前半の歴史的な条件である。日本もソ連も中立条約調印の最初の日からではなくても、自国にとって好都合な事態が生まれれば条約を破る用意があったということを、かなり簡単に予測できる状況にあったことである。もう一つの問題は次のことである。日本側は戦争準備の最終段階で、ドイツ軍が大敗北を喫するというソ独戦線の激変によって自分たちの対ソ侵攻計画の変更を迫られたことである。

われわれはしばしば、対日戦争は連合国であるソ連の義務である、と説明してきた。しかし、疑問がある。もし、連合国同士の合意のみが、ソ連に戦争開始の政治的な決定をとらせることになったとすれば、ソ連の指導者は当時、そのような説明に甘んじただろうか？とは言え、日本との戦争は不可避となった。

次に明らかなことは、ソ連を活発に駆り立てて、この戦争へ突入させたアメリカ人はと言えば、一九四五年春から夏にかけて、ソ連が参戦しないように一生懸命努力し、また、ソ連が軍事行動を起こす前に日本を降伏させようとして、あらゆる可能性を試みたことだ。米国が自分のやることに右往左往したのは、次のことに気付いたからである。すなわち、太平洋戦争終結後、つまり第二次大戦終結後、米国は戦後の平和構築に当たって、ソ連が米国のイニシアティブを奪って、自らの経験を生かして東欧に親ソ体制を打ち立てることを恐れたのであった。

アメリカ人たちは急遽、ソ連を対日参戦させないようにして、そのことによって極東での戦後の調整の問題に介入する権利をソ連から奪おうとした。このことから、ソ連の参加なしにポツダム宣言の調印が行われた。また、米国は軍事目的ではなくて、主として政治目的を達成するため、日本の早期降伏を追求して慌てて核兵器の使用に走ったのであった。

一方、ソ連と連合国との不都合な関係について証明するのは、次の事実である。すなわち、この同盟はそもそも最初から双方の必要に迫られた結果、生まれたものであった。確かに、ソ独戦争の直前に、まさに軍事力の別の勢力関係が予想された。ここでは、ソ日中立条約の話ではなくて、いわゆる「四カ国条約」の枠内で、二カ国の共同行動を律するものであった。

「ベーク（世紀）」紙が確認したように、一九四〇年末にV・フォン・シェレンベルク・ドイツ大使とモロトフ・ソ連外相との間で、モスクワで英国、米国、フランスに敵対する統一的な全体主義陣営に参加するために、ソ連の「三国条約」への加盟と、悲しくも有名なベルリン、ローマ、東京枢軸への加入に関して、秘密会談が行われた(15)。

チャーチル回顧録によると、独伊日露のこの構想の結果、相互に影響力が及ぶ当然の分野を尊重することが合意された。彼らの関心がある分野は境を接していたので、彼らは自分たちのところで起こった問題について、友好的な方法で恒常的に相談することになった。ドイツ、イタリア、日本はそれぞれ、彼らはソ連が現在領有している領域を認め、それを尊重することを声明した。

四大国はそのうちの一カ国を敵対しようとするいかなる大国連合にも加盟しないし、また、いかなる大国連合をも支持しないことを呼び掛けた。彼らはあらゆる手を尽くして、経済問題で相互に援助し、自分たちの間にある取り決めを補完し、拡充することを約束した。この取り決めは一〇年間にわたって有効でなければならなかった(16)。ロンドンは「四カ国条約」に秘密議定書が付いていることを確信していた。その中には、平和条約締結後に起きざるを得ない領土の再検討について言及されていた。領土要求は、ドイツが中央アフリカ領、イタリアが北アフリカと北東アフリカ、日本が日本列島から南方の東アジア地域、ソ連は自国領からインド洋方向へ至る南方へと広がりを見せていた。

この文書はこれまで、英国でもロシアでも、公表されたことがない。ある人々は概して、その存在を否定する傾向がある。それにもかかわらず、疑念が払拭されないのは、西側諸国はベルリンとモスクワ、それにモスクワと東京の政治的な駆け引きを明らかに心配していたからだ。

一九四〇年、ヒトラーはすでに欧州を制覇していた。ベルリン、ローマ、東京の地政学的な関心を統合するいわゆる三国同盟が出現していた。西側の民主主義国家にとって、有望な方向となったのはモスクワとのより緊密な関係の確立であったが、西側の民主主義国家は自分自身の中にある反ボリシェビズム症候群（シンドローム）にどうしても打ち勝つことができなかった。もし、この言葉の中に、ヒトラー拒否の意味があるならば、東京の公式の同盟国として、モスクワに何もしないのは、正しく「偶然」だったのかもしれない。

過去に対するわが国のこれらの様々なアプローチ、極東におけるソ連と日本の軍事行動の原因と結果に関する様々な評価は、次のような認識を除外するものではない。つまり、ソ連は軍事的、防衛的な性格を持った十分、説得力のある基盤に立って日本との戦争に突入したのだ。しかし、日本に対するソ連の攻撃は、防衛的な目的のみによって、突如、始められたと説明しきれないことも正に明らかである。

軍の作戦行動は、スターリンにとってまず第一に、一九〇四―一九〇五年の露日戦争の敗北に対する独自の報復であったのだ。日本との戦争はあれこれ条件をつけて、アジア地域に、スターリン型の社会主義を根づかせるために、極東の戦後秩序の形成を目的とするソ連指導部の政策を実行する見地から、再検討されねばなるまい。

三　同盟国の義務と国益とは？

ヤルタ会談に端を発しているが、問題は露日戦争の結果、日本によって奪取された南サハリン〔樺太〕だけではなく、クリル列島〔千島列島〕の返還に関することである。さらに、ソ連指導部の極秘の戦略プランには、同時に北海道北部の占領も入っていた。一方、今後、満州と朝鮮に対するソ連軍の軍事行動が成功裏に進む過程で、極東での新しい領土獲得のために好ましい状況を有利に展開する方向で、ソ連軍最高司令部の戦略プランは、北海道全島の占領まで拡大するに至ったのであった。

今日、すべての議論の前提となっているのは、スターリンがソ連の軍隊を北海道へ上陸させることを検討していたことである。そこには関東軍第五方面軍本部があって、南サハリン、クリル列島、そして北海道の防衛責任を負っていた。ソ連軍が行動に移った場合に、北海道の占領は日本降伏の軍事的な重要性ではなくて、将来遠方へ出動する戦略的かつ地政学的な目的も持っていた。

とりわけ、何人かの日本人研究者が指摘するところでは、ソ連指導部が持っているらしい秘密のプランは、ソ連の軍隊が北海道占領後、この土地に社会主義共和国の地位を与えて、わが国に忠誠を誓う地位の高い日本人捕虜の中から、これぞという人物を抜擢して、その指導者に任命するというものであった。

ソ連ではこれについて語られることはなかった。しかし、連合軍、とりわけ米国から北海道占領の権利を得られなかったため、その代案としてスターリンはポツダム宣言第九項を意識的に侵犯したという見方が、日本では広範に広がっている。関東軍の完全武装解除後、日本人を祖国に帰還させる連合国の義務に反して、スターリンは日本人をソ連で強制労働に送りこむ命令を下した。多くの日本人研究者の意見によれば、ソ連側がとったこの措置は、スターリンが北海道の占領を企図したにもかかわらず、米国が拒否したことに対する報復に相当する独自の賠償形態であった。

連合国によって合意されたソ連と米軍の軍事境界線が、北海道北部であったのにもかかわらず、ソ連の軍事・政治指導部は一九四五年初めに、すでに赤軍総司令部に対して北海道にソ連の上陸部隊が上陸することを念頭に、極東ソ連軍の戦略的な展開計画を作成するよう指令していた。それは満州の戦略的な攻撃作戦、南サハリン攻撃作戦、クリル列島上陸作戦及び釧路から留萌の線に沿う北海道北部の上陸作戦の遂行を予定していた。この計画はソ連軍の課題を以下のように決めていた。

「軍事・政治的な状況がしかるべく形成された場合

(例えば日本が無条件降伏を拒否した場合)、北海道に上陸した軍の次なる課題の決定の採択は、多くの時間を取らなかったであろう」と、ロシアの分析家は見ている。[17] これら計画の作成は、連合国との合意に背かないものであった、連合国は状況に応じて、ソ連の占領境界線が米軍司令部との合意によって変更できることになっていたからである。

ヤルタ会談の直後、クレムリンは極東作戦の準備に取り掛かり、極東への軍と兵器の転送を開始した。極東へ多くの自動車、船舶、燃料及びそれを保管するドラム缶を送った。太平洋艦隊に上陸用舟艇、トロール船、カッターなどを運んだ。全国民経済を戦時体制に組み替えるため、極東の州や地区で軍事作戦遂行に必要な、巨大な作業が展開された。

一九四五年六月二六日、二七日にクレムリンで、ソ連共産党政治局及びソ連政府の会議が行われ、対日戦争に関する赤軍の準備が討議された。この会議にはI・V・スターリン、V・M・モロトフ、N・A・ボォズネセンスキー、N・S・フルシチョフ、総司令部の司令官、将官それに極東軍司令部の将官が出席した。

北海道上陸作戦は、南サハリンの日本軍の打倒後、開始される予定となった。八月二〇日に予定されていたサハリンへの軍事侵攻に先立って八月一八日、極東ソ連軍総司令官A・M・ワシレフスキー・ソ連邦元帥は、来るべき作戦の政治的な重要性に考慮して、最高司令部本部のメンバーであるN・A・ブルガーニンおよびA・E・アントーノフに対して質問の暗号電報を送ったが、二日間回答は得られなかった。

それにもかかわらず、この状況が、必要な準備を滞ることなく続けさせた。右について、ワシレフスキーは個人的に最高総司令部に報告している。一九四五年八月二〇日付の彼のスターリン宛て(写しは総司令部アントーノフ宛て)の暗号電報の中で、特に次のように述べている「現在、私と極東艦隊司令部は北海道上陸作戦の準備に真剣に取り組んでいる。現在、我々は海上探査を行っており、航空隊、砲兵、歩兵および輸送手段を準備している。貴下のご許可により海上作戦をサハリン南部の占領後、直ちに一九四五年八月二二日ごろ始める」[18]

一九四五年八月二〇日、スターリンは、北海道上陸作戦のために第八七歩兵隊の参加準備の指令を確認した。ワシレフスキー元帥は最高軍司令部の指令を遂行しながら、同日第一、第二太平洋艦隊司令官、極東空軍司令官に対して一九四五年八月二三日の終わりまでに、北海道作戦の遂行準備を指令した。

しかし、戦線における状況は、この計画に変更をもたらした。戦況分析によれば、北海道上陸作戦は一九四五年八月二四—二五日以前に遂行され得たかもしれないことを示している。しかし、南サハリンとクリル列島作戦の引き続く戦闘は、日本軍の頑強な抵抗によって引き延ばされることはなかった。

四　極東ソ連軍の北海道上陸作戦計画の中止

この期日の到来前に、極東ソ連軍の戦略計画の根本的修正が、すでに最高軍司令部より出されていた。最高司令部は八月二二日午前、ワシレフスキー元帥に対して、北海道上陸作戦の準備を中止する命令を出した。それは直ちに、ソ連海軍N・G・クズネツォフ提督及びI・S・ユマーシェフ提督（太平洋艦隊司令官）に暗号電報で知らされた。

指令は特に、次のように述べている。「サハリンから北海道へのわが軍の上陸作戦は、本部の特別な指令があるまでは控えなければならない。第八七歩兵隊のサハリンへの転送は、継続される」[19]

これに引き続いて八月二七日に、極東ソ連軍総司令部長官S・P・イワノフ中将は総司令部の次の命令を各方面に通達した。すなわち「連合国との紛争および誤解を生むことを避けるために、北海道方面にいかなる船舶及び航空機を送ることを断固禁ずる」というものであった[20]。

北海道上陸作戦がスターリンによって延期され、その後、中止されたのはなぜかという問題が生じる。この問題は今日まで歴史家やジャーナリストが研究しており、次々に新しい文献が発見され、八月後半の極東での戦場の部隊に関する軍事・政治的、かつまた作戦上の状況の分析と総括が行われている。

「米国指導部の意向に反した北海道への上陸作戦を、サハリン・クリル列島にある日本軍を制圧しないまま行なうことは？　そして、もし日本の敗戦受諾がソ連軍が北海道の日本軍を制圧しながらも、引き続き課題が完遂されない前に署名された場合には？　この場合、ソ連にとって全く不利な状況が生まれたかもしれない。第一に北海道の戦闘を中止し、八月二九―三〇日になって初めて、サハリンは安定した状況になったこと、第二にクリル列島の南部は日本あるいは米国の管理下に残った場合、太平洋艦隊の艦船が太平洋に出る上で非常に困難となったであろう」とロシアの軍事史家V・P・ビクトリーとV・P・ジモーニンは歴史的事件の可能性について、自らの予測を立てている。

彼等の結論は、「日本に対する戦争計画の中で、北海道上陸とその占領を中止したことは、ソ連指導部が赤軍兵士の何千という命を犠牲とすることを、ソ連指導部が望まなかった結果であり、これは日本領土における戦闘行為が不可避的にもたらす損失であり、さらにこれは敵を敗北させる緊急性に従ったものではない[21]」

我々の見解では、ソ連指導部の作戦計画の変更は、日本軍の激しい抵抗、あるいは南サハリン及びクリル列島作戦の遂行が阻害されるということのみならず、連合国特に米国との関係による歴史的な事実であると考えるほうが生産的である。

一九四五年のヤルタ会談の際に、ルーズベルトはスターリンに対して日本に軍を上陸させたくないし、それは緊急の必要性がある場合だけであると述べた。「日本本土には四〇〇万の軍隊がいて、上陸作戦は多大な損失を伴うであろう。しかし、もし日本を強力な原子爆弾によって爆撃すれば全てが破壊され、その結果、多くの人命を救うことが出きるだろうと述べた[22]」

アメリカ人は日本軍、特に満州の日本軍に対する巨大な地上戦を遂行することに関心を隠さなかった。ソ連軍にその任務を負わせたかったのだ。その際、連合国は、この巨大な課題の遂行はソ連に新たな人的物的損失を伴う、多大な努力を要求するということを良く理解していた。このことが彼等をして、ソ連が提起する政治的諸条件に対して尊敬を持って対処せざるを得なくしたのである。

ヤルタ会談のはるか以前に、ルーズベルトは、戦後はソ連のあらゆる領土的要求を満足させることが必要であるとみなしていた。例えば一九四三年七月一五日在米ソ連臨時大使のA・A・グロムイコは、ルーズベルトの側近であり補佐官であったH・ホプキンスがグロムイコとの個人的会見で、ルーズベルトは米国が特に領土問題に関し、ソ連の様々な権利を承認する用意があることで、スターリンを驚かせるかもしれないと確信している、とモスクワに報じた(23)。

ソ連を日本打倒のために抱き込むことは、米国にとって決定済みの問題であり、日本領土の占領体制の以前には不明であった米国の諸計画が、現在では驚くべきほど証明している。この計画によれば、ソ連軍はクリル列島、北海道および本州の全東北地方を含む日本本土の広大な部分を占領しなければならないことになっていた。日本の分割は、ワシントンにとって占領体制を組織する重荷を相当程度軽減し、米国が占領のために用いる米軍の数を著しくし減小させ得ると見られていた。

しかし、これら計画の実現までに、ソ連と米国の関係に重大な軋みが生まれた。スターリンが戦時中かなり安定した誠実なパートナーの関係を形成していたルーズベルトの死は、ソ連に対する米国の戦略の重大な変更をもたらした。

周知のように、スターリンと米国新大統領トルーマンとの間で、関東軍の降伏と捕虜問題の詳細に関する意見交換が行われた。八月一五日、米国によって準備された「一般命令第一号」がソ連に提案された。これによれば、満州、三八度線以北の朝鮮、及びサハリンの日本の司令官たちと全ての地上、海上、航空および補助軍は、極東ソ連軍司令部に降伏しなければならないこととなっていた。

スターリンはこれに基本的に賛成したが、この文書に二つの重要な修正を提案した。「一　クリミヤの三大国の決定にもとづき、全クリル列島の日本軍は、ソ連軍に降伏する地域に編入され、クリル列島全島はソ連の領土にならなければならないこと。二　サハリンと北海道の間にあるラペールズ海峡〔宗谷海峡〕に北側で接する北海道の北半分の日本軍は、ソ連軍に降伏する地域とする。北海道の南北間の境界線は、東部沿岸の釧路市から西部海岸にある留萌市までの線に沿うものとし、両都市も北海道北部に含める(24)」

北海道の北部占領問題を提起したスターリンは、トルーマンに対して、これについて、次のような説得を試みた。「周知のとおり一九一九—一九二一年に、日本は全ソ連極東を占領した。〔シベリア出兵〕ロシアの世論は、もしロシア軍が日本本土の一部でも占領することがなかったならば、非常に立腹するだろう[25]」。

ソ連を東アジアの戦後の調整問題から遠ざけようとする考え方は、トルーマンの戦略の中で、結局、全てのその他の理由より優先されることとなった。スターリンの北海道占領の要求に対して、トルーマンが示した終始一貫した過酷な回答は、マッカーサー将軍が連合軍の最高司令官として指揮をして、その結果、日本本土の暫定的な占領に必要とみなす、ソ連軍を含む連合軍の利用を制限することとなった。

一九四五年八月一六日、トルーマンはＳＷＮＣＣ７０／５指令に署名した。それは戦後の日本の運命を決定するものであった。すなわち、「ドイツ方式」で占領地区を分割することはせずに、日本は全くアメリカ軍のみによって管理されることとなった。これにより米国大統領は、国防省の軍事計画統一委員会によって準備されたＪＷＰＣ３８５／１文書を廃棄した。この文書には日本を戦勝連合国が五つの地区に分割することが予定されていた。北海道と本州の北東部は、ソ連の管理下に置かれることとなっていた。東京も四つの地区に分割する。すなわち米国、ソ連、中華民国及び英国による四分割である[26]。

マッカーサーの回想記には、この件について次のような注釈がある、「ロシア人たちは直ちに不安を表明し始めた。彼等はソ連軍が北海道を占領することを要求した。そして、日本を二つの部分に分割することを望んだ。もう一つの要求は、ソ連軍は総司令部司令官（原注　マッカーサー）の管理下に置かずに、総司令部から完全に独立したものとする要求であった。私は断固として、拒否した[27]」。

上記の事件は、日本の戦後体制と関連して、多年にわたるソ日間の対立を生み出し、かつまた一定の意味で、日本人捕虜の運命を決定することになった。

このようないきさつがあって、関東軍捕虜の将来の運命について、ソ連指導部の政治的決定に根本的な変更が加えられた。八月一六日朝、トルーマンが「ドイツ方式」による日本の分割を拒否したとき、この事実はソ連ではまだ知られておらず、依然として北海道占領の準備をしていた。しかも、連合国との事前の合意が順守されることを念頭に置き、ワシレフスキー元帥宛てにベリヤ、ブルガーニン及びアントーノフの署名した命令が出された。

この指令には、ポツダム宣言の精神に完全に沿って、日本人捕虜のソ連領への移送は行われない、とはっきり明記されていた。ワシレフスキーへの暗号電では、特に次のことが述べられていた。「日本満州軍（原注同テキストにある）の捕虜は、ソ連領に移送されない。捕虜収容所は日本軍の武装放棄の場所で、できる限り組織する必要がある。収容所は前線司令部が管理し、捕虜たちの護衛と護送のために必要な数の軍を割くこと。捕虜たちの食料は満州にいた日本軍の基準に合わせて、現地の食料をもって充当する。収容所の捕虜の管理に関する組織と諸問題の処理については、ソ連内務人民委員部捕虜問題総局長クリベンコ陸軍中将ほか士官群を任命する」

五　日本人捕虜の強制労働割り当て計画

この指令は実現しなかった。というのは、スターリンを長とする国家防衛委員会（ＧＫＯ）が八月二三日に、「日本軍捕虜の収容、配置、労働利用」に関して、「極秘」の公印がある９８９８号指令を採択したからである。そのなかで五〇万人の日本人捕虜を、ソ連で強制労働に従事させることが詳細に述べられており、彼らのソ連生産施設への配分並びに彼等の労働と生活条件の組織化についての措置が決定されている。

この文書を引用してみよう。

一　ソ連内務人民委員部ベリヤ、クリベンコ同志は、五〇万人の日本人捕虜を捕虜収容所に収容しなければならない。

二　前線軍事ソビエト―第一極東ソビエト（メレツコフおよびスティコフ同志）第二極東ソビエト（プルカレフおよびレオ―ノフ同志）およびザバイカル・ソビエト（マリノフスキーおよびチェフチェンコ同志）

はソ連内務省捕虜・抑留者問題総局（ＧＵＰＶＩ）代表、すなわち第一極東軍パブロフ同志、第二極東前線ラッーシン同志およびザバイカル前線クリベンコ同志およびボローノフ同志と協力して、以下の措置の遂行を確保しなければならない。

(a)　極東シベリアの条件で、労働作業に肉体的に可能な者を、日本軍捕虜五〇万人から選ぶこと。

(b)　捕虜をソ連に移送する前に、一、〇〇〇人からなる建設大隊を組織し、大隊、中隊の長に捕虜の中から若い士官と下士官から成る指揮官を構成する。特に工兵隊から選ぶ。各隊の構成に、捕虜の中から二人の医療従事者を入れ、大隊には生活のために必要な自動車および車両を与え、戦利品の中から全大隊構成員に冬と夏の衣服、寝具、下着などを与える。

(c)　ハバロフスク地方には六五、〇〇〇人。内訳として、石炭人民委員部ライチホ石炭採掘に二〇、〇〇〇人、貴金属人民委員部にはヒナンスキー錫鉱石採掘場に三、〇〇〇人、国防人民委員部公共資源開発局にたいしては、兵舎の建設に五、〇〇〇人、石油人民委員部にはサハリン石油および石油精製工場に五、〇〇〇人、森林人民委員部には木材調達のために一三、〇〇〇人、海運人民委員部および河川輸送人民委員部に二、〇〇〇人、運輸人民委員部アムール鉄道に二、〇〇〇人、建設人民委員部にはニコライエフスキー港の建設およびコムソモリスクのアムール鉄鋼およびNo・１９９工場に一五、〇〇〇人。

(d)　チチンスク州には四〇、〇〇〇人。内訳は、石炭人民委員部にルカチャンチンスクおよびチェルノフスクの採掘のために一〇、〇〇〇人、有色金属人民委員部にはモリブデン、タングステンおよび錫鉱石企業に一三、〇〇〇人、木材人民委員部に製材のため四、〇〇〇人、公共資源開発局国防人民委員部には兵舎建設のため一〇、〇〇〇人、運輸人民委員部ザバイカル鉄道に三、〇〇〇人。

(e)　イルクーツク州には五〇、〇〇〇人。内訳は、石炭人民委員部に、ティレモフスク坑道に一五、〇〇〇人、公共資源開発局、国防人民委員部に対して兵舎建設のため一三、〇〇〇人、木材人民委員部に対して製材のため七、〇〇〇人、運輸人民委員部には東シベリア鉄道に五、〇〇〇人、No・399工場のために二、〇〇〇人、クィブィシェフ名称工場、No・39工場、水素添加工場に一〇、〇〇〇人。

(f)　ブリヤートモンゴル自治共和国に一六、〇〇〇人。内訳は、ジディンスク、モリブデン、タングステンコンビナートに四、〇〇〇人、ウランウデの運輸人民委員部機関車修理工場に二、〇〇〇人、森林人民委員部には製材のため一〇、〇〇〇人。

(g)　クラスノヤルスク地方に二九、〇〇〇人。内訳は石炭人民委員部にハカスのために三、〇〇〇人、エニセイ金鉱のため有色金属人民委員部に対して三、〇〇〇人、建設人民委員部および重機械製造人民委員部には、「クラスヌイプロフィンテルン」の工場建設従事のために五、〇〇〇人、No・4工場に二、〇〇〇人、森林人民委員部には製材のため七、〇〇〇人。

(h)　アルタイ地方に一四、〇〇〇人。内訳は建設人民委員部には、ルプツォフスクトラクター工場、およびバルナウルのNo・17、およびNo・77工場の建設のために六、〇〇〇人、バルナウリスクおよびビースクの汽罐工場のため運輸人民委員部に、四、〇〇〇人、バルナウリスク車両修理工場に一、〇〇〇人、有色金属人民委員部には、ザラトゥジンスク鉱山局のために三、〇〇〇人。

(i)　カザフ共和国に五〇、〇〇〇人。内訳は、カラガンジンスク州の建設人民委員部にカラガジンスク金属工場、機械建設コンビナートに一、〇〇〇人、石炭企業人民委員部には、カラガンウーゴリに一〇、〇〇〇人、有色金属委員部に、ジェズガズガンに三、〇〇〇人、東部カザフ州の建設人民委員部と貴金属人民委員部に、ウスチカーメノゴルスクおよびザリヤンスク鉛鉱山局に一五、〇〇〇人、南カザフ州の有色金属人民委員部「アチスビーポリメタール」に三、〇〇〇人、ジャンブーリスク州の運輸人民委員部のカラガンジンスク鉄道に九、〇〇〇人。

(j)　ウズベク共和国に二〇、〇〇〇人。内訳は、ベゴバッドの金属工場およびコーカンドおよびタシケントの鉄鋼・貴金属工場の建設に一五、〇〇〇人、石炭人民委員部にはアングレンウーゴリのために三、五〇〇人、石油人民委員部に、カリニンネフチのために一、五〇〇人。
国防人民委員部ブルガーニン同志に指令する。
(a) 一九四五年九月一五日までに捕虜収容所組織のため建設士官を四、五〇〇人、医療従事者一、〇〇〇人、経理担当士官一、〇〇〇人および赤軍兵士六、〇〇〇人をそれぞれ抽出し、引き渡さなければならない。
(b) 捕虜収容所のために毎月追加的に一、〇〇〇トンのガソリンを割り当てなければならない。
七 対外貿易人民委員部ミコヤン同志は内務人民委員部に対して、極東に捕虜収容所のためのトラックを一、二〇〇台、および輸送軍のために九〇〇台、そのうち一〇パーセントは「ダッジ」〔米国製トラックの名称〕を内務人民委員部のために割り当てなければならない。
八 赤軍中央軍事通信局ドミトリーエフ同志、運輸人民委員部コバレフ同志、海運人民委員部シルショフ同志および河川航行人民委員部シャシコフ同志は、五〇万人の日本人捕虜を八月から一〇月までのあいだに前線と内務人民委員部の要請に基づき、軍用列車と海運で輸送を確保しなければならない。
九 国防人民委員部フルリョフ同志は
(a) ソ連内務人民委員部捕虜・抑留者問題総局（GUPVI）に対して、日本人捕虜が臨時に滞在する場所をバイカルアムール幹線沿いに、三、〇〇〇の巨大宿舎、二五万セットの冬季用の修理された冬服、その中には毛皮裏つきの半外套、およびフェルト製の外靴を渡さなければならない。
(b) ソ連内務省に対して、日本人捕虜のために必要な数の戦利品である日本の軍服、日用品を渡さなければならない。
一〇 国防人民委員部ブジョンヌイ同志はソ連内務省に対して、日本人捕虜の内務省極東収容所のために、極東の戦利品から四、〇〇〇頭の馬を渡さなければならない。
一一 ソ連健康人民委員部ミテレズ同志および国防人民委員部軍事保健衛生局スミルノフ同志は、日本人捕虜治療のための、必要最小限の数の、療養のベッドを組織し渡さなければならない。
一二 国防人民委員部ボロビエフ同志はソ連内務人

民委員部に対して、極東の日本人捕虜を収容する内務人民委員部のために、八〇〇トンの有刺鉄線を渡さなければならない。

一三　ベリヤ同志は本件決定の遂行について、監督しなければならない。(28)

この文書は国家防衛委員会議長スターリンが署名している。こうして八月一六日から二三日の一週間の間に、ポツダム宣言による連合国の義務と、つい最近出されたばかりの命令を意図的に侵犯、日本の兵士、士官の捕虜の運命の決定に当たって、全く異なる政治的路線を押し付けたのであった。

この一週間はどう見ても、ソ連にとって有利な軍事活動の舞台となっていて、状況の変化を計算に入れた最後の意識的にとった一連の休止期間であり、ソ連の利益に答える米国の政治路線の修正を狙った連合国との交渉について可能性があり、まだ完全には希望が失われていなかった時期でもあった。

スターリンは全般的に見て、トルーマンとの対話に妥協の余地を強く期待していた。しかし、米国の姿勢が恐らく変わらないと完全に確信したとき、それまで固執していた北海道全部の占領計画は放棄せざるを得なくなって、八月二二日に、日本の領土にソ連軍が上陸する準備を停止する命令を下した。

次いで八月二三日、日本の戦後の体制に関するスターリンの計画が、巨大な政治的敗北をこうむったことに対する報復として、ソ連指導部はソ連の経済建設に、日本人捕虜を用いる決定を行ったのである。

六　捕虜か抑留者か？

ソ連が、日本の兵士や士官を強制労働に駆り立てるという、ソ連指導部の政治的決定の動機の基礎には、戦後ドイツの捕虜の運命を決定する際に会得した、本問題についてすでに持っていた経験があったのかもしれない。

敗北した後のドイツをいかに処理するかという問題は、戦時中からすでに連合国の間で討議されていた。一九四四年一月一四日に戦後処理作業に着手した欧州協議委員会で、ソ連代表から出されたソ連指導部の指令の一つは、次のように述べている。「休戦協定の署名と、軍隊の動員解除で武装放棄の後、直ちに意見対立が予見されるのは、英米案と異なり、ソ連案はこれらの軍隊を全て捕虜と宣言することを要求している。もしわが国の提案が英米側から、歴史的に先例がないとの口実のもとに反対に直面した場合、貴官は無条件降伏という、これまた先例のない原則に立って、この要求に固執しなければならない」[29]

ソ連指導部が提起したように、欧州協議委員会では、ドイツ兵と士官たちの将来の運命についての問題が論議を呼んだ。米国、英国の代表は、捕虜の地位を受けたドイツ人たちは、国際法の規範に沿って扱わなければならないという点を強調した。このことは少なからぬ物質的支出を伴うものである。なぜならば捕虜の一人一人について通常の居住空間、十分な食事および整った衣服などを保障しなければならないからである。[30]

しかし、結局、ソ連側が提案した妥協が見出された。その本質は敵兵を捕虜にするかどうかは、戦勝者の権利であって義務ではないという点にある。したがって連合国は、降伏したドイツ国防軍の軍人に対して、それぞれが適当と考えるように扱う自由がある。[31]

その後の発展を見ると、妥協案はイギリス人にもアメリカ人にも適切なものであった。「ドイツの敗戦に関する宣言」第二条第二項はそれぞれの連合国の司令官に対して、「誰を捕虜とみなすかとの決定を各自取ることができるとしている」からである。[32]

ソ連のこのような原則は、ポツダム宣言に反して日本にも適用された。同宣言第九項は日本軍の降伏したものは捕虜ではなく、動員解除であるとしており、彼らが捕虜の状態に長期間に置かれるあらゆる可能性を排除している。

日本では「シベリア抑留」という概念が、広く受け取られている。ソ連の収容所に入った者については、社会的、政治的世界では「捕虜」という言葉よりも「抑留」という言葉がしばしば用いられている。日本の司法機関もまた、この場合捕虜という定義の適用の合法性について、疑問を呈している。彼らは捕虜という概念を「敵に囲まれた者たち」あるいは「武装解除した軍」と定義し、これら司法問題と関連して生ずるものを政治的なものに変更している。

捕虜の定義を離れる試みの中で、昔からの国民的伝統、つまり武士道という、侍の名誉を規定する封建的な規範から生ずるものが、一つの役割を演じている。かつての日本の首相東条英機が東京裁判で幾度も証言したことを想起するだけで十分である。すなわち「捕虜に関する日本人の態度は欧米人の態度と異なり、遠い昔より、日本人は捕虜になって降伏することを恥ずべきこととみなしていた。したがって全ての兵士は、死に赴く命令を受け、決して捕虜にはならないのである。

このような状況下では、日本がジュネーブ条約を批准することは、一般世論にとって当局は日本人が捕虜になることを奨励していると信じせしめることになるだろう。したがって、日本の陸軍省は、ジュネーブ条約の効力に関するソ連外務省の質問に対し、条約の原則に完全に同意することはできないが、条約の適用に関し、必要な条件付で反対はしない。一九四二年一月、日本外務省はスイスおよびアルゼンチン大使館を通じて、日本は必要な変更つきで、ジュネーブ条約を順守する旨通報した」[33]

これらの変更とは、日本当局の考えでは何を意味したのであろうか。ハルヒンゴール〔ノモンハン事件〕の捕虜の運命については、これらの言葉を十分明確に示している。この戦争の帰国者の大部分は、告発あるいは銃殺に処せられた。

『日本の兵士、若い士官の心得』〔戦陣訓〕の中で、日本の軍事・政治指導部は「戦場で死ぬことは軍人の義務である」と規定している。戦闘行為における狂信性が奨励され、捕虜になる危険にさらされたとき、自殺が一般化した。「玉砕戦法」が導入され、特攻隊員、すなわち「神風」などが強制的に養成された[34]。

伝統のみならず、日本人は今日、歴史的、法的論拠について強く期待している。その際、抑留という用語の基礎に、関東軍の軍人の大部分は軍事行動の際に捕虜になったのではなく、無条件降伏の結果、天皇の詔勅を順守して捕虜となったということが強調されている。

捕虜になることは自発的に行われた。武器を放棄した日本人は、ソ連からポツダム宣言第九項にもとづき、直ちに「平和な家庭」に彼等を帰還させるということを、ソ連が順守するとみなしていた。また注目されるのは、かつての日本の関東軍は第三国で捕虜となり、一九四五年八月一九日に戦闘行為の終結が署名された後に、ソ連に移送されたという事実である。

捕虜と抑留者の間の定義についての正確な区別が、当時、ソ連の法律でも存在していなかった。以下のことを述べるだけで、十分であろう。すなわち「捕虜の定義」という一九四一年七月一日の人民委員会議によって確認されたものは、ソ連にとって国際的な捕虜取り扱いに関する協定に替わるものであり、捕虜とは特に「ソ連と戦争状態にある国家の軍の構成員に属するものであり、戦闘行為のあいだに捕獲されたもの、またこの国の市民であってソ連領に抑留されるもの[35]」となっている。様々な総括や報告の中で、これら人間のカテゴリーについて正確な区別が行われている。

一九四五年二月二〇日、捕虜・抑留者問題総局（GUPVI）は二つの部局から構成されていた。すなわち、捕虜問題局と抑留者および動員者局である。

この際注目すべきは、「捕虜」の概念そのものは、「陸戦の法規慣例に関する一九〇七年のハーグ条約」から始まる変更である。さらに完全なその定義は、一九四九年のジュネーブ条約第四条に含まれている。それは捕虜に対する処遇に関するもの（第三ジュネーブ条約）である。この問題の理解のために、かなり大量の条項の中から、その定義より目的にかなったもののみを取り上げてみよう。

条約は「捕虜とは軍に属する人間であり、義勇軍に属するものであり、自発的な軍であり、組織的な抵抗軍の参加者であり、蜂起した市民であり、および医療、司法、主計要員、報道関係者、その他であり、その他戦闘員であって敵対する者と戦闘側の当局に判断される者」と定義している[36]。

国際協定では、「抑留者」とは基本的に市民に関するものであり、一八九九年および一九〇七年のハーグ条約によって規定された抑留制度であり、また、一九四九年の第四ジュネーブ条約の、戦時中の市民の擁護に関するものである。事実「捕虜」はハーグ条約でも、一九二九年および一九四九年の捕虜に関する協定によって確立している。

「抑留」という言葉自体はフランス語の「ｉｎｔｅｒｎｅｒ」から生まれたものであり、それは「定住させる」ことを意味する。国際法では「抑留」という言葉は「軍人ではない市民の一方側の戦闘国による強制的な他の戦闘国あるいは中立国による戦闘軍人による拘束」である。[37]

日本軍の軍人の場合、抑留は中立国によって行われたのではなく、戦勝国によって行われた。一九四九年のジュネーブ条約第一条は捕虜の取り扱いに関して、「捕虜にした国は捕虜の抑留を行うことができる」と規定している。[38]さらに同条約一九条は「捕虜にしてから短期間に、捕虜は彼等の安全のために、戦闘地域から十分に離れた場所にある収容所に移動させなければならない」と規定している。[39]

こういう文脈の中で「抑留捕虜」について語るべきであると考えるが、我々の見解では、いかなる意味でも「捕虜」の地位が「抑留者」の地位に代わることはないということである。この二つの概念を巡って、今日生じている議論に関連して、一九四九年のジュネーブ条約第五条が捕虜について述べているところを想起するのが適切である。第五条によると、「あれこれの戦闘行為に参加し、敵の軍隊の手に捕われた者は、第四条に規定したカテゴリーの一つに属するかどうか疑問が生まれる。このような人間は、彼等の立場が権限ある裁判所によって決定されるまでは、本条約の保護を受ける」と述べられている。[40]

状況は明らかである。様々な法的な立場が、様々な国際条約の法的保護を意味し、敵国の当局の配下に入った人々の様々な権利がそこから生まれる。しかし、さらに「捕虜」と「抑留」の用語の絶えざる混乱は、かつてのソ連の収容所に入った日本人捕虜の正確な数、収容所で死亡し、埋葬された者の数、また帰国した者の数の決定に、少なからぬ追加的な複雑さをもたらしているがゆえに、今日までその現実性を失っておらず、学術、政治、ジャーナリスト界で絶えざる議論の対象となっている。

七　食い違う日本人捕虜の総数

ソ連の出版物で公開された最初の公的数字の一つは、一九四五年九月一日付ワシレフスキー極東司令官の総括であり、それによれば「五七万三、九八四人の日本の兵士と士官が捕虜となり、そのうち一一〇名が将軍である」となっている(41)。

一九四五年九月一二日、ソ連情報局（ソヒンフォルムビューロー）の情報では、ソ連軍は五九万四、〇〇〇人以上の日本人兵士と士官、一四八人の将軍を捕虜とし、そのうち二〇、〇〇〇人が負傷者であった。このうち戦闘地区で、直接七〇、八八人が解放された(42)。

他の公的情報源は、日本人捕虜の数字の内容を当時、最も正確に反映していたのは『世界史』であり、九巻に及ぶ本文の中で、関東軍六〇万人がソ連軍の捕虜となったとしている(43)。

しかし、この本は一九六五年に出版されたものであり、この数字は六〇年代の文献資料を総括したものを根拠としており、今日ではその正確さの検討を必要とする。

ある文献では、日本との戦争の開始後、三つの後方戦線局、すなわち、ザバイカル、第一、第二極東戦線では、満州に捕虜のための一九の前線収容所が配置されていた。軍事作戦の期間全体で、その収容所は六〇万八、三〇〇人の兵士と士官を収容した。この数から一九四五年一〇月三〇日までにソ連領に、二一万九、三五六人が移送された。同期間に移動中のものがまだ一四万七、八八二人いた。前線には二一万一、一八二人が残留していた(44)。

六〇万の日本人捕虜の数については、直接戦線に参加した有名な軍事史家、ガレーエフ将軍も挙げている(45)。

軍事ジャーナリストのラルチェンコフは、「八四、〇〇〇人が殺され、五四万三、九九〇人が捕虜となり、関東軍は存在を停止した。これは言ってみれば、わが国においても外国の新聞によっても、報道から報道へ転々として用いられた数字であり、見るところでは、その数字は実際の値に非常に近いものである。しかし、他のもっと詳細な資料がある」と彼は確言している(46)。

しかし、有名な社会評論家であり、この問題研究の第一人者の一人であるツベトフは、他の情報を持っている。「私の資料では、米側統計の数字と異なり、捕虜の数は六六万人前後であり、そのうち約六万人が死亡した」と書いている。(47)

本件の詳細な分析をロシアの学者ガリツキーが研究の中で発表している。捕虜・抑留者問題総局（ＧＵＰＶＩ）の文献を引用して、ガリツキーは一九四五年八月九日から九月二日までの戦闘期間中、六三万九、六三五人の日本人兵士、士官、将軍および軍属が捕虜となったと主張している。この数から一九四五年一二月までに、前線において直接六五、二四五人が釈放され、一二、三一八人がモンゴル政府に引き渡された。前線の収容所および軍の収容所で（主に負傷、挫傷および疾病）により一五、九八六人が死亡した。

結論的には、これらの資料に従って、彼は「ソ連領には五四万六、〇八六人の捕虜がおり、その内、山田乙三関東軍司令官を筆頭とする一七〇人の将軍、および二六、三四五人の士官がいた。一九四九年三月までに、四一万八、一五二人が帰国した。さらに六二、〇六八人の日本人は捕虜の身から家庭へ戻らなかった。しかし、この数字は前線の収容所および軍の収容施設で死んだ一五、九八六人を含んでいる。わが国の領土で命を落としたのは四六、〇八二人である」と述べている。(48)

同氏は他の論文で、様々な時期に様々な法廷に提出された公式資料の比較分析の結果、「極東の戦争で、ソ連軍は六四万〇、一〇五人の兵士と士官を捕虜とし、そのうち五七万七、一九四人が帰国し、六二、〇九六人が様々な理由で、抑留中に死亡した」と結論付けている。(49)

主として、内務省指導部の報告で強調されたソ連関係機関宛てのあれこれの情報を総合すると、それらの文書に引用されたソ連軍によって捕まった日本の兵士、士官の総数についての情報は多くの場合、本質的に不正確で、意識的に明らかな誤りを見逃している。

一九四九年一月一日の日付のある様々な情報を例に引くと、資料がかなり矛盾していることが明らかである。ある文書では、日本人捕虜の総数は五九万〇、八三〇人でそのうち四九万九、五五四人が帰国し、五二、一六五人が抑留中に死亡し、九一、二七六人がソ連領に残っていることとなっている。

別の文書では、この数字は、六三万九、七七六人が捕虜となり、そのうち四一万八、一七九人が帰国し、六四、八八八人が戦線で釈放され、五八、九四二人が死亡し、九五、四六一人が引続き捕虜の状態にあるとなっている。三つ目の文書は、同じ時期にソ連領にいた日本人の数が、九一、六一二人とより少ない数を示している。[50]

日本人捕虜の数の一定の修正方法は、捕虜期間中に死んだ者の統計に依存することになる。しかし、捕虜期間中の死亡者数も帰国者数も、捕虜として登録された数も、ソ連側は正確に文書化していない。

さらに、ソ連側の情報は、大部分ただ捕虜として、ソ連の収容所にいる囚人の数を述べるだけである。しかし、周知のとおり、捕虜の収容所には相当数の一般市民がおり、その中には、ハルビン、ハイラル、チチハル、その他のかつての軍属が入っており、日本の企業の代表者その家族、サハリンやクリル列島などに抑留された者も入っている。

たとえば、ホホツイ東部シベリア鉄道駅の捕虜収容所には、収容所の日本人全員が、南満州鉄道の従業員から成っていた。さらに捕虜となっていたのは、関東軍の軍人のみならず、中国人、満州人、朝鮮人、モンゴル人その他の国籍の者（そのうち数人はソ連からの出国者）から成っていた。しかし、大部分の文書は、これら全ての人たちが日本人捕虜とされていたのである。

特に、ソ連閣僚会議の帰還問題局のソ連外務省に対する、一九五〇年八月二五日の報告の一つの中で、一九四六年一二月から一九五〇年八月二五日までに、帰還組織は、日本に実際、一〇一万七、〇九五人の日本人を帰還させたという情報が与えられている。しかし、さらなる検討の結果、この中には五一万〇、四〇九人の捕虜と七、〇一一人の抑留者と四九九、六七五人の市民（年度別分布が書かれている）であるということが判明した。[51]

ロシアの多くのこの問題の研究者は、捕虜の数を除き、ソ連の収容所に入った日本人のあらゆるカテゴリーの人たちに関する全く異なる数字を挙げている。この証拠として、二〇〇〇年に日本で出版された『プリンス近衛殺人事件』（新潮社）が、役立つであろう。

この著者はジャーナリストのV・A・アルハンゲリスキーであり、彼はアメリカ側の統計に大きな信頼を寄せている。彼によれば、日本人捕虜の数は一〇〇万人を超え、その場合、全関東軍の軍人の数をさえ超えたものとなっている。この差についての彼の解釈は、日本側の人的死亡数の増大である。この数は、またこの本全体は、ロシアおよび日本の歴史家に少なからぬ反対と疑問を抱かせた。

この本が一九九三年一一月に出版される前に、ロシア軍少佐B・B・カルポフ氏の似たような言明が香港の週刊誌、「ファー・イースタン・エコノミック・レビュー」に載った。次いでに言うならばこの後、彼は二〇〇一年に日本で『スターリンの捕虜たち』という日本語の本を出版した。

彼は、内務省と国防省の、ソ連収容所における、日本人の囚人の総数に関する絶対的な相違を見つけた。すなわち、五七万六〇〇〇人と五一万人である。そして彼は、国防機関の資料の方がより信頼でき、真実であるとの見解を示した。なぜならば国防省の数字は、帰還事業の総括を基礎にしているからである。

カルポフによれば、ソ連の収容所で死んだ捕虜の数は、実際の数字の半分にされており、実際は一一万三、〇〇〇人に達していた。カルポフは、香港の週刊誌のインタビューの中で「収容所などで死んだ日本人の数は組織的に低く発表されている。収容所の報告の中でも組織的に低くされていた。そして、スターリンの死後も、ごまかしがソ連の外交政策上の必要から継続された。ところで、現実の姿は異なっていたし、もし内務省、内務人民委員部、国家保安委員会、国防省の虚偽の資料に基づかず、軍事文献に基づくならば、全て辻褄が合う」と述べている。

その根拠として彼は自らの数を上げている。国防省の数字によれば、一九四五年から五六年の間に一一万三、〇〇〇人の日本人捕虜が死亡し、一九四五年から一九四六年の一冬の間にそのうち二〇、〇〇〇人以上が、死亡していると述べている。(52)

同じような数字を米国側の情報も述べており、右については さらに詳細に述べられるであろう。このような数の相違の説明は、第一に、米国占領当局の意図的な虚報であり、それが「冷戦」下の現実的な数字であったのであるが、また別の理由もある。

特に占領軍司令部の統計では、ソ連本土のみならず、「ソ連の管理下にある地区」と称される中国、モンゴル、北朝鮮にいる捕虜も算入されていた。また、このほかに米国の統計数字には、捕虜と一般市民の混同による、大きな混乱があったことは理解できる。

今日の日本自体でも、別の見解が支持されている。例えば非常に有能な、この分野において権威のある日本の歴史家和田春樹氏は、ソ連の収容所にいた四人数は六〇万人であるとしている[53]。ほぼ同様な数を、全日本捕虜協会〔日本名　全国抑留者補償協議会〕会長斎藤六郎氏は、論文の中で述べている。一九八八年五月五日に行ったモスクワ大学でのスピーチで、当時、日本社会党党首で日本の衆議院議長でもあった強力な政治活動家、土井たか子氏が日本人捕虜について同様な数を、述べている[54]。

しかし、この困難な問題で決定的な点が提起されていない。多くの問題の中で、いわゆる「シベリア抑留」のことであって、その第一の問題は、もちろんソ連指導部がその政治的決定へ至った動機である。

八　「シベリア抑留」——仮説、事実、思索

連合国の合意に反して、武装解除した関東軍の兵士や士官を、ソ連が強制労働に大量投入することになった理由を分析すると、この件について軍事・政治的理由が、唯一であって、それが合理的であると主張することは困難である。あらゆる面から見て明らかなのは、この事態は、あらゆる原因の総合によって動かされたものであり、その中には経済的、イデオロギー以外のほかの性格のものもある。

賠償の基本的形態の一つとして、強制労働のアイデアは戦時中のソ連指導部の決定と一致している。一九四三年のテヘラン会談ですでに、スターリンは明確に、ソ連経済の復興のために数年間、約四〇〇万のドイツ人を復興労働に用いる意図を表明していた[55]。

このテーマは、その後の交渉では発展を見なかったが、チャーチル英首相とルーズベルト米大統領は、ス

ターリンの計画に理解を示した。ヤルタ会談での賠償問題の討議を継続する中で、戦勝国がドイツの労働力を要求することは十分に、根拠のあることと認められた。

強制労働をドイツの敗北による主要な賠償形態とするアイデアは、ソ連の外交官マイスキーも持っていた。マイスキーはモロトフに対して、ソ連が蒙った損害の補償に関する委員会を代表して、五〇〇万をくだらないドイツ人を確保し、彼らを「内務人民委員部の指揮のもとで、人民委員部によって作成された課題を遂行させる」ことを提言した。強制労動利用の価値は、これによってドイツ人が「ソ連の労働学校を通過して」、祖国に「より健全な見解と気分を持って帰国する」という点に、動機づけられていた。マイスキーの意見では、このプロセスはもし「適切な教育宣伝措置」が採られるならば、一層成功するだろうと述べている。(56)

しかし、モロトフもそのほか数人の閣僚たちも、経済的な性格を持つこの問題に、それほどイデオロギー的な目的を求めなかった。モロトフは、ドイツの工場の設備の接収や、毎年の物資の納入のような賠償形態が必要であるとみなした。しかし、マイスキーはスターリンがあらかじめ与えた支持により、自らの見解を維持することができた。(57)

一九四五年七月のポツダム会談でも本件は再び提起されず、捕虜を復興労働に用いる場合、米国政府はドイツ人の利用を拒否したが、連合国にとっては、それはあたかも当然のこととして受け取られた。

これに関連して、すでに一九四五年九月上旬モロトフ外相はバーンズ米国国務長官との秘密会談で、なぜ米国は日本人捕虜を帰国させて、ソ連がやっているように労働力として用いないのかとの質問を提起している。この言葉は、当時、ソ連最高首脳部によって採択された決定を反映したものであり、ソ連の将来の計画について、明らかな示唆を与えるものであった。ソ連指導部はいかなる方針を持っていたのか。

第一に、大量の日本軍兵士、士官の捕虜は、満州にいるソ連軍事機関に多大な困難を作り出すことになった。関東軍の捕虜大隊は、ソ連軍事機関によって創設された集結所、収容所、選別所、前線にある捕虜収容所に送り込まれた。病人と負傷者は、前線の病院に収容された。これら施設で捕虜たちは尋問を受け、必要な文書、個人票、捕虜カードを与えられた。前線の収容所では、将来、彼等が帰国するための捕虜の階層が決定された。

第一極東軍K・A・メレツコフ司令官は、回想記の中で、捕虜問題は極めて複雑であったと述べている。「これら大量な人間には食料の確保が必要であった。(自分たちの食料も底をついていた) また、熟練した医療サービス、衣服が必要であり、彼等の一時的な滞在場所の解決などがあった。最も巨大で重大な問題は、我々が全ての問題を現地で直ちに解決しなければならないとの指令を受けたことである(58)」。

当時の事件の参加者であったM・A・ガレーエフ将軍は、私的な懇談の中で、ソ連軍事当局には捕虜となった日本人兵士の命を守り、ソ連に彼等を移送する以外の選択肢はなかったと言っている。六〇万人を超える、武装解除した敵兵を、ソ連に迅速に移送する組織を作ることは簡単ではなく、ソ連軍は現地で、輸送手段やその他の可能性を確保できなかったのである。同時に、当時、満州に日本人捕虜を長期間留め置くことは、物的補給の観点からも、また、医療・衛生サービスの観点からも安全ではなかった。しかも、中国住民側からの反日行動が高まる中で、安全を守らなければならなかった。

このような状況の中で、日本人捕虜をソ連に移送することは、恐らく武装解除した日本人の兵士および士官の、大部分の命を救うために残された、唯一の手段であったかも知れない。

今日まで日本では、日本人将兵のソ連領への移送は、あたかも関東軍指導部の要請によるもので、沿海地方のジャリコボで一九四五年八月一九日に、戦闘が中止された状況の中で、ソ連の軍事代表と交渉が行われたと述べられている。しかし、この事実は文献上、まだ確認されていない。

もっとも、このような見解の可能性は、日本の研究者によってロシア連邦国防省中央文書館で一九九三年発見された、重要な歴史的文献が証明している。日本の最高軍司令部がワシレフスキー元師に宛てた書簡は、一九四五年八月二一日付(日本の敗戦に伴って、関東軍総司令部が極東ソ連軍の経営に協力するため、日本の将兵を労働力として提供することを申し入れたもので、兵力賠償の典型的な例とされている」となっている。そのなかには、両国間の戦後の調整に関する数多くの日本側の提案が含まれている。

この文書、およびその他の当時の文献は、自国の利益のために、来るべき日本の戦後処理問題に関する連合国の交渉に、自国の利益を反映させるために、ソ連に対して本質的な影響を行使した証拠とみることができる。この書簡に触れられているその他の日本提案の中には、日本人捕虜の日本国籍の喪失を含め、無償の労働力として日本人捕虜を用いる提案も含んでいて、もしこれが、ソ連指導部の利益に沿うものならばとしている。(59)

一九九三年七月、日本で公開されたこの文書は、特に「シベリア抑留」と称される通常の歴史解釈を書きかえるものである。日本の世論はそれまで、ソ連がポツダム宣言を一方的に侵犯したとして、ソ連を非難してきた。いまや六〇万人以上の日本人の悲劇的な運命の、少なからぬ責任が、当時の日本軍最高指導層にあることとなった。かと言って、このような歴史的な見解は、ソ連側に、日本人捕虜を労働に利用する以外に理由や目的がなかったということをまったく意味しない。この問題の一定の要素の一つは、ソ連の国民経済が戦争によって破壊されたことであり、それは非常に労働力を必要としていた。この追加的労働力は、問題を完全に解決するものではないが、しかし、なお戦争によって蒙った物質的被害の回復に、一定の役割を演じた。日本の軍人は行動的で極めて才能があり、かつ十分に熟練した労働力であった。このような労働力は、当局の目から見れば、あれこれの経済分野に用いることができ、その中には厳しい気候と、基本的な生活条件を欠いた、最も困難な危険な未開発地域も入っていた。

九　経済効率小さい捕虜労働

次に問題となるのは、捕虜労働の経済効率が小さいという問題である。そして、捕虜を生存させるための経費を補填することも困難であるということである。

ロシア共和国公文書館の文書を検討してみると、特に初期段階では、ソ連における外国人捕虜の利用システムは、経済的にはマイナスとなっているという結論を出せる。

一九四五年一〇月一日からソ連内務省の捕虜収容所は、連邦予算から全て支出され、捕虜労働による収入は、連邦予算の収入となった。一九四六年五月までには国家予算からの補助金は、二五二のうち一三九の収容所に支出され、一一三の収容所のみが利益を出した。捕虜・抑留者問題総局の予算収支では、一九四六年四月では、捕虜収容所の維持に支出された額は三億七、六〇〇万ルーブルであり、その年度に捕虜労働によって得た額は三億四、三〇〇万ルーブルであった。このようにして、その差額三、三〇〇万ルーブルは、国家予算から補填された。(60)

さらに注目すべきことは、日本の捕虜の維持に、欧州諸国の捕虜の維持より低い予算であった。例えば一九四六年九月一日、ドイツ人捕虜は一人当たり、一三ルーブル五八カペイカを稼ぎ、捕虜維持予算の九一・七パーセントを補填した。他方、日本人捕虜は一人当たり、一〇ルーブル九〇カペイカの平均日収で、捕虜維持予算の七〇パーセントしか補填しなかった。(61)ハバロフスク地方の収容所では、日本人捕虜の最大の定員の数は一四万人以上であったが、一九四六年―一九四九年の間、国家予算からの捕虜収容所維持費のために、六四万三、一二四ルーブルが必要とされた。(62)

しかし、内務省の捕虜収容所の作業が、黒字になった時期があった。例えば、一九四六年第二四半期には収容所維持のために三、二〇〇万ルーブル以上が必要であったが、第三四半期には三、三〇〇ルーブルであった。一九四九年、捕虜は自らを維持するための経費を一〇八パーセントも補填した。(63)

全般的に見て外国人捕虜が産み出したものと、彼等の維持のためにかかった経費を比べてみると、捕虜たちは利益をもたらさなかった、と結論づけることができる。しかし、初期段階では、実質的な無償の強制労働であって、ソ連では長年実践されてきていて、そのことは外国人捕虜のみならず自国民に対しても同じであり、いかなる疑問も呼ぶことはなかった。

この件に関して、特にジャーナリストのアルハンゲリスキーは、日本人捕虜収容所は、ソ連が日本との戦争に突入するかなり前から作られ始めていたこと、それゆえに日本人捕虜のソ連への移送は、事前に巧妙に準備された作戦であった、との仮説を立てている。しかし、文献は反対の事実を示している。すなわち、ソ連指導部の日本人抑留の決定は突然であったために、すぐに彼等を収容する物質的基礎が準備されていなかったことを明らかにしている。

外国人捕虜、特に日本人捕虜のための最初の収容所は、ソ連領では一九三九年にハルヒンゴールの戦い〔ノモンハン事件〕の過程で生まれた。収容所は数千人のためのもので、イルクーツク州のニジネウリニンスク市に設置された。しかし、ソ連に収容された兵士、士官の総数は、内務人民委員部が計画したものよりはるかに少なく、一〇〇人を超えたにすぎない。したがって、彼等はチチンスク監獄の別棟に直ぐ移送された。それは、収容所を維持することは合目的的でないということが判明したからである。収容所システムの誕生については、一九四〇年ソ連内務人民委員部に新しい部局、すなわち、捕虜・抑留者問題総局が創設され、それは捕虜の管理、医療サービス、労働利用、イデオロギー教育の実施を遂行、さらには、作戦および偵察活動も行った。

これとともに、内務人民委員ベリヤのサインのある命令、№・００９３１号が出され、それは捕虜の逮捕手続きを定めている。ソ連軍が西ウクライナ、西白ロシアに反攻する際に、この命令は出されたが、一九四五年八月に関東軍将兵の運命に、重大な役割を演じた。

ある日本人捕虜収容所では、ドイツ人その他の国の捕虜も含め、恒常的に定員を満たしていた。日本人だけを目的とする収容所の大部分は、戦時中に急いで作られたものであり、大部分は戦後作られたものである。

日本人捕虜の収容は、晩秋あるいは厳しい初冬の時期であり、収容所の管理者は非常に懸念した。西部、東部シベリアの厳しい気候条件の中で、三〇万人以上の捕虜を収容するために、状況は深刻化し、このため内務人民委員部は、日本人捕虜のための環境作りに多くの措置をとった。こうしてソ連領に日本人収容所の配置が決定され、特に満州に近いシベリア、極東地区に白羽の矢が立った。ロシアの研究者の資料から判断すると、捕虜収容所は四九カ所作られた(64)。米国諜報機関の計算によれば、一九四五―一九四六年に日本人捕虜のために、七一の収容所が展開され、それぞれが多数の収容所支所を持っていた(65)。最も大きな収容所の一つはタイシェットの第七収容所、または「タイシェット・ラグ」で、イルクーツク州には約五〇もの収容所支所があった。

しかし、日本人のための収容の準備にとられた早急な措置にもかかわらず、この巨大な集団の収容の、必要な条件にこたえることは全く出来なかった。日本人捕虜収容所の組織は正確に計画されていなかった。現地経済の可能性を考慮に入れずに収容所は作られ、収容のための必要な条件や施設などを確保することが出来なかった。このことが、彼等をして極めて不慣れなシベリアの気候条件の中で、ソ連収容一年目に、特に大量の発病と死亡に追いやる結果となった。

さらに、ソ連に日本人捕虜を移送することは、経済的視点のみならず、少なからずイデオロギー上の理由もあったと仮定することは、根拠のないことではない。なによりも多くの歴史的事実が確信させることは、日本人をマルクス・レーニン主義思想に再教育し、それによって彼等の帰国後、ソ連の利益を推進するための巨大な「第五列」〔敵対勢力の内部に紛れ込んで、諜報活動などを行う部隊の工作員〕に仕立て上げようとする目的が追求された。

しかし、広く国際慣行上、捕虜は常に和平交渉や、その他の外交活動の問題を解決する際に、敵対国に政治的圧力を与える梃子となるということは、よく言われることであるが、同意せざるを得ない。スターリンは、両国間の平和条約を締結する際に捕虜問題を外交上の強い切り札として、最初から自らの手の内から除外していなかった。日本人捕虜はこのようにして、ソ日関係の将来の人質であり、そして第二次大戦の最後の捕囚となったのであった。

第二章

日本人捕虜問題を巡る米ソ両国の激しい角逐

一　ソ連抑留日本人の本国帰還開始で米ソ合意

ソ連領土に抑留されることになった日本人捕虜の運命は、それがソ連政府と日本政府の直接二国間交渉の論点となる前に、戦後の長い年月にわたって元連合国同士であった、ソ連と米国を筆頭とするいわゆる「英米ブロック」の代表者たちとの政治的戦いの中心にあった。

ソ連の収容所に日本国民がいることと、彼らの祖国への帰還に関するあらゆる問題の継続的で困難な調整が、米ソ交渉の枠内で最初の段階で行われ、その後、米国の主導による対日理事会の枠内で続けられ、最終的に広い国際舞台、赤十字国際委員会と国連に持ち出された。この際、実際のところすでに日本との戦争以前に始まり、その終了後直ぐに顕著に現れた、米ソ対立が激化するにつれて、この問題に関する元連合国間の見解と立場の対決が急激に高まってきた。

極東でのこの対立の原因と結果の一つは、米国の指揮により一方的な方法で奪われ、一国単独で実現した、日本占領に関する政治的な主導権であった。日本での日本降伏文書の調印後、占領軍が創設された。その指揮は米国太平洋陸軍司令官であるマッカーサー元帥に委ねられた。ソ連軍が、まさに日本の領土の占領を実施する連合軍の構成から完全に除外されたのと同様に、デレビャンコ・ソ連代表の占領軍最高司令官への就任は断固としてすぐさま完全に拒否された。

実際のところ、日本占領に参加したのは、形式的な性格を持つ英軍の僅かな割当を考慮しなければ、唯一米軍だけだった。このことは米国が自国の要求を日本政府に押しつけ、自国の利益に合致する政策の遂行を可能にしたが、その政策は連合国の間で以前になされた合意にしばしば明らかに矛盾するものだった。

日本の降伏文書調印わずか四日後の一九四五年九月六日に、トルーマン米大統領は「占領初期の米国の対日政策の基本原則」という名の文書を承認、全ての公的及び米軍の機関は、その文書を活動の指針としなければならなかった。

その中には、特に対日戦に主要な役割を果たした連合国軍隊の日本占領への参加が示されており、米国によって任命された最高司令官に連合国軍隊が従うことが規定されていた。最高司令官は他の連合国の意見を尊重することが義務づけられていたが、文書で強調されたのは「彼らの間で何らかの見解の相違があった場合には、米国の政策が優先される」[1]ことであった。

こうして、米国は文字通り占領の初期から、日本を単独で管理する方針によって、ソ連を戦後日本の運命の決定から完全に閉め出して、日本国内で行われる全ての政治的、経済的、社会的、文化的改革の全面的な指揮力の確立を図った。ソ連は日本に対する勝利に決定的な役割を果たしたにもかかわらず、もはやその戦後の再建に参加することから、事実上完全に隔離されることになってしまったのであった。

日本での米国の独裁を排除して、他の戦勝国の権利と並んで、連合国である自国の権利回復を求めて、ソ連首脳部は二つの国際機関の創設に加わったが、その機関には日本に対する連合国の戦後政策の作成と実施に最高の全権が与えられるはずだった。

それは、すでに当時ルーマニアとハンガリーで活動していた、連合管理委員会の原則によって機能する対日管理会議と、主要連合国のほかに、対日戦争に積極的に参加した他の国々も含む連合国諮問委員会についての話と関係があった。

この考え方は、二つの国の利益の激しい衝突を引き起こした。アメリカ人はすぐにソ連の提案を拒否し、それによってソ連政府がこの問題を、一九四五年九月にロンドンで開かれた外相会議の最初の会議の審議に付すようにさせた。

しかし、米国側から再び拒否された。米国の外交官たちは独自の問題解決案を提案したのだ。一九四五年一〇月に、米国、ソ連、中国、英国、フランス、オーストラリア、ニュージーランド、カナダ、オランダ、つまり日本の降伏文書に調印した国、九ヵ国から成る極東諮問委員会の設置が発表された。委員会は実質的な全権は持たず、ただ諮問的な機能だけを有していた。その上、ここでは米国と米国に同調する同盟国に有利になるような権利が追求されたのだ。形式的にはソ連の要求を守っていたが、アメリカ人は実際には主たる政治的な競争相手から、戦後日本の立て直しに関する全ての政治的な影響力のきっかけとなるものを取り上げてしまっていた。ソ連側はこのような事態の成り行きを阻む最後の機会を逃すとして、この委員会の活動に参加することを断固として拒否したのであった。

外交ルートによる簡単ではない調整及びソ連と米国の外交官の間での文書のやり取りが始まり、その結果、一九四五年一二月にソ連、米国、英国の外相会議が招集された。一九四五年一二月一六日から二六日まで行われた会議の結果、ポツダム宣言で決定された降伏条件の実行原則について、妥協的な決定がなされた。米国は、極東諮問委員会の解散と新しい機関、すなわちワシントンに設置された極東委員会と東京に設置された対日理事会の創設に、同意しなければならなかった。

極東委員会を構成したのは一一ヵ国の代表、すなわち、ソ連、米国、英国、中華民国、フランス、オランダ、カナダ、オーストラリア、ニュージーランド、インド、フィリピンであった。降伏条件による義務を日本がそれに従って果たすことのできる、政治方針、原則、一般的取り組み方の作成という任務が、委員会には課せられた。対日占領軍総司令官は、その活動に際して極東委員会の指示に従わなければならず、委員会の同意なしには、日本の状況の最も重要な問題に関して、どんな方策も取ってはならなかった。委員会の活動の基本となったのは、四大国一致の原則であり、全ての決定はソ連、米国、英国、中華民国の代表の意見の一致という条件のもとでの、多数決であった。(2)

対日理事会は、ソ連、米国、英国、中華民国の四ヵ国の代表を構成員として、一九四六年二月に創設された。委員会は、総司令官の活動に対する管理機能も負う諮問機関の性格を持っていた。総司令官は、「重大な意味を持つ問題に関して命令を出すまでに」(3)理事会に相談する義務があった。しかし、実際にはアメリカ人は、この連合機関についてもすぐさま権力を手にした。その委員長の席には連合軍副総司令官で、マッカーサー司令部外交局局長のアチソンが就任したと言えば、十分であろう。

文字通りまったくの最初の会議から、対日理事会は二つの国、つまりソ連と米国の止むことのない政治的対立の舞台となり、この両国は日本に対する自国の政治的な利益を主張しようと努めた。対日理事会の議事日程のなかで、議論を呼び最も緊迫した問題の一つとなったのは、日本人捕虜のソ連及びその管理下にある領土からの帰還問題であった。

連合国の代表によるその審議の主導権は米国が握った。そうなった原因は、一度ならず袋小路にはいった米ソ会談の結果によるものであった。このときアメリカ人は、占領当局者として日ソ交渉で主要な仲介者の役割を引き受け、実際のところこの任務と完全な権利を持つ交渉過程の参加者の任務を、うまく両立させた。

ドイツとは異なって、日本占領時にはいわゆる間接管理方式の機構が機能を始めた。現実にはこれは、米国政府によって任命された占領軍総司令官が、日本政府及び天皇を含む他の公式の機関を通じて、行動するように方向づけられたことを意味していた。日本での改革の方向を決め、総司令官はその遂行のために必要な勧告（総司令官の覚書と指令）を発し、日本政府に渡した。日本政府はそれ自身の名とその責任のもとで、多くの場合必要な法制化を行って、それを実現した。

公式的には日本政府の機構の中で、日本人同胞の外国からの帰還問題は、外務省と厚生省の二つの省の管理下にあった。その他の政府機構の中で帰還問題を取り扱ったのは、いわゆる第一、第二復員省で、これらは旧陸軍省と旧海軍省を基礎として、一九四五年に創設された。ここには日本人兵士と将校の帰還についての全ての文書が保存されていた。

これと同時に、日本の議会も帰還問題に常に注意を払っていた。議員たちは議会両院の帰還促進に関する特別委員会創設の発議者であった。それは参議院では一九四七年、衆議院では一九四九年だった。

しかし、日本国民の帰還問題の解決に責任を持つ、これらの公式の機構があるにもかかわらず、彼らの前にある課題の実質的な実現を、多くの点で占領体制の厳しい条件が阻んだ。この体制の下では、本質的には米国の占領機関の管理と仲介によってのみ、日本の全ての対外関係政策が実現した。日本の外務省は存在し続けていたにもかかわらず、この条件の下で、日本政府は、外国との直接交渉、第一に同胞の帰還問題に関して、ソ連と交渉するための現実的な可能性を奪われていた。

日本当局にとって、唯一の外国との交渉ルートであったのは、国際赤十字委員会であった。この問題の解決に、また同様に支援を期待して連合国に接触するとき、一度ならず日本の外交官たちは仲介を頼んだ。しかし、対独戦争時における、この組織とソ連首脳部との協力の悲しい経験は、捕虜に関して国際法を順守するように、ソ連政府に訴えることの展望の無さをいち早く暗示していた。

これと同時に、日本政府の官庁は西側世界でのバチカンの権威を無視することなく、かつまた、この問題について援助を得る試みに着手していた。世界のカトリックの中心に、同胞が祖国へ帰還することを願う訴えや請願が、日本の国民や組織から提案された。しかし、このルートも効果は少なかった。ソ連は世界の宗教的な組織、特にバチカンとはどんな接触も持っていなかった。

そのうち早くも一九四五年の一〇月頃には日本の軍人、つまりソ連軍による捕虜についての問題は、日本で特別な緊迫性を持ち始めた。彼らの居所やその待遇について明らかにする、ソ連側からのどのような情報もなかったので、日本人捕虜の大量の死亡、ソ連の捕虜処遇の冷酷さ、ソ連兵士が日本人捕虜に対して侮辱的な行為をしているかのようなことなど、心を凍らせるような噂が日本中に広まったのだ。地元の宣伝や西側ジャーナリズムの激しい反ソ運動の影響を受けた捕虜の肉親たちは、文字通り東京のソ連軍使節団事務所のある建物を取り囲み、自分の肉親や親しい人についての情報や、彼らとの手紙のやり取りを要求した。

二　日本人捕虜の早期帰還を求める社会運動

「日本の戦争での敗北と降伏の日以来、一一ヵ月にわたって日本軍部隊の様子について全く知らされず、情報を持たず、私たちは不安とますます大きくなる心の痛みを感じています。一家の支えを長い年月の間奪われた家族の年寄りや女性、小さな子供たちは、国内の現状では極めて困難な条件下に置かれており、それが原因で至るところで、人的な苦難が起こっています」[4]と、捕虜の家族の代表者は、対日理事会のソ連代表に向けて訴えを書いた。

さらに、この手紙の中で多くの他の同じような訴えのように、日本国民はポツダム宣言のなかで決定された連合国の義務を引き合いに出して、この問題へのソ連政府の取り組みに対する希望を表していた。

ソ連の捕虜となった日本の兵士や将校の肉親たちの間で、彼らの祖国へのできる限り早い帰還を目指した社会運動が、自然に生まれ始めた。間もなくそれは、全国で幅広い社会的な支持を得て、小学生、学生、一般国民と同様に、政治家やいろいろな水準にある社会活動家をその中に引き込んで行った。

これがために日本の共産主義者たちも、ソ連にいる日本人の状況について全く情報がないことや、その帰還が決定していないことは、日本共産党の活動に否定的な影響を与え、日本でその影響力を広げることを極めて妨げているということを指摘して、何度もソ連政府に訴えた。

しかし、全てのこれらの数多くの日本国民のソ連政治指導部に対する請願書は、返事がないのが普通だった。このような現状では、公式の日本代表には米国占領当局に訴える以外には、いかなる選択も残っていなかったのである。日本国民の運命を明らかにして、彼らをできる限り早く帰国させることへの支援についての要求が、政府機関からだけでなく、個人や日本の市民組織からも、常にマッカーサー元帥の司令部に回された。世界中の世論もまた、「鉄のカーテン」の向こう側で捕虜になっている日本人の状況を知りたいという粘り強い要望を、出した。

一方、捕虜の状況は実際に極めて深刻であった。一九四六年の初め頃には、日本人捕虜の五人に一人は弱っていると分類された。病人の数（全捕虜のうち、一九四五年一一月一日は一・七パーセント、一二月一日は二・九パーセント、一九四六年一月一日は四・五パーセント）、と死者の数（一九四五年一二月は三、三八五人、または〇・八四パーセント、一九四六年一月は五、一六八人、または一・二三パーセント）はどんどん増えた。この時期の日本人捕虜の主な死亡原因は、栄養失調が四八・二パーセント、肺炎が一一・九パーセント、発疹チフスが八・四パーセントだった。(5)

まさにこのような不安な状況の中で、一九四五年一〇月一三日、米国の行政は日本の願いを聞いて、日本人捕虜の運命と彼らのソ連からの帰還の期日を明らかにする第一歩を踏み出し、モスクワの米軍使節団を通してしかるべき要求をソ連政府に突きつけた。

リーチェ米軍使節団参謀長は、帰還に関する人民委員会議全権代理ゴルベフ中将宛ての書簡の中で、「日本政府はマッカーサーに対し、満州、北朝鮮、サハリン島、千島列島、カムチャッカ地域からの日本人の帰還を許可し、促進するように、ソ連政府に頼んでほしいと願い出ている」(6)と述べた。

これに対して、北朝鮮駐留のソ連軍参謀本部及び軍司令部はソ連政府の支持を前もって取り付けて公式な態度を一致させ、またソ連外務省は日本人の北朝鮮に限定した引き揚げについてアメリカ人了解の答えを用意し、他の地域からの日本人の帰還については、調査と称して問題を棚上げしてしまった。このように、交渉のまさに最初の日から、ソ連側は本質的に、ソ連軍占領管理下にある日本人の祖国への帰還計画を段階的に実施する一方、ソ連管理下の地域では具体的な作業の詳細に関して、米ソ二国間協議を別個に行うという方針を打ち出した。

しかし、この決定もソ連当局は実現することを急がなかった。この行動を実現する基本的条件として、朝鮮の港、慶山と鎮南浦から日本の港まで帰還者を輸送するための独自の輸送手段を提供するよう、日本政府に要求が出された。これについて、二月二七日付のモロトフの指示により、デレビャンコ・ソ連代表は、文書でマッカーサーに報告した。この場合、日本人の北朝鮮からの帰還は、一九四六年三月一日から始められるだろうと計画された(7)。

一九四六年二月二七日付の「朝日新聞」は、この決定に満足そうに次のように書いた。「長い間延ばされていた、ソ連人の占領下にある北朝鮮からの日本人の帰還が、来月の半ばに始まるであろう。帰還は海路で行われるであろう。北朝鮮にいる二二万五、〇〇〇人の日本人が、帰還を待ちわびている。北朝鮮のソ連当局は日本人の幸福に関心を示し、彼らの賃金を引き上げ、援助への支出を増やし、また同じように、医療活動に注意を払っている」(8)。

しかし、この報告をアメリカ人は満足して受け取るであろうという、モスクワの予想にもかかわらず、三月五日にマッカーサー司令部代表チェンバレン少将は、次のような返答を渡した。「そちらの文書には、幾つかの北朝鮮の港からの海路による日本人の帰還についての問題があげられている。しかし、これと関係のある、朝鮮人の日本から北朝鮮への帰還と、戦闘行為中止のときにソ連によって鹵獲された日本の船舶の利用という問題は触れられていない。この両方の問題は我々の共通の問題の解決とともに、検討されるべきである。私にはそう思えるが」と、彼は続けている。「あなた方はこの可能性を検討することを認めていない。すべてこれらの問題は、我々の交渉に含まれるべきであると思う(9)」

アメリカ人のこのような出方に対して、ソ連の代表は、一九四六年三月にソウルで予定されている米ソ合同委員会の会議で、目前に迫った北朝鮮からの日本人帰還の詳細について検討を継続することを決定した。しかし、連合国はソ連から提案された条件で交渉することを再び拒否した。

それにもかかわらず、三月八日に日本船舶の航行の責任者であるコムゼン海軍少将は、次のような声明を発表した。「日本人の帰還計画は、もしソ連が、中国東北地方に捕らわれている日本人を迅速に解放すれば、七ヵ月で完了することができる。四月頃に、毎月百万人の日本人を帰還させるように船舶が、準備されるだろう。現在、日本人乗組員によって運行される百隻のリバティー型の船舶とその他の八五隻の船が、帰還計画の大部分を担っている。ポツダム宣言により、帰還するべき六四〇万人の日本人のうち、およそ一五〇万人は二月末にすでに帰還した(10)」

他方、モスクワでは緊急に、北朝鮮からの日本国民の帰還のために戦利品の日本船を使用する可能性についての問題の検討に着手した。しかし、この点に関して求められた、ソ連の省と所轄官庁の責任者たちのすべての意見は否定的なものだった。すなわち、船舶はこの目的で利用されることはないし、船舶の状態は一般的な使用に耐えないものである。この場合、ソ連が日本人の帰還のために、船舶の提供を拒否することの真の動機は、まったく別のところにある可能性を排除しなかった。

ソ連首脳部は、対日理事会でデレビャンコ・ソ連代表を通して輸送手段に関する問題を、直接マッカーサーに提起するという新しい試みに取り組んだ。そして、米国首脳部の代表者たちとの難しい調整が再び始まった。最終的にアメリカ人は、実際的に他の打開策を持たず、早くも四月五日には、ロゾフスキー外務次官に対して、「対日理事会のソ連のメンバーは、最高司令官に彼の管理下にある日本船舶の一部を日本人の帰還のために割り当てることについて、願い出ることができる」(11)と、告げなければならなかった。

しかし、停滞状況を脱したかのようだった米ソ交渉は、間もなく再び新たな障害に直面した。ソ連当局が日本人の帰還に予定していた人員を限定するよう連絡したのだ。

一九四六年四月二三日、日本にある連合軍最高司令部は、ソ連に日本と朝鮮間の相互帰還の提案をした。実を言うと、それは日本の軍人を捕虜にした連合国の政府に、アメリカ人によって差し向けられた提案だった。

これに答えて、ソ連軍参謀本部とソ連外務省の調整によって、北朝鮮からの日本人帰還の新しい原則的な条件が作成された。それは、帰還の対象となるのは一般日本人だけで、マッカーサー司令部によって準備された、取決めの草案に書かれた日本人捕虜は対象としない、というものだった。

当然、この要求は合意の主題を根本的に変えた。しかし、あまり長くない考慮ののち一九四六年七月一五日、それでもマッカーサー元帥は、北朝鮮から帰還する人のための船を提供する自分たちの準備について、デレビャンコに確認し、まさにそれによって、帰還計画から日本人捕虜を除外するというソ連の提案を受け入れた。

それに応えて、ソ連外務省から米国側に、デレビャンコ・ソ連代表を通して、北朝鮮では日本人の帰還は、日本から帰還する朝鮮人の受け入れと同様に、平壌のソ連軍司令部が取り組むという説明が、与えられた。東京で行われている交渉と同時に、米国側はモスクワで、奉天（現在の瀋陽）—大連経由による日本人の帰還について問題を提起した。その結果、デレビャンコは東京で平行して協議を始めるようにという任務をソ連の外務関係官庁からすぐにまかされた。

ソ連代表は、北朝鮮からの日本人帰還に関して採用されるのと同じ条件で、奉天―大連経由で日本人の帰還を実現することの妥当性について考えを述べた。東京に送られたアメリカ人への回答の指令文書によると、旅順港海軍基地のソ連軍当局が、帰還者を港に送り届けること、その衛生的処置、船への乗船の責任を負うことが同様に指示されていた。

この時、ソ連の提案では、奉天―大連経由はソ連軍によって管理されていないので満州近在の港を帰還に使用することを打診してきた。(12) このようにして、今や交渉は、北朝鮮にいる日本人の帰還についてだけでなく、旅順と大連の地域にいる日本人同胞たちについても行われるようになったのであった。

この問題が調整中のとき、日本人の祖国への自然発生的な逃亡が、続いていた。何万人もの元日本人兵士や将校、一般人がサハリンとクリル〔千島〕列島の地域、中国東北地方、大連と旅順港の地域、北朝鮮から、非合法な手段で日本へ逃亡した。これについて日本の新聞が証言した。

「毎日新聞」は、サハリンやクリル列島から北海道へ、小型艇やボートによる大量逃走について報道した。(13)

無断帰還の事実は、一九四六年八月一一日付マッカーサー司令部の覚書にも記録されている。アメリカ人の情報によると、毎月約百人の日本人帰還者がサハリンやクリル列島から北海道に到着したが、このような方法で日本に戻ろうとした者を逮捕するように日本政府は指示された。(14) 海上では数多くの人々の遭難事件が起こった。日本外務省の終戦連絡中央事務局の一九四六年九月の資料によると、サハリンから九六、〇三九人が、クリル列島からは七、八三二人が帰還した。(15) いわゆる日本人の「自己帰還」はその後も続いた。

朝鮮では三八度線を越えて、日本人の祖国帰還も着々と進められていた。ソウルには、家族とともにまたは一人で、満州や北朝鮮から非合法な手段でたどりついた、何千人もの日本人の援助のための特別委員会が創設された。その中には一般人と同様に、元日本軍軍人もいた。「ジャパンタイムズ」紙は、船上に中国東北地方からの二、五二四人の日本人兵士を乗せた「白竜丸」が、朝鮮から舞鶴に到着したことを報道した。(16)

これと平行して、議事日程には朝鮮人の日本からの帰還問題も提起された。終戦までに日本に約九〇万人の朝鮮人が暮らし、そのほとんどが祖国に帰ることを望んでいたことによっても解決が急がれた。彼らは日本で「二級」の民族とみなされ、この国では、法的にも道徳的にも、完全な権利を持つ生活を期待できなかった。この事情が、アメリカ人をして交渉でこの問題の解決促進のために、ソ連側に圧力をかけることを可能にした。

一九四六年七月一九日、東京でソ連政府と米国の日本占領軍代表の間で、この時期ずっと審議された問題全般に関して交渉が始まった。しかし、再び合意には至らなかった。というのは、ソ連代表は今度は、日本にいる朝鮮人の帰還のために、特恵条件を要求したからである。その上、ソ連は帰還船に必要な燃料や、その他の資材を供給することを拒否した。交渉はすぐ、七月二一日に再開された。そこでは再び古い問題、主に北朝鮮、大連、旅順港からの日本人の帰還問題が、討議されたが、見るべき成果を挙げることはできなかった。

もしアメリカ人が、ソ連の管理下にあるすべての地域からの日本人の帰還について、実現可能な現実的な合意という成果を獲得しようとソ連の要求に一定の譲歩をすると、ソ連側は交渉の個々の段階で、実際はなんでも都合のよい口実を使ってこの問題の解決を引き延ばそうと努めた。このような戦術に基づいて、ソ連首脳部は主要な帰還問題、すなわちソ連本来の領土からの日本人の帰還の開始という問題の審議を、時期的に引き延ばすという追加の可能性を得たのであった。

日本政府の圧力があって、アメリカ人はこの問題の提起をやめなかった。一九四六年二月二一日、日本政府は再びマッカーサー元帥を通して、「ソ連軍に占領されている、中国東北地方、北朝鮮、サハリン、クリル列島からの二百万人の日本人の帰還問題について力添えしてほしい」と、ワシントンに願い出た。

この新たな行動を日本当局が取ったのは、日本の首相官邸前で八万人の捕虜の肉親たちが行ったデモの圧力によるものだった。しかしこの行為もまた、失敗する運命にあった。ソ連当局は沈黙していた。別のルートでこの問題を打診しようと、アメリカ人によってなされた試みも望ましい結果をもたらさなかった。また、アメリカのA・C・ウェデマイヤー将軍は、日本の元支那派遣軍司令官岡村寧次大将らを通して、中国東北地方からの日本人帰還に関する情報を得ようと試みたが、成果はなかった。

このような状況の中で、アメリカ人は、対日理事会の自国の代表を通して活動することを決定した。六月一二日、理事会の定例会議で、アチソン米国代表はデレビャンコ・ソ連代表に対して、中国東北地方でソ連陸軍によって捕らわれている日本人の数とその現在の居所、そして彼らの帰還に関するソ連政府の計画について、理事会に報告するよう要求した。

六月二〇日、彼はこのためソ連使節団に公式の質問状を出したが、その中では以前に述べられた要求がポツダム宣言第九項の引用によって根拠付けられていた。手紙の中で、占領軍司令部の日本人帰還の進展に関する資料が、引用されていた。「米国の管理下にある地域からの日本人の帰還は、九三パーセント行われた。英国の管理下にある地域からは六三パーセント、中華民国の管理下にある地域からは五八パーセント、そしてソ連の管理下にある地域からは〇パーセントである」

これと同時に米国の代表は、ソ連の日本船舶の割り当てに関する問題に言及した。このとき今度は、彼の最終決定は、ソ連が日本人捕虜の祖国への帰還に合意するかどうか次第であった。

手紙は、次のような外交的警告で、締めくくられていた。「我が方の総司令官は、この条件の完全で素早い実現を保証するために、可能なことをすべて行った。日本人帰還の先進的な計画の実施のために、友好的な同盟政府によってこれが行われたように、同様の協力手段を片一方の政府の方が提供しないことは、広く誤解や理解不足を引き起こしうる」[17]

この文書の内容と全般的な調子は、交渉過程での米国側の戦術の変更を物語っていた。ソ連当局との関係で、その後も米国代表は新しい方針をとり、ソ連代表に対してだんだんと政治的圧力を高めていった。

六月二六日の理事会会議で、アチソンは再びデレビャンコに対してこの問題を提起し、日本人兵士と将校の帰還問題がポツダム宣言に違反している、とソ連を公然と非難した。

この後に続く七月一二日、北朝鮮、海軍基地旅順と大連の地域からの日本人帰還問題に関する、ソ連の専門家とマッカーサー司令部代表との定例会談では、両者はすでに実質的に事前の合意に達していた。しかし、このときもしソ連が捕虜を含む全日本人の帰還に合意しない場合には、日本人の部分的な帰還について、どんな交渉をすることも拒否する、と米国の代表が唐突にも表明した。

まさにこれにより、アメリカ人は再びソ連管理下の地域からの全日本人の帰還要求の中で、以前になんとか実現した、北朝鮮と旅順港と大連の地域からの民間日本人の帰還のためにソ連に船舶を提供するということ、すなわち、これらの地域からの帰還の開始についての合意を見直す用意があると強調した。

三　本国へ訓令求める在日ソ連代表部

増大する連合国の圧力を米ソ二国間交渉でかわすのは不可能だと理解し、日本のソ連代表部は一九四六年七月二三日、捕虜の帰還を開始する提案とともに、交渉の推移の状況について詳しい報告をソ連外相宛てに送った。それはゲネラロフ政治顧問の手紙の中で、次のように述べられている。「ポツダム宣言第九項は、我々に日本人捕虜の帰還を遅らせる権利を与えていない。だが、実際のところ、この条項には、いつ捕虜が帰されなければならないか、はっきりした期限は示されていない。だからといって、この側面を利用するのも難しいであろう。というのは、日本の軍隊は武装解除されたのち帰還が許されるであろう、とそこには書かれているからである。このため、北朝鮮、海軍基地旅順港と大連から、例えば一般人九〇パーセントと捕虜一〇パーセントのような割合で、帰還グループを取りまとめて、一般人と同時に捕虜を徐々に帰還させることに取り組むのが、正しいと考えるのだが。このことは、捕虜の帰還をかなり長期間に引き延ばす可能性を、我々に与えてくれるのではないだろうか。同時に、ソ連領土にいる日本人捕虜と、日本にいる肉親たちとの手紙のやり取りを許可することを早める必要があると考えるのだが(18)」

この提案がモスクワで、詳細に検討、調整されている間、交渉は再び長期の中断に入った。モスクワの沈黙と二国間交渉が事実上まったく進展しないことは、問題を政府間レベルに移行することを、今度は米国陸軍省から願い出るようマッカーサー司令部を立ち上がらせた。

その間、ソ連当局はアメリカ人の立場を打診するもう一つの試みに取りかかることを決定した。それは、一九四六年八月二八日にマッカーサー元帥に宛てたデレビャンコの書簡から明らかである。ここで彼は再び交渉決裂の原因となった七月一二日の交渉決裂に注意を集中している。書簡では、アメリカ人によって提案された日本人捕虜帰還に関する全項目の合意からの例外について、以前に合意されたことが言及されていた。

これらの合意の裏付けとして、一九四六年五月二九日付の、スミス米国大使からモロトフ外相への書簡が引用された。この中で、特に「奉天―大連経由による日本人帰還について問題を提起するとき、ソ連の手中にある日本人捕虜に関するソ連側の計画には、米国側は関心がない(19)」と、述べられていた。

日本人捕虜の帰還についての問題を先送りしようとする、この新たな試みにもかかわらず、ソ連当局は目前の出来事を完全に無視することはできなかった。米国当局の外交措置への返答の最初の行動となったのは、九月六日にソ連使節団が行った連合国と日本の特派員のための記者会見だった。ここで初めて、ソ連代表によって、南サハリンとクリル列島にいる日本人の状況と生活条件について明らかにされた。このとき、ソ連管理下の地域からの日本人の帰還の遅れは、米国当局が船舶の提供を拒否しているからだ、と説明された。

これと同時に、ソ連領土にいる日本人捕虜と日本の肉親たちとの、郵便でのやり取りの開始について発表された。このため、特別な郵便連絡制度が定められた。ソ連領土にいる日本人は赤十字の特別な二枚一組の葉書を受け取り、その葉書は一緒に日本に送られた。そのうち一枚は捕虜が手紙を書くためのものであり、もう一枚は日本からの返事のためのものであった。

このソ連使節団の記者会見はすぐさま占領当局側から、そして同様に、対日理事会の席上で激しい反発を引き起こした。同じ九月六日、日本駐在のマスコミを前にして、アチソンは日本にいるソ連使節団の広報局長によってなされた、帰還用輸送手段の提供を拒否したことへの、アメリカ人に対する非難を、激しくはねつけた。彼は、アメリカ人は捕虜の帰還のために十分な船舶を用意していることを強調し、この問題に関する交渉は、まさにソ連代表の別の要求によって七月に中断したということを、出席者に思い出させた。

アチソンはまた、ソ連管理下の地域からの捕虜帰還問題を審議するための全権を持っていないということを、何度も引き合いに出したデレビャンコの発言を指摘した。と同時に、ソ連代表は北朝鮮及び大連と旅順港地域からの日本国民の帰還問題に、取り組む用意があると発言したことに注意を集中した。これに対してアチソンは、自分の側としては「マッカーサー司令部は、人間らしい感情から日本国民を帰国させるのである。なぜならそのような義務は司令官の務めにはないからである」[20]と強調した。

連合国との関係でソ連に不利に形成され、日本国内での高まる社会的抗議行動によって悪化する、このような対決状況の中で、ソ連当局はソ連管理下の全地域からの日本人の帰還開始について緊急に決定を下す必要性に直面した。

一九四六年九月一五日、マリク外務次官がモロトフ宛てに、ソ連閣僚会議の決議のしかるべき草案を添付した、事務的な文書を書いている。ソ連首脳部の戦術と、帰還問題へのその取り組みを理解するために、我々の意見ではこの文書から詳細に書かれた抜粋を引用することが適当であろう。なぜならそれ以前と以降の多くの政治的な出来事について、そこから判断することができるソ連政府の帰還政策の基本的な主場が、この中に反映されているからである。

「日本人捕虜がソ連にさらに滞在するという問題は、現在、特に切実な政治的意義を持ち始めている。というのは、この問題の周辺では、大がかりな反ソ宣伝が行われている。(東京でのアチソン声明、ソ連にいる捕虜の肉親や家族による東京でのデモ、このデモによるデレビャンコ宛ての請願など)ソ連の国民経済の利益という点からは、日本人捕虜の労働を利用する期間ができるだけ延長されることが望ましい。

一方、国際政治的考え、すなわち日本との講和条約問題に関する、目前の連合国との交渉という観点から、日本人捕虜と一般の日本人のソ連からの部分的な帰還を、まさに今始めることは我々にとって有利かもしれない。しかも、我々の国民経済計画の遂行を本質的に妨げることができないような小規模で、日本人捕虜の帰還を行うことだ。

一般日本人の南サハリンとクリル列島からの帰還に関して言えば、ロジオーノフ氏（ロシア共和国閣僚会議の代表―筆者注）の声明により、数万人の日本人をこれらの地域から立ち去らせることは、南サハリンの町や居住区の負担軽減のためと、そこにソ連国内の移住者を割り当てるために望ましくさえあるのだ。(21)

米国側は、ソ連代表の長引く沈黙にもかかわらず、この問題を再々刺激することをやめなかった。一九四六年九月一八日の第一五回対日理事会会議でアチソン議長は、参謀部は一九四五年九月二六日、一〇月三〇日、一一月二五日、また同じく一九四六年七月二九日、八月一二日に、今まで回答を受け取っていない中国東北地方、朝鮮、サハリン、クリル列島にいる日本軍について、人員、軍備、配置を含む情報を提供するよう依頼する手紙を、理事会のソ連メンバーに送ったということを再び出席者に思い起こさせた。

デレビャンコはこれに対して、捕虜になっている関東軍部隊の人数についての、一九四五年九月一二日付のソ連情報局の発表を引用して答えたが、それはソ連首脳部の政治方針が不変であることの証拠として、みなすことができたかのようにみえた。しかし、この会議の数日後、一九四六年九月二六日にはもう、連合国軍最高司令部代表の発表で、ソ連管理下の地域からの捕虜、一般人の帰還問題に関して、連合国当局との交渉を再開し、その具体的な計画を討議する用意がソ連代表にあるという衝撃的な情報が発表された。

すべての東京の新聞は、九月二七日に、マッカーサー司令部とソ連使節団の間の交渉の新ラウンドについての情報を紙面に掲載した。例えば「毎日新聞」は、「ついに日本人がソ連領土から帰還する」と、大きな見出しでこの情報を載せ、また、同胞の到着を首を長くして待っている、日本人グループを撮った写真も載せた。

これと同時に激しい議論が、日本の国会の参議院で行われ、すぐさま大きな社会的反響を呼んだ。それは世界の多くの国のメディアを通して伝わった。状況を判断し、議員たちは激しい発言をソ連に向け、ソ連首脳部が相変わらずポツダム宣言に違反していることを非難した。これと同時に、同じように厳しい批判が、とられた手段の不十分な実行性と非効率性のために、日本政府に向けられた。その年の冬までに、少なくとも百万人の日本人をソ連から祖国へ帰還させるという目標が、政府の前に提起された。これと同時に、小柳富太郎日本自由党代表は、帰還した同胞を全面的に援助するよう、政府に呼びかけた。

議員たちの攻撃的な姿勢と発言の厳しい追及によって、一九四六年五月に任命された日本の吉田茂首相は、自身の現況に対する見方を述べざるをえなかった。彼は再び、「中国と南洋地域からの日本人の帰還は、米国の援助により今年の末か来年前半に終わる予定である」ことを、集まった人々に思い起こさせた。その同じとき、あらゆる努力にもかかわらず、ソ連からはその間、その領土にいる日本人についての情報でさえも受け取れなかった。日本が置かれているような占領状況では、日本は国連に援助を願い出ることしかできないと言い訳して、日本の首相はそれと同時に、当時、ワシントンで行われていた米ソ交渉での、連合国の援助によるこの問題の肯定的な解決への希望を表した。また、吉田首相は外国から帰還した日本人の援助のための運動を日本全国で始める提案を、間もなく国会や他の機関にすることを知らせた(22)。

実質的な決定をするために、九月二八日にマッカーサー司令部は、デレビャンコ宛てに覚書を送った。この中で、帰還開始の準備に関する具体的な提案が述べられており、また、このために必要なことが問われていた。モスクワでは差し迫った帰還計画の入念な検討が始まった。ここでは、理事会の代表者たちによって、最新の覚書の中で提起された問題の内容が詳細に述べられた、東京から届いた電報が詳しく調べられた。

一〇月一日、ソ連外務省に帰還問題に関するゴルベフ閣僚会議全権臨時代理から、三つの課題が挙げられた書簡が届いた。その一つは、日本人帰還の指揮を、帰還問題に関するソ連閣僚会議全権に委ねるというソ連閣僚会議の決議の採択を早めることだった。というのは、「決議が行われるまでは、準備作業が行われ得ないし、準備期間が短縮されると帰還組織やソ連の様々な省を面倒な事態に陥れうるからである」

二つ目は以上の課題に基づいて、「ナホトカとホルムスク〔旧真岡〕の港に、人員を円滑に送り届けることを保証する準備のために、一〇月いっぱいが必要」のために、帰還の開始は一一月に移すことが決められた。

第三に、全体の日本人帰還計画は、それぞれの港から日本人を運ぶために、アメリカ人によって割り当てられる船舶の数と収容力についての、正確な資料が調べられた条件のもとでのみ作成されうると伝えられた。書簡の中では、次のように指摘されている。「用意ができない場合には、中継収容所があふれ、それに関連して人員の配置と配給の正常な条件が満たされない状況を招きかねない」(23)

一〇月四日、日本人の捕虜と一般人のソ連からの帰還に関するソ連閣僚会議の決議が出され、予定されていたように、帰還に関するこの仕事はソ連閣僚会議全権に委ねられた。この決議に基づき、軍参謀本部にソ連外務省側から、帰還する日本人に食料や軍装品などを確保する問題の調整に取り組み、これと同時に北朝鮮と遼東半島にいるしかるべきソ連軍の部隊に、この地域からの日本人の帰還の準備と実行について指示を出すように助言がなされた(24)。

最後の指示はどのような反駁も呼び起こすことはできなかった。というのは、現地のソ連軍司令部、そして個人的に、第一極東前線司令官メレツコフ元帥は、住民に食料や必需品を供給するのが困難な状況になっていることから、これらの地域からの日本人のできるだけ早い出発に関心を持っていて、それまでに何度も中央に対してこの問題を提起したからである。

一九四六年一〇月一一日、政府の決議に続いて、二五、〇〇〇人の健康な捕虜を帰還組織に引き渡すことを規定したソ連内務省の命令が出された。実際の労働者大隊から成る彼らを出発させることが、命令された。

負傷者と慢性病のある元日本人兵士と将校たちは、すでにソ連へ送り出す前に祖国に帰された。しかし、輸送があまり整っていないので、その中に入れず、ソ連の収容所に到着した少なからぬ者たちは、短期間でその労働能力を回復させるのが不可能なほど弱っていた。その上、収容所が整っていないこと、食事があまり良くないこと、厳しい労働条件が、まさに捕虜の一年目における死亡の最も大きな割合を決定し、病人と労働不能な捕虜の数をまたたくまに増加させた。

一九四六年末には、食事の悪化に関連して、収容所の囚人に新しい試みがもたらされた。旱魃《かんばつ》と国の多くの地域での不作によって飢饉が起こり、それが今度はすぐさま、収容所の食料供給に影響し、食事水準の急激な悪化を引き起こした。以前なら、食事の配給量は生産の規準量に応じて変化したが、限られた資源の中で、じゃがいも、野菜、パン、穀類の追加中止について、次から次へとソ連内務省の命令が続いた。一二月一日から体力の弱った者と同様に、働く捕虜もあらゆる種類の追加の食事が奪われたが、食事の配給量はもう実質的に人間の生理学的な必要最小限の限界にあった。

供給の中断、不足する食品に代わる質の悪い代用品、収容所の上層部が統制を強めざるをえなかった食料の横領などによって、問題は悪化した。これらの全ての状況が、当然、捕虜の健康に影響せざるを得なかった。

しかし、それにもかかわらず、モスクワは自分たちの実地経験にとって不慣れな帰還のシナリオを詳細に検討した。ソ連の収容所での帰還者の選出規程に違反して、病人と弱った者を帰還者の中に含めることを禁じた。帰還者の身体的な状態と気持ちに対する日本社会の注視を、内務省首脳部は考慮したのだ。

ソ連から祖国へ日本国民を最初に帰す団の出発が、障害者、病人、ジストロフィー〔栄養障害や組織の代謝障害などによって起こる身体の変性・萎縮の症状〕で弱った人々でなかったことは、祖国への帰還の重苦しい構図を和らげ、地元や外国のジャーナリズムが日本で描いた、ソ連の捕虜の恐ろしいイメージを払拭することになったのだが、それはソ連当局の意図ではなくて、その当時何らかの別の理由によって指図されたものだ、と見なすのは間違っている。

一方、両国の専門家の、協定の本文に関する面倒な仕事が続いていた。

四　在外日本国民の祖国帰還米ソ協定の締結

ソ連からの日本国民の帰還に関する協定の準備と調整は、かなり困難で長い道のりだった。ソ連と米国の専門家は交互に両国の代表によって提案された審議される予定の文書の草案を拒否した。協定の準備に責任ある外務官僚たちから、文書の不十分な検討と研究のかどで、デレビャンコ・ソ連代表に対して多大な非難の声が上がった。

ソ連閣僚会議の帰還問題に関するK・D・ゴルベフ臨時全権代理の、一〇月一六日付のマリク外務次官宛ての書簡で「自国の偵察目的のために日本人の帰還を利用し」、「帰還に費やされる全ての物質的支出を日本政府でなくて、ソ連の勘定に押しつける」アメリカ人の意図に対して、注意を強調した。

アメリカ人によって提案されたソ連領土のサハリンとシベリアをソ連管理下の占領地域として定義する考え方などに、特別な注意が向けられた。これらやこれらと同様の問題点、不備、間違いにより、交渉をモスクワに移すことさえ提案された。(25)

新しい米国の協定案を検討して、ソ連の専門家たちは結論を出した。すなわち、一九四六年一〇月三〇日に、他の原則的な意見をもとに、帰還者を日本に送り届けるというこの提案は、米国自身が責任を放棄し、それを日本人に転嫁しようとする米国首脳部の意図が含まれていることを指摘した。このことは、ソ連にとって政治的に受け入れがたいものだった。というのは、協定は日本人とではなく、米国側と結ばれたからである。(26)

一一月二六日、マッカーサー司令部と対日理事会のソ連代表との間で、書簡のやり取りの結果、一二月七日までに最初の日本人グループの帰還日本船をソ連の港に入港させるための合意が達成された。しかし、完全な帰還は、帰還に関する米ソ協定の正式調印まで延ばされた。

この変更の主唱者となったのは、一二月一一日にソ連外務省にこの問題に関して問い合わせた帰還問題全権管理局であった。一二月二日から五日までの期間に、ナホトカ、ホルムスク、大連の港から、一六、五七八人の日本人の捕虜と一般人が出発する、と伝えられた書簡の中味は、次のようなものであった。

日本人捕虜と一般人の帰還問題に関するアメリカ人との協定が、デレビャンコ将軍によってこれまで調印されていないため、ソ連領土からの日本人の捕虜と一般人の帰還を、協定の調印まで差し控えることが必要であると考える。同時に、海軍基地旅順港地域での厳しい食糧事情に関連して、一ヵ月に五〇、〇〇〇人までというメレツコフ元帥のおおよその計画を基礎にして、遼東半島地域からの日本人の帰還を続けることは、可能であると思うのだが。(27)

ソ連とソ連によって管理されている地域からの日本人の帰還、また同様に、日本から北緯三八度線以北にある朝鮮地域への、朝鮮人の帰還についての協定が、一九四六年一二月一九日に東京で調印された。この条件により、帰還を希望した日本人捕虜と一般人は、一ヵ月に五〇、〇〇〇人という基準で帰さなければならなかった。ソ連は帰還者を出発港に送り届け、マッカーサー元帥司令部によって提供された船舶への乗り込みを、保証することに合意し、マッカーサー司令部は乗船の時点から帰還者が家に戻ることに責任を負った。その上、日本政府が、帰還に関連する全費用を負担し、また、船舶への燃料や食料の供給、帰還日本人の衛生条件や健康状態などに、責任を負わなければならないということが取り決められた。

協定調印後間もなくして、帰還者のための船舶の申請が日本に出された。それによって、二、五五五人の日本人帰還者を乗せた船が一九四六年一二月末までに日本に到着した。

「ロイター通信」東京特派員の報告によると、一九四六年一二月末までに占領当局により、「ソ連当局管理下の地域にいる約一二五万人の日本人、東南アジアで英国管理下にある八〇、〇〇〇人の日本人、オランダの管理下にある一三、五〇〇人の日本人のほかに、太平洋の他の全地域からの日本人の帰還を終わらせるということが計画された」。その資料によると、このときまでに「占領以来、すでに日本に五〇〇万人以上の日本人が戻った」[28]ことになった。

一九四七年一月三日、マッカーサー司令部は日本から南朝鮮、琉球諸島、中国、台湾の住民の帰還が完遂したと実際に報告した。翌日発行された占領軍の新聞「スターズ・アンド・ストライプス」紙は、この作業に関する詳細な報告を載せている。「日本の港から、一、七一三人の琉球諸島と南朝鮮への帰還者を載せた七隻の船が先週出港したことは、帰還計画の完遂を意味する。この計画によって、一九四五年八月から九〇二万九、七七五人が南朝鮮に、一四万九、三〇三人が琉球諸島に、そして六三、三九七人が中国と台湾に帰還した。戦争終了時日本にいた、南朝鮮、琉球諸島、中国及び台湾の住民のうち、一一二万二二五人の朝鮮人、六〇、六九七人の琉球諸島からの住民、九、六〇三人の中国人と台湾人が、帰還の権利を奪われ、日本に残った」。その期間日本には、帰還を望んでいた北緯三八度線以北の朝鮮地域の元住民一〇、〇〇〇人がいたということが、ここで指摘もされていた。この計画によって、彼らの帰還は一九四七年三月初めに遂行されなければならなかった[29]。

これとは重複して遅らされたソ連からの帰還日本人及び彼らが祖国に戻る時期の決定を難しくした人員の不明確さは、米国当局に大きな懸念を呼び起こさずにはおかなかった。このため、バーンズ米国国務長官の声明は、かなり示唆的に響いた。彼自身の言葉によると、「ソ連の日本人とドイツ人の捕虜の解放を達成することが、できなかったことに関する自責の念から」[30]その地位を捨てた。

「ニューヨークタイムズ」紙の主張によると、「バーンズは、講和条約についての交渉時に、モロトフにこの問題を提起し、日本人捕虜の数に関する情報の提出を依頼し、また、ソ連の意図について質問した。しかし、この質問に対する満足するような答えを彼は得なかった」[31]。

日本政府自身も、不安がおさまらなかった。ソ連代表への個々の市民や組織からの願いや訴えという形での、帰還促進を求める自然発生的な動きが、だんだんと組織化された形を取り始めるようになった。一九四七年一月、最初の社会的な機構、外国残留日本人の援助に関する衆議院議員連盟と、外国残留兵士と船員の帰還促進に関する家族連盟が創設された。

これらの組織のなかで重要な役割を果たしたのが星野芳樹で、大蔵官僚から満州国国務院総務長官となり、その後第二次近衛内閣の国務大臣（企画院総裁）や、東条内閣の書記官長を務めた星野直樹の弟である。星野は一九四七年初めにソ連抑留から復員してすぐ、ソ連における日本人捕虜の抑留に抗議して、東京の中心で四〇日間のハンストを行った。このセンセーションを巻き起こした行動は、その後、高い知名度だけではなく、日本の国会の参議院議員の席を彼にもたらした。

前述した組織と並んで、一九四七年には中央と同様に地方にも、数多くの同じような方針を持った社会的な組織が結成された。その中で、積極性で特に際立っていたのが、学生在外同胞援護同盟と、外国残留日本人の帰還促進に関する全日本連盟であった。後者は、一九四七年一〇月八日に大阪で行われ、ソ連からの日本人の帰還促進のための措置を取ることを要求した、五〇、〇〇〇人集会という大規模な行動で、特に知名度を持ち始めた。ちょうどこの一週間後に、それに応じた請願が、三〇〇万人の署名入りで日本のソ連使節団に送付された。

ソ連からの日本人捕虜の帰還に関する問題は、日本社会の主要な全国民的課題の一つに変わり、マスメディアで広く報道され、ラジオや映画の主要な話題となった。しかし、日本の世論の注意をソ連側からの合意違反に引きつけようとする、個々の市民や組織の全ての試みは、ソ連側によって「反ソ行動」や「反ソ宣伝」とみなされ、これに対する全ての責任は占領軍司令部と個人的にマッカーサー元帥に負わせた。

ソ連当局の立場の変化への明確な希望を、一九四七年三月一〇日にモスクワで行われた外相会議の定例会議に連合国は結び付けた。すなわちそのとき、ベビン英国外相により、ソ連領土における外国人捕虜の存在や、彼らの祖国への帰還の展望などについての正確な情報がソ連に質問された。しかし、ソ連首脳部は外交的策動を続け、国家機密の範疇に入れられた情報を広く知らせることを急がなかった。

ゆっくりとした帰還の速度は、問題に対する全般的なモスクワの態度がなければ、多分、このような連合国のひどい懸念を呼び起こさなかったかもしれない。有刺鉄線の向こうのバラックの回りは、高度の秘密の雰囲気が支配していた。厳しく制限された手紙のやり取り、あらゆる政府や社会的な組織の収容所訪問の禁止、外国の大使館や使節団を通しての人道的援助の拒否。すべてこれらは、連合国側からのソ連に対する信頼の増加を決して促さず、日本国民の間で不安を募らせた。日本国中でソ連からの同胞の帰還遅延に対する定期的な抗議行動が広がった。

この運動を抑えようと努めて、一九四七年二月一八日、デレビャンコはマッカーサー元帥を訪問し、これが原因の不満を表した。自分の側からは、最高司令官は問題の厳しさを和らげるために次のことに対する注意を強調したうえで、付け加えた。「全てのソ連からの帰還者は、素晴らしい状態で到着している。私にはこれに関して、どんな批判的な意見もない(32)」

この意見を彼は、一九四七年四月二八日のソ連代表との会議でも繰り返した。元帥の言葉によれば、「ソ連からの日本人捕虜の帰還はうまく運んでいる」「日本人捕虜はソ連から非常によい形で帰ってきている」と、強調した(33)。

このマッカーサー発言を聞き、デレビャンコはすぐさま相手に、ソ連にいる日本人捕虜の状況について、米国のジャーナリズムが故意に虚偽の情報を広めていると非難することで答えた。彼は次のようなことを引き合いに出した。「最近、『スターズ・アンド・ストライプス』紙に出た記事で、『ソ連にいる日本人捕虜のひどい状況についての記事を載せることは、これらの記事が事実に矛盾するときに、どんな意義があるのか』と一人のアメリカ兵が質問している。兵士は、アメリカ人捕虜がフィリピンで置かれていた、悪夢のような条件を思い起こさせたのであった」

これに答えて、マッカーサー元帥は「実際、日本軍の米人捕虜は悪夢のような条件下にあったし、ソ連では捕虜に対して好条件が作られたことを、日本人自身が認めている(34)」と、確認しなければならなかった。

ソ連代表にとって、この最高司令官の発言は、日本人捕虜の身体的な状況の改善に関して、モスクワで取り組まれた対策と措置の著しい効果を証明する肯定的な印であった。

一九四七年一月三〇日、収容所での高い発病率と死亡率を確認し、食事や衛生活動の改善に関するものも含めた、現状の改正に関する一連の方策を内容とする、数多くの命令、指令、回状に、S・N・クルグロフ内務相は署名した。

「捕虜の身体の健康に関する組織の施策」が確立され、それに従って、内務省の所有する住宅基金の施設に、一〇万人用のサナトリウムが作られた。全ての健康な捕虜は、経済団体の住宅基金の施設に作られた生産収容所に、移された。ソ連内務省捕虜・抑留者問題総局（GUPVI）は、全ての割り当てられた建築資材を、所有する収容所の整備と拡張に完全に利用するよう命令を受けた。収容所管理局長と政治と実施作業関係の副局長宛ての指令の中で、死亡率と発病率の低下に関する内務省の命令に対する、現職からの解任や起訴までも含む、高い責任の程度が予め記されていた。

一九四七年一月と二月に、クルグロフの改善課題に関してうまくいっていない捕虜収容所に、ソ連内務省捕虜・抑留者問題総局の代表が派遣され、彼らにより、そこの捕虜のひどい身体的状態と高い死亡率の原因が明らかにされた。この後に、原因を取り除くための具体的な対策が続いた。三月二日、共和国の内相、地方と州の内務人民委員部局長は、捕虜のうち収容所で専門として医療を生かせる労働者を、最大限に利用することについての、ソ連内務人民委員部の命令を受け取った。このとき指令の中で、捕虜の医療労働者が従事することを禁止された作業の種類が、定められた。

これやその他の対策の結果、捕虜の身体的な状態は、本質的に変化した。発病率と死亡率は下がり、労働能力一級と二級のグループの捕虜の数が増加した。しかし、全般的に状況は厳しいままだった。他より条件が悪くない捕虜収容所では、成果がよく上がっていない状況がスターリンに報告された。しかし、当時、彼は生産計画と目標が挫折することとの脅威、また、活動能力のない労働力を扶養するような経済的採算性が低い、収容所の人員の死亡率と発病率には対策が立てられなかった。

この方針によって、収容所当局はまず最初に、基本的にひどく病んでる捕虜と労働能力がない捕虜を帰還させる方針を実施することになった。一連の帰還者の中には、障害者、結核患者、慢性の外科患者、第一と第二段階のジストロフィー患者、また、長期にわたる労働不能者が含まれる。

この時期の状況は、このように出来上がった。祖国に戻るほとんど唯一の可能性は、日本人捕虜にとって労働に耐えない体を意味し、これが彼らを自分の体を故意に傷つけたり、わざと衰弱したりという道に押しやったり、収容所の集団の倫理的状態に悪い影響をもたらした。この結果、ソ連内務省捕虜・抑留者問題総局の職員は、帰還者の中に生産成績優秀者を含めることに関して、一連の措置を取った。このことは、一九四七年半ばから効果を出し始め、収容所の中の倫理的状態の正常化と労働生産性の向上を促し、日本に帰るソ連収容所の捕虜の身体的状態についての、一般的な印象を著しく改善した。

基本的に大部分の日本人捕虜の気持ちと彼らの政治的宣伝への態度は中立的だった。ある者は収容所の規律を順守して受動的に帰還を待ち望んだ。主に将校から成る別の日本人たちは、収容所当局に反抗し、何事にもソ連に対して敵対的態度を保った。収容所の人員の中に心から社会主義に同調し、宣伝を信じた者がいたという事実は否定しない。しかし、追加の配給食料、きつい肉体労働からの解放を得ること、より早く帰還することへの欲求から、収容所当局に迎合するような者が少なくなかった。

五　有能な日本人捕虜のイデオロギー教育

日本人捕虜の中から、最も能力があり信頼の置ける活動分子が、イデオロギー教育センターでの教育のため、モスクワ（「モスクワ・イデオロギー教育学校」）と、「民主主義学校」、「青年学校」、「政治学校」があるハバロフスクに派遣された。同様のタイプの機構は、捕虜のいる全ての大きな町には、どこにでもあった。

反ファシストの講習会や学校で勉強した七三、七五六人の捕虜のうち、二一、一三七人、つまり約二八パーセントが日本人だった。全てのこれらの講習会と学校は、啓蒙的な役割だけを果したのではない。日本共産党に参加させる目的で、捕虜たちはそこで集中的にイデオロギー教育を受けた。

捕虜の間での反ファシスト活動は、ソ連内務省捕虜・抑留者問題総局の一九四六年の活動総括についての書類から分かるように全体として、「基本的大多数の捕虜のソ連に対する忠実な態度を獲得すること、ソ連領土での日本の軍隊が原因となった破壊の自覚と、それに基づく収容所での勤勉な労働を捕虜たちに理解させること、祖国に戻ったときに民主主義で自国を再建し、ファシズムの痕跡をなくすために戦うことのできる、不屈の反ファシストを捕虜のなかから育てること、残虐行為に関わった者やファシスト分子を摘発することに、彼らの協力を利用すること(35)」を、その目的とした。

これについては、特にゴルベフ・ソ連閣僚会議全権代理が、チェルヌィシェフ内務次官に宛てた、最初の日本人帰還者グループのナホトカからの出発についての、一九四六年一二月一一日付の書簡が証明している。

書簡では、次のように書かれている。

……日本人帰還者の最初の経験から、我々は次のような結論を出すことができる。最も反動的な気持ちを持った一部の日本人将校と兵士は、我々の措置に反して、我々に敵対的な煽動に出て、これが最も取り残された日本人捕虜の一部の間で共感を得ている、と見なすことが必要である。この反動的な一部の兵士と将校を、まず最初に日本に出発させることは不必要であるし、我々の害となることさえあるかもしれない。

これにより、次のような対策を取ることが必要と考える。

一　内務省の収容所で最も反動的な兵士と将校をふるい分けして、彼らを最終の帰還機関の収容所に送る。このことは、これらの兵士と将校のなかで、より長い教育活動を行うことを可能にする。

二　祖国に戻ったときに、日本での民主主義的改革で好ましい役割を果たすように、最も民主主義的傾向を持った兵士と将校を、日本に最初に出発する帰還機関の収容所に送る(36)。

このカテゴリーの人員の祖国への帰還は、概してソ連共産党中央委員会の決定に基づき、個人名簿によって行われた。そしてここでは、事は決して伝統的なソ連の官僚主義とは関わりがなかった。それどころか、どの反ファシストも、他の捕虜が待ち受けていたのと同じ運命が、彼を必然的に待っていたかどうか、収容所当局の決定の正しさについて、疑いが持たれたのであった。

これらの問題は帰還の速度に影響を与えずにはいなかった。ソ連筋によると、一九四七年四月から九月の間に一六万六、二四〇人が出発した。しかも、そのなかには輸送可能な病人だけでなく、恵まれない収容所やソ連国防省（ＭＶＳ）〔一九四〇年代の国防省のロシア語呼称〕の特別労働大隊に配置された捕虜もいた。支持された人員のほかに、一九四七年八月二八日付のソ連閣僚会議の決議により、ソ連内務省は、大尉より高くない階級で仕事についていない日本人将校の捕虜と、文官一二、五〇〇人を解放し、帰還機関に引き渡した。(37)

その際、一九四七年から、全ての捕虜の帰還は、ソ連閣僚会議帰還問題管理局を通してのみ、行われるようになった。恐らく、スターリンとモロトフは、内務省の機関に完全な信頼感を持たなかったので、大きな国際的反響を考慮して、常に連合国の注目の的になる問題の解決にあたって、彼らの職権をいくらか制限することを決めたのであろう。

帰還した一般日本人同様、日本人捕虜を迎えるために、一九四六年五月六日、米国占領軍司令部により、帰還についての壮大な覚書「ＳＫＡＰＩＮ‐九二七」が、公布された。基本的には、この問題に関して以前に発布された全ての指令が廃止され、外国から到着する日本人の受け入れと、他の国民の祖国への出発に関する複合措置が法的に定められた。これは、帰還者の輸送手順の決定や、医療衛生管理、外貨、株券、その他有価証券、財産などの持ち込み及び持ち出しの基準と手順を含んでいた。

帰還者の援助のために、全ての地方引揚援護院をその管轄下に置く特別管理局が、日本の厚生省に創設された。この援護院は、帰還者が上陸するすべての港に置かれていた。地方援護院の責任者は、県知事であった。援護院の機能には、次のようなものがあった。帰還者の受け入れ、医療援助、帰還証明書の発行、衣類や食料の供給、一時的な住居の提供、居住地に行くこと、荷物の輸送に関しての援助、いろいろな種類の相談などである。

到着地と地方での政府の引揚援護院の仕事を支援したのは、同胞援護協会と在外同胞援護協会の、二つの社会的組織であった。これ以外に、朝鮮在住者の引揚援護協会、在満州及びモンゴル同胞援護協会、在中国日本人援護協会といった、他の市民組織も活動した。

その後、この組織の再編が行われた。最初、引揚援護局と復員援護局は別々に存在したが、一九四八年五月三一日から、前述の二つの組織を基盤として発足した、引揚援護庁という、統一機構が機能し始めた。

全てのこれらの綿密に組織された準備にもかかわらず、地方当局と占領当局は、日本の新しい戦後の実情に、正常かつ順調に適応するための必要条件を帰還者に保証したものの、事実上実行されていない問題にただちにぶつかった。祖国に帰国するに当たって、元捕虜たちを待っていたのは、多分、ソ連に抑留されているときよりも小さくない、日常生活上の、また心理的な苦難であった。

函館市の引揚援護課によって、一九四七年五月に発行された『引揚者のための便覧』には、次のように書かれている。

「政府としかるべき機関は、格別に大きな困難を克服し、祖国の幸福のための戦争で極めて大きな苦難を耐えた、あらゆる階級の元兵士と将校を、また同様に、祖国の幸福と繁栄のために、遠く海の向こうの国で開拓民として、自らの力を捧げた同胞をしかるべく迎えるために、全力を尽くしている。

しかし、敗戦の結果続いた厳しい困窮のため、また同様に、極貧と経済の崩壊のため、あなた方が受けるのが当然の援助をすることができない。長年離れていた祖国に戻ってすぐは、多くのものがあなた方には奇妙に思えるであろう。というのは、敗戦の結果、祖国では多くのものが変化したからである。しかし、絶望に陥ってはいけない。あなた方は一致団結して、できるだけ早く平和な日本の建設に取り組まなければならない」[38]

帰還者のために、新しい生活の現実に適応するための、政府の援助と社会的特典の制度が作り上げられた。しかし、実際にはこれらの措置は、しばしばただの空文となった。はるかに大きな注意が、帰還者が新しい生活条件に心理的に適応することに払われた。これに関連して、すでに帰還の一ヵ月目から、元捕虜と一般人の輸送用に予定された船で、新聞やその他の文献を発送する決定がなされた。

「スターズ・アンド・ストライプス」紙は、次のように書いた。「間もなく、船長による講義を含むプログラムが作り上げられるが、それには文部省が二〇〇万円を支出した」。また、「およそ一〇〇万人の帰還すべき人が、ソ連管理下の地域から到着するだろう。きっと、彼らのうち多くの者たちに、長い間にソ連の考えが吹き込まれたであろう」と、述べられた。「ソ連地域からの多くの帰還者は、日本語で印刷され、占領政策の崩壊や、マッカーサー元帥の行為に国民が憤慨していることについて、書かれた新聞を持ってきた」[39]とはっきり書かれていた。

しかし、イデオロギー的な感化の方法だけが、ソ連の収容所から再び戻った人々のために定められていたのではなかった。これは、新聞「アカハタ」が書いた事柄である。「ソ連の民主主義を悟り、ソ連で労働しているときに形作られた自分の信念に基づいて、国の再建のために懸命に働くために日本に戻ってきた、ソ連からの帰還者数が増加するのに比例して、民主主義グループの活動分子に対する、右翼の反動分子の暴行行為の数が増えている。このとき、政府や警察当局、また、帰還者を同様の行為から守らなければならない他の機関は、実際はむしろ、右翼分子の中のこの悪党たちを助けている」[40]

これらの暴行行為は、至る所でおこった。帰還船の中や、日本の港での暴行について、日本の新聞、雑誌は、定期的に報道した。事態は、日本の国会で共産党の議員グループが、帰還者の撲殺や失跡に関して、公式の質問に訴えなければならないところまで立ち至っていた。

元捕虜たちが直面した別の形の暴行は、彼らが日本に着くとすぐ占領軍によって行われた取り調べであった。それは主に、ソ連についてのスパイ的な性格を持つ情報収集を目的とするものであった。目撃者が、次のように証言した。「取り調べは、毎日、朝七時から夕方五時まで続き、日系のアメリカ人将校によって行われ、一〇〇人が呼ばれた。取り調べの時には、ソ連にある軍事及び産業施設について、詳しく供述しなければならなかった。この取り調べを実施するための費用は全額日本政府によって支払われた(41)」

一九四七年の新聞の一つに、一九四七年会計年度の五月一六日から六月二七日までの期間の準備積立金の支出について、日本の栗栖赳夫蔵相の公式報告が発表された。内務省の支出に関する報告書の第二項で「連合軍総司令官の命令による、佐世保、舞鶴、函館、酒田の港における帰還者取り調べの費用は、二五八万円だった。全ての前述の港は、ソ連からの日本人帰還者の受け入れ港である(42)」と、述べられている。

しかし、身体的、かつイデオロギー的な働きかけのどのような方法も、帰還者と、彼らが祖国に到着してすぐに直面した困難との関係を変えることはできなかった。占領の最初の二年間の日本の経済状況は、極めて危機的なものであった。生産の増加は低かった。復興が比較的早い速度で行われた農業でさえ、一九四八年の生産高は、まだ戦前の水準に達しなかった。インフレーションだけがひどくなった。一九四六年一月頃の、東京の最低生活費は、一九三七年に比べておよそ一五倍にはね上がったが、名目賃金は大体四．五倍だった。

雑誌「時論」の一九四七年二月一日の報道によると、三四一万人の元兵士のうち二五二万人、あるいは七四パーセントが、無職だった。職が無いことのほかに、多くの帰還者は家がないか、或いは住居条件は異常に悪かった。

「ジャパンタイムズ」紙もまた、次のことを証言した。シベリアから到着した帰還者たちが、自分のために避難所を探さなければならないのは、「首都の汚い過密状態の共同宿舎の中である。現在、彼らは重苦しい気持ちで、迫り来る冬の暗い見通しについて考えている。彼らのうち何人かはいまだに、基本的な食料を受け取ったり、冬用衣料を手に入れるのに援助を利用できる状態にはない(43)」。翌年も、悲惨な現状が、どんな良い方向へ変わることもなかった。

祖国に戻った日本人とその家族の厳しい生活状態は、「東京タイムズ」紙によると、当局自身が次のことを認めなければならない段階に至っていた。「迅速に帰還を実施する場合に、同時にそのように多くの帰還者を援助することできない。それゆえ、帰還促進問題に取り組んでいる組織は、帰還促進に向けた行動を取る前に、帰還する者のためにしかるべき条件を確保することについて配慮しなければならない(44)」と、記事では述べられている。

それにもかかわらず、連合国はこのことを認めようとはしなかった。彼らは徹頭徹尾モスクワに対して、厳しく攻撃的な語調を緩めず、ソ連からの日本人捕虜の帰還促進について粘り強い要求を出した。

六　米ソ間でも異なる日本人抑留者の総数

マッカーサー元帥は、最高司令官の任務についた一年目に、帰還問題に関してソ連当局代表との直接的な衝突を避けようと努め、正常な同盟関係という体裁を保った。占領軍参謀長がソ連の日本人捕虜への良い待遇に関し、外交辞令的に満足感を見せているちょうどそのときに、この不愉快な職務を遂行したのは、彼の管轄下にある機構とその職員たちであった。

一九四七年三月五日、ビショップ・マッカーサー司令部代表は、対日理事会の会議でソ連領土にいると思われる日本人は、一〇五万三〇一人という数字を挙げ、帰還は恐らく二年はかかるだろう、という予想を述べた。彼はまた、次のことを付け加えた。「捕虜の一部はまだ、世界の別のところに取り残されている。しかし、米国占領下の南朝鮮、フィリピン、太平洋南部、ニュージーランド、北部インドシナ、香港からの引き揚げは完了した(45)」

この発言は、対日理事会の朱世明国民党代表の質問に答えてなされたが、彼は大量の引き揚げと元日本軍軍人の復員は、日本における失業問題の悪化の脅威を生み出しうるという懸念を述べた。彼はまた、中国側としては、中国東北地方からの日本人帰還の責任を負うが「いくつかの地域は中央政府の管理下にない」ので、帰還が滞っていると説明した。

　デレビャンコによって、電報でモスクワに伝えられたビショップの情報は、そこで素早い否定的な反応を呼び起こした。帰還問題に関するソ連閣僚会議全権代理ゴルベフは、アメリカ人によって持出された資料に、自身の意見を加え、ソ連外務省に対する書簡の中で、ビショップが挙げた一〇五万三〇一人という数字は実際とは異なっていて、「本当の数字より三二万六、一六四人多い、なぜなら我々の資料によれば、七二万四、一三七人の日本国民がおり、そのうち捕虜は四五万五、三二七人で、一般人は二六万八、八一〇人である」ということに、ソ連の外交関係官庁の注意を向けた。

　書簡では、次のように述べられていた。「もしこの発表が時宜を得て反駁されなければ、我々がビショップの挙げた数字に同意しているという印象を作り出しうるであろう。そしてさらに、ビショップは帰還の見通しを示して、出発する日本人の数の毎月の変動を示すのである」。これに関連して、そしてこれが理由となって、しかるべき発言をすることが提案された。なぜならこのソ連高官の観察によれば、「どんな〝変動〟もない。あるのは、ただ毎月の帰還の速度が、ますます早くなっていることである」。書簡の中で挙げられた数字が、これを指摘している。「例えば、一二月は四六、〇九〇人が出発した。一月は六七、七二八人、二月は六〇、七一五人、三月は九〇、〇〇〇人が出発するであろう」[46]

　三月二三日のこの情報をもとに、帰還すべき日本人の数、七二万四、一三七人が示された書類がマリク外務次官の署名入りで外相宛てに提出された。このとき、「我々がその数を正しいと見なしているという印象を、与えうるというからだけでなく」、「帰還終了後に、ソ連は全ての日本人を帰還させなかったという話が、持ち上がりうる」[47]危惧から、ビショップの発言に対して、意義申し立てをする案が提出された。

　これに関連して、「適当なときに、しかし特別にではなく、理事会の会議、あるいは日本人の質問への答えとして、ビショップが挙げた、ソ連領土にいる日本人の数字らしきものは事実と一致せず水増しされている」ということを表明することが、デレビャンコに提案された。提案の中では、はっきりと次のように成文化されていた。「ソ連の帰還機関の資料によると、一九四七年三月五日現在、ソ連領土にいる日本人の捕虜と一般人は、全部でおよそ七〇万人である、と示すように」[48]

このときの文書の注釈は、極めて特徴的である。「なぜなら帰還終了時までに、ソ連領土から帰還する日本人の総数が、七二万四、一三七人という数字よりいくらか少ない（捕虜と抑留された一般人の間の死亡率を考慮すると）、ということになるかもしれないので、デレビャンコ発言の草案には、この数字ではなく、七〇万人という数字が示されなければならない」[49]とそこでは述べられていた。

このように、太平洋の両側のソ連と米国で同時に取り組まれた、ソ連の収容所にいる日本国民の人数の秘密の数字操作が始まった。間もなくこの食い違いの波の上に、別の同じように緊迫した、ソ連で亡くなった日本人捕虜についての情報の欠如という問題が持ち上がった。

この問題に関しての支援を、日本政府が連合国総司令部に願い出たことが、提起のための正式の理由であった。それは、一九四七年六月一〇日付デレビャンコ・ソ連代表宛ての司令部外交関係部署覚書という形を取った。この中で日本政府は、ソ連管理下の地域から帰還した者の情報を引用して、ソ連の収容所で亡くなった日本人捕虜と一般人の数の多さについて示し、彼らの名簿の提供について協力を願い出て、また、日ソ間の軍事行動時に死亡した日本国民についての情報を問い合わせた。さらに、しかるべきソ連の部署に対して、まだ抑留されている人の名簿と一緒にこれらの名簿を、そしてまた、死亡者の骨壺、彼らの私物などを送ってもらいたいという願いも述べられていた[50]。

モスクワは戦術を変えず、この文書に対しても返事をしないままだった。占領軍司令部では、ソ連側に対してその在京代表を通して、如才なく、しかし粘り強く圧力をかけ続けた。六月八日、対日理事会のメンバーであるデレビャンコとゲネラロフ政治顧問との定例会議で、マッカーサーは再びソ連からの日本人の帰還を促進することの必要性について、会談相手の注意を集中した。このとき、友好的な会談の雰囲気を保とうと努め、彼は再び、日本に帰還する捕虜たちが良い状態にあることを急いで指摘した。彼の意見によると、彼らの外見は、ソ連の収容所から戻ってくる同胞たちを待っていた日本人の重苦しい想像とは異なって、至極良好であった。[51]

日本政府側としては、初期の帰還の結果を、全般として「全く満足できる」と評価した。これについて、一九四七年八月四日に大野勝巳外務省代表が、日本の国会の衆議院議員に報告した。「日本政府は帰還促進のために全力を尽くしている。日本外務省の資料によると、この時期にまだ、およそ八五万人の元日本兵がソ連領土にいる[52]」ということを、彼は強調した。

同じ頃、占領軍司令部は日本国民の外国から祖国への帰還について、月例報告を発表した。これは、アメリカ人との二国間協定によって確たるものとなった、ソ連からの日本人捕虜の出発に関する義務が、わが国によって事実上恒常的に遂行されていないということを明白に強調していた。これは、連合国間の新たな衝突の根拠となった。

一九四七年一〇月二日に対日理事会で、ソ連と日本の代表の間に衝突が起こった。その主導者となったのは、理事会と占領軍司令部を代表するシーボルトだった。シーボルトは、「ソ連は日本人捕虜の帰還に関する協定の条件を、遂行しないだけでなく、占領当局に対するものも含めて、反米感情を彼らに植えつけている[53]」と、わが国を非難した。

「ソ連代表は、一九四六年一二月に太平洋連合軍最高司令部と、毎月五〇、〇〇〇人が帰還するという協定を結んだにもかかわらず、これは実行されていない」と、彼は述べた。彼の言葉によると、「現在、ソ連地域には、まだ七六万一、〇〇〇人が残っており、この事実は日本に不安を呼び起こしている」。シーボルトは、「太平洋連合軍最高司令部は、現在、ソ連地域にいる全ての日本人を、五カ月間で帰還させるように、一ヵ月目は一三万一、五〇〇人の捕虜、そして次からは一六万人ずつにまでもってくる帰還促進に、ソ連当局の同意を得ようと努めた[54]」と、集まった者に伝えた。

日本では同じ頃、マッカーサーの計画実現のための条件作成について報告が行われた。「函館港は六、二〇〇人の帰還者の収容を保証でき、舞鶴は一一、〇〇〇人、佐世保は二〇、〇〇〇人まで。函館港を除き、これらの港では輸送能力は良い状態にある」と、日本の斎藤惣一厚生省引揚援護院長官が、一九四七年一〇月三一日にその報告の中で述べた。(55)

しかし、国内で取られたあらゆる措置と、連合国の援助に対する大きな希望にもかかわらず、日本政府はソ連当局の政策に影響を与える状態にはなかった。

このことは、すぐ次の一九四七年一〇月二九日の対日理事会会議で明らかになった。このとき、浮かび上がった米ソ代表者の間の軋轢《あつれき》は、ソ連の抑留日本人の問題全体に関して直接的な相互非難という形を取った。

七　ソ連が対日理事会で占領当局を告発

現状では、対日理事会ソ連次席代表キスレンコ将軍には、以前にすでに試みられた外交措置を利用するほか残されていなかった。彼は日本で、反ソ宣伝を奨励しているとして、占領当局を告発した。

「日本のジャーナリズムはソ連に敵対的な宣伝を行い、米国の検閲機関は、ソ連での状況についての非現実的な話の出版や、ソ連に敵対的な集会を奨励した」と、彼は述べた。自分自身の立場を守るために、ソ連の将軍は、「一〇月二五日までに五六万二、五四二人が帰還する」(56)と、断言した。

この会議の結果によって、キスレンコ将軍の行動はモスクワで高く評価され、「ソ連領土からの日本人帰還問題と関連して、ソ連に敵対的な運動を奨励する米国占領当局と日本人反動主義者の政策を暴露」(57)したと性格づけられた。

一一月五日の「プラウダ」紙に、ソ連代表の演説の詳細な記述が載っている。同様の素材が、中央のソ連のジャーナリズムに現れたことは極めて示唆的である。東京での増大するスキャンダルに関連して、モスクワが取ることに決めた報復宣伝の方法の始まりだと、これをみなすことができた。

これに続いて、一二月一一日の「イズベスチヤ」紙で、「外国生活というテーマ」の概観の中に、その後英国とスウェーデンのラジオで放送された「朝日新聞」の、ソ連の五ヵ年計画は、日本人やほかの捕虜たちの手によって遂行されているかのような報道に関して、批判的な記事が発表された。

これと並行して、日本でのソ連ルートも影響を受け始めた。一二月一九日に東京のソ連使節団で、ソ連における日本人捕虜の状況と、彼らの祖国への帰還という問題に関して、意見を交換するという口実で、ソ連代表キスレンコと、日本共産党や一連の民主主義組織の指導者たちの代表団との特徴的な会合が催された。

ソ連の政治専門家が予想していたように、日本の代表団のメンバーにより、審議されている問題に関しての一連の本質的な批判と提案がなされたが、その発言や意見の中では、クレムリンの政策への支持と是認が優位を占めていた。

会談の結果に関して、日本の代表団は詳細な報告を準備し、これが日本と外国のジャーナリズムで広く報道されるのを期待した。実際のところ、ここにこの対策の主な目的があった。しかし、米国の検閲機関は、これについてのほんの短い報道を、日本共産党の機関紙「アカハタ」と「時事通信」と「共同通信」だけが発表することを許可した。その上、この短い報道も、改変や不正確さとともに伝えられたことをモスクワではすぐに気づいた。モスクワから緊急措置で、慎重かつ適切な形で日本共産党首脳部のしかるべき人物が、これらの誤算に注意を向けるようにという要請が、キスレンコに届いた。

このことやその他の宣伝的な行動にもかかわらず、ソ連政府は、「日本人の捕虜や一般抑留者の帰還問題に関して、我々の新聞、雑誌に解説したり公表したりするのは時期尚早である」と考えた。このような立場に立って都合が良いように、彼らは自分たちの論証を、次のようにした。「現在、日本人捕虜帰還問題は、今のところ地域的な問題であって、主にアメリカ人に教唆された日本人が興味を持っている。それゆえ現時点では、この問題に国際世論の注意を引きつける必要は、当面ない(58)」

一九四七年一一月一七日付の日本内務省の在外邦人部の資料によると、状況はこのようになっていた。「ソ連管理下の地域には、まだ七四万四、八一六人の日本人がおり、そのうち五二万七、七七五人はシベリアに、二一万二、九九九人は樺太と千島列島に、三、〇〇〇人が大連に、一、〇四二人が北朝鮮にいる。全ての国外の他の地域に七六、七八〇人いる。およそ六七、〇〇〇人の日本人が中国共産党管理下の中国東北地方の北部に、九、〇〇〇人以上が南洋地域やその他のところにいる(59)」

また、毎月五〇、〇〇〇人の日本人の日本への帰還を見込んでいる、現在の協定が履行されるなら、ソ連管理下の地域からの帰還は一五ヵ月後に終わるはずである。これについて、専門家は予定外の輸送中止が起こった場合、この期間が延びる可能性について述べた。「もし、一〇月二九日の対日理事会の会議で述べられたように、ロシアが日本の準備完了に応じて、帰還を五ヵ月で実現する(60)」ような場合には、この過程の促進の機会もまた、実際、除外されることはない。

しかし、ソ連側がそれまでの年月と同じように、冬の気候条件が原因の帰還一時停止を発表したとき、全ての楽観的な希望は消えた。これは、日本当局にとって全く思いがけないことであり、このため、新しい帰還者グループを迎えるために準備したものを翌年の春まで取って置かなければならなかった。

対日理事会ソ連次席代表キスレンコ将軍側から、ソ連からの帰還を翌年の春まで中止することについて、正式な通知があったにもかかわらず、アメリカ人はソ連のこの決定を反古《ほご》にする試みを続けた。

これに関連して、一二月一五日にマッカーサー元帥司令部は、ソ連領土からの日本人の帰還が停滞することは許しがたいことであると、再び指摘した。キスレンコ宛ての書簡の中で、占領当局は、一九四六年から一九四七年の数カ月に、ソ連がその領土から二二、〇〇〇人の日本人を帰還させたときに存在した実地経験を引き合いに出した連合国最高司令官は、ソ連領土からの毎月五〇、〇〇〇人までの出発に関する合意の実現のためには、ありとあらゆる援助をする用意があると述べた。この目的のため、ソ連の日本人捕虜出発港に、帰還船の航路を作るための砕氷船を送ること、あるいは、より暖かい地域に帰還港を変更することさえ、アメリカ人は提案した(61)。

もしアメリカ人が、ソ連からの日本人の帰還過程をできるだけ早く終わらせようとすると、ソ連首脳部は従来どおり、その領土内での外国人捕虜の強制労働の期間を引き延ばすために、全ての可能な措置をとって世界の世論にうまくこの事実を隠した。

一九四八年一月三〇日時点での、マッカーサー元帥司令部の発表によると、「いまだになお帰還を待ちわびている日本人は、オーストラリアに三二九人、中国に四、二六〇人、大連に三、〇〇〇人、台湾に五三六人、サハリン及び千島列島に一九万八、二九二人、北朝鮮に五〇三人、満州に六五、二八五人、太平洋諸島に一六人、フィリピンに一九八人、シベリアに四九四、二二六人、東南アジアの国々に二三二一人である」。ハワイ諸島、香港、南朝鮮、オランダ領インド、ニュージーランド、北部フランス領インドシナからの、また同様に、琉球諸島とその隣接の島々からの帰還は、完全に終了したとみなされた[62]。

ソ連側は占領当局の数字を否定したが、相変わらず、いかなる新しい公式の資料を提出することも控えた。帰還管理局宛てのソ連外務省の定例の書簡の中で、次のことが再び繰り返された。「我々のところにいる日本人の数の問題に関して、アメリカや日本の新聞、雑誌の主張と議論を始めるのは、我々にとって恐らく今は良くないだろう。七〇万人の日本人がいるという数字に反駁すると、実際に我々のところにいる日本人の数を挙げなければならないであろうが、これを今することは恐らく適切ではない。それでもこの問題は、これに関して決定する前に慎重なあらゆる面からの検討を必要とする」[63]。この文書から判断すると、一九四八年はますます帰還の速度が遅くなると予想された。

ビショップの一九四七年三月の発言に答えて、モスクワが挙げたソ連にいる日本人捕虜の七〇万人という数字が、最初に使用されてから一年弱がすぎたが、ソ連側の数字は、その間も帰還が続いていたにもかかわらず、訂正は一切なされなかった。一九四七年に導入された、冬季の帰還中止という口実での帰還期間延長に関するソ連当局のやり方も、変わらなかったが、今ではもう五月まで延ばされた。実際に、今引き合いに出されるのは、気候条件だけでなく、短期間で帰還作業を終わらせるのを不可能にするかのような、輸送力や技術力もだった。

このとき、自国に有利な補足的な理由として、東京のソ連代表は、捕虜を送り届け、出発地点で収容し、扶養することに関連する困難さについてや、帰還者の医療サービスや物質的サービスにかかる費用などについて、より多く話すようになった。ソ連にいる日本人捕虜への配慮を背景に、東京のソ連使節団を嘆願のための訪れた訪問者との会談で、帰還者の祖国での生活困窮状況に特別な注意が向けられるようになる。この信頼できる宣伝的な方法は、東京のソ連代表部の仕事に積極的に取り入れられた。

一九四八年四月二二日のソ連代表部での会談のとき、日本人代表団に直接次のようなことが指摘された。「日本の新聞、雑誌や、帰還に関する問題を扱っている様々な日本の組織は、誤って帰還促進にのみ社会の注意を向けているが、すでに日本に戻った帰還者、また、その家族やまだ戻ってない人の家族の状況がどうなっているかというような、極めて本質的な問題が脇に置かれたままである」。さらに、帰還者の生活困窮状況について証明する、日本の新聞、雑誌で発表された資料が引用された。

ソ連代表の言葉によると、「帰還した者は、政府から金銭的に、あるいはほかのどんな援助もまったく受けないし、実際には医療サービスを利用する可能性さえ持たず、ほったらかしにされている」。これに関連して、「就職斡旋、住居の確保、日本政府側からの物質的援助の問題について、帰還者とその家族を援助する必要性に特別な注意を向けること」[64]を、彼は日本の代表者たちにすすめた。

対日理事会ソ連部の政治顧問の参考資料から作成された、一九四八年八月二一日付の「ソ連に対し反動的で敵対的な宣伝に抵抗するために帰還者たちの急進的な組織を日本に創設することに関して」という職員の参考書類の一つの中で、「米国占領当局は、ソ連に敵対的な宣伝を日本に導入する主な方法の一つとして、ソ連からの日本人帰還を利用しようとしている」。その際、ソ連の分析家は「アメリカ人の指導のもとに行われている全てのこの反ソ活動は本来、帰還者の援助に当てられるべき資金から、日本政府によって補助金が出されている」[65]と、特に強調した。

これに関連して、日本でのソ連に向けた批判的雰囲気を抑えるために、イデオロギー的な対抗措置の計画が作られた。この活動には、日本共産党といわゆる個別の民主主義的団体のメンバーが抱き込まれ、彼らには、新聞、雑誌や会合を利用して、日本の国民に肯定的なソ連のイメージを創り出すことと、その行動の合法性を証明することが任務として課せられた。

この目的のため、帰還者で共産党員であるものと左翼組織による主導という形を取って、一九四八年四月に、ソ連からの帰還者援護同盟が創設され、引き続き同じ年の五月に、帰還者との活動に関する中央の調整機関である、帰還に関する会議が創設されたが、間もなくしてこれには、はっきりと政治志向を表明していない別の機構も加わった。会議の主導権は、実際のところは共産党員の手中にあったおかげで、組織の一員になる全ての者の活動を管理し、その活動を彼らの必要な方向に向けることがうまくできた。

東京のソ連代表は、全てから判断して、日本の共産党員の活動の成果に満足して、ソ連から到着した帰還者の政治的な積極性の強化を指摘した。これは主に、収容所で彼らに行われたイデオロギー的教宣活動のせいであった。しかし同時に、日本にある帰還者の共産主義支持組織の意義と活動は重要であった。

特に、日本での「反ソ宣伝」の事実に、ソ連使節団の職員が加えたのは、日本の新聞、雑誌で、ソ連での生活について肯定的な語調で語られている記事数の増加と、一方では、日本にいる帰還者の厳しい生活条件について、他方では、帰還した者の家族を代表して、ソ連当局の配慮に対する感謝を表明する日本代表団のソ連代表部訪問についてなどである。

日本政府の方としては、マッカーサー司令部を通して、ナホトカ港での日本人帰還者に対する劣悪な医療サービスが理由の苦情が、ソ連側にますます頻繁に出されるようになった。これについては、一九四八年四月三〇日付の帰還問題に関するゴリコフ全権宛ての、ビシンスキー・ソ連外務次官の、マッカーサー司令部のしかるべき覚書が引用された書簡の中で、特に示されている[66]。それ以前に、一九四七年一二月一九日にソ連代表部を訪れた日本の代表団のメンバーによって、同様の非難がすでに指摘されていた。

五月一六日、それまでの数カ月で初めて、マッカーサー司令部によって、帰還計画のソ連側の遂行を検討するために招集された、日本と連合国の特派員の特別会議が行われた。そこで、帰還問題に関する司令部代表アンダーソン中佐は、日本人の帰還を停止していることでソ連を公然と非難し、「再三の司令部の通告の後、ソ連人は五月の初めに帰還を再開することに合意したにもかかわらず、実際には彼らは、ただ帰還計画に似たようなことをしようとするだけで、一九四五年一二月にソ連が同意した、毎月五〇、〇〇〇人ずつ出発させようとはしない[67]」ことを指摘した。

アンダーソンは、「一九四七年一〇月六日に対日理事会の会議でなされた、帰還者の数を毎月一六万人まで増やすという司令部の提案は、そのままおかれている。今日までソ連人は、きちんとした答えをしてこない」と話した。彼はまた、確認された一九四八年の資料により、「平均して、ソ連地域からは毎月三七、五〇〇人が帰還した」と述べた。そして「それ故に、帰還者の数が平均して五〇、〇〇〇人の目標に達するためには、月々五〇、〇〇〇人という数字を、相当越えなければならない[68]」と、付け加えた。

アンダーソンは、ソ連地域からの毎月の帰還者数の増加に向けた司令部の幾つかの提案を、ソ連側が拒否したことに、もう一度出席者の注意を向けた。アメリカ人の軍人が示したように、「一九四八年五月七日の時点の帰還すべき日本人、七六万一、二九一人のうち、六九万二、四二三人がソ連管理下の地域におり、六五、二八二人が中国共産党軍管理下の満州にいる。これら二つの地域に抑留されている者の数は、帰還すべき全日本人の九九パーセント以上であり、同じ時期に全ての他の地域からの大量の帰還は終了している」。さらに彼は付け加えた。「終戦の頃に外国にいた日本人、六六六万六、九九六人のうち、五八四万五、七〇五人はポツダム宣言の遂行によって、すでに帰還した[69]」

毎月、マッカーサー元帥司令部報告書の中で、またはその代表の発表のなかで、これらの数字は明確にされた。しかし、ほとんど毎回その中で、総司令官側の例の協定の厳格な順守と、ソ連当局による毎月の帰還基準についての合意の恒常的な不履行が特に強調されていた。

一九四八年九月三日付のこのような司令部の定期的な書簡の中で、書き留められたのは、八月はソ連の帰還機関がその義務を果たさなくなってから一五ヵ月目であり、ソ連領土とソ連管理下の地域にいまだに抑留されている日本人の数は、五二万人であると判断されたということだった。[70]

これに引き続き九月八日に、いつものように、これに関してアメリカ人の口頭での発表があった。以前に引用された事実を述べるとともに、初めて特別な注意が、日本人五〇万人の「奴隷的な労働条件」に向けて、強調された。「ソ連の戦争遂行能力を高めることを目的に、〝ひどい隷属条件〟でこの〝奴隷的な労働〟が利用されていることに関連して、マッカーサー元帥の心配は増大した。日本人捕虜は軍事工場、空港施設、鉱山で使用されているという情報を得た[71]」とその代表は強調した。

このとき以来、ソ連領土にいる多数の日本人と亡くなった同胞に関する情報を隠していることについて、また同様に、米ソ協定に記録された帰還の速度の挫折についての、以前から鳴り響いていた連合国のソ連への非難に、新しい理由が加わった。今では、英米ブロックの代表は、捕虜の取り扱いに際して一般に認められた基準違反もまた、ソ連の過失であるとした。

対日理事会のソ連代表デレビャンコ将軍は、このような事態の展開に対して用意ができておらず、連合国によって持ち出されたソ連への新たなクレームに意見を述べることを拒否した。その上、彼は資料調査のために時間が必要であると言い訳した。ソ連側は、外交界の中で、「これらの非難は、〝冷戦〟という極東の舞台での現在の戦争で、合衆国に優位性を与える」と、評価された。

「恐らくソ連人にとっては、見たところ、帰還に関する協定がソ連人によって履行されていないことに関する、マッカーサーからデレビャンコへの九月三日付の書簡の中に含まれている事実と数字に対して、また、マッカーサーの正式な代表によって持ち出された非難に対して反論するのは、大変難しいようである」と、外国の新聞は書いた。しかし、その際、時事解説者は「東京のソ連使節団が、この問題をモスクワに確認すればすぐに、ロシア人たちは対抗する演説をするであろう[72]」と、予言した。

実際に、九月二四日の定例会議で、モスクワからの詳細な指示を待っていたソ連代表は、日本人捕虜が強制的労働力としてソ連人に利用されているという主張に、短い反駁をすることだけに留まっていた。これと同時に、モスクワでは、これに根本的に反論するステートメントの用意に取り掛かった。

八　モロトフ宛てのマッカーサー書簡

同じ日、九月二四日に、モロトフ宛てにマッカーサー書簡に関連して、次のような提案が届いた。

一　手紙のなかで言及された問題の核心に関して、マッカーサー司令部と議論をするとき、現時点では、司令部に回答の手紙を送らない。

一九四八年四月五日付のソ連閣僚会議決議No・1098-392cにより、今年の日本人帰還は、合意された基準（五〇、〇〇〇人）が達成できず、帰還の一九四九年への変更が見込まれる。（約九一、〇〇〇人）

一九四八年九月一日の時点で、約二〇万人の日本人が未帰還のまま残っていた。（アメリカ人は五二万人と見なしている）この人数は、残っている帰還期間では帰還できないかもしれない。つまり、日本人の帰還は一九四九年にやっと終わるであろうということも、さらに考慮すると、我々のところに残っている日本人の具体的な数を挙げるのは、今のところ我々にとって得策ではない。

二　前述のマッカーサー書簡と同じく、ソ連からの日本人帰還問題に関する、マッカーサーやその司令部代表の演説も、極めて宣伝的な目的で、彼による極東委員会（ＤＶＫ）の決議違反について、我々が提起した問題の答えとして、そして我々に敵対的な日本人の感情を呼び起こすことを目的として、行われたということからすると、我々の新聞、雑誌にしかるべき論文を発表するのは有効かもしれない。

この論文では、司令部の書簡の中で言及された問題の本質は、ほんの軽く触れられるべきかもしれない。しかし、ソ連からの日本人帰還についてのマッカーサーとその司令部の「配慮」の隠された真実を示すことに主な注意を向け、ソ連にいる日本人捕虜の

「驚くほど厳しい労働」についての中傷を明らかにし、まだ帰還せずに残されているかのような五二万人の日本人について、その帰還は終わりに近づいていると低い声で話すべきかもしれない。

その上、ソ連における日本人捕虜の労働は、「ソ連の戦争遂行能力を高めるために」利用されているという、マッカーサーの中傷的発言に反駁するために、次のような問題に言及する必要がある。(しかるべく一致させて)日本の占領軍用に様々な施設の建築に当たって、アメリカ人は日本人を利用していること。この際、アメリカ人によって日本人自身にとって不足している建築やその他の資材が、相当な量を利用されたということを強調すること。米国の反動主義者が、日本との平和的調整に取りかかることは気がすすまない結果、日本国民が占領に関して負担する多大な支出を指摘すること、などである。

この論文の材料として、(ソ連内務省と帰還管理部から得た)日本人捕虜の手紙や発言と同様、第二極東支部にある資料も利用できるかもしれない。[73]これらの提案が準備されている間に、東京ではソ連領土からの日本人の帰還停止への抗議行動として、大衆集会やハンストが始まったが、マッカーサー司令部は一九四八年九月二九日の新しい声明で確かにこれを利用した。その中で、日本の社会勢力のこれらの行動は、日本側からのソ連の帰還政策への不満の表現として評価された。

ちょうどこの出来事から一ヵ月後に、米国占領当局は、この問題に関してソ連政府と連絡をつけようという新しい試みに取り組んでいる。定められた月々の割り当てに違反していることで、ソ連を非難することをやめなかったが、一〇月末にマッカーサー元帥は、対日理事会のソ連代表に対して二度、ソ連からの日本人帰還の速度を早めることに関する相も変らぬ例の提案を行った。そして、司令部の計算によれば、ソ連にはこの時期、まだ四七万人以上いるが、その内およそ三六万五、〇〇〇人はシベリアにいた。[74]

一九四七年一月から一九四八年五月まで、厳しい気候条件を引き合いに出して、ソ連当局が日本人の帰還を中止したことから、マッカーサーは今度はあらかじめめソ連の役人に、一カ月に一五万人の日本人捕虜を帰還させるために、冬の間の帰還者の乗船と出発のために最も適していると、ソ連当局によって認められたいかなるアジアの港にでも、砕氷船とともに船を出発させること、これらの船にしかるべき条件を整えること、帰還者にとって必要な冬物衣料や道中の十分な量の食料を提供すること、などの準備ができていることを通告した。

しかし、前年と同じように、ソ連側はこの申し出を完全に無視した。ソ連にとって無視は十分重みのある根拠が存在した。すでに外務省の文書の中に記録されたように、一九四八年四月五日にはもう、その年の一二月から一九四九年の新しい航海期が始まるまで、日本人帰還を一時中止し、帰還完了の時期を一九四九年に延期することについての、ソ連閣僚会議の決定が採択された。しかし、この決定が対日理事会ソ連代表によって声に出されたのは、やっと一九四八年一二月十日だった。

帰還期間をわざと延ばすことは、連合国だけでなく捕虜自身の抵抗を呼び起こしうることを十分考慮して、一九四八年の末、ソ連内務省は地元の機関に、「収容所で敵対的な行動を組織したり主導したりする反動的な気持ちの捕虜」を見つけ出し、裁判にかけるためのスパイ活動を収容所で強化する指示を与えている。この行動は同時に、これらの人々をソ連で強制労働につかせておくことを可能にした。これらすべての措置の結果、一九四八年中に日本軍の元兵士のうち全部で九一、六一二人が、ソ連を去った。

第三章

激化する旧連合国とソ連の政治的対立

一　戦争犯罪人——政治が判決を下す

日本人の祖国への大量引き揚げ終了期限が近づくにつれて、全ての収容所で、明確な目的意識を持って、戦争犯罪人の捜索が始まった。この際、ソ連司法機関の懲罰行為は、第二次世界大戦時、非常によく培われたドイツ人捕虜の犯罪訴追の実践と理論を基礎においており、国際法的な調整分野から、プロパガンダや外交の領域へ本格的に移行されていた。

この理論の構築には、A・Y・ビシンスキーのいわゆる「共謀論」を論拠としたA．N．トライニン教授が大きな役割を担っている。特に、刑事責任を問うべき二種類の人物の定義について述べられている。それは、いわゆる共謀者と実行者である。当時、ドイツ政府のメンバーたち、ファシスト党幹部、軍司令部、占領下のソ連領土におけるヒトラーの特使が共謀者のグループに加えられていた。実行者には、本人、あるいは他人の意志で違法行為を行った下級のヒトラー主義者たちが分類されていた(1)。後に、この定義は、日本人に対しても適用された。

連合国の指導者たちによって、敵軍捕虜の刑事責任問題に関する議論が見過ごされることはなかった。一九四五年二月九日、ヤルタで行われたルーズベルト米国大統領、チャーチル英国首相とスターリン・ソ連首相の会談で、主要な戦争犯罪者の今後と、戦争犯罪実行犯の処罰に関する話し合いが行われた。その時、スターリンは、西側の盟友たちに思いがけない問題を提起した。「犯罪者の中に捕虜を加えるべきであろうか？　これまでは捕虜を裁判にかけてはならないという意見があった(2)」

チャーチルの肯定的回答、ルーズベルトの無言の賛意は、ソ連の指導者を完全に満足させるものだった。当時、連合国は、戦争法規及び慣行の違反者を厳しく処罰するという意図で一致していた。一九四五年八月八日、ソ連、米国、英国、フランスは、「ヨーロッパ枢軸諸国の主要戦争犯罪人に対する訴追と処罰に関する」ロンドン協定に調印した。

戦争終結後、捕虜の刑事責任追及に関する議論は、ニュルンベルク国際裁判中に続けられた。一九四五年一二月二〇日、連合国は、「平和と人道に対する戦争犯罪人の処罰に関する」管理委員会法第一〇号(Control Council Law No. 10)を採択した。この文書をB・S・マニコフスキー教授が詳しく分析している。「共謀者」—これは、まさに命令を発した組織者である。そして、いわゆる「扇動者」—これは、犯罪の実行には加担していないが、これに賛同した者である、という概念の幅広い解釈を、この文書の筆者は特に熱心に支持していた(3)。

極東での戦後処理に当たって、戦争犯罪裁定に関する問題が再び議題に上った。極東委員会の指示書の基礎に置かれていたのは、ニュルンベルク国際軍事裁判所規約によって承認された国際法原則と、一九四五年一一月に公布された有名な「極東における戦争犯罪者の逮捕と処罰に対する合衆国の政策」文書であった。この文書に応じて、日本軍の戦争犯罪は全ていくつかの種類に分類されていた。

例えば、「A」級戦争犯罪に分類されていたのは、「侵略戦争、あるいは国際条約、協定、誓約に違反する戦争の計画、準備、開始もしくは遂行、また、これらの各行為のいずれかの達成を目的とする共通の計画もしくは共同謀議への参加」である。

「B」級には、戦争の法規または慣例の違反が含まれていた。「この違反は、占領地所属もしくは占領地内の民間人への殺害、虐待、また、奴隷労働あるいはその他の目的のための追放、捕虜もしくは海上における人民の殺害、虐待、場所を問わない人質の虐待、公私の財産の略奪、都市町村の恣意的な破壊、または軍事的必要により正当化されない荒廃化を包含する。ただし、これらに限定されない」

「C」級—これは「戦前もしくは戦争中に、すべての民間人に対して行われた殺人、殲滅、奴隷化、追放及びその他の非人道的行為、または、犯行地の国内法に抵触するか否かにかかわらず、ニュルンベルク国際軍事裁判所の管轄に属する犯罪として、もしくはその犯罪に関連して行われた政治的、人種的、もしくは宗教的理由に基づく迫害行為」である(4)。

九月一一日、マッカーサー司令部は、A級戦犯容疑者の最初のリストを公表した。その中には、日本の元首相東条英機や多くの閣僚、戦時下の重要人物が含まれていた。結局、日本の侵略によって苦しんだ国の代表で構成された極東国際軍事法廷に、主要な戦争犯罪者として二八人の被告が出頭した。

一九四六年五月三日から一九四八年一一月一二日まで続いた東京裁判は、一九三七—一九四五年の日本の侵略戦争を弾劾し、多くの国の国民、また自国の国民に膨大な犠牲者と困窮をもたらした日本指導部の政策の犯罪的性格を究明した。東条英機元首相、広田弘毅元外相、板垣征四郎元陸相を含む七人の被告が死刑判決を受け、絞首刑に処された。一六人が終身刑、二人が有期禁固刑となった。二人の被告—松岡洋右と永野修身は判決が確定する前に死亡。もう一人、大川周明は責任能力がないと認められた。

「極東における戦争犯罪者の逮捕と処罰に対する合衆国の政策」文書第七項には、戦争の法規や慣例を含め、適用しうる国内あるいは国際法に基づく、連合国最高司令官による特別軍事国際裁判の決定以外に、「以前、日本の統治下にあった領土の占領に参加している全ての国（アメリカを含む）の軍司令部は、連合国軍最高司令官の許可に基づいて、最高司令官あるいは彼らによって逮捕を免れた、戦争犯罪者の特別国家裁判を設置することが出来る」と記載されている。そのような裁判は、占領に反対するために犯した最近の犯罪あるいは軍律違反の審理のために設置されうる裁判とは、区別しなければならない(5)。

シンガポール、マニラ、香港、グアム島、横浜で行われた軍事法廷でB級、C級（残虐行為、捕虜の虐待など）容疑者の事件の審理が行われた。これらの裁判で九三七人が死刑、三五八人が終身刑、三〇〇〇人以上がその他の刑罰に処された。

「戦争協力者」の公職追放は、はるかに大規模に行われた。マッカーサー司令官の指示で開始された司法機関の官僚の罷免に続き、特別覚書によって、日本政府は職業軍人や軍国主義者の教育分野からの罷免も任された。もう一つの覚書（一九四六年一月四日付）に応じ、大政翼賛会、大日本帝国の政治団体、それらと協力関係にある植民地政策関連組織の有力者もまた「戦争協力者」に分類された。その後、このリストは拡大された。公式な統計によると、二〇万人以上があらゆる方面で弾圧政策（公職からの罷免や公職への就任の禁止）を受けた(6)。

ソ連で細菌兵器の準備と使用が疑われていた元日本軍軍人のハバロフスク裁判〔旧日本軍が細菌戦の研究・遂行のため一九三三（昭和八）年に創設して満州第七三一部隊の蛮行をソ連が裁いて裁判〕は、かなり後、一九四九年末に行われた。山田乙三前関東軍司令官を含む一二人が有期禁固刑に処された。

しかし、このずっと以前に、日本人捕虜に対する戦犯訴追の高まりは全収容所で広がっていた。ソ連の内務省と外務省が二度にわたって試みたにもかかわらず、ソ連における外国人受刑者の地位を法的に認める文書は、ソ連政府レベルでは採択されなかった。内務省特別収容所の受刑者である捕虜の状態は、ソ連の懲罰施設のごくありふれた実生活の域を超えていなかった。戦争犯罪者を見つけ出すプロセスは、全てソ連内務省捕虜・抑留者問題総局の厳しい管理下にあった。この組織の認可なしに、現地の内務組織が最終審査を軍事裁判所に委ねる権限はなかった。

ソ連では基本的に、日本人捕虜問題はいわゆる「特別審議会」という裁判なしで、刑事処分を確定する権利を与えられた法廷外の組織で検討されていた。この審議会は、ソ連中央執行委員会（一九二九～一九三八年）とソ連人民委員会議（一九一七～一九四六年）の一九三四年一一月五日付決議に基づき、内務人民委員部の付属として設立され、さらにその活動を内務人民委員部―内務省の共和国統治、地方統治、州統治へと広げた。

文書の分析、過去半世紀の事実、出来事の比較により、四〇年代末から五〇年代初頭に行われた全ての非公開裁判は、政治的な傾向をはっきり示しているといえる。法律家の考えによると、ソ連が、日本国民を含む外国人の刑事責任を問うことを妨げるものは何もなかった。

この問題に関して、ソ連は、主に一九四一年七月一日付「捕虜に関する条例」第二六条を基本に活動していた。仮に、捕虜を軍人と同一視し、戦犯のためだけに軍事裁判所の法廷に出廷させ、その他の場合、捕虜の弾劾業務が一般的な方法で検討されていたとしたら、今頃は、捕虜が犯した犯罪に関する全ての業務は、軍事裁判所でソ連ならびに連邦共和国の法律に基づいて、審理されることになっていただろう。

日本人捕虜の判決確定の法的根拠は、国家の立法すなわちロシア共和国刑法典と、一九二七年制定の刑事訴訟法典である。これ以外に、ソ連最高会議幹部会の一九四七年四月一九日付法令「ファシスト・ドイツ人犯罪者の処罰策について」、また、公共あるいは個人財産着服の責任強化に関する、ソ連最高会議幹部会の一九四七年七月四日付法令が適用されていた。

二　悪名高いロシア共和国刑法第五八条

しかし、主な弾劾は、主として悪名高い第五八条に基づいて行われた。すなわち、第五八条第四項（共産主義体制転覆を狙った世界の資本家階級に対する援助）、第五八条第九項（反革命的目的をもった鉄道やその他の連絡手段の破壊）、第五八条第一〇項（反ソ宣伝と煽動）、第五八条第一三項（労働者階級、革命運動に反対する闘争）である。これは、国際法的観点から明らかな法律上の難事件と思われる。多くは第五八条第六項（スパイ）に基づいて、刑事責任を問われた。

この際、陸戦の法規慣例に関する一九〇七年のハーグ条約と、捕虜の待遇に関する一九二九年のジュネーブ条約は法律家に注目されず、起訴状でも触れられなかった。

もちろん「反革命的犯罪」という専門用語が、ハーグ条約にもジュネーブ条約にも含まれることは、ありえなかったと言える。さらに、一九四七年一一月、ソ連代表団の発意で国連総会は、侵略の宣伝を非難する決議を採択した。特にその引用文を含む、捕虜・抑留者問題総局の報告や文書の中で、「報復主義的な傾向を持つ将軍や士官」という考えが生れた。

元日本軍人は、兵役期間中に遂行した職務義務のために、一九四九年のジュネーブ条約第八五項に違反したとして、ソ連で裁判にかけられた。一九四九年のジュネーブ条約の捕虜の待遇に関する条文を審議する際、ソ連の代表団が正にこの項に特別激しく反対したことは注目に値する。

徒労に終わったが、ソ連の法律家たちは、「ソ連政

府の意見に従い、戦争犯罪者は当該国で定められた服役規則に従わなければならない」という修正文を加えようとしていた。(7)

これは、スターリン指導部が受刑者に対して、国際機関に判決を上告する権利、全権保有国の保護者と面会する権利を与えること、つまり総じて戦争犯罪者に何らかの政治的権利を拡大することは許しがたい、と考えていたことを示していた。

名指しされた人物の刑事責任を問う手続きの理論的な基礎を構築したのは、ソ連の法律家P・S・ロマシュキンであった。彼は「戦争犯罪者や戦争扇動者との闘争問題に関する文献と資料」と題した論文を発表した。(8)

後に採択された「平和擁護に関する法律」は、「報復的な考えを持つ戦争犯罪者」の事件を解明し、裁判にかけることを目的とする類似の公判にとって、法的に補足する基盤となった。

予審判事も裁判官も、「軍事的必要性」という概念を認めていなかった。これに関連して、多くの有罪判決は、一九四九年のジュネーブ条約第八七項と矛盾することとなった。この第八七項の中で、「裁判あるいは当局の処罰決定に際して、被告は捕虜として抑留されている国の国民ではなく、その国に対する忠誠の義務に縛られないという、本人の意志とは無関係の事情でその国にいるという事実を、国は最大限に考慮しなければならない」と規定されている。(9)

ソ連司法の判例では、本質的に「戦争犯罪者」と通常の「受刑者」という概念の間に、明確な線引きは行われていなかった。捕虜が監督者命令に従わなかったり、監督者に対して反抗したり、監督するが職務を行う際に侮辱的行為をすると、しかるべき軍人の犯罪と同列におかれた。

ソ連国民についていうなら、このような場合、脱走、反ソ的煽動、反革命的サボタージュ、すなわち、労働の拒否などが、特に危険な犯罪の部類に分類されたかもしれない。捕虜に関しては、国際法に基づき、このような罪に対して最悪の場合でも営倉に入れる程度の短い拘留が定められていた。一九四九年のジュネーブ条約第八三条は次のように規定している。「抑留国は、嫌疑をかけられている犯罪に対して、どのような処罰が捕虜に適用されるべきか—訴訟か懲戒か—という判断の際に、関係当局が最大限の寛大さを示すように見守らなくてはならない(10)」

これに反して、この時期ソ連内務省は、特に特別名簿に記載されている捕虜に注意を向けており、公判の数が増大している。ソ連指導部の決定に基づき、第一に、現在の社会主義に対する明確な思想的敵対者、第二に、将来の日本軍の潜在的指導者と思われる日本人が刑事責任に問われた。それだけではなく、これらの人々の労働が、ソ連の国民経済の復興に重大な役割を果たしえたことも考慮された。

一九四九年八月三日付のソ連検察庁の決定に従い、反ソ活動をしたという証拠が提示された人物に対して、逮捕及び刑事責任の追及が行われた。諜報員、防諜機関員、スパイ、スパイ的破壊工作学校や破壊工作部隊の指導教員や生徒は、ロシア共和国刑法典第五八条第六項及び第五八条第四項、また、戦争犯罪者、ソ連に対する軍事攻撃準備参画者、ハサン湖の戦い（張鼓峰事件）及びハルヒンゴール川の軍事衝突（ノモンハン事件）の組織者は、第五八条第二項及び第五八条第四項、そして、「協和会」（満州国発足直後の一九三二（昭和七）年七月に結成された同国の官製国民組織。『王道楽土』『五族協和』をスローガンに民衆の宣撫教化に当たった）の指導者は、第五八条第四項及び第五八条第一一項に基づき、裁判にかけることが指示された(11)。

一九四九年八月一〇日付のソ連内務省の要請に応じたソ連外務省の決定事項の中に、特別名簿にある捕虜の兵士、士官、将軍グループを裁判にかけることについて、特にこう書かれている。「このグループは、五、七七七人で構成されている。この中には、彼らの反ソ的活動に関する資料が収集された一、〇七二人、目下取調べ中である三、六四七人、中国当局に引き渡すべき一、〇五八人を含む。上記グループの本国送還は、裁判無しには望めない。なぜなら、このグループは、主にかつての日本諜報機関、防諜機関の職員で構成されており、アメリカの諜報・防諜機関に重要な資料を提供しているからである(12)」

一九四九年一一月二日、ソ連内務省の要請に応じたソ連閣僚会議の決議に基づき、収集された日本人の犯罪証拠資料の最終検討と、彼らの本国送還あるいは起訴の問題を解決するために、ソ連内務省、国家保安委員会、検察庁の代表による官庁間連絡委員会が設立された。この決議によって、委員会は軍事裁判にかけられるべき事件を起こした捕虜と、日本人抑留者の数について、また、送還されるべき捕虜と抑留者についての提案をソ連閣僚会議に提出する義務を負った。

委員会は、四、五四七人の資料を検討し、反ソ的犯罪活動の証拠がある二、八八二人を軍事裁判にかけることが妥当だと判断した。作戦名簿に載っているが名ばかりの捕虜や、裁判にかけるに十分な犯罪活動の証拠資料がでなかった者について、特にチェックした。その数は一、六六二人となった。彼らには、共通の基準に基づき、一九四九年第四四半期の送還が指示された(13)。

その他の資料に基づき、「さらに一、六六四人の日本人捕虜を送還し、中国領土で罪を犯した九七一人を中華人民共和国に引き渡すことを委員会は決定した。ソ連には、すでに受刑中である一、六九〇人を含む、四、五七三人の捕虜を残すことが命じられた(14)」

一九四九年一一月二三日、受刑者と審理中の捕虜全員に、親類との文通が禁止された。（日本人捕虜には、一九五二年四月一日だけ許可された）一九四九年一一月三〇日、ソ連は官庁間連絡委員会の決定に応じて、捕虜と軍事裁判所による既決囚全員を、捕虜・抑留者問題総局特別収容所に収容する決定をした。一九五〇年三月二三日、彼らの収容のために一一収容所のリストをS・N・クルグロフ内相が承認した。それらのうちの二つは日本人用と前もって決められていた。それは、イワノフ州レジュネフ地方チェルンツ村にある上級軍人用の収容所とハバロフスクの第一六収容所である。一九五〇年四月一日、特別収容所には、最終的に一、四八七人の審理中の日本人も収容された(15)。彼らの生活秩序は、ソ連内務省の命令書と指示書によって規定されていた。

一九五〇年一一月二〇日、ソ連捕虜・抑留者問題総局長は、自ら署名した指令書の中で、戦争犯罪者に対して放任的な扱いをしてはならない、と部下に命じていた。彼は、厳しい収容規則と収容所の警備規則を確立し、「工場における反ソ的犯罪や破壊活動」の阻止を目的としたスパイ活動を強化するよう要求していた。

この指令が出た数日後、一一月二七日、反革命・サボタージュ及び投機取締非常委員会の各部署は、「収容所における捕虜受刑者の自発的な敵意の発露に関する方針」を受け取った。「敵意」の部類には、次の様な行動が分類された。すなわち労働の拒否、集団ストライキの煽動、収容所の情報提供者や密告者に対するリンチ、外国の大使館と連絡を取ろうとすることなどである。(16)

五〇年代は、捕虜に対する死刑判決の判例が、極めて珍しいと認められる。一九四七年五月二六日、「死刑の廃止に関する」ソ連最高会議の政令が発令された。しかし、死刑廃止の承認はソ連が法治国家であることを認めさせるため、国の指導部が意識的にとった行動だと評価することは間違っているだろうか。確かに、これは政治的な措置であった。政令に応じて、戦争犯罪人にさえも最高刑の適用はなく、この事実は、ソ連立法の人道的な性格を印象づけていたはずだ。

しかし、一九五〇年三月末、捕虜・抑留者問題総局副長官A・Z・コブロフ中将は、スターリン宛てに、捕虜の中で最も悪質で活動的な犯罪者に対しては、死刑を宣告できるように提案する書簡を準備した。最高刑の必要性に関しては、彼らが犯した罪の重さを理由にあげていた。その適用の可能性は、一九五〇年一月一二日にソ連最高会議幹部会によって発令された「祖国に対する反逆者、スパイ、爆破専門破壊工作者に対する死刑適用に関する」政令によるものとする。しかし、この案はその先の支持を得ることが出来なかった。それにもかかわらず、日本人捕虜に対する死刑の事例は生じた。

歴史的な視点で問題全体の本質を理解するために、二つの側面を区別することが極めて重要であると思われる。

第一に、日本人戦犯捕虜の公判は、ソ連の司法において、何も特に珍しいものではなかった。それらは、以前、「人民の敵」との戦いで用いられた論理に完全に一致していた。

第二に、日本軍人、警察職員、憲兵隊員によって行われた戦争犯罪に共同責任を負わせたことが、まったくソ連固有の現象であるとみなすことは間違いである。一九四五—一九四八年代、米国の軍事裁判所でも、特に、ダッハウの死の収容所を管理していたナチス・ドイツの戦争犯罪者の刑事事件を審理していた裁判所が、同様な手法をとっていた。すでに一九四八年末には、犯罪者の特赦と彼らに下された判決の再検討、元受刑者の刑事訴訟を打ち切る方針に、米国が常に従っていたこととは別である。

日本人戦犯の処罰に関するある出版物によると、一九四八年七月、米国、中華民国、オーストラリア、英国、フランス、オランダの裁判所は、捕虜や市民に対する殺人や虐待の容疑がかけられている主要な戦犯を除いて、二、四六七人の日本人捕虜に有罪判決を下した。このうち、六〇四人は死刑、一、八六三人が有期強制労働か有期禁固刑に処された。一九四九年九月八日のソ連外務省の通知によると、ソ連の司法組織は、約一、〇〇〇人の日本人捕虜に有罪判決を下した(17)。さらに、一九四九―一九五〇年、ソ連における日本人捕虜の非公開裁判の数が最大になったことは特徴的である。

一九四九年二月二四日、極東委員会は一九四六年四月三日の決定で、いわゆる「A」級に分類された戦犯に関する今後の裁判全てに対して停止命令を出した。「極東における戦犯の拘留、裁判、処罰」という見出しがつけられた、この委員会の文書で明らかになっているように、このカテゴリーには、侵略戦争の準備、開始、遂行の容疑がかけられている人物が分類されていた。

間もなく、同様の要請が、この文書では「B」項、「C」項であった他の二つのカテゴリーにも及んだ。それらの項では、戦争の法規と国際法の規範に対する違反、また市民に対する殺人、殲滅、奴隷化、追放その他の非人道的行為の容疑が取り上げられていた。一九四九年四月一日、極東委員会は各参加国政府に、六月三〇日までに出来るだけこの種の調査を全て終え、また裁判所の判決は、一九四九年九月三〇日までに決定することを要請した。

これはソ連を除いた各国代表の意見をまとめた決定である。対日戦参加国は法的な観点から、今後、ソ連がこの方向で何らかの動きをとることに形式的な障害をおいた。一九四九年末に行われた日本人戦争犯罪者に対するハバロフスク裁判を非難する際、アメリカ人は必ずこの口実を利用した。

「ハバロフスクで裁判が本当に行われたのかどうか、私たちが知ることは出来ない。たとえそれが行われたとしても、それはしばらく前に起こったことであったかもしれない」とU・シーボルト米国代表は、対日理事会で指摘した。シーボルトは、さらに述べた。「ハバロフスク裁判に関するソ連の詳細な報告は、ソ連代表が理事会で回答を拒否している数千の日本人捕虜がまだソ連に残っているという疑惑から、注意をそらすために計算された〝煙幕〟である(18)」

三　天皇訴追の戦犯裁判を求めるソ連

一九五〇年二月一日、このハバロフスク裁判の審理継続中に、特別国際軍事裁判を始めることを提案するソ連政府の覚書が、米国国務省に手渡された。覚書にはソ連の管轄外にある日本の天皇と日本の元将軍たちを戦犯として人道に反する罪の容疑で裁判所に出廷させること。また当時、ソ連で行われていたハバロフスク裁判ではソ連が現在、追加で何人もの戦犯を裁判にかけようとしているとの通告が含まれていた。この根拠として、戦犯の拘留と裁判出廷に関する一九四六年四月三日の極東委員会の決定が引用されていた。

米国側は、ソ連の覚書に対して正式な回答をしなかった。その代わりに、一九五〇年二月三日、ソ連の要求を辛辣に拒否する米国議会の声明を発表した。「降伏から四年半が経過し、日本で戦犯の裁判が結審した何ヵ月も後に、ソ連の覚書は提起された。覚書が渡された時期とその内容から、その主な目的は次のようなものであることがはっきりしている。それは、ソ連の管理下にあった領土に抑留された三七万人以上の日本人捕虜を復員させず、その運命に関して何の説明もしていないという状況から注意をそらすことである」と、この声明では述べられている。

極東委員会のしかるべき決定をソ連当局が引用したことに関して、議会はこう説明した。「ソ連大使が引用している決定は、次のような解釈がはっきりと表明され、委員会で承認されたことを、一九四六年四月三日の極東委員会第七回会議議事録は示している。極東委員会の決定を具体化するために、最高司令官に出されるべき命令は、捕虜の取り扱いと同様、委員会の決定による直接の指示をもって、日本の天皇に起訴状を適用するような形を取らなければならない。最高司令官にそのような指令が出されていない以上、極東委員会の新たな決定を待たなくては、日本の天皇に対してどのような方策も取ることは出来ない[19]」

言い換えれば、最高司令官は形式的に、戦犯の責任を問う裁判所を正式に指定する権限を持っていた。しかし、彼は、極東委員会の特別な承認なしに、日本の天皇を法廷に出廷させるという全権を持っているわけではなかった。ここから、声明に示された次のような結論が導かれる。「通常の手続きで覚書に含まれる提案を、極東委員会にすることが出来るということをソ連政府は知っていた。ソ連政府がそのような方法をとらず、容疑をセンセーショナルなやり方で遅れて持ち出したと言う意図は、自ずとソ連の覚書の背後に隠された真の目的について疑念を抱かせる[20]」

政治的に先見の明がなかった米国当局を非難するのは難しい。東京裁判当時、彼らは他の主要戦犯に含めて、天皇にも最高刑を下すという意見も強かったというのに、今では天皇の名声を大事に守り、戦後復興の困難な時期に、天皇を日本民族統一のシンボルとして占領政策に積極的に利用することとなったのである。

この時、このようにして生じたソ連には不利に働く米ソの政治的対立の過程で、日本では最も重要な政治状態が変化したのみならず、そのような裁判を行う時期を完全に逸してしまったのであった。

形式的に見ると、ソ連当局は東京裁判の判決執行の二年以上後に、戦争犯罪に関する独自の判決を下したわけで、他国に比べると明らかに遅れて、日本人の戦争犯罪問題の調査に着手したことになる。

裕仁天皇を戦犯として裁判にかけるというソ連の提案に対して、米国当局が非常に否定的な反応を示したことが、日本では大きな賞賛をうけた。例外は基本的に、日本人共産主義者だけであった。

「UP通信」の特派員が伝えたように、「ほとんどの日本人はロシア人のこの要求に震撼した。ここで、数千の捕虜を祖国に帰さなかったロシア人に対する不満がくすぶっている。天皇を裁判にかけるという要求は、火に油を注いだだけであった。今では、以前よりももっとあからさまにロシア人を疑っている。ロシアが日本人全員に自国に対する敵意を持たせたかったのなら、これ以上のことはなかった、と多くの日本人は話している。日本人はこうも言った。天皇を裁判にかけるというロシアの要求によって、大衆はロシアに敵意を抱いたのみならず、日本人は当地の共産主義者に反感をもって接するようになった。ロシアは大きな外交的失敗をした、と東京の外交時事解説者は考えている」(21)

東京裁判で日本の主任弁護士を務めた林一郎は、「極東国際軍事裁判所が受け取った情報は、裕仁天皇が戦争責任を負っていないことを示している」と述べた。調査に参加した一一ヵ国の代表が収集した書類と、裁判所が受け取った五、一八四の証拠書類は、「戦争犯罪が天皇の責任でないことを否定できない内容を含んでいる」とも、彼は述べている(22)。

マッカーサーは、ソ連の提案に対して非常に否定的な態度を示しつつ、むしろ日本人戦争犯罪人の期限前釈放に意欲を示した。このために、彼は最低ランクから最高ランクまでの、全ての戦争犯罪の受刑者に適用できる「標準条件」を作成するように提案した。三月七日、これらの問題を検討するために、特別委員会が設立された。その決定は占領軍司令部が行った。

この要請に応じて、まず第一に比較的刑期の短い懲役に処されていた者の釈放が行われた。続いて、マッカーサーは次の手段として、戦犯の刑期を三分の一に短縮すること、終身刑は懲役一五年に変更することなどを承認した。これに基づいて、多くの日本人戦犯が、期限前に監獄を後にした。

占領軍によるこの示威的な行動に、モスクワは抗議した。これについては、一九五〇年五月一三日にワシントンで受け取られたソ連の正式な外交文書に示されている。そこにはこう書かれていた。日本人犯罪者の期限前釈放は、東京裁判の判決の基本事項及び一九四六年四月三日の極東委員会の決定に違反している。これに基づいて、ソ連政府は日本人戦犯の期限前釈放に関連する方策を中止するよう提案していた。それ以外に、ソ連の外交文書には、荒木元陸相や平沼元首相、重光元外相の期限前釈放がすでに実行されたかのように非難をこめて言及されていた(23)。

実際、これら全ての点に関する非難は、これまで同様ワシントンの公式的な激しい反発を買うこととなった。この点に関する声明を発表した米国国務者の発表によると、有罪に処せられた日本人犯罪者の処遇に関する全責任は、その全権を委ねられたマッカーサー司令官が負っていることが、特に強調されていた。戦犯の期限前釈放のシステムは、世界の多くの国で適用されているので、期限前釈放に関連するマッカーサー司令官の方策は、ソ連の外交文書にあるような国際法の規則違反には全くあたらないことを、彼は引用したのであった。

さらに、一九四六年四月三日の極東委員会の決定に関して言及された。その決定に基づき、マッカーサー司令官は、駐日占領軍の総司令官として、刑を軽減する方向に判決を変更する全権を分与されていた。彼の考えによると、米国代表が引用したこの、そしてその他の論拠は、マッカーサー司令官の行為が極東委員会の決定違反とは解釈できないと主張する根拠となった。

これと同時に、発言者は、荒木貞夫、平沼騏一郎、重光葵の期限前釈放に関するソ連政府の主張をはねつけた。これに際して、彼の考えでは最初の二名の釈放は、この問題に取り組んでいる特別委員会が許さないだろうが、前外相は釈放される全ての基準を備えているだろう、と強調した。同時に、ソ連が触れていない人物も同じように期限前に釈放された、と米国代表は述べた。(24)

事実上、この声明にはすぐ後に、米国からソ連宛てに出された一九五〇年六月八日の回答文書の短い要約文が含まれていた。次に、マッカーサーがこれらの言葉を現実の行動で裏付けた。一九五〇年五月一九日、彼は、さらに六人の戦争犯罪者を期限前に釈放した。また、五月二二日、占領軍司令部は、細菌戦の準備をしていた日本軍の元将軍たち、石井四郎、笠原四郎、若松勇次郎、北野政次を保護下においた。米軍は、今後、彼らの協力を得たいと考えていると発言した。この際、アメリカ人は、前将軍たちの戦争経験と軍事研究の成果に興味があることを隠さなかった。マッカーサーの指示で、彼らの安全確保にアメリカ軍事警察直轄の護衛隊がつけられた。

一九五〇年四月一日の状況としては、ソ連で、一、四八七人の日本国民が有罪判決に処されるか、目下取調べ中であった。彼らの処罰の期間も注目に値する。処罰のうち、最長の刑期は、一九七四年に五一二人、一九七五年には一二五人に終わった。そして、最後の一人が、一九七六年までソ連の収容所にいたはずである。(25)

四　捕虜の送還費用は誰が負担するのか

日本人捕虜をソ連から送還する期限を守れなかったことに対する、連合国の新たな抗議措置を予測して、ソ連政府は彼らとの相互関係で、攻撃の主導権を争う迎撃策をとることになった。モスクワは、ソ連あるいはソ連が統治する領土からの日本人捕虜と日本国民の送還費用の補償に関して、マッカーサー司令部と交渉を始める決定を採択した。

ソ連代表が根拠としているのは、第二次世界大戦末期及び大戦後、各国と並んで、捕虜の送還問題のみならず、彼らの送還費用の支払調整問題に触れた条約や協定の締結であった。一九四七年にイタリア、ブルガリア、ハンガリー、ルーマニアと締結した平和条約には、これらの国々が捕虜や、自国の国民の送還費用を全額補償することを義務づけた項目があったのだ。

しかし、国際的な実践では、費用の補償要求を持ち出さない本国送還の相互協定も出てきていた。ソ連が米国、英国、フランスと締結した本国送還の相互協定では、こう規定されていた。協定参加国は、各当局が解放した他方の国民に提供するこれらの、そして類似の力添えに対する補償を要求しない。このような協定により、アメリカ人、イギリス人、フランス人、ベルギー人の送還費用の補償は削除された。

さらに、ソ連国民の送還費用が、ソ連が負担する相手国民の送還費用を越えた国が、何か国もあった。それは、ポーランド、チェコスロバキア、デンマーク、スウェーデン、スイス、ノルウェー、ルクセンブルクである。従って、上記を総括すると、外国人の送還費用を確定させる際、何か国もが除外されることになったと言わねばならない。日本との問題は多少複雑である。なぜなら、この国との全ての会談は、ほとんど連合国の仲介、すなわち、マッカーサー司令部を介して行わなくてはならなかったからだ。

この措置の準備は、以前から始められていた。ソ連外務省第二極東部復員事業局の提案に基いて、この問題に関する取り決めが作成され、検討のために一九四八年八月一一日、条約上の権利・基準に立脚した機関へ送られた。

支出額は、一九四六年一二月から一九四八年九月一日までの分を明確にし、四億二、八一〇万八、三三六ルーブル四六コペイカとなった。この資金は、八〇万三、一二五人の日本国民の送還に費やされた。このうち、三四万四、四八八人が捕虜、四五万八、六三七人が民間人である。一九四八年の残りの期間分は、後に支払うことになっていた。[26]この計算は、米ドルもしくはソ連に必要な物資でという返済条件で、日本政府に提示する予定であった。米ドル換算で、これは七、七六〇万ドルとなった。(計算　一米ドル＝五ルーブル三〇コペイカ)

これに際して、ソ連の専門家たちは最初から、この問題に関する会談をマッカーサー司令部と行う際には、これらの支払いが現実的に可能か財政的根拠など、いくつもの客観的要素を考慮するように勧めていた。まず、日本政府が七、七六〇万ドルを一括払い出来ないのは全く明白であった。その根拠は、一九四七年、日本の総輸入高は五億二、六〇〇万ドル(このうち、九六パーセントが米国からの輸入)、輸出高は一億七、四〇〇万ドルだったことである。一九四五年九月から一九四八年八月までの期間に、日本はアメリカに、輸入代金六億ドル以上の負債を負い、全ての貿易、外貨、貴重品が米国の手中にあった。[27]

アメリカ人は、送還終了後の時期までに支払いを延期させるために、よく練られた計画案を持っていたことを専門家たちは指摘していた。送還に関する協定の中では、日本政府は送還費用を支払うという立場だけが取り決められたが、その実行の時期も手段も触れられていない。

しかし、極東委員会の審議に提起され、審議されている問題に直接関係する要請案に関連して、ソ連の専門家たちはこの問題を特に懸念した。まず第一に、「日本人引き揚げ者に対する支払額についての問題調整」という文書に関して話が及んだ。その中で、引き揚げ者の労働に対する抑留国による支払いの必要性と抑留国に残された日本人の所有していた金銭および私財の補償が義務づけられていた。

この問題に対するこのような取り組みは理論的に、日本人引き揚げ者の労働賃金に関する極東委員会の要請実行と、送還費用返済に関するソ連側の取り組みの検討を、アメリカ人が結び付ける可能性を生む。しかし、上記の文書の採択は、ワシントンで無期限に延期され、それはソ連側を完全に満足させた。そして、この問題は議題から外されたわけではなかった。

これに関して、極東委員会の他の文書「日本における占領経費の確定とその支払いの際の優先性」で述べられている、この問題に関する第二の重要な原則も考慮された。その中では、まず日本へ輸入代金を支払い、輸入代金を全額支払った後、第二に、占領経費を支払いが指示されていた。

この文書を極東委員会の審査に付しつつ、アメリカ人は、日本の対外貿易が黒字、日本の財貨、日本の輸出利益を考慮して、米国からの輸入代金の支払いが、まず第一に極東委員会の承認を受けなければならないと予想していた。日本の輸入債務は、この資料書類で計算された占領経費の弁済金をかなり越えていたので、アメリカ人によって提案された支払い方式では送還費用の補償の見込みはなかった。

これに際して、極東委員会の審議からこの文書をはずすように、ビシンスキーが提案した。というのは、占領経費と送還費用の補償問題、また輸入代金の支払い方法の問題は、平和条約を審議する際に検討されるべきだからである。しかし、極東委員会のメンバーのほとんどがこれに同意せず、占領経費問題に関して、より具体的な提案を作成するために特別委員会を設置する決定を採択した。

「日本人引き揚げ者に対する支払額についての問題調整」と題された、上記の文書の付属文の一つが注目を集めた。そこには、特にこう明記されていた。「その後の調整で、引き揚げ者に対する抑留中の労働賃金の支払いが日本で支払われるように送還した政府が依頼した場合、連合国の総司令官は、軽減策として日本政府に規定の支払いを免除し、適用された国際協定と条約に応じた調整の結果を適切に記録するよう、日本政府に要求しなければならない。

引き揚げ者が、抑留中の労働報酬に関する貸方残高証明書を持っている場合、日本政府が引き揚げ者に対して支払う額は、日本円で示された未払い給与額でなければならない」(28)

法的な観点から、国際条約の規定と通常の法律規則がこの種の支払い発生の根拠となった。特に、陸戦の法規慣例に関する一九〇七年のハーグ条約第六条は、捕虜をその地位や能力に応じて労働に参加させる国家の権利を定めていた。これに際して、捕虜の賃金は生活条件の改善に充てられ、残りは解放される際、彼らの生活費を差し引いて彼らに渡されていた。(29) しかし、世界的に存在している現地通貨の海外持ち出し制限により、捕虜に支払うべき賃金の残額を記録する捕虜の労働証明書が導入された。

この金額はどのように算出されたのだろうか？この問題に関する国際的な実例は、極めて様々である。例えば英国では、捕虜の生活費は、本人の給与で賄われるべきではないという規則が、導入されていた。しかし、相手国が相互主義の原則に基づいて行動していた場合にのみ、この方策は許されていた。フランスでは、捕虜の労働賃金の残額は、国益のために保存されるべきではないという判断を堅持していた。米国の「戦争規則」では、こう定められている。平和条約調印の際、国は、捕虜が自国の国民である場合でも、彼らの生活費を補償しないならば、労働賃金の相当部分は、理論的には捕虜の手元に残りうる。しかし、現実にはそうはならなかった。

さらに、この問題に関する米国の国際的な実践をいえば、一九四八年四月二日、ローマから「タス通信」が報道していたように、この日、この国で、米国大使が、米国抑留イタリア人捕虜に対する労働賃金の第一回の納入分として、イタリアに四五〇〇万ドルを支払った。これに先行して、この二国間政府協議が行われていた。平和条約第七九条が、明確な対立を引き起こした。条約は、イタリア人捕虜の労働対価を、米国政府がイタリアに支払う義務を負っていることを規定している。合意に応じて、米国はイタリア人捕虜の労働対価として五億七、三〇〇万ドルをイタリアに支払う義務があった(30)。

交戦国が給与として捕虜に支払う金額と彼らの給養費〔生活費〕は、戦後、これらの人々を軍務に引き込んだ国家によって補償されなければならないという原則に、日本帝国政府も無条件に従っていた。この原則は、日露戦争を終結するための一九〇六年のポーツマス条約で完全に順守されている。

特に、ポーツマス条約第一三条は「日露の政府が、捕虜の送還後出来る限り早急に、捕虜の捕獲日から死亡あるいは帰還日までの直接経費を証明する計算書を相互に提出すること」を規定している。「ロシアは、上記に定められるように、出来るだけ早急に取り交わしたこれらの計算書に応じて、日本が支払った実際の経費とロシアのそれとの差額を日本に補償する義務がある(31)」。この基本に基づいて、帝政政府はロシア人捕虜の金銭供与に関する支出の全額を日本に補償した。

この、すでに存在する二国間関係の慣行に基づいて、今度はソ連が、ソ連の収容所における日本人捕虜の給養費補償請求を日本に行う根拠が全て揃っていた。今後、ソ連の外交官は再びこの問題を提起するだろう。

しかし、ここでも再び必然的に捕虜の労働賃金の問題が浮上してきた。

五　日本人捕虜に賃金計算カード渡した米英

連合国は、国際法の規定と出来上がった慣行に基づき、この問題を解決した。米国、英国、ニュージーランドその他の国から本国へ送還される際、日本人捕虜に賃金の貸方残高証明書が渡された。この後、決まってこれらの国の公式な通達が日本政府宛てに届いた。

例えば、一九四七年六月二七日、この種の覚書が英国当局から日本政府に発送された。その中にはこう記載されていた。「本国送還の際、貸方残高は抑留国によって支払われず、捕虜の所属国のために記録される。そして、捕虜の所属国は、捕虜当人と調整を行う義務を負う。この際、当事国間の清算は、戦後、いつでも行えることを考慮に入れておく(32)」

提示された個人計算カードの金銭補償は、決められた金額の範囲で設定された為替レートによって日本の国庫から支払われ、残りは個人勘定に振り込まれた。

金銭と引き換えに提出された書類の裏面には、行われた支払いが注記され、その後、何らかの事情で、将来提示する目的で保存された。

　連合軍総司令部や日本大蔵省の文書の中には、抑留から祖国へ帰還した日本国民の個人、あるいはグループが、彼らに支払われるべき賃金を受け取ったという証拠文書である多数の通知状や指図書を発見できる。

　ところが、ソ連はそのような義務を負わなかった。一九四九年まで、我が国は形式的観点から、捕虜の待遇に関するいずれの国際条約も他国と締結しておらず、どの条約にも加盟していなかった。ソ連の国民経済に占める日本人捕虜の労働を規定している主な規範は、一九四五年九月二四日付の「捕虜の労働利用に関する条例」であった。条例は三項から成っており、その第一項は「捕虜の労働利用に関する指示」を含んでいた。それは、捕虜の仕事配分の規則、労働時間の規則、労働組織、金銭的報酬、その他の報奨制度、そして捕虜の懲罰を規定していた。特にそれに基づいて、兵隊の、あるいは若い将校の義務的労働が規定されていた。このカテゴリーの人物の賃金は、直接、仕事場で支払われなければならなかった。

　このため、捕虜は自分の労働で、自分の給養費を賄わなくてはならなかった。そして、労働の拒否は規律違反とみなされ、処罰された。

　現在、日本人捕虜の記名勘定を記録した企業や収容所のしかるべき記録文書が保存されていなかったことがはっきりしている。概して、記名勘定というものが、各捕虜に対してすべての場所で導入されていたかどうかも、不明である。一九四六年六月、捕虜・抑留者問題総局の職員が、捕虜の労働評価簿の例を作成したことは、そのことの裏付けにはなる。そこには、所有者、労働期間と場所、就労していた役職、労働義務とその遂行に関する情報が記載される予定であった。しかし、結局、これらは全て計画段階のまま残されてしまった。

　予定されていた賃金額は、多くの条件、すなわち、捕虜が働いていた企業の特性、本人の技能熟練度、等級、仕事の種類、果たしたノルマ、ノルマの超過率、そして時には熟練工や作業ノルマ計算係の手心によって決まった。

　一九四五年、賃金額は、五〇ルーブルから二五〇ルーブルまで―重労働では二〇〇ルーブル、その他では一五〇ルーブル、石炭産業では制限なし―を含め、揺れ幅があった(33)。

しかし、現実には、通常、この報酬が捕虜の手に渡ることはなかった。一〇日ごとに収容所付属の売店に渡される報酬額を記載した捕虜のリストが作られていた。このリストに応じて、捕虜には生活必需品や補助的な食料品が渡されていた。

六 捕虜の給養費をカバーできない賃金

この際、収容所でこのような報酬を受け取るための最も主要な条件は、捕虜に定められた給養費によって確定されていた。それは、彼らとの全ての清算を操作・調整するのに非常に便利な仕組みであった。そして、国家防衛委員会の一九四五年六月四日付の決定によって、この時期まで有効であった。一九四一年七月一日付ソ連人民委員会議の決定に応じて、賃金は、生産ノルマを予定以上に達成した捕虜に対してのみ、彼らの賃金が捕虜一人の給養費に費やされる二〇〇ルーブルを賄うという条件で加算された。

さらに、捕虜の生活条件の悪化と、それに伴って、彼らの生活費の額を引き上げる必要性が生じたことに関する一九四六年一〇月一一日付の内務省の指示に従って、一九四六年九月一六日から、金銭的な報酬の支払いは、賃金額が四〇〇ルーブルを超えた捕虜に行われるようになった。そして、一九四八年四月二一日からは、それが四五六ルーブルとなった(34)。この結果、報酬を受け取る権利を持つ捕虜の数は著しく減少した。その頃、収容所付属の売店で商品を獲得できる捕虜も少なかった。

現実には、捕虜の賃金は彼らの給養費をカバーすることは稀であった。一九四六年には、捕虜の賃金で全捕虜の生活費の九三・五パーセントが賄われ、一九四七年には七〇パーセントのみという風であった(35)。

一九四八年だけは、捕虜の数がかなり減ったことで、ある程度、捕虜によって行われた作業の算定が良くなり、金銭報酬の加算額と支払いのチェックが強化された。一九四九年だけは、ソ連に外国人捕虜が来て初めて、彼らの賃金が全収容所と特別病院の維持費を上回った。このように、指示があったにもかかわらず、賃金の受け取りに当たって、現実には非常に問題が残っていた。

ほぼ同じような状況が、奨励金に関しても生じていた。一九四五年九月二四日、捕虜による標準労働量（ノルマ）達成の確保と生産性の向上、収容所の完全な独立採算制の達成のために、収容所での労働を刺激する目的で、賃金の報奨制度がソ連内務人民委員部によって導入された。収容所の完全独立採算、リストに載っている定員の七〇パーセント以上が作業に出て、作業に出た人員の生産ノルマを九五パーセント以上達成することを条件に報奨金が定められていた。報奨金制度は一年以上、存在していたが、収容所で水増しやその他の否定的な事実が明らかになって廃止されてしまった。

低い生産性や労働組織の質の悪さ、その他の理由と並んで、政府の指令が常に変わること、労働の個別勘定システムが整備されないこと、高い生産ノルマと明らかに高められた捕虜の給養費を考えれば、かなり確信を持って、実際には労働賃金がどこでも常に支払われていた訳ではないと言える。

基本的に、賃金を受け取っていたのは、工場、建設現場、鉱山で働いていた者である。しかし、森林伐採地、コルホーズ（集団農場）、収容所内の仕事をしていた者は何も受け取っていないか、企業で働いている者の何分の一しか受け取っていなかった。むしろ、賃金というのは珍しい例外で、何らかの労働報酬の形態については、間接的な証拠によって推察出来るだけである。目撃者の回想では、捕虜は時々、食べ物やタバコ、個人の衛生用品をいくつかの収容所や、現地の市場に設けられた労働者用購買部や共同組合売店で手に入れたという話があった。

捕虜の手に一定の貯金があったことは、彼らの引き揚げの際に特に問題となった。ソ連当局が何もしなかったと決めつけるのは間違っている。一九四七年、ソ連内務省は、引き揚げの際の、捕虜が稼いだ記名勘定に記されている資金の消費規則を定めた。これらの資金を捕虜に渡す必要はない、と収容所の職員には指示された。記名勘定に記されている金額は、収容所の売店で、海外への持ち出しが許可されている日用品や道中の食料の獲得に使われた。使わなかった金額は、特別な指令が出るまで保存される内務省の当座預金口座に振りかえるよう命じられていた。

ソ連の貨幣を海外に持ち出すことは、捕虜には絶対禁止されていた。これを犯すことがないよう、解放される者たちが輸送列車へ乗せられる前に、収容所の職員は入念な身体検査と荷物検査を行うよう指示された。記名勘定に基づいて没収された貨幣は、収容所の財政部に保管されていた。しかし、規則とマニュアルが詳細に作り上げられたにもかかわらず、現地では、非常に頻繁に本国送還責任者も捕虜自身もこの指示を破った。しばしば、引き揚げ者の手にはルーブルや貴重品が残っていた。それでも、その後、それらは通常、ナホトカ港で税関職員に没収された。その際に、没収を証明する書類が作成されることは、実際には決してなかった。そして、そのように手に入れた全ての収入は、国家のためか、個人の懐を肥やすために使われた。

一九四七年三月一八日、これに関連して、ソ連国境で数多く起こっている、しかるべき書類の作成なしに、日本陸海軍の軍人や軍属者の個人貯金や賃金の残りを没収する事件に関して、ソ連政府と交渉するにあたって、日本大蔵省は連合軍最高司令官総司令部〔GHQ〕の協力を得て、連合国を仲介役にするという要請を出した。

日本政府は、このようなことは許しがたいという日本の考えを、ソ連に認識させるよう総司令部に依頼した。没収額を表示する書類の発行義務が強調され、今後の輸出代金支払いのための貸付金とするこれらの資金の補償制度が、日本側から要求された[36]。しかし、この類《たぐ》いの他の要求と同じように、この取り組みに対するソ連の回答は、結論として出てこなかった。

ソ連の専門家は、これら全ての要素を考慮して、本国送還費用の補償も含め、日本に対する要求を作成する際に、十分に柔軟で注意深い戦術をとった。

このように複雑化した状況の中で、引き揚げ費用の補償を日本側から見積もることは客観的に難しかった。にもかかわらず、ソ連の専門家は、可能性があるこの問題の解決方法を全て詳細に試算した。提示された請求書の支払いを日本人が拒否した場合、報復措置として、本国送還のテンポを緩めることや、一時中断さえ認めていた。しかし、政治的にはこの措置は正当化されなかった。

提案された全ての選択肢のうち、最も実用的であると思われたのは、外務省の提案であった。日本政府に具体的な本国送還費用を提示せず、東京でこれを打診する自国の代表に一任するというものであった。マッカーサー司令部では、回答を受け取った後に、この問題に関する今後の決定を行うため総合的な公式照会を予定していた(37)。

その後の出来事は全て、提案されていた図式通りに展開していた。一九四八年一〇月一五日、A・P・キスレンコ少将は、モロトフ外相の指示で、マッカーサー司令部に自分で署名した書簡を送った。その中で、ソ連が負担した日本人捕虜と民間人の本国送還費用を補償するための最初の請求書を日本政府に提示するという、対日理事会ソ連代表の意向を伝えた。日本政府が、ソ連領地からの日本人送還費用を全て負担すると規定している、一九四六年一二月一九日付の日本人捕虜の引き揚げに関する米ソ協定第四章第二節が引用されていた。これに関し、この問題の交渉に当たっては、日本政府とマッカーサー司令部の代表を分けてほしい、とソ連側は依頼していた。

わが国のこの政治的措置に関する情報は、当然、「タス通信」で流れて周知のこととなった。しかし、連合国は回答を急がなかった。マッカーサー司令部は二週間、意図的に間をおいた。そして、アメリカ人は一〇月三〇日にやっと、対日理事会のソ連代表が上記の協定第四章第二節を誤って解釈していると指摘し、この要求に対する否定的な結論を示した。

ソ連代表が特に注目したのは、言及された協定は、日本人引き揚げ者が出発港で乗船した時点から発生する支出のみ、日本政府によって補償されると規定していることである。これに基づき、司令部は交渉に際して代表を分ける依頼には一定のテーマがないとして、拒否した。

アメリカは、回答を司令部代表の特別声明で説明した。その中では、特に次のことが述べられている。

「タス通信」は、ソ連が日本政府に対して日本人捕虜および民間人の引き揚げ費用を請求していることを報道していたが、この請求には法的根拠が全くない。データを見ればよく分かるように、ソ連当局は、一九四六年一二月に調印された日本人捕虜の引き揚げに関する米ソ協定に規定されている、月五〇、〇〇〇人の本国送還という自国の割り当てを一八ヵ月間ずっと履行していない。この一五カ月間、各引揚船の引き揚げ者数は、平均五〇〇人にも満たない。さらに、司令部は一一月一日から一五日までの輸送申請書をこれまでに受け取っていない。これはソ連当局が、自国の理由でソ連政府が守るべき義務に直接違反して、本国送還を少なくとも一時中断することを決定したことが推測される根拠となる。従って、ソ連当局はいわゆる費用問題を、捕虜の本国送還中止を正当化するために利用しているかもしれないし、これにより、捕虜たちが労働目的に利用されるかもしれない。

引き揚げに関する協定は、日本人引き揚げ者がソ連の管轄下にある港で船に乗船した時点からの経費を日本政府が支払うと規定している。そして、それは履行されていた。逆に、ソ連の港、あるいはソ連の管轄下にある港から出発する以前の費用は全て、当然ソ連政府の負担になる。これが通常、本国送還計画を実行する際に、他の全同盟国が見習うべき形である。連合軍最高司令官は、これらの捕虜を三年以上拘束した後は、速やかに本国送還するという自分の提案を再び繰り返している。その実現のために、彼は月一六万人規模の予定で、輸送船団を提供する用意がある。ソ連当局が逃げ口上を使って、この提案を受け入れない場合には、それに対する倫理的な責任から逃れることは出来ない。(38)

一一月二二日、モスクワの要請で、マッカーサー司令部に二通目の書簡が送られた。そこには、彼らが誤って都合よく解釈した有名な協定の規定について書かれていた。ソ連側は文字通り、「ソ連の領土、ソ連の管轄領土からの日本人捕虜と民間人の引き揚げの全費用、そして、韓国人の日本からの引き揚げ費用も日本政府の負担と認められなければならない」ことに、米国が注意するよう強調した。文末に、「対日理事会のソ連代表は日本人本国送還費用を補償するための最初の請求書を日本政府に提示する意向である。この問題に関する交渉を行うに当たっては、日本政府とアメリカ司令部の代表を分けてほしい」というソ連側の要望が、再確認されていた。(39)

しかし、一九四八年一一月二五日、米国は再びこれを拒否した。この問題に関する往復書簡は翌年の半ばまで一時中断した。モスクワは政治的失敗を公衆の前で挽回することに決めた。

一九四八年一一月二六日、「プラウダ」紙にこの問題に関する記事が掲載された。そこには、「日本政府は、引揚者が出発する港で乗船した時点から発生した全費用を負担する義務があり、言及された協定に関するマッカーサー司令部の見解は自分にとって都合がよい解釈であって、誤っている」という意見が一貫して、強調されていた。

記事は、次のような言葉で終わっていた。「最近、マッカーサー総司令官と彼の司令部の代表たちが、引き揚げに関する協定履行の必要性について、非常に事細かに話していたことが注目される。しかし、この協定の履行に関していうなら、この場合、課された義務の履行を避けるためだけに、この協定の全く明確な決まりごとの全てが、ほとんど曲解されて適用されている」。(40)しかし、この問題に関する旧連合国との今回の政治的勝負は、ソ連政府にとって実のところ最初から負けであった。

一九四九年七月二七日、引き揚げ問題に関する全権代表K・D・ゴルベフ次官は控えめに挽回を試みつつ、引き揚げの主要段階の終了に関連し、この方針での新たな一手の可能性を慎重にソ連外務省に打診している。「日本人捕虜の引き揚げ継続中という条件下で、この問題を粘り強く取り上げることは、この問題を好条件で解決するために非常に効果的である。なぜなら、引き揚げが終了してしまえば、我々が負担している費用が補償される可能性も少なくなると思われるからである」と、彼はビシンスキー宛ての手紙の中で丁重に注意を促している。(41)

一九四九年九月七日、この提案に基づいて、デレビヤンコ将軍は、マッカーサー宛てに定例の書簡を送っている。その中では、この問題に対する米国の態度は、引き揚げに関する協定違反であると再び評価されている。そして、書簡の中では、ソ連側が負担している費用は、日本政府のソ連に対する負債と呼んでいる。しかし、この方針でこれまでソ連がとってきた措置と同じように、この書簡は再び米国に無視された。

「解放した市民の引き揚げ費用のソ連への補償に関する外国政府との交渉についての」一九五二年三月二九日付のソ連閣僚会議の決議が日の目を見るために、ソ連はまだこの問題に戻ろうとしていることを、先に述べておく必要がある。その具体化のために、オーストリア、ブルガリア、ハンガリー、オランダ、イタリア、ルーマニア、フィンランドその他の国々との交渉を行う基盤となるべき協定の全体計画が、提案された。その中で、それぞれ個別に債務金額と商品あるいは金銭での返済期間が定められた。

一九五二年初め、ソ連政府代表と上記の国々との間で、ソ連が負担したソ連からの外国人捕虜と民間外国人の引き揚げ費用の補償に関する交渉が始まった。外国人の引き揚げに関する請求は、数十か国に対して行われた。ユーゴスラビアとギリシャ政府は、交渉に応じなかった。ドイツ人捕虜の引き揚げ費用の補償問題は、ドイツとの平和条約締結まで延期された。

日本に関しては、サンフランシスコ講和条約調印後、この問題の交渉は日本政府との補償交渉に移行するはずであった。しかし、ソ連がこの条約に加盟することを拒否したため、二国間の清算は日ソ関係が調整されるまで延期された。

これに関連して、上記の決議の日本関連部分には次のように記載されていた。「日ソ関係の調整後、日本人捕虜と解放された民間人の引き揚げ費用に関して、ソ連に対する補償の提案を準備する」(42)

これに際して、現在の条件下で日本政府に対する引き揚げ費用を提示すれば、日ソの関係に否定的な機運が高まり、また、個々の事実が証明する強制労働の報酬として、日本側からソ連政府に対して支払いが要求されるかもしれない、とソ連は以前同様に警戒していた。

日ソ関係の正常化には、日本政府が外交ルートで提起している請求を広く公表するのではなく、この問題を検討することが必要だ、とソ連の外交官は考えていた。この場合、日本政府が引き揚げ費用の支払いを拒否するか、その金額の規模で商取引をするというような可能性もあることを、この時モスクワはよく理解していた。

七　過熱する反ソ・キャンペーン報道

ソ連の外交官は、ソ連から日本への日本国民の引き揚げ期間を、意識的に引き伸ばしながら、米国が日本国民の引き揚げに関する二国間協定違反で、ソ連を非難する新たな宣伝活動を行うという新段階が始まるかもしれないことをよく理解していた。しかし、ソ連指導部の中では、この政治的な論理よりも他の論拠の方が優勢であった。

戦後一年目に工業生産の落ち込みを克服し、まずまずの経済的成果に励まされたスターリンと彼の側近は、第四次五カ年計画の数値を引き上げることに決めた。そのような状況の中で、国家計画のために外国人の強制労働があえて利用された。労働の生産性を向上させる条件を設定することではなく、労働者数を最大限増大させることによって、全ての問題の解決をみていた省庁のトップも事業の最高責任者も、そのことを主張していただけになおさらであった。

ソ連の指導者は、出来るだけ長く捕虜の労働力を利用するためにあらゆる可能性を追求していた。作成された本国送還計画に応じて、当時、収容所にいた外国人捕虜の七〇パーセントが、一九四九年第二四半期に帰国するはずであった。しかし、主要省庁の管轄下にあった事業からは、捕虜の本国送還は年末に延期された。

一九四九年、ソ連に残された日本人捕虜は、最重要産業部門、つまり道路や鉄道を含む建設現場、燃料エネルギーコンプレックス（複合体）、防衛産業、軍事省の施設などに継続的に就労させられていた。

一九四九年一月一日、モロトフ・ソ連外相は調査のうえ、冬の本国送還再開を求める米国の提案を検討するのは無駄だというA・A・グロムイコ次官の職務文書を承認した。「しかし、しかるべきソ連の省庁が日本人労働力の利用に興味があること、米国の駐日司令部と日本のマスコミが、最近はソ連による本国送還問題を取り上げていないことを考慮すると、この問題に関してなんらかの緊急の対応を我々が実行する必要はないだろう」とグロムイコは書いている。(43)

そして、実際に、米国は実質的に船便がない期間ずっと長期間沈黙を守った。この後、一九四九年四月二六日、マッカーサー司令部のシーボルト外交局長が、司令部の特別命令に基づき、対日理事会のデレビャンコ・ソ連代表に、ソ連領土にいる日本人捕虜に関する情報提供を要求する次の外交文書を送った。

外交文書では、特に次のように述べられていた。「これまで、ソ連領土、ソ連の管轄地域にいる日本人の数に関する情報を、我々がソ連から得たことは一度もない。他方、日本人は、特に家族はこれらの情報全てに、非常に関心を持っている。これらの情報は、対日政策に責任を負う極東委員会のメンバーである国の代表にも必要である。従って、ソ連の代表が国際法に従い、ソ連政府にこの要望を伝え、より全面的な情報を我々に提供することを要求する」(44)

一九四九年五月二〇日、ソ連政府はこの外交文書に対して、引き揚げ問題に関してソ連閣僚会議の全権を与えられた機関の公式声明を「プラウダ」紙に公表することで初めて回答した。そこでは一部、一九四五年九月一二日の「タス通信」の報道が繰り返されていた。この報道の中で、ソ連軍によって捕獲された日本軍の兵士や士官の総数五九万四、〇〇〇人が明確にされている。そのうち、七〇、八八〇人は、一九四五年に戦闘地域で解放された。一九四六年一二月一日から一九四九年五月一日までの期間、引き揚げ者の数は四二万八、一六六人と確定されている。一九四九年五月から一一月までに、戦争犯罪の容疑で取り調べを受けているあるグループを除いた、残りの捕虜全員が本国送還される予定である。声明の中で、ソ連によって負担された日本人捕虜及び民間人の引揚費用と日本政府によるその補償問題が再び取り上げられていた。(45)

旧連合国の司令部では、この声明の中で明らかにされた捕虜の数について非常に驚き、不信感を抱いた。ソ連によって公表された九五、〇〇〇人という送還されていない捕虜の数と、その年の三月に提出された占領軍のデータとの間の不一致が特に懸念された。占領軍のデータによると、三二、〇〇〇人がまだシベリアに、八四、〇〇〇人がサハリンと千島列島に、六〇、〇〇〇人が満州にいた。日本政府の計算では、四六九、〇〇〇人がソ連に残っていた。[46]

「ロイター通信」東京特派員が伝えたように、マッカーサー司令部の代表は、日本人引き揚げの経過に関するソ連の報道に触れ、感情も露《あら》わに発言した。「彼らは残りの三〇万人の日本人をどうしたのか？」[47]

日本の新聞はすぐさまこの問題を積極的に報道し、ソ連にいた幻《まぼろし》の三〇万人の日本人について、非常にさまざまな説明を繰り広げた。例えば「神戸新聞」は、北朝鮮から逃げた人が行方不明のままであることを願う声明を発表し、ボルガ川上流のいくつかの村落で、三〇万人以上の日本人が、新日本軍を作るために秘密訓練しているという報道をした。[48]

日本の首相は、この出来事を次のように説明した。「たとえ、ある程度の日本人捕虜の中国当局への引き渡しや死亡率を考慮しても、ソ連には三〇万人以上の捕虜がいるはずだ。ソ連によって公表された九五、〇〇〇人という数は、すべての捕虜親族を心配させるものである。政府は、全政党と力を合わせて、この問題に取り組んでいく」[49]

しかし、日本の共産主義者だけはソ連の立場を支持した。一九四九年五月二一日、日本共産党は声明の中で、次のように述べている。「ソ連政府は、まだソ連に残っている九五、〇〇〇人を今年中に帰国させると発表した。ソ連政府の発表されたデータと日本政府の判断との間の不一致は著しい。これは、主に降伏直後、満州や朝鮮にいた日本の役人や非政府組織が投げやりであったことから、生じたことである。降伏時に満州や朝鮮にいた日本人の数と、ソ連に抑留された日本人の数を同一視することが、間違いであったのではないか」[50]

日本では、事の本質を根本から変えるような、数値の発表に対する補足説明があるのではないかというかすかな希望が、まだ存在していた。五月二一日、「毎日新聞」はモスクワの発表は軍人に関するもののみで、抑留された民間人には当てはまらないかもしれないという予測を掲載した。五月二〇日、政府がこの事実を全面的に調査することを要求する声明を、日本社会党は発表した。
五月三一日、今度はマッカーサー司令部が、ソ連の領土には本国送還させる九五、〇〇〇人だけがいるというソ連の主張の事実無根を論証する数値を公表した。米国は満州からの六〇、三一二人を含む四六万九、〇四一人が日本に帰還しなければならないと指摘していた。[51]

新たに日本で持ち上がったソ連に対する非難の高まりによって、一九四九年六月一〇日、ソ連閣僚会議は、七月にさらに九五、四六一人という日本人捕虜の補足的な日本送還を決定した。しかし、一九四九年一一月一日までに本国送還組織に引き渡されたのは、全部で八九、二一三人だけだということを先に言っておかねばならない。

一九四九年七月二七日、本国送還の担当機関はソ連外務省とやり取りした内部文書の中で、次のデータを利用している。四四万〇、五二三人の日本人捕虜抑留者四九万七、八八九人の日本国民が本国送還される。そのうち、二二、七二二人が、一九四九年にはすでに送還されている（民間人四、七〇八人、捕虜一八、〇一四人）[52]

日本と海外の報道における集中した反ソ・キャンペーンは過熱し、ソ連からの日本人引き揚げ問題に関する政治的緊張を大きく煽りたてた。

日本政府の代表は、まだソ連にいると思われる三〇万人の日本人について、再び語り始めた。一九四九年一一月一六日、参議院の定例議会が開かれた。そこで、「まだソ連から帰国していない日本人捕虜から届いた手紙を研究することで、彼らに関する正確なデータを公表する業務にとりかかる」という政府の新たな発意が発表された。「この際、ソ連から日本に届いた総数一一四万九、九〇〇通の手紙のうち、二二万七、〇〇〇通は今年の日付である[53]」

この会議の一〇日後、この業務の成果が公表された。ソ連管轄の地域に、これまで三八万六、九二九人が収容されていることが明らかになった[54]。そして、この発表が、国会で複雑な反響を引き起こした。

その真偽に対する疑いを、すぐさま日本人共産主義者が述べた。共産主義者の野坂参三議員は、すぐさまこれに関する説明を政府に要求した。この際、情報収集のための未帰還者の家族に対する調査が、雑で不正確であり、このような取り組みは、この問題の客観的な討議の基盤とはならないということに、彼は特に注意を促した。

実際にこのデータがどのように作成されたのか、「朝日新聞」は紙面で詳細に報じていた。日本外務省は、まだソ連から帰還していない捕虜の身元確認を地方自治体に割り当て、地方当局にこの結果を提出するように指示した、と「朝日新聞」は伝えていた。しかし、これは期待したような結果をもたらさなかった。例えば、東京には三、〇〇〇人の未帰還者身元確認が課された。しかし、ここでは、合計で一、〇二九人が明らかになった、と都の厚生担当課の代表が述べている。この際、彼らがソ連にいるのか、中国か南洋の国々かを証明するものは何もなかった。[55]

新聞「アカハタ」の報道によると、日本人未帰還者の総数を県に分配するにあたって、日本政府は、島根県に四、一〇〇人の未帰還者を数えることを指示した。しかし、県では、行方不明者も含め、前線から帰らなかった二、〇〇〇人以下しか確認されなかった。別の情報によれば、日本政府は、そもそもソ連領土に残された日本人の実際の数に関する情報の公表を、断固として禁止した。[56]

類似の方法で、ソ連の収容所で日本人捕虜が厳しい待遇におかれていたという目撃証言が出された。これに関しては、例えばソ連で捕虜となっていた元外相有田八郎の息子有田浩吉に関する有名な話が非常に典型的だと思われる。参議院の引き揚げ問題に関する特別委員会の会議で発言した一人の目撃者の証言を引用し、「共産主義思想を拒否したことで彼は拷問され、冬に氷のような水につけられた」と「日本新聞」〔戦後、ソ連に抑留された元日本軍将兵約六四万人の捕虜のうち、主としてシベリア・極東地方の収容所にいた者を対象にして、極東ソ連軍政治本部がハバロクスクで発行したタブロイド判の日本語新聞〕は報じた。「この拷問から逃げようとしたものは銃殺された。あるものは針金で車にくくりつけられて引きずり回されたという」[57]

この発表に応じて、「共同通信」は一九五〇年一月二三日、次のことを報道した。有田浩吉は、一九五〇年一月二一日に健康でソ連から日本に帰った。拷問や銃殺には一言も触れなかった。「時事新報」は有田の両親と息子との幸せな再会を報道した(58)。

しかし、常に日本の新聞紙面に見え隠れしていた厳しいソ連の収容所生活や日本人捕虜の恐怖に関する話は絶えることなく、日本国民の絶望感を刺激し、日本社会は未帰還者の早期帰還を求めて戦いを続けていた。一九四九年一一月一一日、出来る限り早いソ連、中国からの日本人帰還要求の支持を請願する、一〇〇万人の署名収集全国キャンペーンが始まった。これと同時に、冬の到来と船舶航期終了を目前に、冬期引き揚げ継続を要求し、また、収容所で死亡した、あるいはソ連で有罪判決を受けた戦争犯罪者に関する何らかの情報を得よう、と捕虜の家族は、東京のソ連大使館の包囲を続けていた。しかし、ソ連代表は、常にソ連の指導者に要求を伝えることを求めるデモ参加者が定期的にかける圧力に、東京でひたすら耐えていた。

日本の国会では、この問題を独自で解決する方法を見つけようと再三試みた後、一一月三〇日参議院が、そして、一二月二日衆議院が、複雑化した状況にアメリカの介入を求めるという一致した考えを発表した。

一二月一五日、日本の吉田首相は、シーボルト対日理事会議長を訪れ、日本の国会の両院で承認された、ソ連と中国からの日本国民引き揚げ継続に関する協力を求める親書を手渡した。それは、ソ連に対する批判で満たされており、吉田はこう主張していた。「多くの日本人が、まだシベリア、満州、サハリンに残されている。そこで、彼らは、厳しく、非人道的、屈辱的な待遇を受けている」。さらに、「日本国民の熱い願いを表明し、この問題に対する協力を国際連合に求めることを支持するように」依頼した(59)。

議会の共産党議員団は、すぐさまこの吉田の占領当局への依頼を「政治的陰謀、意識的に歪曲された事実」と評した。彼らの声明には、特にこう述べられていた。「日本人捕虜は厳しい非人間的条件下にある、と吉田首相は述べているが、帰国者の大部分は、日本人捕虜に対する親切な対応を証言している。吉田首相は、故意に事実を歪めている。ソ連と中国を中傷しているのは、引き揚げ問題を政治目的で利用して、国民を反ソ連、反中国に導き、特定の国との単独講和条約と軍事協定締結へ向かうための世論を下準備することにある。我々は、吉田首相のこのような非常に有害な態度に断固たる抗議を表明し、それと闘う[60]」

この出来事は、長引く米ソの政治的対立に決定的な一歩をアメリカに促した、最後にしたたりおちた雪解け水だった。吉田の手紙は、議会というよりはむしろ、マッカーサー司令部が作成したものであった。これは一二月一五日に作成され、日本の新聞各紙に公表されたシーボルトの声明から明白である。彼は包み隠さずに打ち明けた。「最近、マッカーサー司令官は、私との打ち合わせの中で、総司令部にとって重要な問題の一つとして、引き揚げ問題に関する論議を重ねていた。マッカーサー司令官は、次回の対日理事会で引き揚げ問題を提起するよう私に命令するほど、この問題が非常に重要だと考えていた[61]」

第四章

果敢な「米ソ決戦」の場となった対日理事会

一　旧連合国が対ソ攻撃の戦術転換へ

対日理事会第一〇二回会議は、一九四九年一二月二一日に開かれた。ソ連の外交官は後に、これを「ソ連と日本の民主主義勢力に対する敵意に満ちた宣伝のクライマックス」と呼んでいる。その会議では、いきなりセンセーショナルな政治的大闘争が、この国際組織の中で激しく起こり、デレビャンコを長としたソ連代表団が、これ見よがしにホールから退場することで終わった。ソ連代表はこのような形で、この組織の他のメンバーから我が国に対して行われた非難に異議を表明した。

主な政治調停員の役割は、例によって議長であるシーボルト米国代表が務めた。ソ連では彼の声明は、「横暴な反ソ的宣伝を展開するためのきっかけで、捏造された中傷である」と評価された(1)。彼は、ソ連当局に対する苦情をソ連からの捕虜送還停止問題から述べ始め、捕虜を過重労働と非衛生的生活条件によって死に至らしめたこと、日本人捕虜の思想教育などに対する非難で声明を締めくくった。

シーボルトは、捕虜の話を引用しながら、日本人がソ連に抑留された四年間の死亡者数は、彼の言葉によると、三七万四、〇四一人となったという恐ろしい死亡状況を描写した。「このように、もし、引き揚げ者が述べている病気、ひどい食事、不十分な住空間、簡単な医療援助さえもなく、その他の諸設備もないこと、並びに非人道的な耐え難い労働条件といった信じられない事実すべてが真実であると我々が仮定するならば、もし、実際にこの信じられない事実が全て行われていたならば、三七万四、〇四一人の日本人は死亡して、日本には決して帰らないという結論に我々はたどり着くことが出来る、と彼は総括した。まだ認められていない三七万六、九三九人のうち、生き残っているのは二、三千人のみであると、我々は考えるべきだろうか？この四年間、これらの不幸な日本人たちを祖国から、そして、国民から隠している沈黙のとばりの向こうには、何があったのか、我々は想像することしか出来ない」とシーボルトは続けた(2)。

マッカーサーが、日本人引き揚げのために輸送船を提供すると提案していたことを、シーボルトは会議のメンバーが忘れないよう注意した。この際、ソ連がソ連領土にいる捕虜に関する真実の情報を提供していないことに、集まった人たちの注意を促し、彼はもう一度力説した。「どれだけ多くの不幸な日本人が、彼らの手中にあったのか、あるいは、彼らがどこにいたのか、彼らに何が起こったのか、ソ連当局が知らないというような状況があるだろうか？」「第二次世界大戦終結時に、ソ連と満州の領土にこれまで名簿記載のない三七万六、九二九人の日本人が残された」と彼は述べた。引き揚げ問題の「目茶苦茶な解決方法」を暴露するため、英国政府、中華民国国民党政府がマッカーサーを支援するように彼は要求した。(3)

米国を支持していた英連邦代表のオーストラリア人U・ホジソンが、この呼び掛けにすぐさま追随して、今度はポツダム宣言、一九二九年のジュネーブ条約、国連人権宣言、その頃調印された捕虜の待遇に関する一九四九年のジュネーブ条約の全てに違反したとしてソ連を非難した。ソ連は、これらの条約に加盟しているため、その規定を無条件に遂行する義務を負っている。

最後に、スイス政府、あるいは国際赤十字委員会が保護国家の役割を引き受け、ソ連に抑留された日本人捕虜に関する確かなデータを現地で得るために、代表をソ連に派遣するよう彼らに依頼することを、ホジソンは提案した。後に、ソ連外務省の文書の中で「ホジソンの原則」と称されたこの連合王国代表の提案は、マッカーサー司令部に対する要請として採択された。

このような急展開を予想していなかったソ連の将軍は、やむなくその答えとして、力の限りの雄弁術を行使せざるを得なくなった。「米国の帝国主義者は、日本のファシストと協力して、引き揚げ問題を、マッカーサー司令官に擁護されている自分たちの宣伝攻撃の武器として利用している。その目的は、日本人にロシアに対する憎しみを抱かせ、日本住民を第三次世界大戦の〝肉弾〟として利用するための準備をすることだと彼は述べた」(4)

デレビャンコが自分の車に向かっていたとき、「UP通信」の記者が彼を止めて、質問をした。「会議からの退出は、ロシアが今後の会議に参加しないということを意味してはいないですか?」。デレビャンコは通訳を介して、ロシア語でこう答えた。「我々はまだ様子を見ている」(5)。これは、一見、お決まりの文句だが、実は非常に意味深長である。

その日、一二月二一日、デレビャンコは、マッカーサー司令部に日本政府の反民主主義的動きに関する書簡を送っている。その文面は次の日、多くの日本の新聞に公表された。

これに対する回答として、一二月二二日、マッカーサー将軍は、ソ連にいる捕虜の運命は、スイスか赤十字委員会によって調査される必要があるという、対日理事会の英国代表の提案を承認し、すでにアメリカ政府にこれに関する必要な折衝を行うよう依頼したという、センセーショナルな声明を行った。日本で幅広い社会的反響を巻き起こしたデレビャンコの手紙について、マッカーサーはその手紙を煙幕と称し、捕虜問題から社会の注意をそらす目的で書かれたものだと考えていた(6)。

平安を乱した張本人シーボルトも、ソ連代表の公《おおやけ》の行動に対する自らの態度を表明した。彼はデレビャンコ・ソ連代表のマッカーサー将軍に対する手紙の中で提起された、日本政府に対する非難を「中傷であり、注意を払う価値はない」とはねつけた。シーボルトは、アメリカ人総司令官がデレビャンコ将軍の見解を、報道で知ったことを強調しながら、ソ連の将軍は、「これまでソ連に残されている日本人捕虜の引き揚げ問題に関する討論をにより未然に防ぎたかったのだ」と述べた(7)。

日本のジャーナリズムは、今度は対日理事会からのソ連代表の退出に注目した。この行動は提起された問題に対する回答ではないと、「ジャパンタイムズ」紙は書いた。「きっと、ソ連代表は、日本が降伏後ソ連の領土から消えた日本人に何が起こったのかという問題について、何と答えるべきか分からなかった。それについては、何も伝えられていなかったのだ」と新聞は説明していた。

新聞はさらにソ連代表が、恐らく前もって退出を決めていたとも指摘していた。また、対日理事会で提起された引き揚げ問題は、ソ連に対する敵意を呼び起こすための「米国帝国主義者と日本の反動主義者による」宣伝であるとして、その声明を嘲笑していた。「もし、ソ連代表がこれを懸念しているならば、彼らはこの問題を対日理事会に持ち込む可能性があると新聞は指摘している。彼らがそのような行動をとったという事実は、事実上、自分の罪を認めたと判断されうる」(8)

対日理事会での政治的戦いに関する短評の中で、「ソ連に抑留されている日本人の死は、日本国民に復讐心を抱かせるかもしれない」(9)と、日本の他の新聞「時事新報」は警告していた。

「デイリーヘラルド」紙「ニュースクロニクル」紙などといった外国の報道機関も、事件に対する自社の見解をそろって表明した。特にイギリスの「ニュースクロニクル」紙の外交時事解説者は、日本人とドイツ人の捕虜のソ連からの引き揚げ問題が複雑化した状況に共通点があることを、非常に強調していた。「信用できる情報源から、ロシアには五七万六、〇〇〇人のドイツ人と日本人の捕虜がいるという情報を得た」と、彼は指摘していた。

記事から明らかなように、「ドイツ政府の声明によると、二〇万人のドイツ人がまだ引き揚げを待っている。ポーランド、チェコスロバキア、ユーゴスラビア、アルバニアにまだ三〇万人のドイツ人捕虜が残留しているといわれているとも補足している。さらに、一九四四年、一九四五年に、ロシア人によって追放された何万人ものドイツ人—男性、女性、子供—が帰らなかった。三七万六、〇〇〇人の日本人捕虜が帰らなかった、と日本の政府筋は発表している」(10)

複雑化した状況の中で、ドイツ人指導者K・アデナウアーは、旧連合国によって目下、広く論議されている三国の連名で、ソ連に抗議を表明する提案を行ったことも、新聞は読者に伝えていた。

これと同時に夏の間、引き揚げはより広い規模で行われ、一九四九年第二半期のソ連からの日本人捕虜引き揚げ業務は、顕著な成功を収めたことを、英国の雑誌記者は指摘していた。彼のデータによると、「毎月、二〇、〇〇〇人が出発しており、先月は六〇、〇〇〇人にまで達した。一二月には、この数字は七〇、〇〇〇人に達するかもしれない。もし、引き揚げがこれからもこのような規模で行われると、三月には二〇万人の捕虜が祖国に帰るだろう」と、非常に楽観的な予測が記事の中で行われていた。

これとともに、日本人捕虜のソ連からの引き揚げは、基本段階が終了したというソ連の声明に関して、「ロシア人は、捕虜の厳正な名簿記載を行っておらず、多くのドイツ人と日本人捕虜の痕跡が失われた」と、時事解説者は想定している(11)。

この出来事は、それでなくとも不安に満ちた社会的機運があるところに、日本人捕虜の厳しい待遇、違法な断罪、多数の死亡例に関する新たな心配事を日本に持ち込んだ。政治的大事件が対日理事会を揺さぶった同じ日に、国会議員代表団と日本の政党代表者たちがソ連大使館を訪れた。

今回は、ソ連代表が一週間前に捕虜の家族にした約束を守り、ソ連の捕虜となって戻ってこなかった日本人の運命に関して、公式情報が提供されることを日本の政治家は強く期待していた。しかし、ソ連公使館員がこれに関して取った対応は、モスクワに質問状を送ることと、その結果、近い将来好ましい返事があるのだろうという、何の強制力もない回答だけだった。ソ連代表機関の長であるデレビャンコは例によって、その日の出来事を意識し、現在のような特殊な状況下では、日本の使者に個人的に接見することは不可能だと思っていた。

これによって、日本側は最後通告をせざるを得なくなった。その中で、モスクワから回答を受け取る最終期日として、翌年の一月一五日が挙げられた。また、東京における責任あるソ連代表との会談が要求された。この期間が満了するまで、社会的な抗議が続けられることが決まった。

二　日本人捕虜の留守家族がデモ

会談の同じ筋書きが、一二月二八日も繰り返された。これらの出来事が展開する中で、捕虜の家族六〇〇人が在東京ソ連公使館前で波状デモを行った。間もなく、この社会行動に、舞鶴港で日本の学生一、五〇〇人が合流した。彼らは、マッカーサー司令部とソ連当局に宛てた請願書を届けるために三人の代表を東京に送った。連鎖反応が、国中に広がった。一九四九年一二月三一日、日本の遠い地方から、ソ連担当者との交渉に当たる在外同胞引揚促進全国協議会東京支部の悠長さに対して、不満の声が出るようになった。翌日、長野県からの使者が東京にくる予定であった。彼らは、彼らにとっては非常に重要な情報を受け取るまで、ソ連公使館の門前に留まるつもりだった。今後、同じような目的を持ったグループが、他の地方からも、連日東京にやって来るだろうという連絡が入っていた。日本全体が荒れ狂っていた。

このような状況は、本国送還の責任者であるソ連の役人たちを明らかに動揺させた。この事件が引き起こした国際的な大反響を考慮したうえで、恐らくこの問題に関して、国の上層部から不満が生じることを懸念して引き揚げ事業局長Ｆ・Ｉ・ゴリコフ大将は、一九四九年一二月三一日、ソ連からの日本人引き揚げ事業の詳しい現況報告をモロトフ、マレンコフ、ブルガーニン宛てに急いで送った。

この報告に従って、一九四六年一二月から一九四九年一二月三一日までに、一〇〇万九、五四八人の日本人が帰国した。このうち、四九万九、六二三人が民間人、五〇万九、九二五人が捕虜と抑留者である。これは、年毎に次のように分かれている。一九四六年は四二、九七九人（一五、八二一人の民間人、二七、一五八人の捕虜と抑留者）、一九四七年は五八万二、七三八人（三六万二、四三四人の民間人と二一万八、三〇四人の捕虜と抑留者）、一九四八年は二八万九、九七三人（一一万二、九二六人の民間人と一七万七、〇四七人の捕虜と抑留者）、一九四九年は九三、八五八人（六、四四二人の民間人と八七、四一六人の捕虜と抑留者）。一九五〇年一月、さらに三、六〇〇人の日本人捕虜が送られる予定であった。日本人の本国送還の全期間を通じて、本国送還組織付属の収容所で、一八八九人の日本人捕虜と民間人が死亡した、と書類には記載されていた(12)。

さらに、対日理事会で、ソ連当局を弾劾する項目のひとつとして言及されたのは、ソ連収容所での日本人捕虜の待遇問題であった。報告書から判断すると、本国帰還用の収容所では、日本人捕虜は自分の身の回りのことを除けば、いかなる労働にも従事させてはならなかった。さらに報告は、ソ連の本国送還組織によって、日本人捕虜に対する食糧供給の規定量が順守されていたこと、必要な軍装品と医療サービスが確保されていたこと、捕虜の待遇に関して定められた法律と指示を順守していたこと、ソ連の組織による彼らの待遇に対し、日本側から何の苦情も非難もないことなどに及んだ。これらの事実の証拠として、ゴリコフは、祖国へと出発する前に、日本人によって残された謝意を表す意見や手紙を引用した[13]。

ソ連では、状況が以上のように理解されていた。ソ連国外では、ソ連に対する評価にまったく別の態度がとられた。予想されたように、米国政府は、今回、対日理事会と占領軍司令部における自国の代表の激しい声明だけに留まっていなかった。この時から、旧連合国の政治的衝突は政府レベルに移った。接触の基本的な形として、外交文書のやり取りが選択された。

一二月三〇日、マッカーサー将軍の要請に応じて、米国国務省が、ソ連政府に公式外交文書を送っている。その中で、日本軍の完全武装解除後、すぐに「平和な家庭」に日本人捕虜を帰すというポツダム宣言の規定に、ソ連側が違反していると述べられている。理由として、ソ連に数十万という日本人が拘束されたままであることと、日本政府及びソ連政府が掌握している残留日本人捕虜に関する統計データの不一致が挙げられた。外交文書では、占領軍司令部が一度ならず、ソ連当局から死亡者数などの情報を得ようと試みたことにも、注意が促されていた。

これら全てが、「基本的人権と自由を定めた一般的な国際条約と、ソ連を含む四五ヵ国が調印したジュネーブ条約に定められたヒューマニズムの原則に、明らかに矛盾していると米国は考えている。従って、駐日の連合国を長期にわたって動揺させている問題の解決のために、武装解除後にソ連の管轄地域に抑留された日本人に関する正確な情報を入手する目的で、現地の状況の完全な調査を一任すべき国際人道機関、あるいは組織を指定することに同意するよう、米国政府はソ連政府に要求している。他の方法は、有効に機能しなかったので、日本人に不満を、そして至るところに不安を引き起こしている紛争問題を解決するためには、この方法しかないと思われる[14]」

対日理事会で起こったソ連と米国の緊迫した対決の影響を、直接あるいは間接的に受けながら、その後の全ての出来事は展開した。ほとんど毎回、会議の議題には旧連合国の強い主張によって、ソ連に抑留された日本人捕虜の状況に関する問題の審議と、彼らの日本への引き揚げの見通しがあげられていた。そして、ほとんど毎回、ソ連の代表はこれみよがしに会議場を退出するか、意識的に欠席した。次に、理事会議長でもあったマッカーサー司令部のシーボルト外交局長は、数年にわたって論議されている問題で、自分の理論を押し通そうと、首尾一貫して妥協しないソ連「押え込み」の姿勢をとり続けていた。

一九四九年一二月二一日に起こった周知の出来事の後、間もなく、一九五〇年一月四日、彼は理事会の定例会議と特別会議を招集した。特別会議の緊急招集というアメリカ人の手続き上の巧妙な手口は、差し迫った引き揚げ問題を必ず議題に含めるという彼の意向によるものであった。しかし、その後の出来事の経緯は、驚くほど正確に繰り返された。

会議では、再びデレビヤンコとの著しい意見の対立が生じて、彼は前回同様に、示威的にホールを退出した。ソ連代表の退出後、マッカーサーが中立的な国際組織がソ連で日本人捕虜の調査を行う必要性について、ホジソンの提案を支持していることに注目するよう出席者に対して強調した声明を、シーボルトは読み上げた。そのすぐ後の一九四九年一二月三〇日、ワシントンで、ホジソンは米国国務長官の外交文書をソ連大使に対して読み上げた。この外交文書の中で、この提案はソ連側に正式通告された。(15)

すでに複雑化した慣例に従って、ホジソンはその頃調印された捕虜の待遇に関するジュネーブ条約からの抜粋を引用し、憤りとともにソ連がこの条約に違反したことについて長々と述べ、会議の総括をした。彼はソ連での日本人捕虜の状況「調査」に、赤十字国際委員会が参加する必要があるという、自分の提案を再び繰り返し、引き揚げ問題を理事会の議題に挙げることを提案した。

一九五〇年一月五日、全ての日本の新聞は、その前日に行われた対日理事会の会議に再び非常に注目した。「ジャパンタイムズ」紙は、ソ連代表が引き揚げ問題の審議参加を拒否したという噂の分析に次回の記事を費やした。「東京新聞」は皮肉で、残留している日本人の代わりに、日本人共産主義者をソ連へ送るように提案し、新たな反共運動のために、この局面を利用しようとした。

そして、「アカハタ」だけがいつもと同様に、ソ連に対して友好的にこの出来事に反応していた。豊島区(東京)厚生課長によると、この区の居住者で未帰還者は、多くの者が中国か南方の前線で戦時中に死亡したにもかかわらず、全員、ソ連残留者と考えられていると同紙は伝えていた。(16)

しかし、それでも、日本人の境遇を改善しようという西側の骨折りの全てが、全く効果がなかったわけではない。一九五〇年一月九日、ソ連の関係部門によって、その月、さらに二、五〇〇人の日本人捕虜を本国送還する準備が整ったことが通告された。これに対する日本当局と占領政権の最初の反応は、全員を巻き込んだ共通の驚きであった。なぜなら、それまでは厳しい気候条件を口実に、冬期の本国送還は行われていなかったからである。

この直前に、一月五日、オーストラリアのR・メンジス首相は、ソ連大使館に外交文書を送った。その中で、オーストラリア政府は、ソ連政府が日本人捕虜の死亡に関する情報提供を頑固に拒否していることと、ソ連領土内に多くの日本人捕虜がいまだ抑留されていることを指摘していた。これに関して、オーストラリアはこの問題の公正な調査を認めるようソ連当局に要請した。後に、この外交文書は、一月一八日、対日理事会で読み上げられたが、モスクワ側からは回答がないままであった。

ただ、一九五〇年四月一八日のソ連外務省の業務文書に、オーストラリア政府の外交文書に対する対応が反映されていた。「日本人捕虜のソ連抑留に関して、我々はアメリカ国務省に回答しようと考えており、オーストラリアは、この場合、アメリカの意見をそのまま繰り返しているだけだということを考慮して、この問題に関するオーストラリア外務省の外交文書には、回答しないことが妥当だと考えている(17)」

オーストラリアの反政府党系月刊誌「民主主義者オーストラリア人」が、自国政府のこの措置の後、すぐさま誌上に記事を掲載したことは注目に値する。この中で、日本の出来事は、政府の公式アプローチと比較すると、全く別の姿で描き出されていた。

この記事の中では、特に次のような政治的評価がなされていた。「最近、反ソ的機運を持つ日米の役人が、東京で入念に準備されたソ連の権威失墜運動を日本国民の前で展開している。日本国民は、マッカーサー・吉田体制に失望し、中国民族解放軍の晴れがましい成功によって勢いづき、より一層左に傾いている。反ソ的分子によって取り上げられた策略は、かねてから満州と北中国〔旧北支〕にいた日本の現役軍人の親戚の間に、不安を掻き立てるため、破廉恥を物ともせずに行った〝本国帰還の脅し〟である」

さらに、ソ連に抑留された捕虜の数に関する、ソ連と米国の、また、日本の統計データが全く食い違っていることを、雑誌は、「日本で不安感を起こさせるための米国の宣伝的捏造」と説明している。「しかし、引き揚げに関する全ての問題の公正な調査が、ある興味深い事実をあばきだしている」と、記事の筆者は指摘している。戦時中に死亡した日本人兵士の名前が、ソ連残留者と考えられている捕虜のリストに含まれているという証拠がある、と雑誌は伝えていた。

さらに、その中には、どのように米国当局がこのような情報を得ることが出来たのか、具体例が含まれていた。米国当局は引揚者から情報を得るために、彼らを拷問にかけたのだと雑誌には書かれている。終わりに、「シベリアからの引き揚げに関する全ての問題は、健康で幸せに祖国に帰還した日本国民に対する影響を一掃するための策略として、アメリカ人に利用されているということが、東京で声高に話されている」と主張している自社の日本特派員の言葉を、雑誌は再び引用している(18)。

一月一八日に行われる理事会の定例会議の前日、分析官はそれが再び東西の衝突の場になるかどうか、予測を続けていた。問題はその議題に、ソ連の日本人捕虜問題と、共産中国の代表と国民党代表委員の交代という、二つの非常にデリケートな問題があることだった。ソ連の代表は今回、中国の問題を提起するという目的だが、理事会の会議に出席するだろう、と情報提供グループは予測していた。この際、米国あるいは英国代表が引き揚げに関する議論を再開し、彼が三度目の退出をする可能性もあった。ソ連が自分の領土から約三七万人の日本人捕虜と抑留者を帰国させていないという米国の主張の妥当性について、オーストラリア政府が実施した調査報告を、英国の友好国代表ホジソンが会議で行うことも予想されていた。

予想に反して一月一八日、対日理事会の会議に、国民党代表朱世明将軍〔病気などのため、沈観鼎が代わりに出発することが多かった〕が出席することにデレビャンコは抗議しなかった。この理由で、ソ連代表が国連委員会での業務をボイコットしていたにもかかわらずである。しかし、議題に日本人捕虜問題を残すことに、英国、米国、中国の代表が賛成を表明したとき、予想されていたことだが、ソ連が何らかの具体的な回答をする前に、彼は再び理事会の会議を退出することを選んだ。ある時事解説者の考えでは、このような急展開は、対日理事会で袋小路の状況を生む可能性をはらんでおり、それは間もなく的中することになった。

三　米課報機関が収容所の実態暴く報告書

一九五〇年二月一日に開催された第一〇六回会議は、米国の諜報機関によって作成された「ソ連の収容所における日本人捕虜の生と死」というセンセーショナルな題名の膨大な報告が発表されたことで、歴史に記されることになった。この出来事に関する詳細な情報は、報告内容自体とともに、日本や海外の一般情報機関の情報チャンネルを通じてただちに全世界を駆け巡った。

当然、その会議でのソ連代表の出席など全く問題にしていなかった。このような状況の中で、デレビャンコ将軍はいつものように、事前にそれをソ連の首脳部に特別書簡で連絡していた。その中では、再び対日理事会で引き揚げ問題の審議が不法に行われたことが明記されていた。他国の代表は予定されていた議題が妥当であるとし、そのような論拠を支持しなかった。

この文書を理解するために、章の名称をいくつか列挙する。「日本とソ連の引き揚げ者数データの不一致」「ソ連収容所での捕虜の死亡原因」「ソ連収容所での捕虜の栄養不良と医療不足」「ソ連による日本人捕虜の労働搾取」「日本人捕虜に対する共産主義思想教育」など。

報告書には、ソ連の捕虜によるぞっとするような描写も取り入れられ、ショッキングな統計、強い印象を与える写真、ソ連の日本人収容所の地図、多数の引き揚げ者の回想記、ソ連側が捕虜の待遇に関する通常の規定に違反している事を証明する目的に沿ったその他の資料が含まれていた。

日本政府の復員局とマッカーサー司令部付属引き揚げ及び復員業務担当局のまとまったデータを載せた、一九四九年五月二六日付報告書により、まだソ連領土に残留している抑留者は、四六万九〇四一人という数字が挙げられた。ソ連で公表された情報と比較すると、その差は、三七万四、〇四一人となった。アメリカ諜報機関は、何の情報もないため、最終的にその人々を死者の数に分類した。その際、次のようなソ連収容所での日本人死亡平均実績が挙げられた。一九四五年は一〇パーセント、一九四六年は七パーセント、一九四七年は三・七パーセント、一九四八年は二パーセントになったが、死亡率が三〇パーセントから、多くの収容所では六〇パーセントに達するのは抑留一年目に集中している。[19]

「基本的に、これは栄養不良と疲労、寒さによる体の抵抗力の低下によるものだと説明がつくと、資料の中で示されている。収容所で病気の蔓延に対処する手段がないことと、通常、捕虜の病気にソ連当局が無関心だったことで、流行病が危険な規模で頻繁に蔓延していた、と引き揚げ者は証言している」[20]。このような高い死亡率の主な原因として、腸チフス、発疹チフス、肺炎、栄養失調その他の病気が挙げられる。記載されているように、至るところで「保健衛生設備の全く欠如していること」などが認められていた。

アメリカ人たちは、非常に情緒的な説得力を持って描いており、特に抑留一年目の「食料の規定量が、寒さと疲労をしのぐために必要な最低量をかなり下回っていた」と、ソ連収容所の欠乏の様子を描写した。[21]これらの意見は、引き揚げの際に捕虜が話した彼らの多くの生活例によって確認されていた。

このような事実に基づき、「ソ連当局は多くの捕虜を扱うことに、全くの準備不足だった」という結論が出された。通常、捕虜は最初に拘束された建物に、つまり通常、労働収容所に配置されていた。その収容所は、ほとんど全くといっていいほど、保健衛生的な薬や諸設備を備えていないことが特徴的だった。多くの収容所は、住民の居住地点から遠いところに位置していた。そして、それらのほとんど全てが、手早く建てられ、満杯であったため、住居には全く不適当だと考えられていた。横になる場所がなくなるほどの数の捕虜が建物に入れられる状況もあったと、引き揚げ者たちは証言している。数千の日本人引き揚げ者が、類似の事実を述べていた。(22)

ソ連収容所で日本人捕虜が行った労働活動の分析も、より一層論証された。報告文の中で、旧連合国は次のように述べていた。「ソ連の政治家は、捕虜を大量死させせない程度に利用していた。自国の産業力を将来増大させるために、様々な産業分野で専門知識を備えた日本人捕虜の労働力や技術を余すことなく利用することが、ソ連の主な目的であった。労働力が大きいほど、生産量も多い—自国の五ヵ年計画で農業生産、工業生産の分野を向上させ、資本主義世界を追い越すことを目指すソ連の尽きることのない要求は、このようなものであった(23)」

実際、特別報告書では全体の半分が、ソ連収容所での日本人捕虜間の思想活動問題に割かれていた。それは「思想教育プログラム」と名づけられ、「捕虜それぞれの人生と政治的将来を、可能な限り作り変えることを狙った巨大な遠心分離機」になぞらえられていた。

この機械は、「巧みに日本の生活様式と思考方式に合わせ、捕虜たちが置かれる状況と彼らが進む各段階を常に正確に考慮していた、と報告の中で指摘されている。内務省によって考え出され、決定されたこのプログラムは、ソ連の管理下で働いていた日本人共産主義者グループによって、捕虜収容所で実行された。これらの捕虜たちは、納得してか、あるいは利害のためにか、すぐ共産主義者になり、ナチの捕虜収容所でのヨーロッパ人同様に政治扇動者と密告者の役割を果たしたのであった(24)」

アメリカ人の専門家たちは、この「教育プログラム」を四段階に分けて、各段階の特殊性と結果を徹底的かつ詳細に研究した。彼らの考えによると、第一段階は「慣例となっていたソ連に対する不信と憎しみを一掃すること」であった。彼らの言葉では、それは「敗北による失望、長い寒いシベリアの冬に体験した困窮、乏しい配給食の中での過酷な仕事―これら全てが、捕虜たちの道徳心と抵抗力を弱めていた一九四六年三月に、収容所で始まった。彼らの生活の中で、唯一の希望は近い将来に復員出来るという希望であった。この非常に陰鬱な状況の中で、内務省は、『友の会』と称する反ファシストグループを作るという第一歩を踏み出した。彼らは政治や社会問題に興味を持っているもの全員に、討論グループに参加するよう呼びかけたが、この呼び掛けに応じたのはごく少数であった」

米国の諜報機関が監視していたところ、一九四六年に引き揚げ者は、基本的に年配、あるいは病気の捕虜か、「教育に屈しない人物であった。その中では反共、反ソの機運が強かった」

さらに、一九四七年の引き揚げ者たちは、「すでに、なんらかの再教育の兆候を示していた」という報告が出てきている。一九四八年、収容所での思想教育の水準がさらに高まり、それはその年の一一月に、最もはっきり現れたと指摘されていた。その月、引き揚げ者が祖国に到着したとき、舞鶴港で占領スタッフや日本人の役人への協力を初めて拒否した。彼らは指示された入国手続きに従わずに革命歌を歌い、応対者に対して侮辱的な敵対行動をとった。

そして、最後に、一九四九年の引き揚げは、ソ連による捕虜に対する思想教育プログラムの最高の証拠であることが、記録に基づき証明された。いわゆる「祖国への帰還闘争」とは、全社会的プロレタリア革命の準備のために、大量の日本人を共産党に入党させるという方針のもとに日本人捕虜と日本国民の政治教育を目的としていた。

一九四九年六月二七日、冬期中断後、最初の捕虜二、〇〇〇人の到着は、日本の政治機構と米国占領当局に思想的な性格の問題を新たに生じさせた。「元捕虜が『我々は敵の領土に突入しつつある！われらの防備を固めよ！』と叫びながら祖国の地に帰ったと聞いたとき、まことに全世界が、息を殺していた、とアメリカ人分析者は指摘している。一九四九年、最初の引き揚げ者グループの行動は、全ての新聞の社説で『日本人に対する侮辱』と評価された[25]」

「共同通信」の報道によると、舞鶴港に着いたソ連からの引き揚げ者たちは言った。「我々は日本共産党へ入党する義務を負っている。我々は他国からのなんの圧力も受けず、この義務を自発的に負っている。今年、ソ連から引き揚げる九五、〇〇〇人の日本人が同じ行動をとるのを、あなたたちは目の当たりにするだろう」

さらに、「捕虜収容所での生活条件は、かなり向上していた。彼らは、強制的にではなく、自発的に働いていた」と引き揚げ者たちは証言していた。「引き揚げ者たちの肉体的な状態と洋服は、以前よりはるかに良くなっていた」と、「共同通信」は裏付けていた[26]。

「ソ連にいた民間人も含め、日本人の数が四〇万人とは、聞いたことがない。彼らは、この数字を日本で初めて知った」と、ソ連からの引き揚げ者たちは主張していた。収容所で、士官たちがソ連にいる九五、〇〇〇人の日本人捕虜について話していた、と彼らははっきり述べた。引き揚げ者の一人の言葉によると、これらの捕虜たちは、「帰国の際には、自発的に日本共産党に入党することを申し合わせていた[27]」

これらの、そしてこれに類似する発言は、占領当局と日本人官吏の活動に一定の当惑をもたらしたが、彼らの動揺は長くは続かなかった。間もなく、引き揚げ者たちの間にある共産主義の影響と闘うための積極策がとられた。

七月九日、今後、「国家の正常で穏やかな国民生活を確保し、平和と秩序を維持することを目的」として、引き揚げ者の会合では労働歌と演説を禁止する、と大阪警察当局は発表した。一九四九年八月八日、引き揚げ者の不法行為を防止するために厳しい対策をとることを義務づける特別命令が、日本の警察に発令された。

さらに、移動中、そして、到着港で引き揚げ者の事件が多数起こることを考慮して、日本当局は秩序を維持するための特別な対策をとる必要があった。これに関連して、一九四九年八月一〇日、「引き揚げに関する規定違反に対して、一〇、〇〇〇円の罰金と一年の禁固刑を規定する行政命令を政府が準備し、その施行前に、マッカーサー司令部の承認を待っていることが、日本で発表された」[28]

次の日、一九四九年八月一一日、次のような内容の政府の特別声明が発表された。

ポツダム協定第九項に応じて、日本の無条件降伏と軍の武装解除後、軍人は祖国に帰り、仕事が保障される。駐日連合軍最高司令官は、日本政府に軍人をそれぞれ支障なく祖国に帰らせることを義務づけた。一方、近頃、引き揚げ者の生活ぶりは通常の様子とは異なる趣《おもむき》を見せている。残念ながら、混乱のケースを確認した。しかし、混乱は引き揚げ者の多数派のせいで生じているわけではないので、彼らにはそのような混乱の責任はない。混乱が起こった原因は、収容所にいた頃から少数の引き揚げ者が特別な環境の影響下にあって、特別な教育が施されていたことにあることに疑問の余地はない。従って、政府のこの特別策の目的は、弾圧や横暴の犠牲になることなく、捕虜が早く祖国に戻ることにある。[29]

これに基づいて、政府は外国から帰還した日本人に、法の順守を義務付けた特別指令第三〇〇号を発令した。指令は自宅への移動を事前に予定された汽車でのみ行うことを引き揚げ者に義務付け、到着者の同行を彼らの家族だけに制限し、移動中に行う盛大な祝宴を規制し、これらの人々に対するいかなるイデオロギー的働きかけや強圧を加えることを禁じた。[30]

日本で共産主義思想が普及することに対する脅威と共産党の影響力拡大は、時折、起こっていた引き揚げ者の事件よりも、大きな不安を占領当局に抱かせていた。一九四九年七月九日、シーボルトはサンフランシスコで発言した際、「ソ連からの日本人民主主義者引き揚げに関連し、合衆国は日本共産党に関する深刻な問題に直面した」と、公に認めた。[31]

これは、米国占領当局が一九四八年から、日本での政策を著しく方向転換する理由のひとつとなった。ソ連の「押え込み」と「共産主義の脅威」の予防を志向する米国で作成された政治方針は、日本の領域に初めて持ち込まれて、左派の過激な政治活動や労働運動に初めて弾圧を加える闘争の形で、闘いが表面化してきた。

占領軍最高司令官の指示で動いていた日本当局の政

治方針によって、共産主義運動に政治的自由を与えず、社会の中に「独裁的な革命」の支持者、「扇動者」という共産主義者のイメージを作り上げるために、全ての方策がとられることになった。そして、日本共産党の指導者たちも少なからずこれにつけ入られる隙を作ったと言わなければならない。

一九四八年初めに、日本共産党は、「民主民族戦線」を結成する路線をとっていた。その目的の一つは、日本の独立の確保であった。後に、この反米的機運は、コミンフォルム機関紙「恒久平和と人民民主主義のために」に掲載されたオブザーバー署名の論文「日本の情勢について」という綱領的論文に反映された。論文は、「日本の独立」「公正な平和条約の緊急締結」「早急なアメリカ軍の撤退」を求める闘いへ、と日本人共産主義者を方向付けていた。戦後の日本で、「占領体制という条件下でも、社会主義への平和的移行を実現するための」前提条件に関する日本共産党政治局員の一人、野坂参三の主張は完膚なきまでに批判にさらされたのであった。(32)

上記の「コミンフォルム」の掲載論文や続いて一月十七日付中国共産党機関紙「人民日報」での「日本人民の解放の道」の発表は、海外からの指示に基づいて反政府活動を行い、ソ連、中国と緊密に結託している、と日本人共産主義者を非難する根拠となった。

四　徳田日共書記長と日本人捕虜の帰還問題

一九五〇年二月に、徳田球一日本共産党書記長を巡って展開された、大々的な政治宣伝運動も、この目的に役立った。ソ連で抑留されていた「反動的な傾向のある」兵士や士官が共産党入党を拒否したために、彼らをソ連の収容所に残留させることについて、徳田が「反動は帰還させるな」とソ連当局と密約したという嫌疑をかけられることになった。

「徳田要請」まではまだ分析活動中〔すなわち要請文があったかどうかその事実を巡る真相究明の最中の意味〕で、日本共産党の他の幹部、政治局メンバー野坂参三に嫌疑をかけようとしていた。一説では、野坂は、中華人民共和国建設のために日本人捕虜を利用するよう、毛沢東にすすめていた。「共同通信」が報道した別の説では、野坂は反動的な傾向のある捕虜を本国へ送還しないようロシアに依頼した。理由は、「日本では革命が近く、そのような転換期に軍国主義者がいることは、望ましくない」からである。(33)

共産主義者が日本政府とマッカーサー司令部に責任を負わせようとしていた引き揚げ問題に関する共産党の、例によって例のような声明に呼応して、好都合な状況が生じるたびに、日本でそのような類《たぐい》の行動の引き金が引かれたのは想像に難くない。

共産主義者の活発な反米的活動と発言をうけ、占領当局と日本当局は、報復として日本共産党に挑戦的な態度を取り、彼らとの闘いを公然と始めることになった。このために、日本共産党幹部に対する上記の嫌疑が利用された。それは、一九五〇年三月一六日、問題の事情説明という口実で、徳田球一に参議院在外同胞引揚特別委員会へ喚問する根拠として役立った。

日本共産党指導部の活動を調査するというアイデアは、対日理事会ですぐさま支持を得た。モスクワを攻撃するのに好都合の新たな状況を利用し、旧連合国は今回、うまく自分の次の標的に日本共産党を選び、新しい手の込んだ策略に踏み切ったのであった。

一九五〇年三月一日、対日理事会議第一〇八回は、徳田日本共産党書記長に対する嫌疑の審議に完全に費やされた。ソ連からの日本人捕虜本国送還の停滞に関するイデオロギー的な責任を、彼は追及されたのであった。

「もし、共産主義思想の再教育を受けなかった日本人捕虜を、本国送還しないよう依頼した徳田共産党書記長のソ連当局に対する手紙が、事実に相違なければ、そのような行動は大罪であり、祖国に対する裏切りである」と、ホジソン英国民族友好協会代表は、粘り強く主張していた。(34)

日本共産党の国会議員団は、占領当局と日本当局によるこの新たな挑発を激しく非難した。自らの声明で最近起こった二つの出来事を引き合いに出した。まず、これらの出来事の真の原因として、共産主義者たちは、米国が自国の国益に対する脅威を感じて、中ソ接近を妨げようとしているにもかかわらず、一九五〇年二月一四日に中ソ友好同盟相互援助条約が調印されたことである。これと同時に、日本の天皇裕仁の対ソ細菌戦争の準備関与が言及されていて、当時、ソ連はこれをますますしつこく言及するようになっていた(35)。

徳田自身、この嫌疑に答えて、それが「日本政府側の共産党迫害措置」と非難し、三つの主な理由を挙げた。彼は、次のように説明した。「第一に、政府は国際問題、国内問題で陥っている非常に困難な状況から抜け出すことを希望している。第二に、すでに明らかなように、三七万人の捕虜の帰還事業停滞に関する噂は完全な作り話であり、それゆえ、政府は失った信頼回復のために共産党を中傷しようとしている。第三に、参議院選挙日が近づいているので、政府は、共産党の得票を抑えるためにあらゆる策を講じている(36)」。また、一九四九年五月五日に日本共産党はソ連共産党中央委員会に公式書簡を送ったが、全く別の内容であることを、彼は認めた。書簡の内容は今年中に本国送還を完了するようにとの要請であった。

この出来事に対して、ソ連当局は即座に「タス通信」を通じて、日本人共産党員に対する嫌疑が「全くの捏造」であることを論証するという形で反応した。

この措置は、本質的にソ連に対するよく計画された強力な政治的攻撃であった。そして、当然、ソ連代表団はまたもや対日理事会をボイコットした。

アメリカ人はすぐさま、この状況を見事に逆手にとった。当時、理事会議長を務めていたアメリカ人ヒューストンは、発表された議題の妥当性に疑いを抱かずに、すぐさま他の局面の問題を出してきた。すなわち、ソ連代表が会議をボイコットし、彼らに委ねられている任務を果たさないのであれば、彼らが会議に留まることを認めておく必要があるかどうか。

数ヶ月間で初めて、議題から引き揚げ問題が意識的に外されたにも関わらず、理事会メンバーたちのこの新たな外交措置に応えて、デレビャンコ将軍は、再び第一〇九回定例会議を拒否した。ある情報筋ではこの駆け引きを、国民党の中国代表が出席していた国際機関をロシア人がボイコットするかどうかを試す、非常によく考え抜かれた試みだと考えていた。しかし、この状況の中で何らかの明確な評価をすることは難しかった。

それでも、多くの者の期待とすでに生じた前例に反して、ソ連代表は次の第一一〇回会議には参加した。その会議は、三月二九日、日本国会参議院引揚問題に関する特別委員会のいわゆる「徳田要請」についての報告の検討という同じ議題で行われた。

このときまでに、日本共産党リーダーに対する嫌疑のリストはかなり増えていた。調査のための物的証拠を探す目的で、捕虜の中から多くの証人が呼び出された。直接通訳をした菅季治もその一人で、国会の証人喚問を受け、ある保守系議員が行った彼に対する非常に厳しい追求を受けた後、徳田の罪を直接認めることを拒否して自殺してしまった。

日本人捕虜の引き揚げの遅れのみならず、ソ連当局との協力、スターリンへ礼状を出すために日本国民の署名を集める運動を組織したこと、「徳田要請」に関する「資料」を提供した人物に対する圧力をかけたことなどの罪を、日本共産党は負わされた。挙句の果てに、徳田自身も喚問中、彼の証言の中に食い違いがあったとして偽証罪で告訴された。そして、これに基づいて、すでにこの年の五月初めには、彼の問題を検察庁に委ねる決定が議会で採択された。しかし、この鳴り物入りの茶番劇は効果をあげることができなかった、参議院在外同胞引揚特別委員会に徳田が喚問された翌日の「毎日新聞」に載った一コマ漫画は「はね上がり委員会」というタイトルが付けられた。

この出来事が、決してモスクワで見落とされるはずがなかった。事実上、日本共産党の運命が危くなったのみならず、アメリカ人との論戦の中で、この数ヶ月目に見えてぐらついたソ連の日本における立場を最終的に失う可能性もあった。これにより、新戦略の構築、すなわち、旧連合国との論戦の中で、国益のために新しい論議を行うことが必要であった。

これと関連して、東京の政治顧問は、一九五〇年二月にはすでに詳細な分析資料の作成を機動的に行っていた。その資料には、日本人捕虜の待遇に関する我が国に対する全ての嫌疑の分析がよく論証されており、ソ連自身の行動を擁護する証拠が引用されていた。

文書「ソ連からの日本人の引き揚げ」には、詳細な問題の経緯や、ソ連から、また、マッカーサー司令部の管轄地域からの日本人捕虜及び民間人の引き揚げの経過に関する、ソ連、米国、日本の公式筋からの多くのまとまった情報や、それに対するコメントが記載されており、提供されたデータの比較検討が行われ、その非常に著しい食い違いの原因を初めてしっかりと究明しようと試みている。

ソ連の専門家は、論戦に参加しているどちらの側も、その前提となるべき多くの非常に客観的な事実に関する正確なデータなどありえなかったという、動かしがたい証拠を議論の出発点として提起している。

それは、「ほかならぬ日本と日本軍の占領地域との連絡が取れなかったこと」である。日本当局は、一九四五年八月下旬に行われた日本国外にいる日本人の人数の調査書類の相当部分を破棄してしまったこと。戦争終結時に占領地域にいた日本人を掌握する一連の機会を逃したこと。日本軍の降伏地での無秩序。戦争の最終段階でソ連軍が実行した攻撃作戦の過程で、武器による抵抗を試みた日本人が被った総数不明の大きな損失、満州その他の地で日本軍の降伏期間中に相当数の日本軍兵士が直接戦闘地域を離脱して方々に散り、民間服に着替え、民間人を装って日本に帰国していたこと。日本人の大量自殺と現地住民の日本人に対する制裁、しばしば死につながった日本人の占領地域からの自然発生的無統制な脱走、相当数の日本人が山などに隠れて住み着き、そこで寒さ、空腹、病気などで死亡したことである。(37)

このことから、第一に、外務省、厚生省などといった日本の国家機構によって提供され、日本の役人が報告した不正確な統計は、十分に議論の余地があり、矛盾していることが特徴だという結論が導かれている。さらに、アメリカ人もしばしばこの統計を引用している。

この際、文書作成者は彼らが明らかにした「不一致」も、マッカーサー司令部によって公表されていたソ連やその他の連合国の占領下にあった国々からの日本人引き揚げの毎月の経過報告の中で、意識的に見逃した間違いや不正確さも、納得出来るように示している。

引き揚げ者数の中で、捕虜とソ連領土に以前から住んでいた市民という二つのカテゴリーの区別をはっきりとつける必要性があるという重要な意見が出されている。この混同によって、数値が大きく乱れたのである。

さらに、日本の新聞を引用し、旧連合国が引き揚げ者として記録している日本人捕虜を、オーストラリアの軍事施設建設やビルマの採石場、マレーの鉱山で、あるいはインドネシア人民自由軍メンバーとして利用していた例が挙げられた。これらの事実は、ソ連の外交官が積極的に利用し、何度となく演説に登場している。これと同時に、日本国民を含むソ連の捕虜の大量死と厳しい待遇に関するソ連への嫌疑は、根拠が薄いという考えを例解している。

自分の論証に説得力を持たせるために、ソ連の専門家たちは日本人引き揚げ者の祖国での窮状を詳しく記述している。日本での元兵士の失業率の高さ（七四パーセントまで）、東京の引き揚げ者の七〇パーセントがおかれているひどい居住環境、食料や生活必需品などの途切れを証言する日本の新聞からの抜粋が引用されている。ソ連からの引き揚げ者に対する占領当局と米国諜報機関代表による思想教育や祖国に帰還した際の多くの尋問、拘束などに、特に注意が払われている。

これに対して、「国際的」という響きのもとでのソ連から日本への引き揚げ者たちの晴れがましい出迎えと日本国民の大歓喜が、記述されている。

これらすべての資料の分析に基づき、次のような結論が導かれた。すでに一九四六年には、米国は彼らの管轄地域からの本国送還終了を宣言し、「約五〇万人の日本人を極東の国々で、民主主義に敵対する国民と戦う目的で利用できると考えて、東南アジアや太平洋の島々、国民党の中国などの国々から本国送還を行わなかった事実を世論から隠した。

日本国民や世界の世論の注意を、これらの日本人が〝失跡〟した事実からそらす目的で、また、日本国民の中に反ソ的機運を呼び起こすために、日米当局は、故意にソ連の管轄地域にいると思われる日本人の数を三〇万人あまりに水増しした。当然、ソ連は自国の管理下にいない日本人を送還することが出来ないので、英米人はこれらの日本人がソ連当局のせいで死亡したかのように発表した(38)」

日米政府筋による政治宣伝は、次のような目的で行われているという考えが、文書全体を貫いている。それは、「国際舞台でソ連の名誉を傷つけ、日本国民の前でアメリカ人占領者を〝日本人の保護者〟的役割に置くこと、別の方法では評価できないため、米国の諜報機関の関心を引く、ソ連からの日本人引き揚げ者やその他の情報源から集められたソ連に関するデータを正確にしたい、という意図をもって、各地の〝日本人捕虜の生活条件を監査する〟ために、〝中立の監督者〟のソ連への派遣を実現すること、日米の保守的勢力と対立し、ソ連との友好を擁護している日本の進歩的勢力の名誉を傷つけること」である(39)。

資料の叙述に一定の思想的特徴があり、その結論の最後に提起されているのは、当時の宣伝形式で書かれた極端な社会評論であるにも関わらず、この文書は問題の本質の理解に重要な修正要素を加えた。それは、言及されている一連の問題に関する、討論的、攻撃的叙述形式での、米国諜報機関の特別報告書の中で叙述されているソ連の疑いに対する直接的な答えである。

しかし、米国と違って、駐日ソ連代表はこの文書に「極秘」の印を押して中央に送り、急いで公表しなかった。行われた膨大な分析作業の結果は、開始されていた日本との平和条約締結準備に関連して、国際的により広く知れ渡り、盛り上がっている旧連合国との論争のためにとっておかれた。

旧連合国との関係が緊迫した状況にあるため、ソ連は新たに一般向けの措置を取る必要があった。そして、モスクワに送られた資料が、ここで一定の役割を果たし得たのであった。一九五〇年三月五日、ビシンスキー外相とクルグロフ内相は、スターリンにソ連閣僚会議の決議案と日本人捕虜の本国送還終了に関する「タス通信」の報道案を示した。それに応じて日本へ一、五八五人の日本人捕虜が本国送還され、ソ連に一、六八三人の日本人捕虜と抑留者が残される予定であった。三月一七日、しかるべき決定が採択され、これに応じて三月二二日、ソ連内務省は指令を出した。モスクワは、その実行準備を確実に完了するために、世界の世論に対するこの決定の情報公開を急がず、あと一ヵ月延期した。

一九五〇年四月二二日、「タス通信」の報道で、ソ連からの日本人捕虜の本国送還終了が公表された。戦争犯罪の受刑中であるか、目下取調べ中である日本国民一、四八七人と治療後、本国送還される九人、当時、まだ中国政府に引き渡されていない九七一人のみが残留していると報道された(40)。

この情報はすぐさま、日本や西側では事実無根だと論証された。マッカーサー司令部と日本政府の代表は、ソ連からまだ三〇万九、〇七〇人が帰還していないと主張し続けていた。四月二五日、対日理事会は「タス通信」の報道を公式のものとみなすことは出来ず、これは注目に値しない、とシーボルト対日理事会議長が日本国会の代表団に伝えた。今度は、引揚援護庁が、東京のソ連代表に抗議文を渡すと発表した。日本共産党側から、報道に対する唯一の賛同的な反応がすぐ後に続いた。ソ連に対する激しい批判が高まる中で、五月一〇日、理事会第一一三回会議で、マッカーサーが、まだソ連に残留している日本人捕虜に関するソ連からの情報提供を要求する、日本の両院で採択された決議を国連に送った、とアメリカ人議長シーボルトが伝えた。

この決議の中で、「日本国民は、誠実にポツダム宣言の条件を遂行していると述べられていた。それにもかかわらず、戦争終結後五年が経過し、三〇万人以上の日本人が、まだソ連領土、あるいはソ連の管轄地域にいる」。議会は、「国連を通じて世界の世論と正義に支持を求めるよう」マッカーサー将軍に依頼し、病気や死亡した捕虜と、受刑中の戦争犯罪者の名前を公表することを、また、本国送還されていない日本国民の状況を、国連、あるいはなんらかの中立組織の代表が、調査することを要求した(41)。

今回、引き揚げの結果を詳細に伝える中で、シーボルトは特に強調した。「ロシアは、三〇万人の日本人が、まだソ連当局の手にあるか、あるいは彼らがシベリアで置かれていた過酷な条件のために死亡したという主張を一度も公式に否定していない(42)」。彼に続いて発言したホジソン英国友好協会代表は、さらに自らの見解の中で、引き揚げ問題は国連メンバーのいずれかによって、まもなく九月に開かれる国連総会で議題に提案されるかもしれないと述べた。また、その時、トリュグベ・リー国連事務総長が、善意の使命を帯びてモスクワに向かっているところだとも、彼は述べた。そして、「もし、我々がロシアの態度に何らかの変化をみれば、この試みは完全に正当化されるだろう」と彼は結んだ。[43] ソ連の代表は七回目の会議ボイコットをした。

五　講和条約調印直前の米ソ外交

国連が日本人捕虜問題を取り上げる可能性があること自体、ソ連の外交官にとっては、非常に不都合であった。この影響力のある国際機関は、自国の平和的対外政策を宣伝するための、主要な活動の場として把えていて、提起されている問題とは決して調和していないと見られたからだ。ソ連でのドイツ人捕虜の運命に関する問題が、権威ある国際組織の議題からまだ外されていなかったのみならず、あらゆるレベルで活発に討議されていただけに、なおさらである。

一九五〇年五月二一日、E・ベビン英国外相、R・シューマン仏外相とD・アチソン米国務長官は、ロンドンにおける代表者会議でしかるべき声明を作成し、すぐさまそれは公表された。ソ連の新聞にはこの声明は掲載されなかった。しかし、ロシア語版が発行されていた「英国の同盟国」紙の読者は、記事の本文に目を通すことが出来た。これは、英国外務省の出版機関がやり得た最後の「イデオロギー的破壊工作」の一つであった。「労働者の要求に応じて」、新聞の発行はまもなく中止された。

この声明には、モスクワに対する次のような三つの主な疑惑が述べられていた。それは、捕虜を祖国に送還することに関する国際義務違反、ドイツ国民の運命に関する全面的な情報提供の拒否、人権侵害である。さらに、ドイツ人捕虜の状況—それは切り離された出来事ではないと文書には述べられていた。これまで、「依然としてソ連領土におり、情報がない」三〇万以上の日本国民を含む、他国の国民がまだ本国へ送還されていない。捕虜と抑留者の運命に関する情報をソ連から得るために、また、情報を得ることが出来ない出来るだけ多くの数の捕虜と民間人の本国送還を勝ち取るために、可能な限りの方策をとることで、大臣たちは合意したのだ。これに関連して、彼らは、日本人捕虜の所在地の解明と彼らの引き揚げのために、彼らに出来ることは全て行うという意思を述べた[44]。

頻繁になる西側諸国の外交措置に対して、モスクワはすぐさま反応した。ソ連に対する西側の圧力が集中する中で、対抗のクレーム提起と歴然たる事実を意識的に隠しておくという戦術がソ連で取られた。旧連合国の一連の声明は、一部根拠がなかったことをソ連の政治評論家たちはすぐに利用した。「親玉のアデナウアーは、まったく数字を挙げることなく、捕虜の送還の遅れに関して捏造を繰り返した」と雑誌「ノーボエ・ブレーミャ（新時代）」の匿名記者は、記事「徒労」の中で書いている[45]。

ソ連の根拠には、かなり重みがあった。この際、旧連合国に対するかなり根拠のあるクレームが、ソ連から提起された。占領当局によって公表された米国の捕虜だった日本人捕虜の死亡者数などが正確かどうかは、根本的に疑われた。だからといって、捕虜問題に関するソ連の立場はかなり弱いままであった。ソ連の権威を保つために、不都合な事態の急展開を未然に防ごうと、ソ連当局は新たな情報操作を実行している。

一九五〇年六月九日、「タス通信」が新たに発表した声明によると、実際のところ、この問題におけるソ連の態度は変わらないということを示していた。その声明の中には、本国帰還問題に関する全権を与えられたソ連閣僚会議の一九五〇年四月二二日付声明によって、以前、示された事実と数字が引用されていた。さらに、声明の調子も以前のままであった。「この公式声明にあますことなく引用されているデータに関わらず、米国と日本では、ソ連領土に残留しているという多数の捕虜に関する捏造された通達が広まっている。諸外国によって指示された通達が、ソ連に対する誹謗、中傷的な性格を帯びており、日本を経済的、政治的に隷属させようとする米国の政治から、日本国民の注意を逸らす目的を持っていることを発表する全権をタス通信は委任されている[46]」

モスクワのこうした声明に対して、日本では六月一二日に、ソ連公使館前で定例デモを行うことが決定された。しかし、公的権力が東京地域での大衆集会を禁止したことに関連して、特別声明による規制が決定された。この声明では引き揚げが完全に終了したとのソ連側の確認が覆された。異郷の地にいる日本人が、留守家族に宛てた手紙に基づいて、ソ連領土には今もなお膨大な数の日本人が残留していることが指摘された。しかし、この措置によって、社会の緊張状態が解かれることはなかった。

そして、捕虜の家族はデモ禁止を犯して、一九五〇年七月一六日に、在東京ソ連公使館前でテントを張り始めた。彼らは全ての日本人捕虜が帰国するまで、ソ連公使館の前に居座る覚悟だった。警察は、今回はデモ規制条例の例外として、彼らの行為を阻止しなかった。七月一八日に、数千人がこれを見習い、後に続いた。米国の占領下で、日本国民は次第に、依然としてソ連の捕虜になっている自国の同胞の早期帰還のためデモやこれに似た社会行動を起こすようになった。

マッカーサー司令部でも同様に、ソ連側の相変わらずの説明を「露骨な宣伝だ」とみなして、納得することはなかった。米国の対日・対ソ代表は「UP通信」とのインタビューで、この点についてはただ遺憾であると語った。「対日理事会の議事録資料を除いて、この問題を完全に解明するコメントはない[47]」

この情報について、外交評論家が「タイムズ」紙で次のような評価をした。「ソ連の論破は、周知の通り、ソ連や満州に残留し、未だ帰還していない日本人捕虜は、約三五万人という日本政府の発表に結びついている。日本の降伏を受け入れた地域での経験から、英国では、日本政府が捕虜の人数について正確なデータを出す可能性を知っていた[48]」

ロンドン官辺筋でも同様に、政府によって引用されたソ連と満州にいる捕虜の人数に関するデータの疑念を払拭する根拠は、何も見当たらなかった。それどころか、彼らの見解では「ドイツ人捕虜の失跡の事実は、ロシアが発表した情報と矛盾していたのであった[49]」

このような状況の下で、米国政府は六月九日付「タス通信」発表に対する回答として、同日に米国国務省の覚書を再度モスクワに送った。この文書では、一九四九年一二月三〇日付米国国務長官の覚書にあった、ソ連領土で拘束されている日本人の正確な情報を得るために、現地の状況を徹底的に追求する国際人権機関・組織を設置する提案に対して、五ヵ月以上たった現在もモスクワの公式反応がないことについて、再度注意が強調された[50]。

この旧同盟国からの厳しい警告に対して、ソ連政府は一週間後に返答した。在米ソ連大使館が国務省に宛てた一九五〇年六月一六日付覚書には、この問題は四月二二日付および一九五〇年六月九日付「タス通信」発表によって全て解決している、と再度厳しいながら簡潔に書かれていた。[51]今度は米国が返答する番となった。米国は間もなく輪郭そのものを掴むようになった。

六月二三日に、クライシャー「UP通信」東京特派員が信頼できる情報筋から得た情報によれば、マッカーサーは、「ソ連公使館員が対日理事会をボイコットしたので何らかの、しかるべき措置をとらないならば、これに基づいてソ連に帰るよう在東京ロシア公使に対して提案する可能性を検討している。この問題は、現在、マッカーサー司令部の外交専門家によって検討されている。他国の外交使節団と違って、ソ連公使はマッカーサー司令部に正式に認められておらず、対日理事会代表として東京にいるため、会議に出席しないならば東京にいる必要はない」と言っている。クライシャー特派員は、さらにこの問題がJ・ダレス、L・ジョンソンらによって検討されていることを指摘。「予想されるとおり、東アジアで新たに強力な反共産主義政権が誕生したことが、ロシア公使のソ連帰還の可能性に関係している」と、クライシャーは報告している。[52]

一九五〇年六月六日、マッカーサーは吉田首相に宛てた書簡で、日本共産党全中央委員二四名の公職追放を指令した。その後、共産党機関誌「アカハタ」編集員ら一七人も公職追放された。朝鮮戦争勃発の翌日、マッカーサー司令部は「アカハタ」の発行を禁止したが、日本共産党は非合法状態の中で活動を続けた。

一九五〇年七月以降、占領軍の指令による共産党員および共産主義同調者の新聞放送関係職員の解雇から、「レッド・パージ」が広がった。レッド・パージは、その後、民間企業にも広がり、団体等規制令によって政府から提供された日本共産党員名簿が広く利用された。一九五〇年七月から一一月までに「レッド・パージ」の結果、職場を解雇された人の数は一二、〇〇〇人にのぼった。

これらは全て朝鮮戦争で後方兵站基地の役割を務めさせられた日本の安定のために生じたものだった。朝鮮民主主義人民共和国（北朝鮮）は一九五〇年六月二五日に韓国への軍事侵攻を開始し、三日目にはソウルが陥落した。米国は直ちに「北朝鮮の侵略」だとして国際的非難を行い、国連軍として、もう一方の戦争当事国である韓国に直接支援を行った。この戦争で韓国側についたのは米軍（「国連軍」には諸外国も参加）、その後しばらくして中国軍が北朝鮮側についた。北朝鮮はソ連の様々な軍事支援を受けた。戦争は、韓国内で収まりきらなくなった。

この状況の下で、八月二日に第一一九回対日理事会が開催され、緊迫した国際情勢にもかかわらず、ソ連の日本人帰還問題は再び議事日程に盛り込まれた。この会議で、再びシーボルト議長は「未帰還の日本人捕虜は三〇万人以上」いるとし、公正な調査を現地で実施する提案に賛成した。彼の資料によると、「日本政府は、ソ連の捕虜になっていて、まだ帰還していない捕虜二〇万人の名簿を作成した」

シーボルトはこの問題について、米国の前覚書に「タス通信」が回答したモスクワの主張を次のように批判した。「二国の友好政府間で、一方の政府が重要な提案を行い、それに対して他方の政府が通信社の発表で返答するのいうことは、通常の交流形式から逸脱したものである」(53)。それまで四ヵ月間会議を欠席していたソ連代表は、第一一九回対日理事会に再び出席した。

この時までに、ソ連の日本人捕虜の状況と帰還問題の審議は、高等レベル、すなわち国連審議に事実上移行されることになった。しかし、対日理事会は、この問題を議事日程から外すことなく、反ソ政治攻撃に利用していた。

シーボルトは、「ソ連に残る捕虜は、恐喝、無配給、暴力の脅し、裁判所の資料翻訳未提出、厳しい判決などによって、罪を無理やり認めさせられた」との主張を続けた。当然のことながら、この情報は即時にモスクワに伝えられた。

一九五〇年一〇月九日、これに対する返答として、ソ連内相は外務省を通じて、前同盟国との政治闘争の中で戦略として利用するため、早急に在東京・ソ連代表部に情報を送っている。電報の内容は次の通りである。「ソ連に残留する日本人捕虜のうち戦犯三八六人の帰還については、一九五〇年三月一七日付のソ連政府決定によって、今後の服役を免除し、全ての捕虜とともに日本に送還する」。この書簡では、シーボルトの責任追及に対する返答として「予審同様、審理の際には専門通訳の参加を義務付け、全裁判が公開で実施された。ソ連内務省は、この情報が日本人捕虜問題で暴露するため、東京にいる同志キスレンコとパブルィチェフとに伝えられたはずだと思う[54]」

一九五〇年一一月八日の対日理事会では、大きな衝突があった。ソ連のキスレンコ代表の理事会出席を利用して、国民党代表が再び日本人捕虜の帰還問題を取り上げようとした。そしてここで、すでに大分前に政治分析で予測されていたことが起こった。キスレンコ少将がこの提案を拒否したのだ。キスレンコは「理事会で問題を審議もしくは決定する際、国民党代表の発言は認めない」と述べた。

シーボルト米国代表は、国民党員を擁護した。英国代表も、理事会が参加国の評価をすることは出来ない、と国民党員を支持した。キスレンコは、「国民党代表は中華民国、中国国家─現在の中華人民共和国、どちらの代表でもない」と主張し、この意見をはねつけた。「国民党代表は、中国国民によって選出されていなかった。それどころか、彼は代表グループとして中国国民によって追放された」のであった[55]。

シーボルト代表は、ソ連代表がこの問題を今回初めて、このように提起したことから生じた状況を緩和しようと努めた。しかし、キスレンコは、理事会で先に向けられた中国代表に対する質問を引き合いに出して、即座にこの反論を退けた。キスレンコ少将のこの政治的な駆け引きによって、予定されていた問題に関する討議の提案は事実上不可能となった。

彼はこの戦略を、一九五〇年の最後となった一二月二〇日の理事会でも利用しようとした。その時の議題は二つあった。シーボルトが提議した「有罪判決を受けたソ連の日本人捕虜への対応」と、キスレンコが提起した「日本の民主化について」である。シーボルトは、ソ連に抑留されている日本人捕虜の問題は、現在、国連総会で審議中なので、この問題の詳しい審議をするつもりはないと発言した。シーボルトが思い出したのは、マッカーサー司令部が以前、この種の一連の情報に関して、ソ連代表を通じて問い合わせを行ったにもかかわらずその返答がすぐにはなかったことであった。

実際に、この問い合わせはモスクワに伝えられていて、東京からの電報に関連して極東第二部が用意したグロムイコ外務次官宛ての職務メモに言及されている。このメモには、特に次のことが書かれていた。「マッカーサーの書簡には、受刑者捕虜数、復員捕虜数、服役者数の情報を伝える旨の要請が書かれていた。タス通信が日本人捕虜の帰還終了を発表するまでは、マッカーサー司令部に何も返答すべきではないと考える。タス通信は、ソ連残留の戦犯捕虜は一、四八七名、中国に引き渡し予定の捕虜は九七一名と報じた。さらに一五四九名の捕虜が本年四月一五―二〇日に日本に送還される予定である。書簡にある、日本人捕虜が極貧状態にあるとのデマは、事実に反するとして拒否され得る」[56]

有罪判決を受けた捕虜についてモスクワからの返答がなかったことで、かつての同盟国は彼らが握っていた情報の利用に当たって、何ら制約を受けなかった。特にシーボルトは、日本政府が同様の資料を持っていることを引き合いに出した。シーボルトは、「日本政府の予測では、ソ連に残留している日本人捕虜のうち、戦犯容疑をかけられたものは数千人にも上る……この問題は、理事会の議題に含まれるべきだったが、解決のための最後の試みとなることは遺憾である」と指摘した[57]。

しかし、この最後の試みは、キスレンコ少将がこの問題の審議に参加することを拒否すると再び発言したことにより、具体化されることはなかった。これに対して、シーボルトはスピーチの中で、審理、裁判、禁固のとき、また刑罰の服役後に日本人捕虜に劣悪な対応をしたとしてソ連を再び非難した。この発言は、慣例に従って、ホチソンや、拘留された日本人捕虜はいわゆる「志願兵」に変わることが出来ると語った国民党代表の何世礼によって支持された[58]。

日米の新聞は、この年、中ソ協力のもとで共産主義者の活動による日本への「脅威」について、数多く報道した。その内容は、主に日本侵攻のために予定された、いわゆる日本人捕虜から成る補充部隊についてであった。

「ＡＰ通信」東京特派員は、「共産主義の宣伝家が占領日本への非難を強めており、東京のある消息筋によれば、間も無く共産主義者が日本に混乱を引き起こすため、勢力を活発化することもありうる」と「朝日新聞」読者への注意を促した。その後、同記者は、「しかし、米国将校の情報によれば、ソ連が日本人捕虜を使って日本へ侵攻しても成功するチャンスはないだろう。最近の報道で、マッカーサー司令部がサハリンおよびクリル列島に大規模な軍隊を派遣すると報じられたことについては懐疑的である」と報じた(59)。

また「読売新聞」は、日本当局が満州各地で集めている日本人捕虜は七万人の線が濃厚であると発表したことを報道した。「引揚援護局が行った調査によると、多くの日本人将校がシベリアから中国に移送されている。中国と密貿易を行い、諜報機関のスパイとして活動するある日本商社員が、香港経由で日本軍の一部の軍備、数、構成員についての情報を入手した。この情報によると、日本人捕虜が補充されている部隊は全部で五師団あり、総数は七〇、〇〇〇人から七五、〇〇〇人になる。この師団の一つがサハリンに移動している。日本人捕虜の将官がこれら師団で活動している」記事はさらに、「北海道を〝共産化〟の第一歩として、独立させる計画があることを確認している。北海道での活動の責任者となっているのが、四三人の日本共産党指導部であり、彼らは現在地下活動を行っている」(60)

同様の根拠のないデマ情報は、日ごとに多くなった。このような報道の中で、一九五一年九月一三日には、「共産党が、モスクワ・北京軸に垂直に位置する北海道北部を、新たな〝民族革命計画〟を展開するにもっともふさわしい中心地として選んだ。日本に駐屯する米軍は、ロシアのクリル列島にほぼ隣接する北海道の中立化のため、北部で外的脅威が生じれば集結する」

これについて、「日本同様米国もまた、日本の主権が来年さらに強くならなければ、新しくビルマ、インドシナ、マレーシアを創設するために、多分極東における日米統一戦線を犠牲にするだろう。この結果、共産主義に洗脳された日本人捕虜部隊を北海道へ侵攻させる可能性がある」という予測がなされた。

この懸念もあって、米国は「サハリン・クリル列島の北部諸島への日本人共産主義者のパルチザン突入、また赤軍の侵攻が引き起こす国内騒動を、この地域に駐屯する米軍・日本の警察の支援のもとで早急に鎮圧できる」ように、北海道の米軍を強化することとなった。(61)

六　日共「五一年綱領」とコミンフォルム批判

占領軍当局がこの報道の中で行った明らかな「政治指令」にもかかわらず、日本共産党はこの見解に少なからず根拠を与えた。いわゆる「五一年綱領」については、十分記憶に残っていることである。五一年綱領は、「コミンフォルム」〔共産党・労働者党情報局。米国の封じ込め政策に対抗して、欧州九カ国の共産党が一九四七年に情報交換と活動調整を図るために組織した国際機関。五六年のスターリン批判後、解散した〕の批判によって日本共産党内の分裂が激化するなかで、日本共産党中央委員会書記長である徳田球一ら主流派が打ち出した政治方針であった。

一九五一年一〇月に、五一年綱領が採択されるに当たって、北京で事前協議が行われ、その後、モスクワのスターリンと直接の協議が行われた。綱領には、民族解放民主革命を軍事手段によって達成するといった直接のスローガンは含まれていなかったが、日本共産党の実践行動の中で、しばらくの間「軍事方針」の確立を促していった。

山村への軍事基地建設、自衛軍の設立、武装闘争実施までの間、中国の「軍事路線」の経験を適用する試みがあった。しかし、「軍事路線」を実現化するための現実的条件が日本になかったことが主な原因となって、軍事路線が貫徹されることはなかった。

さらに、日本の共産主義者は、政治的な過激思想によって、党自体にとって悲惨な結果をもたらすこととなった。日本政府と占領当局の共産主義との積極的な戦いのなかで、日本共産党の「極左主義」は、党の威信を急激に失墜させ、日本共産党を数年間で日本政治史から事実上抹殺することとなってしまった。

この状況のもとで、共産党員は日本人捕虜に対するソ連指導部の政策を支援しても、日本の社会運動に影響を与える可能性がないということが分かって、この問題でモスクワを擁護する勢力は事実上すでに残されていなかった。日本での対ソ批判に圧力をかけ、急激な反ソ運動を抑えることはますます困難になっていった。

別の点では、朝鮮戦争への米軍の直接参戦は、米占領下の日本に非常に大きな多面的な影響を与えた。この時までに、日本を戦略同盟国とする米国の方針は、最終的に正式なものとなった。この新たな状況のもとで、日本との平和条約締結問題を解決することとなった。

この問題の前史を振り返ると、一九四六年二月時点で、バーンズ米国務長官が年度内に日本とドイツと平和条約を締結したいが、日本占領は「一五年間」継続したいと表明したことに言及しなければならない。一九四七年三月の米国の第一次平和条約草案は、日本の非武装条約と二五年以内の監視軍配置を含めた長期管理システム創設の条約を、同時に締結するというものだった。

一九四七年八月の第二次案は、日本に外国軍を長期滞在させることに当時、反対していたマッカーサーの意見を考慮してワシントンが作成したもので、非武装化の立場であるが、管理は一定期間日本に配置された、常設機関付属の極東委員会加盟国の大使委員会を通じて実施することが予定された。

一九四七年に、米国が極東委員会の全参加国に日本と平和条約を締結するに当たって、協議会を招集すると提案した際、ソ連は賛同しなかった。モスクワでは、対日平和条約締結については、ソ、米、英、中の外相理事会で、全会一致の原則で決められた手順によって行われるべきとの見方があった。

一九四九年秋に、米・英・仏の外交機関のトップが極東問題について見解の合意に達して、事実上ソ連抜きで日本と個別に平和条約を締結する決定がなされた。一九五〇年四月にトルーマン大統領は、ダレスを国務長官に任命し、平和条約の準備を一任した。

一方、国連軍最高司令官マッカーサーは、五一年三月二十四日、戦局打開のため「中国本土の核攻撃も辞さず」と声明した。事態を憂慮して、トルーマン大統領は四月一一日に、中国の爆撃に当たって、朝鮮戦争が局地戦争から世界戦争に拡大する直接の危機をもたらす、核兵器の使用を公然と要求するマッカーサーを、最高総司令官のポストから罷免せねばならなかった。

こうして、米国はまさに朝鮮戦争のお蔭で日本との平和条約準備作業を早めることとなったといえる。米国案は、利害関係各国と個別に合意を得た。しかし、米国が中国政府の合法性を認めなかったため、日本の侵略によって最も被害を受けた中国は、条約の準備から外されてしまった。

締結の時点では、国際会議の招集となるはずだったが、審議のためではなくてあらかじめ合意された平和条約を締結するための会議となった。まさにこれにより、米国政府はソ連が条約の内容に影響を与える機会を減らそうと徹底的に努力したのであった。

対日平和条約締結問題で、ソ連との交渉開始に際して、米国は再びソ連領土に日本人捕虜が残留していることについて言及した。一九五一年三月二九日に、米国務省は準備した対日平和条約草案をソ連を含む極東委員会メンバーの一五カ国に送付した。

後に締結された条約文とこの条約案を比較すると、特に領土問題解決の部分で条約案がソ連にとってはるかに受け入れ可能なものとなっていたことに驚かされる。その上、いくつかの別のソ連の国益も考慮されていた。それにもかかわらず、モスクワはこの案を受け入れず、三月七日に条約案についての意見書を提出した。その返答として、三月一九日に米国務省代表は覚書を送った。その中で米国は、ソ連の反論をはねつけるとともに、日本人捕虜のソ連抑留問題を厳しい形で提起した。

ポツダム宣言は、「日本の軍事産業能力が消滅したという確たる証拠がでるまでは」「連合国が指定した日本領土の諸地点を占領する」。そして「日本軍に平和・労働活動を許可する」と書かれている。米国政府は、「日本の戦争能力は壊滅した」と返答している。ソ連政府は、日本占領が「長引いたことは許しがたい」と表明する以上、この説得に同意しているようだ。さらに米国について言えば、同国は管理下に置いた日本軍を事実上完全に武装解除し、平和・労働活動を行う地位を与えた。参戦国のうち、ソ連政府のみがこの規則を順守せず、占領条件を犯して約二〇万人の日本人兵士を家庭に戻し、平和な生活を送ることを阻害している。日本国民は、この何万人もの日本人兵士が、平穏な生活に戻ることを降伏条件として約束したうえで、耐え忍んで待っている。(62)

この少し前に、対日理事会参加国は、ソ連からの日本人捕虜未帰還というまだ解決しない問題を国連審議の場に完全に移管することに賛成した。対日理事会の場で、中華民国国民党代表はもう一方の理事会参加国の意見を支持し、こう表明した。「個人的には日本人捕虜の引き揚げのような大きな問題は、出来るだけ早く解決されることを望んでいる。私はこの問題を国連総会に委ねる必要性を求めたホジソンの提案を支持する」(63)

日本人捕虜問題は、対日平和条約締結準備に関する激しい意見の対立の過程で、旧同盟国を考慮して第二次案に変わった。ソ連指導部は特に、これの審議・締結に中国の参加権を主張し続けた。手中にある平和条約案審議のため、対日戦参加国全てによる評議会の創設が提案された。米国はこの時、この分野に影響を及ぼす国と、部分的な食い違いを調整するための交渉を続けていた。

日本は条約準備に参加しなかったが、米国は何よりも、米軍が日本領土に留まることの合意を得ようと日本政府と常に接触を続けた。

一九五一年七月に、米国案に修正を加えた後、米、英共同の形で提出された新たな平和条約案が、再び極東委員会参加国に送られた。これに続いて、米、英は日本と交戦状態にあった国に、サンフランシスコ平和条約調印のための会議への招待状を送った。平和条約最終案は、一九五一年八月一五日に米、英によって発表された。

一九五一年九月八日に、サンフランシスコで、対日戦争に実際参戦しなかった国が圧倒的多数の四八カ国によって、対日サンフランシスコ条約が調印された。ソ連、ポーランド、チェコスロバキアは調印を拒否し、中国と朝鮮民主主義人民共和国（北朝鮮）は会議に招かれなかった。これらの国と日本の関係正常化には、簡単に乗り越えられない障害が生まれた。それと同時に、条約文では二国間平和条約締結に向けて日本が準備を整えたということになっているが、日本の義務は三年間のみに制限されていた。

これと同じ日に、サンフランシスコでアチソン米国務長官と吉田首相が「日米安全保障条約」に調印したことは示唆的である。

平和条約締結は、日本史上画期的な出来事だった。条約批准の瞬間から、主要参加国による日本占領が終結した。日本は、以前の大軍事帝国の様相とは違った別の顔を持って、国際社会に復帰を果した。占領体制の中止をもって、米占領軍・連合国占領政治を保障するために創設された対日理事会、極東委員会を含め全ての軍事行政組織が、その存在に終止符を打った。

ソ連に残された日本人捕虜の行く末を解決することは、粘り強い全面的努力に依存している。その当時、最も影響力のあった国連と赤十字国際委員会といった国際組織の方針にかかっていた。

第五章

国連と国際赤十字がとりくんだ日本人捕虜問題

一　第五回国連総会——二つの体制が対立

日本にとってほとんど成果のあがらなかった約四年間にわたる交渉と、ソ連政府への働きかけの後、ソ連に残った日本人捕虜の安否の解明と、彼らの本国への送還に国連を引き込もうという提案が、対日理事会の内側で生まれ、これによって一九五〇年五月一〇日、マッカーサー元帥は本件に関する日本の国会の質問状を国連に渡した。これに続いて、米国、英国、オーストラリアの代表が発言した。各代表は、日本政府と米国司令部の行動を支持し、トリュグベ・リー国連事務総長に公式電報を送った。

この電報の内容は、この問題を第五回国連総会の事前の議題に入れる要望と本件を審議するためにしかるべき説明書を提出する約束であった。八月二〇日、国連事務局はこの電報の受け取りを確認した。八月二五日には、必要な書類と添付文書が国連に送られた。

目前に迫った国連での聴取の準備のため、占領軍司令部の指示によって、日本政府は急遽、引き揚げ問題に関する書類の準備に取り掛かった。政府の報告書では、戦争終了時点で国外に在住する日本人の数が示され、ソ連からの日本人引き揚げの状況が詳細に記述された。

これらの書類の中で、再度、「三〇万人以上の未帰還日本人が、シベリアなどのソ連領土に存在し、その一部が満州、北朝鮮および中国に送られた」ことが、確認された[1]。

「聯合通信」が、一九五〇年一〇月に報じた記事では、地方の役人たちが、未帰還者の数を少しでも多く集めようと、家族が国内の離れた地域に住んでいた未帰還者もリストに加え、情報の収集に当たったことが詳しく書かれている[2]。

この時点で、すでにソ連と米国は、朝鮮戦争の開戦によって、国連安保理事会での深刻な対立関係に突入していた。そして、米国は国際世論を自国の支持に向けるため、あらゆる機会を利用しようとした。これに対して、捕虜の安全問題は確実に見返りがあるもので、この問題を巡っては一年前にジュネーブで高まった政治的激情が収まったばかりであった。

このため、米国側は国連捕虜問題特別委員会を創設するイニシアチブをとった。その主要議題として、ソ連にいる外国人数の把握があった。本件について、米国務長官は、「ソ連の強硬な態度を考慮すると、この問題への唯一の対応策となるのは国連委員会の創設である」と述べた(3)。彼は、ソ連が西側諸国の外交文書を全て拒否し、その他の行動を無視していた時に、日本人だけでなくドイツ人の捕虜もソ連に抑留されていることについて、ソ連政府と接触した経験があることをほのめかした。

ソ連は、わが国にとって政治的メリットのない、国連の枠内での本件審議が行われないように、あらゆる外交政策を講じた。旧連合国のこの提案に対して、ソ連が反対した理由は、次のような良く練られた立場に立脚していた。

ソ連側は、第一に、日本人捕虜問題は、ポツダム宣言（九項、一〇項）と、一九四六年一二月一九日付の日本人捕虜の引き揚げに関する対日理事会委員（ソ連）と連合国最高総司令官との米ソ協定によって解決されるべきものと主張した。その際、ソ連から日本への日本人捕虜の送還はすでに終了しており、本件に関する全ての必要な通告は、適時に発せられていると強調した。

日米両国政府の主張の根拠になった資料は特に非難され、「ソ連を中傷する陣営を煽動するための捏造」として位置付けられた。国連での本件の審議は、国連憲章、特に一〇七項の違反に当たるとした。

この論拠は、マリク・ソ連国連大使によって、一九五〇年九月二一日の第五回国連総会の議事日程を討議する際に述べられた。彼は、自己の見解であるとことわりながら、このような不愉快な問題を国連総会で審議することは、国連憲章と矛盾すると主張した。それ以上に、マリクは、上述の国々が国連総会に本問題を押し付けることは、「ソ連を中傷する勢力の煽動」という全く別の政治的意図がつきまとっていると述べた。国連憲章違反を引用することは、ソ連の考え抜かれた外交手段として、他の多くのケース同様、無益さを露呈した。

日本人捕虜のソ連抑留問題で米国が圧力をかけた結果、「ソ連に抑留されている捕虜の帰還をソ連が避けて、彼らの安否報告書の提出を拒否することへの抗議」という題名の「抗議文書」を第五回国連総会の議題の中に加えることが、一〇二票を得て、採択された。されど同時に、国連での米英圏の影響力を行使して、米国は一九五〇年九月二六日、国連総会で本件を議題の中に加え、社会人道文化第三委員会の審議にかけることが実現した。

一〇月五日、日本国の外務省はこの国連総会決議を発表した。これと同時に、国連総会で審議する際に、非公式オブザーバーとして、日本代表が参加すること（当時の日本は国連のメンバーではなかった）、これに対して、マッカーサー司令部が許可したことが伝えられた。

同日、米国の新聞各社の報道では、国連で生じた政治的反目に関する米国務省のコメントが発表されている。その中では、外交形式をとって次のようなことわりが述べられていた。「この問題を提起した米国、英国、オーストラリアは、日独の捕虜問題を、国連総会に提出した。三国の証拠は説得力のあるものだったが、我々は国連に自己の見解を出させようとはせず、ソ連を協定違反で裁くことが有益とは思っていない。強調しておくが、我々の目的は捕虜に関する事実の全面調査と情報の収集ができ、生存者の帰還を援助するための公正な機関を設置することである(4)」

米国務省は、ソ連の日本人捕虜の安否を米国政府が非常に憂慮しているということを誇張しながら、一九五〇年七月一四日、捕虜に関するソ連政府への外交文書を公表して、九月一一日には米国務省の広報に「ソ連は捕虜に関する回答を提出できない」という記事を掲載したことを述べた。

米国のジャーナリズムで、この政治的声明が取り上げられるにつれて、在日占領軍当局は国連総会に、それまで引揚援護庁で引き揚げ問題に携わっていた斎藤惣一日本YMCA同盟総主事、中山マサ衆議院引揚特別委員会委員、倭島英二日本国外務省引揚管理局長の三人を非公式オブザーバーとして派遣する準備を始めた。

日本の外務省は、この事態について、「最高司令官および理事会の善良な意思のお蔭で、日本代表が国連総会に出席する機会が与えられた。日本国民は、すで

に戦後五年が経つにもかかわらず、まだソ連に残っている三七万人の同胞の帰還を切望する」と記した。(5)

国連総会へのオブザーバー派遣によって、日本では積極的な世論の高まりが起こった。国連審議への傾注を力説する各種団体の活動が著しく活発化した。主要各紙は、ソ連だけではなく他の共産主義国家にも、多くの日本人が抑留されているという大衆の動揺を煽る情報を広め、ソ連への激しい非難を掻き立てた。

例えば「時事新報」は、一一万から一三万人があたかも中国に残っており、その内訳は、満州日本人協会の登録者が二八、〇〇〇人、軍および国家機関の服務者が一八、〇〇〇人から二二、〇〇〇人、婚姻などの理由で中国人家庭に入った者が二〇、〇〇〇人から三〇、〇〇〇人、広東省や漢口地区の人民解放軍にいる者が三五、〇〇〇人から四〇、〇〇〇人、国民党政府もしくは軍機関の勤務者が約一〇、〇〇〇人、と報じている。(6)

ソ連およびその他の社会主義陣営に向けられたこれらの非難に対して、ソ連に友好的な日本の社会団体は、社会批判の矛先が政府機関や占領軍当局に向けられるよう、あらゆる機会を利用した。一〇月七日、日本引揚連盟、日ソ友好協会、民主主義擁護同盟は、日本のオブザーバーとして国連派遣に対する共同抗議文を、吉田首相に提起した。抗議文の内容については、候補者が彼らに委ねられた役割に全く適任ではないという人選に対する痛烈な批判であった。

特に、中山マサは、「未帰還者として、三七万人を国連に受け入れてもらうよう嘆願するつもりである」と発言したことによって非難された。これは、請願書提出者の認識では、「吉田首相自身が推測に過ぎないとしている数」であり、最も激しい反対を招いた。

公式数字を捏造したとして、別の人物も暴かれた。倭島英二である。それと同時に、世論の代弁者たちは、「過去四、五年もの間、引揚援護庁長官だったにもかかわらず、戦犯者も含めた復員問題に携わるだけで、帰還者の生活保障には全く関心を持たせなかった」として、三人目の斎藤惣一に対する不満も述べられた。

抗議文では、「上記のような理由で、この三人の代表者は復員問題で全く日本国民を代表しておらず、これは挑発であり、連合国の一つに対する中傷であり、ポツダム宣言に違反し、戦犯者の引き揚げをもくろむ企てである」と述べられた(7)。

この抗議文は案の定、日本政府から何の反応も引き出すことはなかったが、抗議文を日本の首相に渡すのに合わせて、公式代表団がニューヨークに出発する日に、三つの団体の指導者は、国連総会の会合に目を向けた。

「平和と自由と独立を希求し、国連憲章とポツダム宣言を支持する日本国民の名で書かれた」この請願書の中で、本件を国連に持ち込むことに対して、異議が唱えられた。この立場は次のような論拠を補強するもので、ソ連代表の声明とまったく同じであった。

この請願書の中で述べられているのは、第一に、「ソ連に抑留された日本人の引き揚げ問題はその性格からして、一九四六年一二月一九日の日本人捕虜の引き揚げに関する米ソ協定に従って解決されるべきである」ということである。

第二に、この文書に署名した人物によれば、「三七万人余りという日本政府の指摘するソ連に抑留された日本人の数は、ある政治的意図をもって作り出された」ということだ。第三に、前述の三団体の指導者が特に強調している部分だが、「本件に関する唯一の正しいデータは、戦後、ソ連が幾度か公表したデータであることを我々は確信している」ということであった。

この請願書の中で、ソ連に抑留された日本人捕虜の数に関するソ連の報道と捕虜の処遇について、連合国のソ連政府に対する請求が不当であることを証明しようとする、十分に論証された試みが行われた。本件に関して、「国際的な意見の相違」が生じた主因を、日本政府に負わせ、その政治的陰謀は、本質的に三つの主要な課題に転化された。

これは、第一に、「日本国民の中に盲目的排他的民族主義を焚きつけるともに、戦後、地方軍部が連合国に対して呼び起こした不満と動揺に対する責任を転嫁しようという意図」である。第二に、この三団体の考えであるが、日本政府は、「ポツダム宣言に従って、国の民主化の問題から国民の関心をそらし、対外関係の問題とすりかて、その間に民主化運動を押さえ込もうとする独自の目的」を持っていた。第三に、「日本政府の動きの中には、当時のヒトラーやムッソリーニ、東条らが煽った共産主義との戦いのスローガンのもとに、日本の帝国主義勢力を復興しようとする試み」が、見られた。

日本政府に対する非難の理由として、「主な民主主義団体の解体、言論、結社の自由のような民主的権利の廃止、警察予備隊として軍を復活」させたことに見られるような、「ポツダム宣言および日本国憲法に違背」しようとする動きが挙げられた。請願書で強調されているように、「政府は、全面的な平和条約の締結に反対しながら、日本を最終的にどこかの国の軍事基地や植民地にしようとしている」とされている。

この呼び掛けの中心となったのは、日本政府の公式文書中に記された統計データの不一致である。この状況の第一の理由として、在外日本人の情報源が政府に二つ存在していることが挙げられており、一九四五年九月二五日の段階でその差は七〇万人である。防衛庁の数字が七〇七万六、一七四人であるのに対して、厚生省は六三七万四、九八一人である。

これについては、日本政府によって、数字の修正が常に行われていたことが、文書に書かれている二つの異なる事実から、一目瞭然に見て取れる。請願書で記されているように、一九四八年九月二四日に、日本政府は六六一万一、〇〇八人の日本人の本国帰還が必要と述べ、その一方で、一九四九年四月八日には、六六一万三、六〇九人と述べている。このように、ある種の逆説が存在していた。つまり、台湾、フィリピン、琉球諸島および東南アジアからの引き揚げが完了した後にも、海外に残っている日本人の数が、最初に伝えられた数から増加したのである。また、同様に特筆すべきことだが、戦後すぐに海外から本国に送還されるべき日本国民に関しての日本政府の公式データは、請願書を提出する日の時点では、六六二万五、〇八四人にまで増加した。

抑留者の運命を握る数字に開きがあることを指摘しながらも、請願書を提出するメンバーは、「日本政府の人数はあくまでも仮定に基づくデータである」と結論づけている。ここから、彼らの主張では、「三七万という未帰還者数は、第一に帰還すべき日本人数についての仮データを基に割り出されており、具体的な資料に基づいたものではなく、ごまかしを露呈している。

それ以外に、多くの事実が、終戦まで満州にいた日本人の多くは、南部戦線に送られたと考える根拠を我々に与えている」のであった。

衆議院予算委員会での吉田首相の、「この仮の数字は、引揚者や総司令部の報告に基づいて確定されている」との十分に明確な発言が、この結論の確認となった。日本が未帰還者に関して正確な情報を持ち合わせないことに対して、高山衆議院引揚委員会議長も指摘している。この委員会の一九四九年四月五日の会合で、彼は「大戦末期の満州の無秩序な状況や関東軍内での組織の破壊によって、戦死者や日本軍の部隊配置に関わる正確な情報を突き止めることができなかった」と率直に述べている。

請願書の持参人はこのように、日本軍の兵士、また士官だった未帰還者数にまつわる日本政府のデータに抗議して、ソ連に対する対日理事会側からの非難の不当性を証明しようと試みた。特に日本政府のデータを引用して、「一九四五年から四八年の四年間の死亡者数は三七万四、〇四三人であり、一九四五年単年の死亡率は一〇パーセントにのぼり、二七万二、三二九人が亡くなった」と確認していたシーボルト対日理事会議長の発言は、細部にわたって批判的な分析の槍玉にあげられた。

請願書の起草者の考えでは、この数字は以下のような計算方法で可能になる。つまりソ連領内（大連、北朝鮮、千島列島、樺太、シベリア）にいる日本人に、満州にいてソ連に送還されたと恣意的にみなされている一一〇万五、八三七人を加え、ここから得られる数字二七二万三、四九二人の一〇パーセントを取ると、二七万二、三四九人となる。

それにもかかわらず、ソ連に友好的な団体の幹部が逆説的に考察するには、「もしこの数字が事実と整合していれば、一九四五年に二七二万三、四九〇人がソ連に送られたことを意味する。この数字は、日本政府が発表したシベリアから帰還すべき人数より二百万人以上多い上に、大連や北朝鮮、千島諸島、シベリアを含むソ連の管理下にある地区から復員すべき数として計算されている一六一万七、六五五人を、百万人以上上回っている」ことになる。

この単純な数式計算は、一九五〇年四月に最後のグループと一緒に、ソ連から引き上げた帰還者たちの文書による証言を引用することによって裏付けされる。彼らは、「シベリアの二八地区には、日本の捕虜は残っていない」と確認している。嘆願書はこれによって、日本国民のソ連からの帰還は完了したというソ連政府の宣言は事実であると結論づけている。

これと同時に、南部地区、特にインドネシアのジャワ島とスマトラ島などから小グループで日本に引き揚げ続ける帰還者たちに、国連幹部の関心が寄せられた。請願書の持参人は、関係国の政府はあえて何も述べていないことであるが、「これらの地域に未だに三〇万人を越える人間がいることの証明」として、この事実が考察されると予想している。

請願書の大部分は、日本政府の「帰還者の生活保障に対する驚くほど脆弱《ぜいじゃく》な対応」を批判することに割かれている。

国連総会に対する日本の三団体が行った呼び掛けの本質が帰するところは、この国際団体が、「自身の強大な影響力を行使」し、第一に、「日本政府の資料が持つ嘘を最終的には暴きだし」、国連憲章とポツダム宣言と矛盾するその政治的意図を始末するように要望し、第二に、「圧倒的な数の日本人が存在しつつも、その運命が分かっていない太平洋の全地域において国連による詳細な調査を開始し」、第三に国連から、ポツダム宣言九項「安穏で生産的な生活が未だに保障されていない帰還者の生活条件の向上」を、日本政府の課題として要求することである。(8)

この請願書の中で引用された全ての事実や、数字の真偽を主張するのは難しいが、一読して、これらは非常に説得力があるように見える。にもかかわらず、この書類の内容の中では、未公開のソ連の公文書からの抜粋を何度も繰り返すアプローチと論証が見られる。これによって、この呼び掛けが、おそらくソ連代表の口述のもとで、もしくは少なくともなんらかの参加があって、書かれたものであると推測することも可能である。同様に、本件について国連でのソ連代表の立場を強くするために、モスクワによって意図的に計画された行動であったかもしれない。

二 国連捕虜特別委員会が新しく発足

ともあれ、日本人捕虜問題を国連総会の議事日程から外そうという目的のもとで、ソ連があらゆる宣伝的な方途を講じたにも拘わらず、一九五〇年一二月七日に、国連総会の人道社会文化第三委員会で予定通り、米国を筆頭とする旧連合国がソ連に対して準備した「抗議」文書の審議が始まった。

米国、英国、オーストラリアの代表が統一陣営を組んで、「国連総会は、第二次世界大戦中に拘束された多くの捕虜が本国に送還されておらず、彼らの将来についての報告書も提示されていないという情報を受取り、不安を抱いている」という内容を盛り込んだ共同決議案を審議に持ち出した。また、これに関連して、「まだ上述の捕虜が残っている国は全て、戦闘行為の終結後、全ての捕虜が帰還できるように、一刻も早く最大限の可能性を与えるように要求している上記の国際条約や協定、および一般的な国際関係上の規範に従って行動すべきである」と提案された。

この問題を解決する目的で、国連総会に任命された三人の「公正な専門家」からなる国連捕虜特別委員会が設立された。この委員会には、「当該国の政府もしくは行政機関に対して、第二次大戦中の軍事行動の結果、外国政府の権力下もしくは掌握下に入って未だに帰還できていない捕虜、もしくはその将来に関する報告書に記載されていない者の全面的な情報を照会すること」が委ねられた。また、その課題には、「これらの捕虜の帰還および当該国の国民である対象者の帰還を緩和するための方策を実行し、また捕虜たちに関する完全な情報の伝達によって、希望が寄せられた政府および行政機関を支援すること」が含まれていた。(9)

この抗議文の草案者の一人であるマキンタイア・オーストラリア代表が発言した際、彼は自国の政府が、ソ連に残る日本人捕虜の帰還問題を解決すべくあらゆる試みに参加したことを論証しながら、ソ連に抑留された日本人捕虜の状態について多くの時間を割いて発言した。

参加者に事の実情を証明し、ソ連政府から満足の行く情報を得るために連合国の取ったあらゆる尽力を語った上で、オーストラリア代表は、安否の解明が必要な人間として、三六万九、三八二人という数を述べた。その際、この数には、厳格な意味では捕虜という言葉には当てはまらない女性や子供、他国籍の人間は含まれていないという、十分に示唆的なコメントも述べられている。彼は特に戦後、時間が流れるにつれて、市民と軍人の差が徐々に薄れていくことを強調した。「支配的な事実」として、オーストラリア代表団の考えでは、「約三七万人の日本人は、親類縁者に何の情報もないため、政府に忘れ去られた」としている(10)。

米国、英国、オーストラリアの三代表も、彼らが提出した抗議文を支持するそれぞれの演説の中で、「タス通信」の帰還問題に関する報道が信用に値しないとして自身の発議の根拠を説明した。彼らはこの問題に対するアプローチの中で、人道的な目的を持って会を運営するように委員会のメンバーを説得しながら、ソ連による国際規範の違反及び米国の文書では一度も触れられていない連合国の責務に違反したという周知の事実を引用した。と同時に、ソ連に残る日本人捕虜の境遇を緩和するために、西側の尽力に目を向けるよう再度強調した。

このような状況の中で、ソ連代表アルチュニャン教授は、国連の中で圧倒的多数の支持者を持つ旧連合国の攻撃的発議に異議を唱え、彼らの決議文を阻止するという困難でほぼ実現不可能な課題を課せられた。

彼は自身の演説を、国連総会による本件の決議は、国連憲章一〇七項に違反すると評価することから始めた。そして、「第二次世界大戦中に国連加盟国の敵であった国について、大戦後に戦勝国が実行および承認した行為を、国連のいかなる機関も審議する権限を持たない」と続けた(11)。

始まった審議が根拠のないことの第二の論理として、アルチュニャンはドイツおよび日本の捕虜の帰還が終了したとするソ連の刊行物の報道を引用した。これによって、米国、英国、オーストラリアが本件を国連総会に提起したことは、主として政治的な狙いを伴った行為だと判断した。さらに、彼はこの狙いは、「日本と西ドイツの政治的および経済的な隷属化、両国の再軍備化、米国同盟が進める新たな世界大戦に両国を利用することを志向する米国の政治から、日本とドイツ

国民の関心および国際世論をそらそうとする」試みだと決めつけた。(12)

モスクワから届いた政治的訓令は、米国による本件提起の要望は、日本およびドイツの戦争捕虜の帰還に関して自国の義務の不履行を隠すためのものだと、具体例を挙げて抗議をするようにソ連代表に義務付けた。そしてアルチュニャンは、彼に課せられた課題を立派にやり遂げた。彼は、自身の発言の中で、米国の収容所での日本人捕虜の劣悪な取り扱いと死亡率の高さ、沖縄やフィリピンなど米英の戦闘地域で三三万六、〇〇〇人の行方が分らなくなっていることを詳細にわたって取り上げた。米国政府によって日本人捕虜の帰還が終了したことを宣言された後にも、ハワイや沖縄やシンガポールなどの国で、軍事施設の建造などに日本人捕虜を強制労働に使った説得力のある事例が取り上げられた。マレーシアで捕虜になった日本の兵士および士官が、マレーシアの独立運動を鎮圧するために投入されたこと、中国は蔣介石の国民党の軍隊に編入され、またインドネシアではオランダ政府の命令によって日本兵士を現地軍に投入したことを確認する外国のジャーナリズムの引用も行われた。(13)

同時に、ソ連の代表は戦後、占領軍によってソ連に残る日本人捕虜の数字操作が行われた、と強く抗議した。彼はまず、マッカーサーが「この数字が推定以外のなにものでもない」と認識していたこと、そして「占領軍が一時期、この数字は日本政府から得たものだと主張していたこと」が、文書で証明されていることを述べた。日本政府は事あるごとに、これはまったく逆であり、政府が持っている捕虜に関する数字は、マッカーサーから受け取ったものであると明確に述べていた。

アルチュニャンは続けて、マッカーサー元帥を発信源とする一九四六年の公式資料によると、ソ連から帰還されるべき日本人捕虜の数は約七〇万人に達するまで、毎月増大していたことを明らかにした。と同時に、その一年後のマッカーサーの言葉として、降伏時に満州で拘束された日本人兵士の数を、概算の数字ですら確定する術《すべ》がないことを証明する発言を挙げた。

ソ連代表者の見解であるが、占領軍総司令官のこの矛盾した立場の理由の説明は、「当時の米英の戦闘地域では日本軍はまとまって降伏したのに対して、ソ連の戦場では日本軍兵士はバラバラに散らばり、そして個々もしくは小さいグループで南下しようとしたことを証明する」一連の公式文書の中でも、日本の報道を見つけることが出来た。

さらに、アルチャニヤンは自らの発言の中で、ソ連政府の公式データに対するマッカーサーの誤った解釈を指摘した。特に彼の主張では、「極東ソ連の全戦闘地域で、ソ連軍によって五九万四、〇〇〇人が捕虜として捕らえられ、そのうちの七〇、八八〇人はすぐに釈放された」という「タス通信」の報道が、「占領軍では満州だけに限った数字」であるかのように解釈されているとした。

しかも、これまで述べてきた論証の締めくくりとして、世界各地の行方不明者や負傷者を全てソ連収容所の捕虜数に加えようとする米国の策略だと述べた。彼は朝鮮付近で輸送船が魚雷に被弾したことにより死亡した日本兵八、〇〇〇人や、海で溺れ死した日本人捕虜、マレーシアなどへの脱走兵のようなケースを、忘れてはならないとした。(14)

ソ連代表による十分論理的かつ効果的に構築された論拠方式は疑問を投げかけ、そのことによってソ連に対する西側諸国の非常に深刻な一連のクレームを部分的に和らげた。自国の擁護のためにソ連代表が引用した全ての事実と、旧連合国によるデータ改竄《かいざん》を暴露しようという試みは、非常に説得性に満ちていた。しかし、彼らは捕虜の取り扱いに関する国際条約および協定を無視することによって、ソ連政府に対するあらゆる非難を払拭することはできなかった。

この時までにソ連は、ソ連捕虜として抑留されている日本人がどのような戦争犯罪で告発されているかを、日本政府もしくは国際赤十字委員会に対して、一度も連絡していなかったことを挙げれば、抑留の不法性が、国際権利の観点から見れば多くの場合、戦争犯罪には当たらないことを、言わなくても十分であろう。

ソ連代表の演説を巡って、熱い議論が巻き起こった。本件を国連で議論することが妥当であるのか疑問視する意見から、決議の内容を変更すべきというものまで、まったく異なる主張が述べられた。

特にサウジアラビア、イラン、インド、イラク、アフガニスタンおよびその他の国の代表は、自身の発言の中で、議論されている事柄に関して、米国、英国が持ち出したソ連批判は、彼らの意見では、政治的性格を持っているとの理解を示し、本件が人道の精神で解決されることが好ましいと述べた。

と同時に、これらの国の代表は、ソ連代表が発言の中で引用した実際の資料は、十分に論証に耐えるものであると認めた。さらに、彼らの考えによると、捕虜の帰還に関する自国の義務を履行していないとする、米国と英国に対する注意と非難を無視して先に進むことはできないとした。

議論はルクセンブルクとオランダの代表によって続けられた。彼らはソ連での自国の捕虜の扱いに関して満足していると述べ、本件を当該二国間の交渉によって解決することを提案した。その他の代表者たちは、本件に最も関心を寄せる機関である国際赤十字委員会に提出することが最も妥当であるとみなし、赤十字の指導のもとで動く委員会の設置を提案することを考えた。

予想したとおり、社会主義陣営諸国は国連憲章に反すると考えて、国連総会での本件審議および捕虜に関する委員会の設立に反対の立場を表明した。ソ連政府の立場を擁護するために、デムチェンコ・ウクライナ代表が最初に意見を述べた。彼は、捕虜問題が国連で提起されたのは、ソ連を中傷し国際社会の世論を惑わすためだけだと指摘し、委員会総会で何度となく言われたドイツ、日本、イタリアの捕虜が、ソ連に存在することを認めないとこれを拒否した。(15)

ウクライナ連邦特使は、自身の発言の中で、ある政府は捕虜に関する自国の義務を履行していないと強調し、この議論の発起人たちに鋭い批判の矛先を移そうとした。彼はこのような捕虜は、英国および米国領土において捜索されなければならないと、きっぱりと述べた。

自身の言葉の確認として、デムチェンコは彼を支持する他の社会主義国代表、ビネビシ（ポーランド）、ゴフメイスター（チェコスロバキア）とともに、委員会の審議に米国、英国、フランス、オーストラリア政府が自国の領土で多数のドイツ人および日本人捕虜を抑留し続けていることを証明する追加資料を提示した。(16)

モスクワで入念な準備が行われた旧連合国に対するソ連代表の反駁と、よく練られた同盟諸国の同調行為は、ある局面で攻撃の主導権を奪取し、議論の進行を変えることを可能ならしめた。この状況にあって、委員会の後半は、実際のところは、完全に国連憲章の一〇七項を巡る幅広い議論に費やされる結果となった。この議論は、ソ連陣営および上述の国家と一緒に、ソ連陣営に加わった白ロシア〔現在のベラルーシ〕および彼らに賛同を示す国家と、英米圏の代表者の間で国連の中で繰り広げられた。

本件への全く相反するアプローチを映し出している、個々の発言の内容を詳しく言及するのではなく、国連の壁の中で、人権保護の規範と捕虜問題の緊密な相互関係について、初めて話し合われたことに注目しなければならない。この意見は、議題の本質への新しいアプローチを反映していた。なぜならば、当時、捕虜と人権の問題は国際法の諸分野には関係ないばかりか(つまり、戦争権もしくは、現代的に表現すると、人道権や国際公法)、本質的には活動分野が区切られていない二つの独立した団体である国連と国際赤十字委員会の間で、それを議論する権限が分担されていた。この新しいアプローチは、議論の参加者の大多数によって賛同を得た。

同時に、第三委員会の会合でもう一つの政治的センセーションが起こった。一二月七日に発言したシンプソン米国代表は、ソ連からまだ帰還していない日本人の数が三一万六〇〇〇人であると初めて指摘したのだ。この際、彼女は先見的にこの数字が今後五〇万人まで増えるかもしれないことを認めており、彼女が把握している数字が、帰還者へのアンケートを基に行われたデータ調査や計算から得られたと述べた[17]。

彼女の演説の主要な骨子は、現時点でソ連領土内にいる捕虜の正確な人数はソ連政府以外に誰にも分らないというものであった。彼女は客観性を保つように気をつけながらも、分りやすいように、病気か何かの理由によって、ソ連に抑留されている戦争犯罪人の数は、二、〇四七人であるというソ連政府の報告を例にあげた。そして、日本政府は、少なくとも三六万九、三八二人が未だに帰還しておらず、彼らの行方について何の情報もないと確認していることを対置させた。

そしてここから、彼女は次のような結論を出した。戦争によって残りの全ての日本人が殺されたとは考えられない。一九四五年九月一一日のソ連の出版物で報告されているように、戦時に八〇、〇〇〇人が殺されたと信じることも困難である。日ソ戦は六日以上続かなかったことを忘れてはならない。もしこれらの捕虜が全員収容所で死んだのであれば、ソ連政府は国際的な義務に従って、彼らの死を日本政府もしくは総司令部に通達しなければならなかった(18)。

この発言に対して、日本の官僚からすぐに反応があった。外務省情報局は、本件に関して声明を作成し、その中で、「戦後、ソ連軍による満州、千島列島、樺太および北朝鮮の占領時に、同地区には二七二万六、〇〇〇人の日本人がおり、そのうち現在までに引き揚げたのは約二三五万七、〇〇〇人である。このように、三七万人がまだ帰還していない。と同時に、あらゆる手段の調査により、本年八月三一日時点で、苗字やその他の情報がはっきりしていて帰還できていない人間の数は三一万六、三三九人である、この数字は、同年九月一日に国勢調査の際に行った調査データには含まれていない。ゆえに、その後の調査の過程で、この数字はさらに増えるはずである」と指摘した(19)。

国連人道社会文化第三委員会での一週間の議論の結果は米英陣営の勝利であり、最終的には共同決議案を通過させることに成功した。

一二月一四日、この文書は数箇所の訂正を加えた上で、反対四三、棄権六で国連総会で採択された。ソ連側の反対にも拘わらず、決議によって捕虜に関する委員会が創設され、すべての当該政府に対して委員会と完全に協力し、全ての必要な情報を提供し、捕虜のいる可能性がある国家および地域に立ち入る権利を付与するようにと要請した。国連加盟国に報告するため、委員会にはその活動結果を国連事務総長に報告することが、義務付けられた。

一九五〇年一二月一六日、日本国外務省は公式声明を発表して、その中で、この決議採択に対して、日本政府および日本国民から国連への深い感謝を表わした。

三　強制労働にあえぐ日本人捕虜

ソ連首脳部は、実際の政治の現状を認めるつもりはなかった。第五期国連総会の閉会後、ソ連政府はすぐに、国連憲章第一〇七条の違反を引き合いに出し、外国人捕虜の帰還について我が国は自国の国際義務を完全に履行していると断定した上で、一九五〇年一二月一四日付国連総会決議は我が国に効力を持たないとの声明を発表した。あわせて、ソ連外交官は国連捕虜特別委員会の作業初日から、全ての発議やソ連外務省首脳に対する同委員会の公式アピールをボイコットした。

ソ連外相に宛てた最初の照会が、一九五一年二月二三日に国連のソ連代表部に届いた。国連事務総長は既知の決議に従って、一九五一年四月三〇日までに、ソ連領に残留する捕虜の名前、彼らの拘留の理由および所在地、また抑留時に死亡した者の名前とその時期、死因、死亡した場所を連絡するように要求した。

外務省の専門家の提案により、この手紙は先の論拠とともに回答することなく放置された。ローシン・ソ連外務省米国課長がゾーリン外務次官に宛てた一九五一年三月一四日付の公文書中には、「捕虜問題は、米国、英国、オーストラリアの強い要求によって第五回国連総会の議題に含まれた。ソ連代表団はこれに異議を唱え、本件総会の議事日程に加えること、同様に議決そのものにも反対票を投じた。なぜならば、本件は戦後の調整問題の範疇《はんちゅう》に属し、国連憲章の一〇七条では、本件は国連では扱えないことになっているからである」と書かれている[20]。

新しい政治スキャンダルを予見するこの状況下で、日本との平和条約の米国案に関する一九五一年五月七日のソ連政府の「覚書」に対する回答の中で、米国国務省はソ連政府に対してこの問題を提起しようと、例によって成果のない試みを行っている。しかし、この卑怯な政治手段は期待された結果をもたらさなかった。

毎度、双方の非難合戦と旧同盟国の満たされない政治的野望は、外交儀礼や理性に勝っており、この方向での米ソ対話の続行に全く展望がないことが明らかになった。そして、問題そのものが、国連捕虜特別委員会が創設されたことで満足し、その実際の活動から得られた結果を心待ちにしていた国際世論の目前で、その緊急性を徐々に失ったように思われる。しかし、モスクワに拒否された委員会は沈黙していた。国連指導部も米国国務省も無為に過ごし、その要求がモスクワの立場を変えることはなかった。状況は、ある種の閉塞状態に陥っていた。そして、再度作り出された政治メカニズムをもう一度動かすため、米国占領軍当局は日本政府の活動を活発化させることになった。

一九五一年六月一六日と一九日、日本の吉田首相はエンテザム国連事務総長に立て続けに二通の手紙を送り、その中で、日本国民として、ソ連からの日本人の帰還を促進して欲しいと要望した。一通目の手紙には、日本政府のいわゆる「覚書」が添付された。これは、一九五〇年一二月七日の国連第三委員会の会合で、ソ連代表の発言に触れたもので、ソ連領土からの日本人捕虜の帰還は完了したというソ連代表の言葉に対して反駁するものだった。一九日付の二通目の手紙も同じように別添が同封され、その中にはどのようにして、日本政府が未帰還者数を計算したか、詳細な報告が盛り込まれていた。

この文書の中で、日本政府が以前に概算データを発表し、それによれば、三七万人の日本人がソ連領および戦争末期にソ連軍に占領された地域から帰還していないことが書かれていた。日本における調査の結果、政府は三四万〇、五八五人の未帰還者の名前を確定することができた。その中で、生存者が（括弧内は、サハリンおよび千島列島を含むソ連領の数字）[21] 七七、六三七人（同二〇、三八六人）、死亡者が二三万四、一五一人（同四八、三二四人）、消息不明者が二八、七九七人（同八七四人）である。

ソ連政府は、従来からの声明を主張し続けた。ソ連専門家の評価によると、日本政府が提示した計算は、正確さで満足のいくほど、本件の実情が反映されていなかった。特に五〇年代初頭までに、昔の住所で発見されなかったというだけで、戦前は日本のあちこちの場所に住んでいた者が、この数字に含まれている可能性があるとの推測が述べられていた。と同様に、日米戦の戦地などで、船の沈没によって亡くなった人間が含まれている可能性も否定できないとされていた。それ以外に、持っている情報によると、太平洋の島々で米国によって幾人かの捕虜がまだ拘留されていた。

このデータの必要証拠の提示による裏付けに関して言えば、その入手方法は、ソ連外交官が自身の分析文書の中で何度も引用している「人民新聞」の一九五一年一月二九日付に書かれていた。その中で、以前、捕虜であった西野という苗字の石川県出身の農民が、一九五〇年一〇月に尋問の際に、ひどい暴行を受けたことが書かれている。そして彼が再度尋問に呼ばれたとき、彼は自殺した。

本国に帰還した者に対して、日本および米国の政府が冷淡であるという情報は、「オスレリエン・デモクラト」という雑誌に、しばしば掲載された。そのような記事は無条件に、ソ連政府のためになったが、この問題が議事日程から完全に外されることはなかった。それは、再度設置された国連捕虜特別委員会に付託された。その初会合は一九五一年夏に行うことになった。

委員会の仕事を始める準備のため、国連情報部は特別な連絡を発表したが、その中には、国連事務総局の捕虜に関する質問に対して、日本を含む四五ヶ国が返答したと書かれていた。この文書は、国連事務総局の覚書と一緒に、ソ連を含む国連全加盟国に送られた。

だが、ソ連は日本政府および他の国が提出した資料を鑑定する作業に参加することを、自国に宛てられた同様の要請に対する返答を棄権したように、これみよがしに拒否した。六月二二日、国連事務総局からソ連政府に対して、委員会で作業を始めるための必要資料の送付を促す内容の督促が再度届いた。しかし、モスクワは以前のように沈黙したままであった。

六月二六日、国連事務総局は特別委員会、いわゆる「第三委員会」の結成が終わったことを宣言した。そのメンバーには、ベルナドット伯爵夫人、ゲレロ国際裁判所副判事、ビルマ高等裁判所アゥング・ヒノ裁判官が入った。当面の審議は、少なくともしばらくの間は個人的性格を有し、それをベースに非公式の討議が行われることが決定された。

委員会の最初の会合は、一九五一年六月三〇日から八月一五日まで、ニューヨークで行われた。その作業の中で、数万人の自国民がソ連領土に存在することを確認する西独、日本、イタリア政府の資料が検討された。その中で、日本にある連合国総司令部外交局によって、一九五一年六月二四日に国連事務総長宛てに送られた「捕虜に関する諸政府によって渡された情報」という膨大な文書も注目を浴びた。

我々は、この文書の内容について、公文書館で発見されたソ連外務省の取り決め案によっておおむね判断することができる。もっとも、その正確な日付の特定はできなかったが、一九五一年一一月のものと推測された。その結論は、修辞的な発言に裏付けされた米国政府に対する批判的な発言の寄せ集めと、アルチュニャンが一九五〇年一二月に国連で発言した際に用いたものを含む、ソ連政府の立場を擁護するために何度となく引用された事実からなっていることを推測するのは困難ではない。

占領軍司令部の文書が、米国管理下にいる日本人捕虜の帰還は完全に終了したとする確認から始まっていることを、どのように理解すべきだろうか。これについては、連合国総司令官の管轄に残っているのは、巣鴨の東京拘置所で服役している捕虜のみであるとする米国の発言が特に指摘していた。これにより、日本人捕虜に関して、旧連合国が自分たちに課した義務の完全なる履行が強調され、ソ連側から相応の行為を要求する根拠とされた。

さらに、ソ連における日本人捕虜の状態が詳細に描かれた。事実と数字からなる大きな証拠基盤が、日本人捕虜に関して、国際法の規範に違反するソ連非難の根拠へと向けられた。例えば、「ソ連軍による占領」というタイトルのこの文書の第一章では、ソ連軍が満州、北朝鮮、南サハリン、クリル列島に長い間駐留したことによるソ連の罪が問われていた。

第二章「シベリア及び他の地域への移送」では、捕虜およびソ連管理地域にいた多数の日本人市民がソ連領の奥地に送られて、強制労働を強いられたことが主張されていた。文中で指摘されているような事実は、捕虜に対する人道的取り扱いの規範に反し、ポツダム宣言の条件に違反している。

続く章の一つは、帰還問題が取り扱われており、「ソ連領および戦争末期にソ連軍によって占領された地域からの帰還」と題された。実例をあげるため、数字データの詳細な分析が取り上げられた。

次ぎに、「ソ連における捕虜の取り扱い」という章が続いた。その中では、米国および日本政府同様に、マッカーサー元帥の元外交代表であったシーボルトの本件に関する声明が詳しく検討された。文書の中で、ソ連で起きた捕虜に関する一般法規の規範の違反、特に、犯罪訴追の際の違反に対する注意が喚起された。このような事実として、取り調べ中の拷問、自白文を書かせる他の方法、横暴な裁判を証明する同様な行為などが挙げられた。

同じく、第二章の「A」項には、「尋問の報告がソ連政府によって一方的に捏造された」ことのほか、「嫌疑を掛けられている者が決して話をしたことがない立場」や、「内容を知らされることがない報告書へのサインが強要された」ことなどが含まれている。「裁判過程」と題された「B」項では、ソ連の裁判所では、「被告の弁護も控訴する可能性もない」ことが指摘された。

他の種類の違反も、記録されていた。「D」項では、「日本人捕虜は、ロシア人受刑者よりも厳しい重労働につかされ、その標準労働量（ノルマ）も大きかった」ことが確認されている。さらに「E」項では、「釈放された日本人捕虜は日本に送還されず、収容所の門からそのままシベリアのタイガ〔北方性針葉樹の密林地帯〕に放り出された」ようなことが書かれている。

一言でいうと、文書中にはソ連が国際法、つまり一九〇七年のハーグ条約、一九二九年および一九四九年のジュネーブ条約などの規範に違反している事実を立証するため、事実に基づいた例も基づかない例も、多数引用されているのだ。

ソ連外交官の結論について話した以上、自国を擁護する彼らの反論についても時間を割くことにする。彼らは最初に、米国が多数の日本人捕虜を送還していないことを書き立てている外国ジャーナリズムの引用に躍起になっている。しかも、注目に値するのは、証拠として引用されている情報源は、全て一九四六年から一九四七年にかけてのものだということである。

例えば、一九四七年一〇月二四日付「朝日新聞」の記事が引用されている。その中では、米、英軍との戦場で、戦後、あとかたもなく消えてしまった旧日本兵五〇万人の行方不明者の問題が取り上げられている。

そしてこの新聞では、どこでどれだけの日本人が、強制的に抑留されたかが彼らのデータに基づいて詳細にわたって書かれていた。それから、ソ連専門家の主張するところでは、この報道は決して反駁されることはなく、マッカーサー元帥も本件を黙認したままであった。

さらに、ソ連外交官が引用したもう一つの例がある。これは米軍憲兵隊長ブライン将軍が、一九四六年初頭に行った彼の発言の引用である。彼は、「日本人捕虜六六六六人の最後の一団は一月九日、米国を出発する。この中で、労働する力を持つ者四八四人はハワイへ送られ、労働する力を持たない者一八二人は日本へ送られる」と指示している。これについてモスクワは、誰が「労働する力を持たない者」に入ったのか、捕虜を、本国への送還ではなく、強制労働を続けさせるために、ある場所から次の場所へ移送することが帰還と考えられるのか、という問題を提起している。

そして、ソ連から帰還していない日本人捕虜の数に関する日本側の情報源について、ソ連代表が何度も述べてきた発言を引用している。まとめとして、このデータの矛盾は、復員に関して日本政府の本件についての混乱を証明するものであり、そしてそれを利用する米国および日本の反動分子が、ソ連に対する誹謗活動を焚きつけるものだ、といつもように結論づけている。

同様の調子で、米国防総省の他の発言が、公文書の当該する章で分析されている。そして、ソ連側からの反駁文書として、主として本国へ送還される際に、日本人捕虜が書いた感謝の手紙の抜粋、同じく個人の往復書簡の一説が引用されている。

一九四八年だけで、二、〇〇〇人の日本人捕虜がこのような感謝の手紙を書き、そしてそれは『ソ連での捕虜の生活』(一九四八年)という作品集およびソ連刊行物として出版されていることが主張されている。そのうちの一つは、「ソ連政府首脳スターリン閣下への日本人捕虜の感謝」という題名で、六六、四三四人の日本人が署名し、一九五〇年五月六日の「プラウダ」紙に掲載されたが、これが実例として挙げられている。その中で、祖国に帰還する日本人が、ソ連で初めて精神的に自由な人間となって真実を知った、と述べている。

この手紙を基にして、ソ連外務省は、ソ連領では強制労働はまったく存在せず、捕虜は自身の労働に対して一定の賃金を受け取り、ノルマを超える労働には割り増しを受け取ったと結論した。

しかし、ソ連外交官たちの結論の中心部は、極東でのソ連軍の行動に関して米国が使用した「占領」という語句が適切でないという抗議である。一九四五年九月二日のスターリンの日本国民へのメッセージとヤルタ合意の該当部分を引用して、この文書の作者は、この論証が南サハリンおよびクリル列島がソ連の領土であることを主張するのに、十分説得力があると考えている。ここから「一九〇四年の日本の背信的な攻撃によって侵犯されたロシアに帰属する権利の復活についてのソ連の公式見解が発生する」というのであった(22)。

しかし、米国の新聞、雑誌の大部分は、外国のジャーナリズムと同様にこの問題をまったく別の次元で捉えていた。それらの紙面では、モスクワがいわゆる「沈黙の収容所」に隠す捕虜についての記事が一段と増え続けた。これによって、八月二日、国連安全保障理事会のツァラプキン・ソ連代表は、自身の中央に宛てた手紙の中で、自身の外務省の同僚に、「ドイツ、日本およびその他の国の捕虜に関する米国の刊行物の中傷発言に対する十分な回答が欲しい」と依頼した(23)。ソ連政府は、このような状況下では、本件に関しては積極性を見せないことを好んだ。

四　日本外務省、日本人帰還問題白書を発表

その間、一九五一年七月二五日、日本外務省は、ソ連領および中国そして他の共産主義者が管理する地域からの日本人帰還問題に関する「白書」を発表した。その中で、日本政府がソ連の収容所で亡くなった二三万四、〇〇〇人の捕虜の死亡を登録した、と報告されていた。また、日本政府がソ連に未だに残っている七八、〇〇〇人の捕虜の帰還および消息不明者二九、〇〇〇人の安否情報を断固として求めたことが特筆されていた。これに合わせて、白書の筆者は、日本人捕虜の劣悪な取り扱いと、人権違反についてソ連を非難し

た。[24]

特にその中で、共産主義への敵意が疑われ始めた者たちは、自身の信条を文書で否認するまで、脅し、殴打、睡眠を与えないなど、すべての可能な拷問を被っていることが書かれていた。そして、この文書の中では、時折、このような自白は麻薬を使って強要されている、と強調されていた。服役した何人かの日本人捕虜および捕虜となった市民は、釈放された後も、日本に送還されずに、監獄から放り出されて、タイガの中で道に迷いながら、自分で家にたどり着かなければならなかった、と白書の筆者たちは断定している。健康な人間に関しては、ソ連の市民権を取らせて、収容所での強制労働に送られた。[25]

東京駐在のソ連代表は、この文書の内容にただちに反論した。「朝日新聞」も日本政府に宛てて、この問題に関する厳しい批判を書いた。公式な路線とは反対に、「南方のジャングルには、未だに多くの日本兵が身を潜めていると思われる。引揚援護局は六年の間、真の状況を究明せず、これらの地域に何人の日本人が存在するか、数千人なのか数万人なのか、概算で確定することもできていない。引揚援護局は、インドシナのジャングルに二〇万~三〇万人、ジャワ島などに一万人以上が身を潜めていると指摘する報告を受けていた」と報道した。

同時に、記事の中で、「南太平洋上の島々の戦場には、数十万の日本人兵士および将校が埋葬されずに放置されている。フィリピンの諸地域では、捕虜だった一人の作家の話によると、未だに多くの日本兵が残っていた」と報道されている。

白書作成の詳細に関して、「朝日新聞」は未帰還者数の確定の際に、日本政府は当時、米国占領軍司令部と吉田内閣によって計算された、いわゆる「帰還対象の日本人数」に立脚していた。そして、司令部と政府のデータの間には、六〇万~七〇万人の違いがあった」と主張している。そして、例として、一九四四年八月までに第一師団は孫呉からレイテ島へ、第二二師団は敦図から沖縄へ、第一〇師団は佳木斯からルソン島へ分散されたにも拘わらず、帰還対象の日本人の数として、日本の降伏時にこれら師団の全ての人員が満州にいたことが、指摘された。[26]

「朝日新聞」とは異なって、日本の新聞のほとんどは、白書の刊行に合わせて、例によってソ連非難の記事の連載を行った。注目すべきことは、日本外務省代表が声明を出して、日本政府が国連捕虜特別委員会のメンバーを一刻も早く日本に招いて、必要な調査をしてもらうようになったことだった。日本代表は同様に、日本人の帰還問題が第六回国連総会で提起されることを希望した。「東京新聞」の報道によると、「委員会メンバーの来日は、八月中旬に期待されている」とあった。(27) 日本のメディアは、これを積極的に利用し、一九五一年秋に召集される国連定期総会では、いわゆる「第三委員会」の報告を基にして、再度、本件が取り上げられるという考え方が日本に広く浸透していった。

一九五一年八月八日、ゲレロ委員会委員長は、捕虜問題に直接関わる国に、自分の名前で回状を発送した。その中で、委員会の第一回会合、その活動の性格および構成員を公式に連絡した。その中で、「委員会が裁判機関でも政治的な調査機関でもないという全会一致で結論に至った」ことが特記されていた。委員会は、その課題が捕虜問題の人道精神および利害各国政府が受け入れられる条件で解決することにあるという自身の見解でも一致していた。委員会はそれゆえに、共通の利益を代表する国際問題の解決のため、国際的協力体制の組織で支援を行うという唯一の目的を持って課題に着手した。(28) ゲレロは、各当事国の代表者に、委員会への信頼および必要な情報の提出などの方法で委員会と協力して欲しいと要請した。

この新しい要請を基にして、前出のローシン・ソ連外務省米国局長は、手紙の内容が紹介的なものであることを理由に、「参考までに手紙を受け取るだけに留め、その受け取りは確認しない」という提案とともに、公文書を今度はビシンスキー宛てに送ることになった。(29)

しかし、今度は外務省首脳部が、恐らくこれから行われるサンフランシスコ平和条約についての交渉に関連して別の戦略を選択した。米国政府は、一九四六年七月二六日付ポツダム宣言条項の履行要求を、この条約の第六項に加えたことを忘れてはならない。あわせて、モスクワではパリで行われる第六回国連総会に、本件が提起される実際の可能性が排除されなかった。

これによって、九月一三日、国連ソ連代表部は、国連事務総長に覚書を送り、その後で、それは国連捕虜特別委員会の全メンバーに送られた。この内容は、戦争犯罪に対する調査中の者および服役中の者を除いて、独日伊の国民の帰還は完了したとする従来からの公式見解の繰り返しである。「タス通信」のしかるべき発言が、引用された。

同時に、ソ連外交官は、本件が近々の第六回国連総会で討議される可能性があることを考え、その場合には不可欠となる資料の準備に取り掛かった。これについては、特に外務省極東第二部が準備した、十分に客観的で論理的な文書との印象を与える帰還の進展に関する証明書が物語っている(30)。

しかし、この危惧は無駄なものとなった。捕虜に関する討議は、今回の国連捕虜特別委員会の枠には入らなかった。一二月一一日、ゲレロは一九五二年一月二二日から二月九日までジュネーブで行われる予定の委員会の第二回会合の作業に、ソ連代表を参加させるよう指示して欲しい、とビシンスキー宛てに新しい手紙を送っている。しかし、ソ連の反応は、最初から決まっていた。ソ連のゾートフ国連代表は、この要求に返答なしで放置しても可能、という意見を書いた手紙を添付している(31)。

これに対して、米国官辺筋は我が国との接触の中で、本件に大きな注意を払いながら、本件を視野から逃すことはなかった。一九五二年一月八日、グーセフ外務次官は、カミング・ソ連駐在米国臨時代理大使を呼んで、自国政府の覚書を彼に手渡した。渡された文書の中では、今回も戦争中にソ連によって捕虜として捕らえられた数十万のドイツおよび日本人の解明されない安否について、問題が提起されていた。これに合わせて、ソ連が従来の姿勢を再検討し、ジュネーブでの国連捕虜特別委員会の第二回会合の作業に参加することへの希望が記されていた(32)。

一九五二年一月二五日付ソ連外務省の返書は、ソ連で抑留されている外国人の人数を国際社会に知らせるという提案が、中傷的発言であり、戦争犯罪者の罪を軽減させる意図として非難した。そして、「米英の圧力のもとに、国連憲章に違反して」委員会が作られたことで、委員会そのものが無効であることを指摘した。このようにして、より建設的なワシントンの二番目の提案は見限られた。
信憑性《しんぴょうせい》の確認のために、この文書のテキストを引用する。

ソ連からの日本及びドイツの捕虜帰還に関する一九五二年一月八日付米国政府の覚書に関連して、ソ連外務省は、ソ連大使館が米国務省に宛てた一九五〇年七月一六日付の覚書、外務省がソ連大使館に宛てた一九五〇年九月三〇日の覚書を引用することが不可欠であると考える。本件に関しては、この文書の中で全面的な回答が出されている。

国連捕虜特別委員会の来るべき会合に関して、米国政府が言及しているのは、既知のように、この委員会は国連憲章に違反して、米国および英国の圧力のもとに設立されており、違法である。

この米国の覚書は、ソ連に対する中傷的悪口以外には評価できない。というのは、米国政府は、ドイツと日本を軍事的冒険に引きずり込み、第二次大戦を開始し、現在では新たな世界戦争の準備のために、支配層によって利用されている両国の戦争犯罪者の罪を軽減するために、ソ連に駆け合っているからである。

この覚書は、一九五〇年五月五日の「タス通信」の公式報道によると、日本とドイツの捕虜のソ連からの帰還は、完全に終了したと宣言されているにもかかわらず、ソ連政府に送られた。(33)

ソ連首脳部が取った姿勢にもかかわらず、国連捕虜特別委員会は、ソ連政府との建設的な対話を達成しようとの試みを続けた。一九五二年二月一一日、ゲレロ委員長は、ソ連の対外政策所轄官庁の長であるビシンスキーに、ソ連の捕虜になり捕虜として死亡した旧敵国軍兵士に関する情報を与えるように要望した。その際、ゲレロ委員会は戦争により最も被害を受け、貴重な文書や公文書館が破壊されたソ連で、課せられた情報収集の困難さを彼の同僚は理解していると外交辞令を認めた。これは、委員会が全面的な情報を要求せず、少なくとも一九四七年一月一日から行われていた死亡者のデータで、委員会が満足することをほのめかしている。(34)同じような要求は、一九五二年四月一八日に、委員会委員長の定期書簡の中で繰り返された。

しかし、モスクワで㊙の公印のもとで保管されている情報を、誰かと共有することはなかった。これとともに、このソ連政府の姿勢は、時々、外国のジャーナリズムで報道されていたことだが、国連定期総会で再度本件を提起される可能性があることもよく理解されていた。国連での新しいスキャンダル、そして国際舞台での新たな敗北を、モスクワは許容することができなった。それゆえ、本件に関して公式路線を作成する決定が前もってなされた。

一九五二年五月三一日、第七回国連総会の準備のための調整委員会の会合で、本件が二六項目の議事日程に入り、そして特別決議が提出された。これは、この作業の方針に責任を持つ委員に対して、本件に関する我々の姿勢について、二日以内に提案を準備する義務を負わせるものであった。姿勢の確定に当たって、本件に関して以前取った方針に基づき、「かつ国連捕虜特別委員会についての方針に立脚するように」指示された。(35)

この文書の草案作成作業と最終案を検討すると、新しい戦術を作る道を探すより、この数年間まったく同様の文字通り、機械的な公式見解の繰り返しを好むソ連外交に、柔軟性が足りなかったことがよく分かる。このときソ連首脳には国際情勢の中で唯一、受け入れができる力のこもったソ連対外政策の明白な主張が、表現できたかもしれない。とは言え、ソ連の外交官は恐らく、本件について他の論証を探すのに現実の苦労を体験したであろう。それゆえに、防衛策よりは旧連合国への攻撃および反対に非難の声をあげることを好み、毎回、外国の親共産主義新聞や自国内の情報源から得た新しい事実をもって、それを裏付けしていたのであった。

第五回国連総会後、ほぼ二年が経っていたにもかかわらず、ソ連外交官は本件を国連総会の議事日程に加えることに反対する自国の異議にほとんど以前と変わらない根拠を用いていたことは、驚くべきことではない。ソ連側の新しい要因となったのは、米国と対決するたびに表明された一九五〇年に比べると、新しい固有の問題が加わっただけである。

特に代表団は、朝鮮での米国政府による捕虜の取り扱いに際して、一般に認められた国際法の原則に違反していることを証明するように、指示を受けていた。代表団は、アメリカ人によって絶えず捕虜の殲滅と、虐殺が行われる収容所と化した巨済島でのアメリカ人侵略者による韓国および中国人捕虜に対する、野蛮で動物的な扱いの多くの事実を利用しなければならなかった。そして、この代表団は「アメリカ人の野蛮な中国人捕虜の扱いは、かつてのアウシュビッツやマイダネクの死の収容所におけるナチの野蛮な犯罪にも勝る」と強調し続けた[36]。

と同時に、短期間の関係修復の後に、再びソ連との基本的な相違が見えてきた国際赤十字への厳しい批判をするために、国際的な場を利用することが勧告された。これに関連して、ソ連代表の全ての予定される発言は、「この団体がまったく国際団体でなく、民間の実業家集団であること示しており、いわゆ似非国際赤十字の本当の姿を暴露する狙いがあった。現在の国際赤十字は本質的に、米国務省の手中にある忠実な道具であり、社会的な信頼を得ていない」というものであった[37]。

しかし、実際の場では、これら全ての事前に準備した攻撃の手をすぐ使うことはなく、一年後の第八回国連総会で使われ始めたのだ。今回は国連首脳が、委員会の好ましい活動結果に期待を寄せたため、委員会作業のために著しい緊迫状態を作ることを望まなかった。

ソ連代表が委員会の第二回会合に欠席したにも拘わらず、一九五二年七月二四日、ソ連に対して一九五二年八月二六日から九月一三日の期間に、ジュネーブで行われるはずであった第三回会合の参加を求めて、新たに招待することが決定された。しかし、予想された通り、返事は来なかった。そして七月三一日、この提案は再度送られた。これによって最後の、しかし、ソ連政府との接触を確立しようという望みのない試みが再びなされた。

九月一三日までに、第三回会合はその作業を終えた。その主たる結果は、ハマーショルド国連事務総長の高い評価を受けた詳細な報告となった。その中で、「捕虜問題を平和裏に解決するための方途」という考えとともに、再び本件を国連定期総会で審議することが提案された。

これによって、第七回国連総会の前日、国連事務総長の名前で、国連加盟国に委員会の特別報告が送られた。委員会は自身の主題、特に純粋な人道精神と全ての利害関係国が受け入れることのできる条件での捕虜問題の解決が、履行できない状態にあることを連絡した。こうして、委員会のメンバーは、その管理下にある文書をベースに作成されるであろう結論とともに、自身の作業結果に関する最終報告書を準備するつもりであることを伝えた[38]。

続いて、一九五三年八月に行われた委員会の第四回会合は、ソ連側にさらに大きな動揺をもたらした。その会合で叫ばれたソ連批判の発言は、会合の始まる前日に岡崎勝男外相が行った声明によって、一段と激しいものになった。その中で彼は、一九、八五二人の日本人捕虜がソ連に存在しており、彼らの状態や健康について何も知らされていないことを明かした。彼はまた、今まで国連およびバチカンのチャンネル経由で行われた捕虜に関する照会に対して、ソ連から何の回答も受け取っていないことを強調した。彼は日本として、この問題を来月召集される国連捕虜特別委員会で提起する、と約束した[39]。

この声明の延長として、一九五三年八月六日、日本のジャーナリズムは、本件解決のための最後の方法として、衆議院引揚委員会が八名からなる特別代表団を中国とソ連に派遣する提案をせざるを得ないと報道した。それとともに、各紙は八月八日、オーストラリアのマヌス島〔パプアニューギニアのアドミラルティ諸島に属する〕から六五人の日本人捕虜が帰還したことは、第二次大戦の日本の捕虜が、中華人民共和国とソ連に抑留されている人間を除いて、全て日本に帰還したことになる、と記していた[40]。

同時に、日本のジャーナリズムに、有田八郎元外相がジュネーブで行われる国連捕虜委員会の日本代表に任命されたという情報が流れた。有田は会合の後で、主たる戦争犯罪者を含む日本で服役する全ての日本人戦犯を釈放する件について、前向きな決定に興味を示す諸国代表を訪問するつもりであった。

委員会の第四回会合での中心的な出来事は、ダン・スペイン駐在米国大使の発言であった。彼はソ連が、捕虜に関する何らかの情報を提供することを拒否している唯一の国であるとして、ソ連をあからさまに非難した。(41) 米国代表は本質的には、一九五三年四月一六日にアイゼンハウアー大統領が全米編集者会議で行った有名なスピーチ「平和のためのチャンス」で用いられたソ連指導者への非難を繰り返した。

スピーチの中で米国大統領はすべての国際的な係争問題を話合いによって解決を図らねばならないとするソ連指導部の発言を正当に評価したうえで、「我々は、内容の伴わない雄弁にはまったく興味がない。ソ連がオーストリア条約への署名、もしくは第二次大戦後いまだに抑留されている数千の捕虜を解放することが、その意図の大きな印となるであろう。それらは、あらゆる雄弁な発言よりも、より説得力があるに違いない」と述べた。(42)

五　赤十字国際委員会――人道問題への政治的対応

モスクワと東京が赤十字国際委員会の仲裁によって、日本人捕虜問題の解決に向けて、共同アプローチをすぐに見つけることが出来ていれば、この問題が国連と国連捕虜特別委員会の特別な注意を集中する対象とはならなかっただろう。しかし、この権威ある人道組織との関係が両国において出来上がるのは、決して簡単ではなかった。

戦争終結後、唯一許された国際ルートといっても過言ではない赤十字国際委員会で、日本政府は捕虜の待遇を改善するよう再三訴えたにもかかわらず、日本は道徳的見地から保護を受けるための権利をそれほど多く持っていなかった。なぜならば、赤十字国際委員会の主導によって採択された国際会議で事実と確認された、戦時中に日本の軍指導部のとった行為は、敵の捕虜を人道的に扱う考え方からはかけ離れていたからである。

この時までに、捕虜の取り扱いに関する国際協定のうち、日本が批准していたのは陸戦法規慣例に関する一九〇七年のハーグ条約のみであった。捕虜の待遇に関する一九二九年のジュネーブ条約については、一部の文書に調印し、一九三四年に批准を行っていたが、攻撃的な考え方の軍上層部の厳しい圧力のもとで、日本政府は一九二九年の捕虜の待遇に関するジュネーブ条約批准による採択を辞退することを選んだ。

一九四二年一月に外務省は、米、英政府の照会状に対する回答として、二国の利害代表国であるスイスとアルゼンチンを通じて、捕虜の待遇に関するジュネーブ条約に必要な修正があれば従うと発表した〔詳細は第一章参照〕。翌二月には、東郷茂徳外相が、日本は相互主義の条件でジュネーブ条約の効力範囲を一般市民にまで広げると確認した。同様の義務は、カナダ、オランダ、オーストラリア、ニュージーランドの捕虜、抑留者にも受け入れられた。

東郷によれば、これらの待遇に同意し、「日本は世界共同体の非難を招くような行為で自国の名誉を汚さないようにする」方針をとった。「さらに、敵国領土には何十万人もの日本人が居住しており、日本に居住する敵国民に対する処遇について、日本が義務を犯した場合は、海外に居住する日本国民も苦しむ結果になることは予測できた。まさにこの見地から、私は敵国の捕虜・抑留民への公平な処遇を保証するため、ジュネーブ条約に必要な修正を加えるよう、軍指導部と交渉することを松本条約局長に一任したのである」。この有名な日本人外交官は、自分の回想記にこう記している[43]。

現実として、何に「必要な修正」を加えるかについては、特に説明する必要はないだろう。これについては東京国際裁判所の資料に明確に記載されている。東京裁判の判決文の引用で十分であろう。「捕虜や抑留者への拷問は、日本軍の居るほぼ全域で行われていた……この拷問には、水による拷問、肉体の火責め、電気による拷問、膝関節責め、吊し、鋭利なものの上に膝で立たせること、鞭打ちなどがあった[44]……」

捕虜に対する劣悪な待遇は、日本軍司令部と日本政府の全般的な方針によるものだった。このことは、彼らが「武士道」の教義に則って捕虜を取り扱うものの、自己の判断によってジュネーブ条約の条件を適用する一方、捕虜には何の権利もないという確信のもとにこれを処遇するという日本政府の言明と完全に一致していた。

シンガポール陥落時には、大量虐殺が行われた。病院では医師や病人が再三にわたって殺害された。負傷している捕虜も、同じように殺害された。武器を持たない捕虜を銃殺し、銃剣で突き殺したり首を切り落としたりした。日本に連合軍が上陸するとき、あるいは捕虜を解放する際には足手まといになるので、大部分の地域で全ての捕虜の大量虐殺が行われる予定だった。

東京裁判での尋問の際、東条は他の公人と同様、日本が占領した国の捕虜、一般市民への劣悪な待遇に対する個人的責任を認めた。それにもかかわらず先回りして、日本の歴史上の間違いを認識したうえで、捕虜の待遇に関する最後の一九四九年のジュネーブ条約に、過酷な運命が待ち受けていたという発言を補足させねばならなかった。日本の議会で協定への対応が多様であったにもかかわらず、一九五三年のサンフランシスコ平和条約調印の結果、日本はジュネーブ条約に公式に賛同したのであった。

このことについては、ソ連は驚くべき意見の一致の手本を見せている。長い躊躇《ちゆうちよ》の後、国際世論の影響を受けて日本が一九四九年にジュネーブ条約に調印してから、ソ連もまた遅れて一九五四年に批准した。

この際、わが国の敵国捕虜に対する処遇は、自国同胞に対する処遇よりも人道的であったことを言っておかなければならない。スターリン体制は、初めからソ連の捕虜は全員裏切者なので、彼らを擁護し、命を救う価値のないものとみなしていた。これについてのスターリンの指示は有名である。敵国捕虜となることを避けるため、ソ連指導部は政治的手段よりも乱暴な弾圧を選んだのだ。これを実現したのが、ソ連・フィンランド戦争時代にすでに組織され、第二次世界大戦の終戦の日まで事実上存在していた、いわゆる「阻止分遣隊」〔ソ連軍の組織で、兵士が戦場から離脱するのを阻止する部隊。逃亡兵はその場で射殺した〕である。

ソ連の人間にとって、捕虜になることは刑事犯と同様にみなされた。すでに一九四一年一二月には防衛人民委員部の指令が出され、ソ連軍の占領地で解放されたソ連人捕虜は全員、軍の囚人護送の中継地を通過し、内務人民委員部の特別収容所へ送られた。一方、負傷者は特別病院に収容された。彼らには挑発的な取調べ手段が広く適用され、捕虜家族は手当てを没収されるなどの仕打ちを受けた。

このようなモスクワの姿勢は、ドイツのソ連侵攻後一ヵ月にして、当然の如く赤十字国際委員会のソ連人捕虜、外国人捕虜の境遇への動揺を招いた。戦争二日目に、グーバー委員長は、赤十字国際委員会が捕虜リスト交換の、妥当な斡旋を行う用意があることを、モロトフ外務人民委員に伝えた。ソ連・フィンランド戦争の時期に協力が成立しなかったこともあって、ジュネーブではモスクワが肯定的反応をすることは、ほとんど期待していなかった。ところが、モロトフは六月二七日に、ソ連は相互主義の条件で合意する、と打電してきたのだ。

この数日後、ソ連指導部は赤十字執行委員会付属の捕虜中央案内局を設立した。(保存文書の分析では、中央案内局は付与された公的権利により、内務人民委員部と外務人民委員部帰属のソ連捕虜、外国人捕虜の安否解明問題を解決する優先権を持っていた)

その後も、赤十字国際委員会の主導が続き、その返答としてモスクワは、ジュネーブとの対話を継続する真剣な意欲を見せた。赤十字国際委員会の最初の案に対して、ソ連指導部が肯定的反応をみせたことは、十分簡単に説明できる。ソ連はファシストが侵略した際、外交的に孤立化して、同盟国からの援助の必要に迫られていた。また、その状況下で、交戦国に法的働きかけをする機構を意のままに扱う権威ある国際組織を、ソ連側から無視することは許されない誤りだったはずだ。しかし、モスクワとジュネーブの関係で、政治的な安穏が続いたのは、比較的短い期間だった。

この問題については、その後米国、スウェーデン、バチカンなどの国によって、一九二九年のジュネーブ条約に対するソ連の態度を改めさせようと積極的に試みられたが、現実には失敗に終わった。赤十字国際委員会が戦争犠牲者の境遇を緩和しようとして、その後のイニシアチブを大いに発揮したことは、ソ連指導部の否定的な反応を呼び起こすことになった。その結果はソ連に捕虜がいる多くの国の代表が、事実上毎日感じていたことで、それらの政府は、赤十字国際委員会ルートで自国の市民の利益を守るための行動が出来なくなってしまった。

それにもかかわらず、第二次世界大戦終了後もソ連の捕虜となっていたのは、主としてドイツ人と日本人捕虜であったが、わが国の捕虜の待遇について一般的な規定を認識させようと、赤十字国際委員会を通じてソ連指導部に政治的圧力をかけようとする行為が、中断されることはなかった。

一九四六年七月二日に、赤十字国際委員会のグーバー議長代理は、モロトフ・ソ連外相宛てに「捕虜の引き揚げ」という表題の覚書を添付して書簡を送った。この覚書にはいくつもの国で捕虜が抑留されており、その中でも特にソ連領土にはドイツ人、日本人捕虜が残留し、労働力として利用されていることが書かれていた。

さらに覚書には、第二次世界大戦の軍事行動の終結となった一九四五年の独軍と日本軍の降伏によって、先に捕虜として捕らわれた者も含め、戦勝した大国の支配下に何百万人もの捕虜が残された。降伏後の丸一年、捕虜の多くが本国へ帰還するか解放されたが、いまだに多くの捕虜が残留のままとなっている。彼らの解放、復員は現在もまだ予定されていないようである。それどころか、捕虜を抑留する大国は、特に復興に関わる労働に利用するため、捕虜を自らの支配下に無期限に抑留したいようである、と記載されていた。

さらに覚書には、第七五条（一九二九年ジュネーブ条約）によれば、紛争当事国は、休戦協定に然るべき決議を含めるか、もしくはこの目的で締結された特別協定により、軍事行動終了による捕虜の復員問題について、出来るだけ早急に合意しなければならない。それだけでなく、第七五条は一九〇七年の第四ハーグ条約第二九条と同様に、「いかなる場合でも捕虜の引き揚げは最短期間で、遅くとも平和条約締結までに実施される」と記載している。

しかし、この文書で確認されたように、「赤十字国際委員会は、独軍と日本軍の降伏文書に捕虜の引き揚げに関する条項が入っていないことを知らされていない。また、捕虜の復員問題を確実に解決する平和条約は、現時点まで全く締結されていなかった。その上、一方の紛争当事国代表が不在という状況下では、捕虜の復員に関する特別協定締結の見通しは遠いように思われる」[45]

これに関連して、赤十字国際委員会は捕虜の復員に必要な一面的な性質の方策を受け入れる一方、ジュネーブ条約の原則に則って、赤十字が講じようとしている策を不安が増大してい捕虜に通知するよう、国に訴えた。

しかし、他の赤十字国際委員会の措置と同様に、ソ連によって覚書の考え方は拒否された。一九五〇年代後半になって、ようやくこの方針に変化が見られた。ソ連指導部と赤十字国際委員会の接触は明らかに活気を帯びてきて、赤十字の国際運動を平和論者のグループに参加させる条件で、ソ連と赤十字関係の正常化の具体的措置がとられた。一九四八年一二月二三日の政治局会議では「全ソ共産党中央委員会対外関係部の課題と構造に関する」決議が採択された。特に対外関係部は、「ソ連赤十字社連盟やソ連赤色新月社といった社会組織の国際活動を監督する」ように要請された(46)。

間もなくして、ソ連対外政策を優先する方針によって、平和論者の活動を拡大する路線が宣言されたことは知られている。一九五〇年の春と夏に、全世界平和論者会議の招集準備が進められて、朝鮮戦争への抗議行動や原子兵器の使用禁止集会が開催された。予め海外団体・社会組織の支持を出来るだけ多く得ておくことが課題となった。会議日程の中で赤十字国際委員会は、六二カ国に核兵器生産を禁止するために出来ることは全て行うべきだ、と呼び掛けた。この事実は、ソ連の注意を避けて通れなかった。

八月末に赤十字社連盟・赤色新月社執行委員会議長は、赤十字国際委員会のリュゲル議長に、ソ連訪問の公式招待状を発送した。リュゲルは、中断されていた接触をただ再開するのではなく、モスクワに赤十字国際委員会代表部を開設することを提案し、招待に同意した(47)。

これに伴って、一九五〇年一一月一〇日に赤十字国際委員会議長と代表団五名は、モスクワに到着した。翌日、ソ連赤十字社・赤色新月社連合会執行委員会本部で審議する問題が調整された。その問題のなかには、ソ連と赤十字国際委員会の公式接触の取り決め、世界の地域紛争とその除去方法、ジュネーブ条約とその批准、戦争や武力衝突による行方不明者の捜索についての赤十字の人道的活動があった。

ソ連代表は、受け取った指示に従って、まず初めに必要に応じてソ連の同盟国を平和支持陣営に組み込む説得を行い、「戦争挑発者」に対抗する宣伝を展開した。これに対して、スイス代表団の一人は、赤十字国際委員会は伝統的に中立原則を唱えているとまことに筋の通った意見を述べた。「赤十字代表の戦場や捕虜収容所への出入許可がすぐに禁止されるような政府は『戦争挑発者』組に入れるべきである」(48)

この交渉の翌日、第二次世界大戦期間中に消息不明となった国民の捜索についての問題が審議された。赤十字国際委員会代表団は、代表団の努力に加え仏政府との接触によって、一九万人のドイツ人捕虜の安否が解明できた例を引用し、ソ連赤十字社・赤色新月社連合会執行委員会と同様の協力が出来るよう期待を表明した。

ところが、この時ソ連代表はこの議題の審議を拒否した。交渉最終日にグルール・ジュネーブ代表が再びこの焦眉の問題をとりあげ、フランスで実施したように、捜索対象の捕虜を契約によってソ連で働かせる可能性について慎重に提案した。これに対して、グルールに明確な返答がなされた。「我々はそのようなことはしない。わが国には…捕虜はいない。捕虜にわが国で働く条件を掲示するよりも、解放することのほうが遥かに人道的と考える」(49)

その他の議題は、捕虜問題と違って効率的に審議された。ソ連代表団は朝鮮戦争を非難し、軍備全廃を支持する必要性からリュゲル議長を説得することに成功した。しかし、この際、リュゲルは合意事項を新聞雑誌に発表しないよう依頼した。(50)

もっとも、交渉結果に関する共同声明は作成されなかった。ソ連赤十字社は共同声明作成の許可を得られなかった。それにもかかわらず、赤十字国際委員会代表団のソ連訪問の結果を評価し、ゴルジェ駐ソ・スイス公使は、次のように記した。

「リュゲル氏は決して手ぶらでは帰ったわけではない。赤十字レベルでのジュネーブとモスクワの関係修復は、疑いもなくすばらしい結果であった」(51)

この予測は、現実とさほどかけ離れていなかった。一九五一年八月二二日に、ソ連赤十字社・赤色新月社代表団は赤十字国際委員会とモスクワ代表部の開設、入会費の支払い、全面的な相互義務について正式協力の決定を採択した。しかし、米ソの軍事・政治・思想の対立激化が、この計画を妨げることになってしまった。

一九五二年四月に、国連軍縮委員会でソ連のマリク国連代表は、朝鮮戦争解決に関する赤十字国際委員会の活動を批判し、赤十字を「米帝国主義の共犯者」と非難した。赤十字国際委員会に対するソ連の政策は、その後も変わらなかった。一九五二年七月八日、国連安全保障理事会に出席したマリク代表は、今度は赤十字国際委員会を「米国政治の道具」と名づけた(52)。

さらに、ソ連のマスコミは、赤十字国際委員会に対して、大規模な非難を行った。「プラウダ」紙は、赤十字国際委員会代表が捕虜収容所へ検査に向かった日に、赤十字は「韓国で米国政府に捕らえられた」捕虜や一般市民が拘禁されている恐ろしい状況を故意に無視していると報じた。記事では、この立場は「偶然とはいえない」として、一連の証拠を列挙している。第一に、「赤十字国際委員会が、米国から不当な寄付金を受け取っている」こと、第二に赤十字全権代表が第二次世界大戦期から「軍事犯罪の隠蔽」を豊富に経験していることである。「マイダネク、アウシュビッツ、ブーヘンワルトの死の収容所におけるヒトラー主義者の極悪非道を、赤十字国際委員会は見逃していた(53)」

この後、幾つかの批判記事が掲載されたが、その一つは赤十字国際委員会が国際機関として法的に成立しないことを証明したものであった(54)。

この行為に関連して、一九五二年五月七日にゴルジェ駐ソ・スイス大使は自国政府の名で、赤十字国際委員会のほぼ全員に対して、「不当な批判」と「屈辱的発言」を行ったとして抗議を表明した。これに対して、ソ連のボゴモーロフ外務次官は、国連軍縮会議におけるマリク発言は全く正当なものであると表明した。ジャーナリズムで取り上げられた対委員会批判については、「数百万のソ連人民の世論」とみなすべき、とコメントが行われた(55)。

このような状況の下で、ソ連と赤十字国際委員会の接触が再び中断したことは驚くに値しない。日本、ドイツ、その他の政府が、捕虜の安否の解明に期待を寄せていたルートの一つが閉ざされてしまった。複雑な状況の下で事態を解決できる唯一の手段は、一九五二年七月二五日から八月七日にトロントで開催される第一八回赤十字国際会議であった。

会議開催までの数週間、赤十字国際委員会リュゲル代表は、赤十字社執行委員会に打電し、ソ連からの日本人捕虜復員問題について日本赤十字社の決議を引用して、三四万人の日本人捕虜の帰還に対する協力を拒否しないよう、ソ連に執拗に訴えた。

赤十字国際委員会の訴えに、今度はソ連外務省が否定的な反応を示した。日本専門家や法律専門家が、これに関連してプーシキン外務次官宛ての報告書を準備した。報告書には「赤十字国際委員会を認めてないという我々の立場からすれば、(国連軍縮委員会でのマリク声明、先の第一八回赤十字国際会議でのソ連代表団の訓令承認を添付)、リュゲルの電報には返答するべきではないと記載されていた。第一八回赤十字国際会議のソ連代表団に対するソ連外務省の指示によって、現在外務省外法律局が準備している案に、次の条項を含めるのが適切と考える。「国際赤十字連盟大会や会議の活動過程で、ソ連からの捕虜帰還問題が取り上げられた場合、代表団はこの問題について、タス通信の公式発表を利用して、この誹謗中傷のデマの暴露に立ち上がらねばならない」[56]

会議には五七カ国の赤十字社代表団、政府、権限を持つ社会組織の代表が参加していたので、ソ連がこの会議を軽視することにはならなかった。だが、赤十字国際委員会の権威失墜のためこれを利用しようとする試みは失敗に終わった。

まずスラビン将軍（彼の軍人階級と参謀本部対外関係局長の職は吹聴されなかった）を団長とするソ連代表団は、会議の進行を「朝鮮と中国における米国軍の犯罪行為を暴露する」方向に向けようとした[57]。これと同時に、ソ連公使は赤十字国際委員会から国際機関の地位を取り上げる要求を提出した。代表団の大多数がこの提案に反対したが、ソ連代表団長は、ソ連は赤十字国際委員会に「付与されている権利・機能」を認めないと発言した[58]。

それにもかかわらず、会議ではいわゆる「決議第二〇号」を全会一致で採択することに成功した。これは、「第一八回赤十字国際会議は、第二次世界大戦とその後の出来事の結果、膨大な数の大人や子供が家に戻れない事実を考慮し」、「出来るだけ広くこれらの人々を解放するため、同様に彼らの安否情報を入手し、援助物資の発送を容易にするため、社会と政府の唯一の仲介役」となるよう各国赤十字委員会に提言することを確認するものだった。[59]

こうした趣旨を盛り込んだ決議によって、外国市民の捜索についての政府機関への訴えを、ソ連赤十字社に公式に求める権利が海外赤十字機関に与えられた。われわれ国家間の別の方法の可能性が欠如した状況の下で、日本代表は、懲罰の服役から解放されたり、恩赦を受けた日本人捕虜をソ連から帰還させる二国間交渉を開始するため、この好都合で比較的に中立的なルートを利用せざるを得なかった。

六　国連総会第八会期――米ソ両国が政治的引き分け

国連特別委員会での発言を受けて、ハマーショルド国連事務総長が承認した提案に関連して、国連総会第八会期ではソ連に抑留されている外国人捕虜問題の提起について再び激しい論争が、米ソ代表団の間で燃え上がった。米国のロッジ国連代表は、この問題を会議議事日程に含めるよう要求した。ソ連のマリク代表は、国連憲章第一〇七条を引用して、国連の背後に本問題の審議について許し難いことがある、とまたもや反撃に出た。

ソ連代表団は、非常に簡単な説明で、自国の決議の論拠を示した。ソ連の論理によると、ドイツの戦後処理を管轄したのは、ドイツに責任のある国であったことが根拠となっていた。よって国連会議で戦争の囚われ人の問題を審議することは、国連は付属の捕虜委員会の創設と同様に、合法とみなすことは出来ない。さらに、捕虜に関する全情報が、タス報道で徹底的かつ完全に発表されていることを持ち出した。[60]

この立場は、国連に加盟する社会主義国ならびに連邦共和国の代表によって支持された。白ロシアのキセリョフ代表は、社会主義陣営の意向を代表して、表明する役割を担った。すでに国連第五会期で行われたソ連の行動を弁護する論争や、ソ連のマスコミや外交官の発言には一度も取り上げられなかった、米英陣営に属する国が捕虜となった旧敵国軍人の扱いについての約束を、反故にした明らかな例を挙げて、この条項を再び議事日程に盛り込むことは違法だと説得しようとした。

同様の厳しい見解は、国連特別委員会にも提出され、この委員会の設立も違法とされた。さらにキセリョフは、委員会が提出した情報では、ソ連在留のドイツ人、日本人、イタリア人捕虜名簿には死亡者や消息不明となっている兵士や将校が含まれており、信用に値しないと主張した。これにもとづいて、白ロシア共和国名で提出された決議案には、国連の特別委員会の廃止提案が盛り込まれていた。

この発言は、演説者の雄弁な発言によって、巧みに伝えられた。支持国からは、「国連に直接関係のないこの問題が再び提起されたのは、ドイツ、イタリア、日本の経済が米国の軍事計画への従属を強めていることから同国世論を遠ざけるため、また、ソ連と人民民主主義諸国への憎しみを強めるためであることはまったく明らかである」という声が上がった。(61)

戦争の惨禍を体験し、戦争で多大な損害がもたらされた共和国の代表権について、米英陣営の告発者の労をとった演説者の発言内容が、幾度となく感動を与えた。聴衆への心理的圧迫によって、会議ではソ連と社会主義陣営代表が提案した決議案を実現する試みがなされた。

だが、この試みは成功しなかった。戦争中に被った犠牲に対して、白ロシア国民に同情を示し、第三委員会加盟国の多くが、設立後三年間にわたる国連捕虜特別委員会による活動の結果だけではなく、幾つもの国によって提出された活動の継続を支持する二者択一的な決議も審議するよう要求した。これと同時に、大多数の社会主義国代表が抗議していた審議問題の本質について、ドイツ、イタリア、日本の政府代表の聞き取りも要求した。

しかし、日本の国連オブザーバーの公式発言を前にして、日本外務省は二、四五六名の戦犯以外の日本人捕虜は、ソ連に残っていないとするソ連の確認に対して、反駁の声明を行った。これについてとりわけ社説で取り上げているのが、一九五三年九月一九日付「コムソモリスカヤ・プラウダ」紙である。同紙はこれによって国連での日本代表の発言の先を越そうとしていたようだ。

もっとも、まさにこの日に、日本の有田代表が国連捕虜特別委員会で、日本外務省の情報では「ソ連には、一二、七二二名、千島列島と樺太には一、七八二名の日本人がまだ残っている」と発言した(62)。

この資料については、その後第三委員会の公式の場で発言した沢田国連常任オブザーバーが確認した。沢田は、ソ連代表やソ連と意見をともにする国の代表が聞くのを恐れていた、極めて批判的なムードとはかけ離れて、誰が見ても明らかに静かな口調で発言し始めた。沢田は、二六、〇〇〇人の日本人捕虜が、赤十字政策によって、本年、共産中国から帰還できたことを満足そうに確認した。それと同時に、彼は二国の赤十字代表参加のもとにモスクワで行われた交渉の結果、一、二七四人の捕虜のソ連からの帰還策が採択され、服役期間の終了者がまだ一、〇四七人いると指摘した。

日本側の意見によれば、これらは全て国連捕虜特別委員会の功労であった。復員問題への協力に対する感謝の辞は、ソ連と中国に向けても述べられた。これについては実際のところ、日本のオブザーバーの肯定的な部分の発言が終わって、その後の報告者の表明によれば、「最重要社会問題の一つ」の本質が、述べられた。

日本代表は、所有する最新データを委員会に報告した。日本の計算では、一九五三年八月一日時点での氏名が判明している未帰還捕虜は、総計八五、〇〇〇人である。情報では、そのうち五六、〇〇〇人が生存しており、ソ連に抑留者は一四、五〇四人、残りは中国に抑留されていた。日本の情報では、捕虜となった元日本軍兵士、将校のうち二四万六、〇〇〇人が死亡した。

「この数字は、非常に控え目なものである。捕虜を取った国が、十分信頼できる情報を出さないため、まだ拘束されている捕虜の情報と同様に、復員者から得た情報に基づいたものである。ソ連の公式通信社は、ソ連在留の日本人捕虜をたったの二、五〇〇人とし、ソ連と日本の数字が大きく異なるのは、日本でのひどい混乱と不幸な情報源のせいだと発表した」と沢田は説明した。

これに基づいて、日本は再び、「日本国民が期待をかけている」国連捕虜特別委員会に、「最後の捕虜が復員もしくは安否の確認ができるまで」活動を継続して欲しいと請願した(63)。

日本のオブザーバーの発言と要請を支持したのが、バーンズ米国代表である。彼は、この問題の前史を述べ、三年前に捕虜問題を国連総会の審議にかけるようオーストラリア、英国、米国に働きかけた経緯を詳細に述べた。ところが、参加国を不安にさせたのは、捕虜の安否よりも、国連捕虜特別委員会の今後の運命だったという印象が強い。

日本人の帰還問題に関するソ連政府の極めて積極的な行動は、イデオロギー上の今後の攻撃的イニシアチブと新たな政治的圧力の機会を事実上奪ってしまった。再び複雑化した状況の下で、日本人捕虜問題を幅広い形態で、今後審議する緊急性が失われてしまったのだ。問題は本質的には、政治的な「引き分け」の結果となった。このことをよく理解していた米英陣営代表は報復を試み、いち早く政治方針を転換してソ連が反対する国連捕虜特別委員会の存続を図ることになった。

第八回国連総会第八会期で本問題を審議した結果、一九五三年一二月七日の決議は、圧倒的な多数で承認された。その決議には、捕虜復員問題がここ数年で達成できた大きな進歩が示され、国連捕虜特別委員会の活動を称賛する内容が含まれていた。さらに第三委員会決議には、膨大な数の捕虜の安否結果に関して絶えざる心配、世論参加を必要とする解明、もしくは解決が表明された。これに関して、彼らは依然として捕虜を抑留する全ての国家政府は、広く認められている国際関係や国際協定の規則に従って行動し、委員会に全面協力するよう再度訴えた。

第八回国連総会決議の発展として、一九五四年四月二日には国連特別委員会第五会期が開催された。過去二年間に委員会は、捕虜の復員問題で、目覚しい成果が達成されたとして、謝意を表するとともに、総会で表明された満足の意を分かち合った。総会で採択された最終文書では、特に次のことが記載された。「この問題—今日まで未帰還もしくは安否不明の捕虜の問題に片をつけるときが来た…最近、採択された方策は、

問題解決を著しく促進した。今後の措置は、特別な困難を意味しない」(64)

「最近採択された方策」とは、一九五三年一一月の日ソ赤十字社間で成功裏に終わった日本人捕虜のソ連からの帰還交渉と、この交渉で達成した二国間合意の実現開始を意味していた。この出来事は、国連総会第八会期でこの問題の緊急審議を取りやめることになって、委員会第五会期の過程と委員会採択決議に大きな影響を与えた。

最終声明での活動総括で、委員会は「国連総会第八会期で圧倒的多数の代表が委員会は決していかなる政治的な意見にも従うことなく、自己の任務を遂行した」ことへの確信を表明した。(65)「政治的」とは、ここでは鍵となる言葉であって、前もって計画された政治闘争に参加したことに対して、委員会に向けられたソ連代表の絶えざる非難を示唆していた。このため委員会声明では、「今後のこの問題の解決を試みる際にも、委員会は人道的見地に従い、任務が完全に遂行されるまでは、この道から外れることはない」ことを再度強調した。(66)

これと同時に、声明に記録されたように、委員会は「政府と赤十字社はこれらの解決に達するまで協力し、努力を続けていくこととなった」(67)。声明では、国連総会の最後の会期の決議で、外国支配下にある全ての捕虜について完全な報告を提出する要請が述べられたことを思い出させた。このことは、「正確な情報が行方不明者の安否に関して、不明な点をかなりの度合いで取り除くことができ、今後、捕虜問題の解決が促進される」ことを根拠づけるものとなった。

完全な情報によって、何が明らかになったのか？委員会の考えでは、次のとおりである。生存している捕虜全員の氏名や捕虜のままである理由、所在、死亡した捕虜の氏名、事例ごとの死亡時期、原因、埋葬方法、場所の情報、未解放者もしくは死亡者の全データの情報の不十分さについては、彼らの氏名の情報は原則的意義を持っているため、公開の必要が特に強調された。「人間の本質は、統計的な算出でのみ構成することは出来ない」。声明はこのように締めくくられた。(68)

それと同時に、委員会は、「戦争が起因となった混乱と無秩序を考慮して、将来は算出過程を完了して、現在、消息不明とされる何万人もの捕虜全員の安否をすべて突き止めることが可能であると期待するべきではない」とする報告を提出した。それゆえ、委員会の請願は、「捕虜を有する政府は、捕虜の氏名とその他の情報を伝えるとともに、管轄下にある捕虜の安否について、報告書を提出する努力を続けるように」という文言で締めくくられた[69]。

四月五日には国連捕虜特別委員会のゲレロ代表が記者会見で、より詳細に声明の主要部分の内容について、言及した。ゲレロは特に、委員会が共産主義諸国で未だ抑留されているとされる自国民の完全かつ詳細な名簿を作成するよう、関係諸国に再度アピールしたことを語った。この決議は記者会見から一週間後に、ジュネーブで開催された委員会の非公開会議で採択された。ゲレロは一九五三年九月から、主にドイツ人と日本人捕虜約四〇、〇〇〇人が復員したことにも、特に注目した。彼は委員会活動で、特に新聞雑誌が果たした影響について強調した。ソ連から帰還したドイツ人捕虜は、「プラウダ」紙に掲載されたソ連政府の委員会への非難記事を読み、初めて国連のそのような活動について情報を得たが、同紙では委員会は、「世論を欺くことに関心を持つ資本主義諸国の道具」であると報じられた[70]。

国連捕虜特別委員会のこの声明と声明に記載された国家への訴えは、大きな意義を与えるもので、国連の公用語である英語、フランス語、スペイン語、中国語、ロシア語の5ヶ国語で発表された。しかし、予測したとおり、その声明の内容はソ連政府には配慮が見られないものであった。

これについては、一九五四年七月一五日付「読売新聞」が、特に証明している。この日、草葉厚生相は記者会見を行い、ソ連と中国に残留する日本人について、次のように発言した。「日本赤十字社の作成した名簿によると、ソ連からの未帰還者は一七〇〇〇―一八〇〇〇人、中国からの未帰還者は六七〇〇〇―六八〇〇〇人である。厚生省データによれば、中国一国だけでも、まだ三万人が残留している。この問題を解決するために、我々は今秋開催される国連総会に、全ての日本人を帰還させるよう請願する」ことになった[71]。

これらに関連して、国連捕虜特別委員会の日本代表は、一九五四年九月の通常会期で、多くの点でほかにも草葉と一致した発言を行った。その時、ソ連抑留、捕虜問題は再び公式議事日程に含まれた。委員会が選択した方針に向けた努力継続を再度訴える機会を利用して、集積された新たなデータを会議参加国に提出した。日本代表の発言によれば、「現在までソ連と共産中国に一一、〇〇〇人以上の日本人兵士と一般市民がいる」という[72]。

日本代表の情報によると、一九五五年八月にこの状況は、次のようなものだった。「ソ連、中国、北モンゴル、千島、サハリン、北朝鮮には、現在まで六、五七五人の日本人が抑留されている」。日本政府はこのデータを国連法律委員会に提出し、委員会はハマーショルド国連事務総長宛ての報告書に、このデータを利用した。この際、報告書の文書には、あるきわめて本質的な詳細事項が含まれていた。報告書には「日本政府は、これらの領土にさらに四二、九〇〇名の日本人の生存を予想している」と記載された。これに関連して、共産主義諸国に全体で約五〇、〇〇〇人の自国同胞がいるという共通の結論を導き出している。

国連捕虜特別委員会で、戦後、ソ連から祖国に帰ることの出来ない日本国民についての信頼できる情報が欠如しており、国連がこの問題の審議を特別委員会の枠内に制限しようとする明らかな意図があったにもかかわらず、日本政府はこの組織に向けた規則正しい訴えをやめなかった。

こうして、問題を解決する現実的な行動は、最終的にソ日関係の分野に移されたのであった。

第六章

日本人捕虜引き揚げ再開の道を探るソ日両国

一　ソ連の対日平和攻勢と日本の対ソ政策

一九五二年四月二八日、サンフランシスコ平和条約の発効に伴い、ワシントンの米国政府及び米占領機関は占領期間の終了の結果、ソ連の在東京対日機関の存続が停止される旨を、ワシントンの極東委員会並びに在東京対日理事会内のソ連代表部に通告した。これにより直ちに、対日理事会ソ連支部として存続中の在東京ソ連代表部の閉鎖問題が惹起した。

一九五二年四月三日、日本外務省代表はソ連政府に対して、対日平和条約発効と同時に、ソ連使節団の今後の日本領土内の滞在は法的に終了し、以後は占領国軍の一代表としての滞在のみが認められることを事前に通告した。日本占領続行のいかなる試みも、一九四五年の合意事項の違反である旨を特に強調した。これは、一九四五年のモスクワでのソ連、米国、英国外相会議合意事項を意味し、唯一の占領指揮機関とは、連合軍司令部を指すものであった。

日本外交官のステートメントは、ソ連及び日本は休戦状態を続けているが、平和条約はポツダム宣言に替わるべきものであり、平和条約の諸条項が現時点では両国関係に適用されるべきであり、日本政府筋が第三国を通じて、ソ連との必要な接触を取る現実的な可能性を容認するものであった。

このような状態のもとで、日本政府は、日本側が興味を持つソ連からの日本人早期帰還問題の解決と、ソ連側が看過し得ない対日理事会解散後の在東京ソ連軍事委員会存続の二つの問題を結び付ける、巧みな政治的な駆け引きを行った。しかし、本件に関する交渉の開始をモスクワ側が急がなかった関係もあって、東京ソ連代表部では日本政府がワシントンの駐米日本大使宛てに　ソ連大使と接触、交渉を開始する内容の訓令を出すものと思っていた。

五月一四日、衆議院復員問題委員会で、次の声明が行われた。「日本政府はソ連と復員に関する直接交渉を開始する権能を有しないが、第三国経由での本件解決に期待している」。さらに、日本政府は「ソ連に何十万人もの日本人が残留しているはずにもかかわらず、ソ連は僅かな人数の戦犯の存在しか認めないため、我々は正義の国際世論の支持を得て本件を解決せんとするものである」とのステートメントを引き続き出す予定であった(1)。

このステートメントは、ソ連政府との直接交渉のアイディア及び国連捕虜特別委員会、国際赤十字、バチカン宛ての定期的アピールがソ連政府に最終的に拒否されたことを意味するものであった。

本件について、岡崎勝男外相が一九五二年五月二七日、日本の衆議院復員問題特別委員会で言明し、日本政府が全ての海外残留日本人の早期送還を実現するよう、全力を尽くすことを保証した。

もし、中国政府が中国残留日本人捕虜の送還に同意するなら、中国より日本国籍を有する者の復員促進のため、日本政府はそれらの輸送費の全額を負担し、必要な輸送手段を確保する用意があることを確認した(2)。

同時に、日本外務省は対ソ連対策にも着手した。五月二〇日に、今後ソ連市民の入国を許可しない旨、宣言した。これと並行して、日本の外交官は講和条約発効後、在日ソ連軍事委員会のメンバーは日本滞在の権利を失うので、それ以降の滞在は好ましくないことをソ連に公式に通告する方法を引き続き探っていた(3)。

一九五二年五月三〇日、日本の外交政策関係当局は、再びソ連に対して連合国対日理事会ソ連支部の存続は停止される旨、注意を促した。この考え方に対する回答として、六月一一日、ソ連政府は自己の見解を発表した。その中で、「日本政府が個別平和条約の発効を引き合いに出して、在日ソ連代表部の存続に関して、前述のような声明を出す法的根拠はありえない」と強調した。なぜならば、対日理事会の解散は、米国政府がソ連や中国の同意を得ずに締結した、非合法な個別条約に基づいて決めたものだからである(4)。

これに引き続き、七月六日、岡崎外相は衆議院外務委員会で、日本政府はソ連使節団の存続につき、もし、ソ連が事前に未帰還日本人を返すと明確に宣言を行うなら、通商代表部として認めることを検討しても良いとの発言をした(5)。

七月九日、参議院本会議で日本家族の状況改善のため、外国残留日本人の引き揚げを引き続き促進すべし、との決議が採択された。その決議には、参議院は今なお、ソ連、中国に残留している多くの日本人の帰国が中断されているので、早期帰還再開のために、世界に訴えることを決議した。その決議では、日本政府が効果的な政策を取ることを開始して、本件解決のため現実的な手段をとることが強く求められた。

特にこの議決文書に、「平和条約の発効は、日本が国連に復帰要請を行うことを可能にした」との記載があった。(6) この決議には、共産党を除き、大多数の議員が賛成票を投じた。

一九五二年七月一〇日及び五月五日付「朝日新聞」に報道されたように、政府協力の下に初めて組織された約三、〇〇〇人の大衆集会が行われた。これは、終戦後開催された、政府の間接的な支援を得た最大級の会合の一つであった。

集会参加者はまた、ソ連及び中国に抑留されている全ての日本人の早期引き上げを要求する決議を採択した。その他、集会決議事項には、これらの国に遅滞なく、死者、生存者リスト、その他の関連データを公表するよう、対策をとることが含まれていた。さらに、集会参加者は、外国及び外国の諸機関に手交すべき二七項目の要請文を採択した。その中にはスターリン、毛沢東、国連、さらに在京外交関係代表部宛てのものも含まれていた。

この行動の目的は、七年間も未解決のままにされて来た問題を調整し、彼らの支援を得るのが目的であった。集会終了後、参加者は皇居に赴き天皇のお言葉を賜った。

このときから、復員を要求する大衆運動が日本政府、議会の支持を得て、さらに大きく連帯を強め、日本の対ソ公式政治路線を方向づけることになったのであった。

ソ連と中国に抑留されている何十万もの日本人捕虜に関する公的な動き及び訴えの中で、左翼紙『平和新聞』の記事は大変示唆的であった。この新聞には、中国に住んでいた、シンザイヤスジロウのメッセージが転載されていた。彼は日本の妹からの手紙を受取った。その手紙には、彼女の知り合いの女性が中国からの夫の帰りを待っていると書かれてあった。彼は中共軍の一員として戦っていた。地方の役所は、彼女に所定の書式で、彼女の夫はソ連で必要な仕事についていると記載した申請書を書くように提案し、それをもとに彼女に物質的援助を約束したのであった。「こうして、吉田内閣はソ連の抑留者数は捏造されたデーターを集めたものであるとの噂を広めた」と、この記事は結論づけていた(7)。

これと同様な記事の助けを借りて、日本共産党員は、日本の公的権力の活動に対して盛んに抗議した。日本外務省はソ連当局に外交駆け引きによって、引き続き圧力をかけた。七月一三日、日本の岡崎外相は衆議院外務委員会に出席して、東京のソ連代表部は外交特権を有しないので、外交慣例に基づき取り扱うことになる点を特に強調した(8)。しかし、ソ連代表部は、度重なる日米当局の警告にもかかわらず、スタッフの恒常的削減と、公的、法的地位が喪失するという条件下で機能を続けた。これと同時に、日本当局と新「暫定協定」取決めの試みを何度も行った。

ソ連の外交官にとって、従来通りクレムリン内で暖められた大きな政治プランと日本との間で、双方の接触を維持するため、この最後の、しかも、唯一のチャネルを維持しようとする戦いは、簡単なものではなかった。こういう状況にもかかわらず、ソ連代表部は存続し続けた。最初は、何の法的地位も無かったが、先ずは通商代表部の形で、その後は、漁業代表として存続し、最終的に一九五六年には在日ソ連大使館となった。

日本側からのこの明らかに、全ての外交チャンネルを無視したやり方は、単なる放埓《ほうらつ》な政治的やり方ではなく、双方の、先ずはビジネス、そして、ソ連との政治的対話再開のための可能性を積極的に保持しようとする努力と見て取れる。モスクワは自分の方から、東京と遅ればせながら、米国より日本支配のイニシアティブを取り戻し、二国間平和条約を締結するための公式の橋を架けるべくあらゆる試みを行ったのだ。

こうした状況下で、日本との、双方向の政治的、経済的、文化的接触を打ち立てる方向での、ソ連指導者のバロメーターを決定する政治的調整が、スターリンによる「共同通信」の電信チャネルを使っての、日本国民に対する一九五二年の新年のメッセージであった。ソ連指導者は、「共同通信社」岩本清編集局長の依頼で、日本国民に向けて、米国による占領の結果、味あわされている苦しみに深甚なる同情を表明した。メッセージに続いてソ連の新聞、雑誌に現れたのはこのテーマを発展させた一連の論文であった。

二　日本国民へスターリンのメッセージ

共同通信編集局長岩本清殿

尊敬する岩本氏！　日本国民に新年のあいさつを寄せてほしいというあなたのメッセージを受け取りました。

ソ連の政治家のあいだには、他の国民に訴え掛ける伝統はありません。しかし、外国に占領されると言う不幸な事態に陥った日本国民に対して、私は例外として、ソ連国民より日本国民に対して深甚なる同情の念を表明し、あなたのご依頼を満足させざるを得ません。

私は日本国民の自由と幸福を望んでおり、かつまた、祖国独立のための果敢な戦いが日本国民にとって完全な勝利を収めるように希望する旨、日本国民にお伝えください。

ソ連国民自体、過去に外国に占領されるという苦しい経験を味わっており、その中には、日本帝国主義者が加わっておりました。従って、ソ連国民は日本国民の苦しみを十分理解し、深く同情しております。そして、過去にソ連国民がこれを克服したように、日本国民も自国の再生と独立を勝ち取るものを信じております。

私は日本の労働者が失業、低賃金、高い消費者物価より解放され、平和を守る闘いに成功されることを願っております。

私は日本の農民が土地の不所有、狭小な土地の所有からの解放、高い税金の解消、平和を守る闘いに、成功されることを願っております。

私は日本の全国民及びインテリの皆様に対して、日本の民主勢力の完全なる勝利、経済生活の向上、民族文化、科学、芸術の繁栄、平和を守る闘いの成功を希望します。

敬具

一九五一年一二月三一日　　I・スターリン

新年のメッセージの方向性について、ソ連政府の一八の総局から、ソ連の指導者宛てに送られて来た質問に対して、回答がなかったことは示唆的であった。ただし、日本の通信社からの依頼だけは例外であった。これにも自己の論理があった。ソ連の指導者はソ連の利益のために、日本の政治・社会制度に対して、直接的、間接的影響を及ぼすための情報チャネルを利用することの重要性を良く理解していた。このことは、スターリンの日本国民に対するメッセージにも、モスクワに日本の代表部を開設したいとの「共同通信」「朝日新聞」の要望にも、早速回答したことからも明らかであった。

スターリンのこのメッセージは、外交界では重大な結果をもたらすかも知れないソ連の対日平和攻勢の前兆として受け取られた。一九五二年二月一四日発行の「ニューズウイーク」誌は、この件について「モスクワは最大限、日本を西欧陣営に敵対させるか、少なくとも、他国より孤立させるために手を打った。最小限の目的としても、モスクワは日本と西欧列強の間に存在するあらゆる摩擦を先鋭化するよう努めた。ソ連はこれらの目的を果たすべく試み、それは全分野に影響を及ぼした」と述べた(9)。

スターリンの新年のメッセージは多元的な意味を持っていた。吉田首相を代表とする日本の公式筋は、これに対する反応として、直ちにソ連に残留していると思われる三五万人の日本人捕虜を日本に帰すよう要求した。吉田は記者会見で「大げさに考えてはいけない。現実からかけ離れている。もしソ連が日本人捕虜を日本に帰すことに同意するとすれば、これはソ連政府側の善意の現れと考えても良いのではないか」と述べた(10)。

このような政治状況下で、モスクワは先ず日本の社会に期待した。多くの日本人はソ連との関係がうまく調整されつつあることに満足していた。これには多分に、日本人がロシア文化を愛していること、そして、それが日本共産党のシンパ組織のイデオロギー活動とともに広がって行ったものと思われる。しかし、日本の実業界が我が国との経済協力に関心を示したこともあったと思われる。対外政策の見地からはこの調整が、一方では、戦勝の結果得られた国際舞台でのソ連の権威を著しく高め、他方では、日本国民の間に生じている、生活上の全ての重要問題に米国の強制力を引き続き増大させることとなった。

スターリンのメッセージに先立って、ソ連は自己の戦略計画を実現するための次の手を打った。一九五一年一二月二一日、ソ日両国民の友好強化のために、日本の学者であり、日本の平和擁護委員会委員長であった大山郁夫教授に、スターリン平和賞授与が決定した旨、発表された。スターリン宛ての公開質問状に対する回答は、五一年三月号の『改造』に掲載された。これに対して、日本の学者並びに社会活動家は、この賞の授与に対して喜びを表明した。そして、「長い間、世界に強固な平和を打ち立てる偉大なる事業のために闘ってきた、日本の進歩的大衆を代表して」この通知を喜んで受け入れると書き記した。

スターリンの日本国民に対するメッセージは、国民を目覚めさせるのに大きな役割を果たしたと書簡に書かれていた。また、このメッセージは、ソ連国民の日本国民に対する熱い同情の念を明確に表現しており、日本国民を民族独立のための闘いに奮起させた。スターリンのメッセージは労働者、農民、インテリゲンチャを含む全日本国民に、はっきりと進むべき道を示した。日本国民が直面している社会的、経済的、政治的な基本問題に、このような完全な理解を表明した海外からの呼び掛けは、かつて無かったことである。さらに、メッセージには、ソ連国民の平和に対する真っ直ぐな感情が、また、人類の幸福のために協力したいと言う熱い希望が述べられていることが分かった。[11]

この翌年、大山教授はソ連政府の正式招待を受けてソ連を訪問した。このモスクワ訪問は大きな政治的イベントであり、ソ連側からの新しい平和友好のシグナルを日本に呼び起こしうる、広汎な社会的反響が期待された。ソ連のリーダーにとって、もっと大事なことは、日本の政界幹部に話し合いの準備が出来たことを伝えることであった。「プラウダ」紙やその他の新聞が、日本の有名な客人が我が国を訪問するとの大見出しで報道したことは、意気込んで語るほどのことではなかった。

これと同時に、ソ連の新しい平和攻勢は経済的な段階に移行した。一九五二年四月に、世界におけるソ連の地位を高めるとともに、また、他国との経済的連携を発展させるために、ソ連は戦後初めてモスクワで国際経済会議を開催した。しかし、すでに前年の一九五一年に、招待状が送られた外国代表団の中に三〇人の日本人が含まれていた。彼らは中小商社や中小企業の経営者たちで、ソ連との関係発展に興味を示したり、戦前からのソ連貿易のパートナーであった。

ソ連政府は予め彼らに対して有利な石炭契約（米国炭が一トン当たり三〇ドルなのに対してソ連炭は一〇ドル）のほか、漁業区の許可、その他種々の特典の提案を用意していた。ところが、日本政府官僚は、これらの経済・通商関係を復活させたいとの関心を示した実業家が、モスクワに行けぬよう可能な限りの妨害を行った。彼らはソ連領内での安全を保障できないとの理由で、ソ連への出国ビザを出さなかった。

モスクワの国際経済会議に招待された日本代表団に対して、一九五二年四月一日付の親書が送られてきた。親書には「両国の平和を強化し、国際貿易発展を通じて、生活水準の向上に資する目的を持った」この催しに、日本で付け加えられた大きな意味について記されていた。特に前年に招待状が送られた日本代表団に国際経済会議への参加を許可しなかった日本政府に、注意が払われていることが強調されていた。書簡の文面によると「日本代表のソ連行きを不法にも妨害した」吉田政府の悪意ある訪問ソ防害の基本的責任を追及すべきことが提議されていた。

「しかし、我々の生活を脅し、ますます生活を悪くしている吉田政府のみが、繁栄している国に恐怖を見つけて、意味の無い主張を発表した」と親書に述べられていた。さらに、「日本の経済界は、ソ連に特別の関心を示している。我々はこの歴史的会合が成功裏に行われ、次回は如何なる妨害があろうとも、こういう国際経済会議に是非参加して欲しいと思っている」と書かれていた。(12)

結局、今回モスクワの国際経済会議参加の出国ビザが発行されたのは、元日本国会議員の帆足計、宮腰喜助、現参議院議員の高良とみの三氏のみであった。ただし、高良とみは、ソ連、中国にいる日本人捕虜の運命がどうなるのかの調査の件を兼ねて参加したのであった。

モスクワの国際経済会議に感激して、祖国に帰国した参加者は、帰国時に、ソ連、中国の状態について口を極めて誉めそやす一方、日本人捕虜のソ連、中国からの帰還について、センセーショナルな一連の声明を発表し、それは直ちに日本の新聞、雑誌で報道された。

例えば、「毎日新聞」は「ソ連の社会主義システムは成功し、安定している。モスクワ市民の生活水準は少なくとも、日本の三倍は高い」との帆足計の発言に大きな注意を払った。とりわけ強調されたのは「ソ連政府筋は日本との外交関係調整後、日本人戦犯を送還し、しかるべきときに、死者の名簿を公表する積りである」ということを裏付ける発言であった。(13)

その他「中国抑留中の日本人戦犯名簿は、日中貿易協定締結後に公表されるとの中国政府の考え方」が、他の日本人参加者、宮腰喜助の発言として伝えられた。(14)しかし、後で行われたタス通信記者とのインタビューによると、この二人の日本人参加者の発言は「ひどく歪曲」されたものであり、そのような発言は無かったとのことであった。

岡崎外相は衆議院外務委員会で、これらに対して反論を行った。外相は帆足元国会議員のソ連、ならびに中国への非許可旅行から帰国後の宣伝的な発言を厳しく批判した。特に「ロシアは戦犯である小グループの元日本人兵士を抑留しているのみであるとの発言に、大臣は注意をうながして、ロシアは第二次世界大戦末期に三〇万人以上の捕虜を抑留し、少なくとも、その四分の三は現在もなお、抑留中であると日本は考えている」と述べた。(15)

同じような状況が、高良とみの一連の発言の場合にも起こった。日本の新聞報道によると、彼女は北京のアジア太平洋地域平和会議に参加後、ロシアを訪問、一九五二年六月三日に東京の秘書宛てに電信を打った。その電信には、ソ連に抑留中の日本人の件を交渉のため、再度モスクワを訪問する積りであると書かれていたようである。さらに、彼女はスイス、パキスタンを訪問、インド、香港経由で帰国する計画になっていた。(16)

さらに詳しく、高良とみのモスクワ訪問について「朝日新聞」が伝えた。その報道によると、高良は

「ソ連外務省は、日本人戦犯問題が外交関係の調整と同時に、解決されるべきものである」と発言した旨、朝日新聞記者に語っている。(17)

三　ハバロフスク捕虜収容所を訪れた高良とみ

ソ連で、彼女はハバロフスクの捕虜収容所を訪問することが出来た。そこには一、三六〇人の日本人戦犯が、収容されていた。ハバロフスク捕虜収容所及びそこに収容所付属病院には、一九人の治療中の日本人がいた日本人と会った結果、彼女は「彼らは全員日本に帰りたがっているが、苦情は持っていないとの印象を得た」と、この日本国会議員は新聞に述べている。捕虜の書類をチェックしたが、完全なものであった。「ソ連には戦犯を除き、捕虜はいないものと思う」。高良女史は続けて、「本件に関しては、ソ連政府の公式宣言を信用しなければならない。概して、ソ連政府は日本問題に関しては傍観者の立場を取っており、日本政府側からの提案を待っている印象を受けた」と語った。(18)

さらに、この件を詳しく調査した日本の新聞、特に一九五二年六月九日付の「日本経済新聞」の報道によると、高良とみは社会党右派松岡駒吉及び上島捕虜復員支援国民会議議長宛てに、北京から香港経由で電信を打っている。もし、日本政府がソ連と個別平和条約を締結するのであれば、ソ連政府は抑留中の日本人捕虜一八万二、〇〇〇人を祖国に送り返すことを提案しても良いとの情報を得た、と電文に書かれていた。引用文では信頼できる秘密の情報筋からとなっていた。(19)

このセンセーショナルなニュースは日本中を駆け巡ったが、その受け取り方は様々であった。「ラジオ東京」が伝えたところによると、岡崎外相は、六月一〇日参議院外務委員会で高良氏の電信に記載の数字は、ソ連のこれまでの発表からしても、また、日本政府が調査してきた正確な数字からしても、にわかには信じ難い。さらに付け加えて、日ソ間に例え外交関係がなくとも、ソ連はポツダム宣言の義務を遂行しなければならない、と述べた。(20)

「ラジオ東京」のコメンテーター鈴木明は様々な反

論を行い、この報道に対する疑問を呈した。彼の意見によると、「先ず第一に、電信の発信地がモスクワでなく北京であること。第二に、ソ連はこれまで何度も一、四〇〇人の戦犯を除き、日本人捕虜の送還は完了済みと言ってきたこと。要するに、ニュースソースが明記されていないことを指摘し、被抑留者家族は高良女史の連絡が真実であることを神に祈っている」と、この件についてコメントした。(21)

ところが、高良が電信で述べたこれらの提案はすべて、彼女が何らかの根拠を失ったためか、六月一五日、この通報の誤まりを自ら認めてしまった。六月一六付の「読売新聞」によると、「昨晩、北京滞在中の高良女史から、自分はそのような電信を打ったことはない。悪意を持った誰かが、故意に自分の名を騙ったものと思われる」との回答を得た、と報じた。(22)

日本外務省当局も、高良が打った電信の信憑性《しんぴょうせい》について疑問を表明した。その理由として、この電信にある一八万二、〇〇〇人と言う数字は空想的なものである。なぜなら、日本政府の情報では、共産圏の領土に残留している日本人の総数は、七七、六三七人であるからである。(23)

岡崎外相側は「読売新聞」の高良の回答を知って、本件について疑わしい役割を果たした。彼は復員問題委員会副委員長として、この電信で触れられた問題につき、特別の関心を持ったので、発表のためプレスに伝えたと言明した上、さらに、もしも誰か他の人から受け取ったとしても同様なことをしたであろうと付言した。(24)

海外のジャーナリズムはこの事件に関するコメントを行った。英国の「マンチェスターガーディアン」紙は「捕虜の謎」と言う見出しで「日ソ間の個別平和条約の締結と引き換えに、一八万二、〇〇〇人の日本人捕虜を帰すと云うロシアの提案は(報道により明らかになった)秘密をさらに隠蔽することになった」と言う記事を書いた。(25)

「タス通信」は早速、英国の中央情報局が刺激的なコメントをしたのにもかかわらず、このセンセーショナルな報道を早速否定した。すなわち、タスが「高良女史は第一報を打っていなかったとか、ロシアは如何なる提案もするつもりはない」と断言したのは、全く理解に苦しむところであった。さらに、何が確かで、何がそうでないかを言う前に、日本政府は高良女史が帰国するのを待たざるを得ぬ状況を作り出した、との結論を出した。もちろん、少しの間は待たざるを得なかった。なぜならば、第一便の受領と同時に、他の電信(香港経由のもの)も受け取っており、その中に高良女史が平和強化の戦いのため、モスクワを訪問すると述べていたからである。[26]

しかし、ソ連政府はこの引き起こされたスキャンダラスな状況を避ける道を選んだ。高良女史の再入国ビザの発給は拒否された。グロムイコ・ソ連外務次官の言によると、マレンコフによって高良女史は「米国のエイジェント」と特定されてしまった。[27]

一九五三年七月一五日、ソ連に立ち寄らず日本に帰った高良は、次のような簡単な声明を出したのみであった。「グロムイコ・ソ連外務次官と面談の際、ソ連に抑留中の日本人のことを質問したところ、グロムイコ次官は親切に自分の言うことを聞いてくれただけでなく、ハバロフスク地方の戦犯収容所、付属病院、日本人墓地を訪問させてくれた。病院を見たとき、非常に良い看護状況に慰められた。日本人墓地は、ハバロフスク市より三二キロのところにあり、七百人が埋葬されていた。墓は予想に反して、素晴らしい状態にあった」[28]

高良女史及びその他の訪ソ日本人代表の発言により、大変混乱した状況ではあったが、ソ連は、日本人の罪を免除する判決を下し彼らを解放して帰国させるのが、日本での日ソ関係改善の基本条件の一つであるとの確信が、次第に強まって行った。ソ連は日本の世論を動かす他の強力な梃子《てこ》を持たぬままに、ソ連との正常な関係を持つ必要があると考えている日本の世論を惹きつけるのが、重要な手段の一つであると考え、この未解決の人道問題に特別の期待をかけた。

一九五二年四月一八日、「日本人捕虜及び抑留者のソ連からの送還」に関するソ連閣僚会議令が発令された。政府文書に定められた課題を実現するために日本との交渉をせねばならぬと言う問題が、ソ連の省庁及び担当部局に持ち上がった。本件解決の一番簡単な方法は、日本人をソ連船に乗せて日本に送り返すことであった。

しかし、軍及び送還業務担当部局は、ソ連の輸送手段を使って送り返すのはやりすぎで、望ましくないとの意見であった。残された唯一の方法は、日本が復員船を出すよう、日本側に接触して交渉することであった。

これらのために、ソ連外務省は一九五二年五月六日、「日本に関する対策」なる提案を省内で作成した。色々な発議が行われて、その中には在東京政治参事官代理を日本外務省に行かせ、もし日本がナホトカ港より、一四人の捕虜と、二六七人の日本国籍を有する刑事犯、刑期満了者のための引取船を配船するなら、ソ連側はこれらを引き渡す用意があると伝える提案もあった。だが、ソ連外務省はこの提案について、上級機関の支持を取り付けることが出来なかった。

そこで、正式な日本当局との接触を行うため、日本の「共同通信」坂田二郎特派員を使ってソ連外務省新聞課に対して、有罪判決を受けた日本人捕虜に関してアピールを出す試みが行われた。このアピールは、ソ連指導部の計画に時宜にかなった形で取り入れられた。日本人記者はソ連にいる日本人戦犯の人数問題とともに、日本政府側からは日本人戦犯が将来どうなるのか、直接にしろ間接にしろ、何らかの照会があったのか、その詳細を明らかにすることを特に問題とした。これは、日本の公式筋がいつもやる探りであったかもしれない。いずれにしても、このアピールが、ソ連官僚をしてソ連側に捕虜送還交渉継続の用意があることを日本側に伝える適切なきっかけとなったのであった。

この時点で、領土課及び新聞課は送還計画にある日本人の人数を捕虜一四人、抑留市民二六七人とした詳細情報を公表した。このほか、送還者リストにソ連領海侵犯の漁民一一人が含まれていた。この情報に対して日本政府は結局、この時点では、ソ連政府に直接の働きかけをせず、本件に関心を示す決定を下すことなく、日本人記者の照会に対しても簡単な回答を行ったのみであった。

六月一二日、「共同通信」坂田特派員はソ連外務省U・P・フランツェフ新聞課長から、日本人捕虜に関する一三の質問に対する回答を入手した旨、モスクワから報道してきた。坂田特派員の記事によれば「ソ連外務省新聞課長の回答には、先ず第一に、在ソ日本人戦犯はすでに身内及び知人に手紙を出す権利を有している。従って、今やあらゆることは、戦犯自身にかかっている。第二にソ連残留日本人戦犯の数は、今までに何度も通報してきた人数と一致している」ということであった。(29)

モスクワはなお、日本側からの交渉開始の働き掛けを待っていた。このため、ソ連外務省は、ソ連閣僚会議捕虜送還問題全権委任当局の、日本人捕虜引き取り船をナホトカ港に配船する提案を、先延ばしにしていた。そして、一九五二年六月一八日付の書簡で「今のところ、日本外務省に対して日本人捕虜の引き揚げ船をナホトカ港に配船するよう、ソ連側がイニシアティブを発揮することは目的にかなっているとは言えない」し、また、「日本政府側からも、現在、この問題に関していかなる要請もない」と説明がなされた。(30)

ソ連外務省はソ連閣僚会議捕虜送還問題全権委任当局に指示し、ソ連閣僚会議議長事務局に、ソ連と日本の間の接触が出来るまで、ソ連閣僚会議令の執行を延期する全権限を与える提案をするよう勧告した。しかし、この外務省の書簡を受領に先立って担当局はすでに、N・A・ブルガーニン閣僚会議副議長に上記決議遂行状況を報告していたのに、上からは何の指示もなかった。

一九五二年七月末、ソ連閣僚会議幹部会は外務省、国家保安省、内務省発議の二六七人の日本国籍保持者に、日本の親戚との手紙のやり取りを許可する案を検討させた。この許可の意味するところは、一九五二年三月一〇日付のソ連閣僚会議の命令書により、手紙による交信が許可されたことを日本市民及び捕虜に周知させることにあった。これにより、刑期を終えて、復員出来る時期を日本の親、親戚に知らせることが出来るとともに、ソ連で刑期満了の日本人捕虜及び抑留者に、日本から小包を送れることが規定されていた。

すなわち、日本の親戚を目覚めさせ、復員問題に関して、日本政府がソ連の代表と接触するよう後押しさせると言う主たる目的が、ここに追及されることになった。だが、ソ連閣僚会議幹部会事務局は本件に関して、個々の政府機関の決定を受け入れない方が良いとして、外務省、国家保安省、内務省にそれぞれ実務レベルで検討するように改めて委任した。

このような不透明な政治状況のもとで、ソ連外務省は復員問題再開の道を探り続けた。特に、一九五二年九月七―八日、ウグレゴルスク港（サハリン）に何隻かの日本船が石炭積取りのため寄港するらしいとの情報があったので、外務省極東第二課の指示により、これらの船で日本人捕虜及び市民を送還することが可能かどうか研究するよう委任された。しかし間もなく、日本船には乗客を輸送する設備がないことが判明した。

四　抑留者はナホトカ港経由で日本へ送還

外務省の当面の課題を解決するための迂回路が無かったので、ソ連閣僚会議幹部会で、新しい提案を用意することになった。G・I・パブルイチェフ在日政治参事官の署名入り書簡を岡崎外相宛てに送付、ソ連の関係機関は現在、一四人の捕虜と二六七人の刑期を終えた日本国籍保有者を日本に送還する用意があることを通報した。

その書簡にはまた、日本政府が承知した場合、これらの日本人をナホトカ港経由で本国に送還しても良いと記されていた。復員船到着予定日は追って連絡する。しかし、この提案はソ連外相の国連総会出席のため先送りとなり、その後、日本政府の公式の立場や考え方が変わったので、その緊急性が失われた。

一九五二年一二月二九日、日本の西山駐印大使が政府の委任を受け、K・B・ノビコフ・ソ連大使と面談、日本人戦犯の釈放の提案は日本に大きな印象を与えた。またこのことは、ソ連邦との関係で好感情を呼び起こすに違いないと、ソ連政府に伝えて欲しいと依頼した。(31)

モスクワは日本側のこの積極的アプローチに注意深く対応した。すなわち、Y・A・マリク外務次官署名の書簡により、ビシンスキー外相が検討中であると回答した。

ソ連外務省の対応は、次のようなものであった。

「ソ連外務省は日本人送還問題の発生事情を考慮、戦術的にも、日本政府側のイニシアティブを利用し、ノビコフ同志に駐印日本大使に、ソ連当局は刑期を終えた日本人捕虜、日本人市民を送還しても良いと考えているので、日本政府は、東京のソ連代表に接触されるのが良かろうと回答するよう訓令した。このようなアプローチであれば、ソ連外交官の意見によると、日本側がソ連抑留日本人送還問題に関して敵意ある反応をすることは難しいだろう」とのことであった。[32]

日本ではすでに何年間も交渉してきた「インド・バリエーション」〔ソ連の友好国であるインドのネール首相の仲介による帰国促進工作〕に真剣な期待をかけていた。日本人捕虜の家族や知人はインドのネール首相に本件への支援を頼む考えでおり、まだ一九五〇年三月六日に、日本からすでに第一回の行動を起こしていた。そして、その日に復員促進国民全体会議は、インドの首脳宛てに特別請願書を送る決議を行った。

一九五三年五月七日、「読売新聞」記者がインドから、ソ連で刑期を終えた戦犯を日本へ送還してもらいたいとの日本政府の要請をクレムリンへ仲介したと伝えた。彼はまた、デリーの日ソ両大使館で本件に関する政府間交渉が行われたとも報じた。この会談で、ソ連大使はソ連に日本人戦犯が全部で二、八〇〇人抑留されていることを明らかにして、日本政府の依頼をモスクワに伝えることを約束した。しかし、本件の解決はスターリンが死去したので一時延期された。[33]

ソ連では実際は、例によって、沢山の合意や協議が開始され、結局のところ、それらは約一年間にも及んだ。しかし、とどのつまりは、何の実際的な結論も出なかったのである。ソ連指導部は長い間、いろいろ検討した上で、相変わらず日本政府と直接接触する現実的可能性を軽視する選択を行ったのだ。「デリーの日本大使を通して交渉することは、日本政府が、日本人戦犯の釈放に関して、日本大使がソ連政府と折衝するのを否認したとして、それが意味の無いことと考えた」との記録が、ソ連外務省内部書類に記載されている。[34]

当時は、ソ連からの外国人捕虜及び抑留市民の送還には、総括許可が必要であった。従って、一九五三年二月二四日、内務省は本件に関するソ連閣僚会議の法案を準備した。すったもんだの末に、九〇人を祖国に送還することが提案されたが、その大部分はドイツ人であった。

いずれにせよ、I・A・セロフ外務次官は、この大きな数字に注目、「刑期を終了した捕虜、抑留市民の今後の収容所からの釈放許可には、ソ連内務省、ソ連国家保安省（クルイロフ同志）の許可と、しかるべき国々への送還に関しては、ソ連外務省の同意取り付けのための法案」を追加作成する必要があると考えた。(35)

この法案に対して、ビシンスキー外相も反対しなかった。それはともかく、提案されたプロセスが、合法的と認められた場合の実際のプロセスは次の通りである。つまり今後、一定カテゴリーの外国人の送還が目的にかなったものであれば、閣僚会議やスターリン個人の関与無しに、彼らの送還を決めることが出来る。セロフ、及びビシンスキーは、指導者〔スターリンのこと〕の肯定的反応を予想したと想像するに難くない。セロフとビシンスキーはスターリンが戦犯に興味を持ち、何よりも先ず、戦犯、捕虜が、他国に政治的圧力をかける道具となることを良く知っていた。何十人かの人々を帰国させても、ソ連のリーダーの計画を損なうことはない。なぜならば、有罪を宣告された圧倒的大多数の人々は、六〇年代末から七〇年代初めになって初めて、自由のチャンスが得られるのだからだ。

スターリンの死は、この問題に対するソ連幹部の対処法を、根本から改めさせた。一九五三年三月六日に「全党員へ、全ソ勤労者へ」と題するソ連共産党中央委員会、閣僚会議、ソ連最高会議幹部会よりのアピールが、新聞に発表された。指導者の逝去を国民に通知するとともに、ソ連の新指導部は新綱領を発表した。この綱領の外交政策の項は、従来のものと異なり、近年になって初めて「労働者の呪われた敵」帝国主義とは書かれておらず、「世界の反動の尖兵」米国とか、「世界のブルジョワの主砲、NATO〔北大西洋条約機構〕ブロック」などとは、何も言っていなかった。(36)

ソ連閣僚会議ベリヤ副議長の推挙で閣僚会議議長に選ばれた、G・M・マレンコフはスターリンの葬儀で、国際緊張緩和に関する考え方についての己の信念を特に強調した。マレンコフの上級第一次官ベリア自身は内相を兼務し、追悼の辞の中で平和の強化が必要であることを述べたに留まった。マレンコフは彼に与えられた全権を利用して、全体から判断、ソ連社会の「脱スターリン」の具体的足取りを誇示することにより、西欧列強と闘うことを考えていた。この見地からすれば、第二次世界大戦の捕虜解放は、十分明るい展望を持つことになったのであった。

一九五三年三月六日、日本の衆議院の海外同胞引揚に関する特別委員会のメンバーはインド、オーストラリア、フィリピン、オランダ、フランス、中国、ソ連の在日大使館、代表部を訪問した。彼らはソ連に抑留中の日本人戦犯の釈放に協力を要請した。

ソ連代表部での会談に際して、国会議員はソ連滞在中の日本平和委員会委員長大山郁夫教授から、ソ連政府は日本人戦犯を釈放する用意があると連絡があったことを指摘した。

ソ連代表ははこの回答として、隣人と呼ばれている日本政府宛てに、「日本はソ連を鉄カーテンの向こうにある国と呼んでいるが、われわれの意見では、ソ連は代表部を認めたがらない日本こそ、鉄のカーテンの向こうにある国ではないかと非難している」と伝えた(37)。

しかし、特別委員会のメンバーは自分たちの直接的な質問に対する結論として、具体的な回答を受け取ることは出来なかったが、会談は全体として非常に友好的な雰囲気の中で行われた。結局、この訪問の結論として、本件を国会で審議し、しかるべき決議を行い、それを東京のソ連代表部に伝えることが決定された。

ソ連政府の対日関係全体の立場が著しく軟化したことは、特に日本人捕虜送還問題に関して、日本の議員がソ連代表部で会談したときに感じとられていたが、間もなくモスクワでそれがはっきり現れることになった。

一九五三年三月一七日、ベリヤはマレンコフに矯正労働収容所及び矯正センターを、法務省管轄に移すことが目的に適っていることを裏付ける報告書を送った。この際、有罪判決を受けた捕虜について、ベリヤ所管の収容所の管理局運営権を主張したのは偶然でないと考えられる。ベリヤの提案が正確に二日後、ソ連最高会議で当該法律として採択された。

これに引き続き、有罪を宣告された外国人の拘置規則を緩める指示が出された。一九五三年七月六日付のソ連閣僚会議令により、家族との文通、海外からの小包、送金を受け取ることが許可された。ただし、「有罪外国人の親族との文通、及び小包、送金受け取り規則」は、S・N・クルグロフ内相の一九五三年七月二四日付の命令書が効力を発するのを待って実施に移された。だが、そのときすでに、ベリヤの逮捕（一九五三年三月のスターリン死後、マレンコフ、モロトフとともに集団指導を行ったが、同年六月にスターリンへの「個人崇拝」の責任を問われて突然逮捕され、その年末に裁判の結果、銃殺が行われたとされている）が行われた後であった。[38] ベリヤが提案したように、日本、ドイツ、その他の国との文通障壁は徐々に取り払われて行った。

もちろん、これら内務省幹部の全ての提議は、抑圧システム全体の緩和と改革を新指導部が見直す政策全体の文脈の中で検討されねばならなかった。一九五三年三月二七日、一一八万一、〇〇〇人の拘束者に自由を与えるソ連最高会議の恩赦令が、採択された。ベリヤは月末にK・P・ゴルシェニンを法務大臣に、G・N・サフォーノフをソ連邦検事総長に、I・I・ダルギフを矯正労働収容所総管理本部長官に、N・N・クルグロフとP・F・フェドートフを内務省の自分の次官に、収容中の有罪外国人に対する前述の命令が正しく適用されるかを調べるためにのみに任命した。

四月一〇日、彼は次のような数字が調査結果として記載されている報告書を受け取った。発行した命令書に該当する外国人の数は、全部合わせて二、二一九人（ソ連の収容所に収監中の者一、八九七人、東独、オーストリア、ハンガリーの収容所、または、監獄に収容中の者三二二人）であったが、どうも、こういう類の情報は、ベリヤにお気に召さなかったようである。この書類の作成者は、この問題のもっと急進的な解決策、すなわち、発令自体を見直して期間を繰り上げた解放を提案した。この場合、彼らの計算では、さらに「その時点では、我が国に対してさして危険のない」七、一六九人（五、〇四六人の捕虜と二、一二三人の市民）を祖国へ返すことが可能であるとした。[39]

四月一四日、ベリヤはモロトフ外相の支持を確保できると考えて、当時マレンコフが議長であったソ連共産党中央委員会幹部会議事録を調べた。翌日、党の法廷は所轄官庁間委員会を作ることを提案し、外国人をさらに監視下に置いておく必要が起らないよう、一ヵ月以内にそれらの外国人を解放する書類を作ることに合意した。

裁判の再審査の結果を待たずに、ソ連共産党中央委員会は、四月一五日付決定を外務省（G・M・プーシ

キン外務次官）に対して関係国政府と捕虜並びに抑留者解放の時期、場所などについて交渉、取り決めるよう命じた。(40)

日本へ届いた書状では、ソ連は近く獄中にある日本人を送還するかも知れぬとの言及が、さらにひんぱんになされるようになった。日本のジャーナリズムはこれら同胞が間もなく帰れるかも知れぬとの期待を広く報道した。日本外務省もこれらの報道にコメントを出し、無視することはしなかった。彼らはまた、マレンコフ政権の最近の積極的な平和政策によって、近くソ連から実際に、日本人が帰ってくる可能性があると見ていた。しかし、日本の外交官は同時に、「日本外務省は本件に関して如何なる公式情報も得ていないので、何も決定的なことは言えない(41)」と強調した。

これらの報道はすでに、一九五三年五月八日付の日本の新聞に掲載されていた。しかし、一九五三年五月一三日にはすでに復員局の名前で、再び日本外務省はロシアと第三国を経由して、話し合い再開の用意があることを表明した。(42)

ソ連外務省極東二課は日本人捕虜、抑留者送還問題に関する交渉開始の段取りを提案する一九五三年六月一三日付の日本外務省幹部宛て書簡の中で、本件に関して、東京のソ連代表部を通して直接交渉することが望ましいと重ねて強調した。(43)

本件の具体的な解決の指示を受けた、F・I・ルノフ政治参事官代理は、日本外務省を訪ねて次のことを伝えた。「ソ連当局は、現在、捕虜、一九五三年三月二七日付のソ連最高会議幹部会令に基づき、捕虜、抑留者、市民八二二人を、恩赦釈放し、ナホトカ港経由で日本に送還する用意があることを伝え、日本外務省が上記日本人受け入れに同意する場合は、ソ連側代表と交渉の全権を持った者を指名すること。送還の日取り、日本船のナホトカ港への配船、送還費用の支払条件、その他、日本と討論する必要のある問題については、交渉に対する同意取り付け後、また、ソ連内務省からこれら諸問題に対する了解取り付け後、日本側と交渉することにしたい(44)」

恩赦令に該当する八二二人の送還と同時に、ソ連外務省極東二課はこの機会を利用して、恩赦前に刑期を完了していた日本人、及び日本に送還すべき全ての日本国籍を有する者を、一九五二年四月一八日付のソ連閣僚会議令に規定されている通りに送り出すことを考えた。一九五三年一月七日現在のソ連内務省のデータによると、ソ連領内に「刑事犯の刑期が終了した日本市民が四五二人居住していた。そのほかに、一九四五年に日本政府によって、南サハリンに連行され、そこに残留していた日本人は四三一人〔朝鮮半島から戦前、戦中に強制連行された朝鮮人をさす〕にのぼった。さらに、（一九五三年一月二〇日付け内務省資料によると）一五人の戦犯、五人の日本人抑留者が送還に該当するというものであった[45]」

しかし、これらの提案は、これまでの提案と同じく、書類上でのことに過ぎず、ソ連政府は日本との政府間接触を持つことによって、本件に要らぬ関心を持たれることを恐れ、実際には具体化を急がなかった。

五　レーニン賞受賞で大山郁夫教授が訪ソ

日ソの相互関係が政治的断絶状態にあるときに、ソ連側から日本人送還交渉再開のための調停使節を出すことを提案し、日本の社会的、政治的活動家をソ連に惹きつける試みが、二国間交渉再開の基本的役割である。

本件で特に活発な動きをした、中国からの日本人送還交渉に参加した、高良とみ参議院議員に話を戻そう。一九五三年二月三日、日本の公式代表団の一員として北京に滞在中に、彼女はモロトフ宛てに書簡を送った。その書簡は「平和の希求」と「ロシア国民のヒューマニズムの精神」に訴え、病人、高齢の捕虜及び刑期を終えた日本人の送還が出来ないかを検討してくれるよう依頼した。その書簡には「私は中国赤十字を介して、ソ連赤十字に御願いするつもりでありましたが、総裁であるリー・ゼンチュアニ女史が病気のため、私は思い切って貴方にお手紙を出させて戴くことに致しました。貴方が私に何らかの回答を下さるか、または、当地に滞在中の日本赤十字代表団もしくは、北京の平和委員会宛てに、回答を戴ければ深く感謝致します」と書かれてあった[46]。

この手紙に対して、一九五二年にソ連政府によって明らかにされたことであるが、高良女史は米国の手先であるとの不信感からだけではなく、外務省が返事を書くのは適切でないと考えた。プーシキン外務次官名で極東二課により作成された報告書に書かれている通り、「ソ連からの日本人送還に関する高良女史の活動は疑いもなく、その年に行われる予定の参議院選挙を頭に置いた彼女の個人的関心によるもの」である(47)。さらに、その時点で、ソ連政府は日本に対する回答は、公式ルートを使うのがもっと適切であると考え、デリーでの大使レベルでの交渉を考えていた。

高良女史のモロトフに対する働き掛けが、上記のような状況だったため回答は無かったが、彼女はソ連の幹部との接触を取るべく、他の道を一生懸命探した。そして、彼女もインドを選んだ。しかし、インドにある自国の大使館と連絡を取っている日本政府と異なり、高良はインドの最高幹部が直接本件に関わって欲しいと依頼することに決めた。

ソ連のI・A・ベネディクトフ駐インド大使の報告によると、インド外務省ピッライ総書記はネール・ジャワハラル宛ての高女史良の手紙を、非公式にネールに渡した。その手紙に彼女はデリーのソ連大使との会談を願い、日本の国会両院の女性議員が日本人送還の話し合いをするため、モスクワに行きたいと言っていることをモスクワに伝えて頂けまいかと書かれてあった。しかし、今回、ソ連外務省幹部は高良女史との協力をしない方が良いと考え、一九五三年八月一八日付の外務省の要請に基づき、ベネディクトフ大使に、本件に関しピッライより改めて照会があった場合、本件はすでに、高良女史より提議があった旨、非公式に回答するよう指示した(48)。

日本人送還の話し合いのためのモスクワ行きと同様な提案を、高良女史はすでにそのときモスクワに滞在していた日本平和委員会委員長大山郁夫教授宛てに、一九五三年七月一四日及び二三日付の電信を打っていた。だが、ソ連政府は大山教授と組んで芝居を打ったのであった。日本と国家間の接触が無い条件下で、ソ連の外交官は日本側にこの問題に関するソ連の積極的な姿勢を伝え、ソ連との二国間交渉に発展して行くよう、より確実なより受け入れやすい道を探ったのであった。

その頃、日本では同胞の復員に対する全国民的な市民運動が広がっていた。五月二六日、復員促進協力会議が、日本全地域代表の参加を得て定期大衆集会を開催した。その集会で、この件に関して在京ソ連代表団に、ソ連政府と接触して調停してくれるよう依頼する決議が採択された。

一月に、この組織はスターリンにも電報を打った。最近、北京が日本人送還に関してとった処置が、日本の家族に大きな印象を与えたように、日本人の早期帰返還は日ソ親善に大きく貢献することを、その中で特に強調した。そこでは、ソ連に抑留中の日本人の数はなお三〇万人を数えたが、その時点でモスクワは、ソ連には戦犯を除き一人たりとも日本人は残っていないと宣言していた(49)。

他の日本の組織、つまり国外在住日本人帰還支援協会もまた、東京のソ連使節団を通して、ソ連、中国の指導者に働きかける試みを行っていた。六月二四日、この組織の請願書が中国国務院総理、毛沢東及びマレンコフ・ソ連首相宛てに発送された。

ソ連首相宛ての書簡には、「日ソの友好関係樹立のため、政治的配慮により、ソ連に抑留中の日本人の早期送還処置を取って欲しい」との希望が述べられていた。協会はさらに、マレンコフに、戦後、ソ連領内で死亡した日本人、及びソ連領内では戦犯の実際の処遇がどうなっているかご連絡戴きたいと記しており、協会は同時に「請願書に復員促進のため、ソ連当局と話し合いのための代表団を送る用意がある」とも、書き記していた(50)。

しかし、東京のソ連使節団は、本件にソ連代表が協力することは非力にして出来ないと断ってきた。そこには、ソ連使節団が日本政府に認められない以上、モスクワと直接交渉してもらわねばならぬと強調してあった。

幸いにも、大山教授がレーニン賞受賞のためソ連を訪問したことが良い結果を招いた。一九五三年七月二二日、彼はモロトフ・ソ連外相と会い、二時間も会談が続き、二国間の関係改善問題についても触れられた。大山教授は日本国民に対するスターリンの新年のメッセージを思い起こして、「極東、及び世界平和強化のために、ソ連政府が日ソ関係の改善に努力していることに感謝の意を表明したのであった」[51]

この会談で、ソ連政府は日本国籍を有する日本人の本国送還の準備があること、また、その最も適切な機関は国際赤十字になるであろう、と日本の客に理解を求めた。モロトフ外相との会談後、大山教授は「フランス通信」記者に、次のように語った。

この会談後、私はソ連政府が日ソ関係改善のために種々の対策を取っていると、想像できるあらゆる根拠を得ました。我々の会談の結果、両国間の文化、通商関係を出来るだけ早く、復活する必要があることが明らかになり、我々はこれを実現するために必要な方法や手段を検討しました。特に日本人捕虜の件に関しては、（日本人教授は）ご存知の通り解決済みと強調しました。それはともかく、ここで言っているのは、ソ連に抑留されている戦犯約二、〇〇〇人のことのみで、私は本件が国際赤十字によって、調整されるものと考えています。私はソ連政府がきっと好意的に、この関係をうまく調整してくれるとの印象を持ったことを付け加えておかねばならぬと思います。[52]

こういう問題の調整を、非政府組織の協力を得て行うアイデアは、すでに何回も日本側でも経験済みであり、比較的最近も、日中社会組織の間で似たような話し合いが行われてきたことが認められる。その結果、中国残留日本人はうまく送還された。

一九五二年一二月一日、「新華社通信」は中華人民共和国中央人民政府の中国残留日本人に関しての声明を発表した。中国政府代表は日本政府当局、または、しかるべき民間団体が中国赤十字と協議する方法で、本件調整のための代表を中国に派遣してはいかがかと提案した。最初は、日本の代表団メンバーの中に九人の参議院代表、六人の衆議院代表が含まれるものと予想されていた。

若干の外交問題、特に中国との単独講和条約締結の可能性の討議も予定されていた。しかし、周恩来は日本の代表団とは送還の時期と融資に関する技術問題のみを討議すると宣言した。これと同時に、彼は将来の、かかる問題討議の「窓を開く」ために、中国側としては、日中の国家組織の代表からなる代表団を交換するつもりがあることを強調した。

中国赤十字社は中華人民共和国政府の指示に従い、日中友好協会、アジア太平洋地域平和擁護日本委員会、及び日本赤十字社より各二名、それに、高良参議院議員の合計七名の参加を提案した。日本の代表団は一九五三年一月三一日に北京に到着した。会談は二月一五日に始まり、三月五日に共同コミュニケを発表して終了した。

捕虜送還問題に関する日中会談が成功裏に進んでいるとのグッドニュースを聞いて、大山教授は大変喜んで、モロトフとの会談についての連絡を急いでやって、ソ連政府代表と本件解決のための、仲介役を引き受けた。これに対して、早速、日本側の反応があった。

六　抑留問題打開に動く日本赤十字社

日本では、日本赤十字社より、ソ連赤十字社に直接問い合わせるとともに、国際赤十字を経由して、何回も問い合わせを行い、モスクワからの回答をずっと待っていた。

一九五〇年一一月にモンテカルロで開催された、リガ赤十字社第二一回代表者会議の期間中に、中ソ代表の秘密会議で、島津忠承日本赤十字社総裁は、国際赤十字を通して、両国の領土から、日本国籍を有する者の、送還問題解決のための支援が行われるとの確かな情報を得た。国際赤十字総裁もまた、自分の側から、日独の捕虜問題に関して、すでにソ連の代表と交渉を行っていることを明らかにして、島津氏を励ました。(53)

しかし、事態は一向に進展しなかった。

一九五三年三月二七日、東京で赤十字社第一回大会が開かれた。新たに大会代表の決議として、第二次大戦終了後、七年が経過しているにもかかわらず、今もなお多数の日本国籍を有する者が犯罪者として、または他の良く分からぬ理由で、ソ連領内に抑留されていることに対する懸念が表明された。これに関し、彼らは国際赤十字委員会、リガ赤十字社、ソ連赤十字社・赤色新月社連合会に、これら日本人の祖国送還の努力を続行するよう要請し、恩赦の担当組織宛てに決議文も送付した。この書類に一九五二年八月にトロントで行われた、第一八回赤十字国際会議「決議Ｖ２０」が引用されていた。(54)

しかし、本件に関する日本赤十字社からのモスクワに対する直接の呼び掛け、また、リガ赤十字社大会及び国際赤十字から入手した決議を支持する書簡について、ソ連赤十字社・赤色新月社連合会執行委員会は、これらの要請には回答しない方が適切と考えた。この点について、グロムイコ宛ての書簡で、一九五三年六月一日ソ連外務省に連絡した。この書簡は、ソ連対外政策のトップと解決策を相談してもらう目的であった。外務省領土条約法務課の専門家は、ソ連赤十字社・赤色新月社連合会ハラトコフ執行委員長は一九五三年六月二〇日付のＮ・Ｔ・フェドレンコ極東第二部長署名の秘密文書で、その点に付いて情報を得ていた。外務省はまたしても、待ちの戦術を選んだのであった。

しかし、待ちのための時間は、すでに残されていなかった。同じ六月二〇日、赤十字国際委員会は、日本赤十字社に電報を打っており、そこには、赤十字国際委員会委員長はソ連及び中国宛てに、これらの国に未だに抑留されている日本人を解放するよう要請したことが通報されていた。電報には、さらに赤十字国際委員会は、人道小包を送れるよう、抑留中の日本人捕虜の姓名をはっきりするよう努力中とも書かれていた。

日本赤十字社は返電で、赤十字国際委員会に、五月開催の赤十字国際委員会創立七十五周年の際に、採択された決議に基づき、日本人捕虜の送還に関して、これらの国に働き掛け支援してくれるよう改めて依頼した。

これと同時に、島津日本赤十字社総裁は、この秋にソ連に抑留中の日本人返還交渉のためモスクワに行く予定であると新聞に発表した。七月一六日の「汎アジアニュース南」通信社は、北京での、中国からの日本人送還交渉の日本代表団団長を務めた島津氏が、八月二四日にジュネーブで開催予定の国際連合捕虜問題特別委員会の日本側使節団代表として指名されることが期待されると報じた。特別委終了後、彼はモスクワ訪問を計画していた。そして、彼が戦後、日本政府の公式許可を得て、ソ連を訪問した最初の日本人となった。(55)

しかし、大山教授から、一九五三年七月二二日に到着した情報の方が、この計画の実現より早かった。彼はモスクワより、日本人捕虜返還問題は赤十字国際委員会、及び対応する赤十字社が調整する見込みであることを知らせてきた。

七月二三日には、すでに、日本赤十字社から、ソ連赤十字・赤色新月社連合会宛てに次のような国際電報が入っていた。

> 七月二二日、我々はモスクワより国際電報を受け取った。その電報にはスターリン平和賞受賞の大山教授がモロトフ氏との会談から、ソ連残留日本人戦犯解放の問題は、赤十字国際委員会を通してしかるべきアプローチをすれば、容易に解決できるとの印象を持った。そして、ソ連の代表者はこの関連ではよく調整が取れていた。
>
> ご承知の通り、我々は戦犯の運命を深く懸念していた。我々を鼓舞する上記の情報が、貴赤十字社から確認されることを我々は期待している。そして、我々は、貴国に残留している我々の同胞の解放及び送還に関する貴国の要求を全て実行する用意があることを、満足の意を持ってお伝えする。国際赤十字には本件の内容は連絡済みである。[56]

日本赤十字社はまた、この線で効果的な手段を取るよう期待した同様の電報を、赤十字国際委員会に打電した。これと同時に、日本外務省はこの委員会に、「出来るだけ早く日本市民を送還するために善処方を依頼した」のであった。

これと並行して、日本外務省はモスクワとの話し合いの他の有効なチャンネルも利用することを決めた。日本の「共同通信」の報道によると、「外務省は日本大使に、列強のうちの一国で、ソ連大使と会ってもらうか、もし、ソ連政府が日本人捕虜の送還に関するソ連の立場をはっきりした場合、中立国の助力を頼むよう訓令を出す用意がある」ということであった。[57]

外務省在ジュネーブ日本大使館佐藤慶介総領事の連絡によると、ジュネーブ赤十字国際委員会は日本政府の要請に対して、直ちに反応を起し、本件に対する日本政府の要望通りに、日本人捕虜のソ連からの帰還に協力することを約束した。数日後の九月二七日、日本側の依頼により、ほぼ同様の内容の電報がモスクワの赤十字国際委員会に送信された。日本から受け取った情報と並んで、それは、日本人送還の可能性について、ソ連代表に予め事情を良く知らせておきたいとの内容で、同時に、この問題への協力が提案されていた。

赤十字国際委員会が回答を求めていたので、グロムイコ外務次官のスタッフによって、モロトフ名で報告書が用意された。そこには「ソ連からの日本人送還問題を決定した後、あるいは、ソ連赤十字社が直接日本赤十字社に接触した後、ソ連赤十字社・赤色新月社連合執行委員会に、ソ連赤十字は、ソ連から日本人を送還する件につき、日本赤十字と直接接触を開始したことを連絡する旨の回答電を、赤十字国際委員会に送るよう委任する」提案がなされていた(58)。

日本は急いでいたので、ソ連からの回答を待たずに、多分、期待もせずに新たに赤十字国際委員会に支援を頼んだ。八月一四日にソ連赤十字社執行委員会はジュネーブから新しい電報をグロムイコ宛てに転送した。「日本赤十字社は本日、貴殿に伝えて欲しいと次の内容の電報を打電してきた。（七月二三日付弊電参照）この電報をモスクワの外国赤十字にご送付願いたい。ソ連にいる日本国籍者を問題なく送還するために、我々は彼らの解放に関して、日本政府の代表と我々の代表が、話し合いに参加する必要があると考える。輸送、ファイナンス関係の取決めが必要である。さらに、一九四九年から一九五〇年の間に、日本国籍を有する者のソ連領からの大量送還が政府によって行われたときと同様に、貴方の本件に対する御配慮と御協力を是非御願いしたい(59)」

ソ連外務省は最終決定に当たって、いつものように揺れていたが、ともかく、ソ連共産党中央委員会の法令に定められた規則にのっとって、準備が行われた。それらは日本側との接触により政治的に取り決められ、最終的に承認、批准された。一九五三年九月九日付のソ連共産党中央委員会幹部会宛てのソ連外務省記録に、送還すべき日本人の人数に関するデータが出ていた。「四月一五日付ソ連共産党中央委員会の決定として、この国の拘留中の市民を解放し、引き渡し方法、時期、場所について、ソ連外務省は当該国政府との取決めすることを委任された。在ソ日本人総数二、三七八人、そのうち、ソ連共産党中央委員会の上記決定に基づき、日本に送還すべき者一、三三一人、そのうち、刑期完了者五〇六人、恩赦による解放者二六一人、刑期満了前解放者五六四人[60]」

最初は建設的というよりは否定的であった日本の公的筋も、この問題について色々なアプローチの仕方が現れ、大山教授の活動にも対応してきた。八月三〇日、大山教授があたかも日本国民を代表して会談をするような印象を与えるのは、望ましくないと言う意見が衆議院で出され、このあり方が問題となった。外務省の要人は何度も、政府はソ連に抑留されている戦争犯罪人の問題解決に常に大きな関心を示していることを声明してきた。

九月一九日の「汎アジアニュース」の報道によると、「日本外務省はソ連領にある日本人送還問題を討議するために、代表をモスクワに派遣するよう提案を受けた。同時に、東京の前ソ連使節団の問題を討議したいとの提案は、拒否した。しかし、外務省からの情報では、日本代表をソ連の首都に派遣するには問題があった。もし、提案があった場合は、前向きに検討することは出来たが、モスクワより公式提案は受け取っていなかった」とのことである[61]。

現地観測筋は速やかに、二国政府間直接交渉によって、問題を調節しようとの日本側の考え方に気づいた。しかし、ソ連の公式機関は直ちに、日本との交渉から政府関係機関を外すことを選び、両国赤十字代表の参加に限定した。

「日本政府との公式な関係が無かったので、ソ連外務省は、ソ連赤十字執行委員会と日本の団体、すなわち日本平和擁護委員会、日ソ親善協会、日本赤十字社の代表との話し合いによって、日本人の送還を実現するのが適切と考えた。なぜならば中国政府は同じようなやり方で、中国在住の日本人を送還した[62]」。従って、ソ連共産党中央委員会はこの方法を提案した。

決議案には前述の日本の諸団体代表者を、ソ連に招待することが盛り込まれていた。日本赤十字社がソ連側の全ての要求を遂行するために、ソ連に行く用意があることを表明した状況にあってもなお、ソ連外交政策当局は、その条件を最終的な文書にすることを急がなかった。ソ連当局はその提案で、「日本赤十字社自身が中国人民共和国から日本人送還の例を調べて、提案して来ることを想定、日本人送還に関する具体策は、保留としておくことをすすめた。日本赤十字社が我々の受け入れられぬ案を提案して来たときは、本件に関する我々の意見はソ連赤十字社執行委員会の次の電報で回答すると言うことになったかもしれない[63]」と述べた。

このような場合、通常、自国の幹部の承認を取るために、日本側に回答案が求められた。

七　日本人戦犯の個人データ

「在ソ日本人戦犯に関する貴電を受領し、ソ連赤十字社・赤色新月社連合会執行委員会は、本件に関して決定権を有するソ連政府当局と連絡をとり、有罪判決を受けた日本人捕虜、ソ連最高幹部会令に基づき恩赦となった者、この時点で刑期を完了している者の日本送還事業で、直接日本赤十字、その他の日本の社会団体を支援する用意があることをここに通知する」と返電に述べられていた[64]。

これと並行して、ソ連内務省ではまた、一九五三年九月一〇日現在、ソ連にいる日本人のデータをソ連外務省に提示し、さらに、本件の作業を続行した[65]。

監禁中の者の合計	二、三七八人
そのうち捕虜	一、四四六人
a　将官	二九人
b　士官	三六二人
c　兵卒	一、〇五五人
そのうち市民	九三二人
恩赦前刑期免除者	五〇六人
そのうち捕虜	二二人
a　将官	なし
b　士官	なし
c　兵卒	二二人
そのうち市民	四八四人
恩赦による釈放者	二六一人
そのうち捕虜	二五人
a　将官	なし

b　士官	なし
c　兵卒	二五人
そのうち市民	二三六人
刑期満了前放免	五六四人
そのうち捕虜	三七四人
a　将官	二人
b　士官	四〇人
c　兵卒	三三二人
そのうち市民	一九〇人
収監残留者	一、五五三人
そのうち捕虜	一、〇四七人
a　将官	二七人
b　士官	三三二人
c　兵卒	六九八人
そのうち市民	五〇六人
残留刑期三年未満	なし
a　将官	なし
b　士官	なし
c　兵卒	なし
d　市民	なし
残留刑期五年未満	なし
a　将官	なし
b　士官	なし
c　兵卒	なし
d　市民	なし
残留刑期八年未満	六人
a　将官	なし
b　士官	なし
c　兵卒	三人
d　市民	三人
残留刑期一〇年以上	一、五一七人
a　将官	二七人
b　士官	三三二人
c　兵卒	六九五人
d　市民	四七三人

一九五三年九月一八日、ソ連閣僚会議の当該法令が発布されるまで、ソ連側は何らかのステップを取ることを差し控えた。その後、刑期完了者及び恩赦を受けた捕虜の、今後の送還に関する交渉のために、モスク

ワで日本赤十字社代表と面談しても良いと言う日本赤十字社宛てに、ソ連側が提示する電報の文案合意のため、長い時間をかけての打ち合わせが始まった。モスクワはこれまでと同様、急がなかった。ソ連側にとっては、日本側からの新しい具体的提案を受け取ることがより望ましかった。それらを始めるために、まだソ連滞在中の大山教授の助けを求めることとなった。

九月一九日、大山教授はソ連赤十字社・赤色新月連合会V・A・ハラトコフ執行委員長と面談した。そこで、ハラトコフ執行委員長はまだ本当は、日本赤十字社宛てに送付されていない電報の内容を口述した。大山側は改めて自分としてこの通報を受け取る用意があること、そして、それを権限のある日本の機関に伝えることを確認し、その日のうちにそれを実行した。

この日本赤十字社宛ての九月一九日の電報で、ソ連赤十字社は再び捕虜送還問題で日本赤十字社との協力に努力する旨改めて述べ、この団体の代表と直接接触が取れるよう頼んだ。同時に、大山教授は日本平和擁護委員会に、中国との交渉のときと同様に、日本人戦争犯罪人のソ連からの帰還の際も日本赤十字社と連携をとるよう提案する電報を打った。

このソ連外交の狡猾ではないものの、失敗しないやり方で、パートナーと直接接触せずに、再度、相手の立場を調べることに成功した。日本側はいつもの通り、モスクワからの情報を得て実務的に反応した。

九月二一日、大山教授氏の仲介の連絡に基づき、日本赤十字社はソ連赤十字社・赤色新月連合会宛てに、ソ連側が日本人戦犯送還問題解決の準備を行っていることに、感謝の意を表明した電報が発信された。同じ電報には、出来るだけ早く、本件協定書の案文をソ連側に知らせるつもりである、と書かれてあった。感謝電もまた、大山教授宛てに送信された。

しかし今度は、日本の代表はモスクワからの電報を検討した結果、大山教授から状況説明の手紙が到着するまで、何らかの具体的行動を急いで取るべきではないと決めた。その他の未決問題の中に、次回の交渉の場所と時期が不明のまま残されていた。

ソ連側は日本赤十字社の代表と、モスクワで会う用意があることを表明した、日本に対するソ連赤十字社・赤半月連合会実行委員会の回答電は、やはりソ連外務省、内務省、その他のソ連関係機関の同意を得るために、長い時間がかかって、それを日本側が受け取ったのは一〇月一二日前であった。

モスクワからの回答待ちの一〇月四日、日本の厚生省から新しい声明が出された。そこには、日本政府が国際赤十字及び国連に、ソ連領内に抑留されている正確な人数の確定に協力を依頼するつもりである旨が記されていた。戦争終結後、すでに八年が経過しているにもかかわらず、抑留されている日本国籍を有する者のソ連からの送還について、現在、日本赤十字社を通じ、彼らと送還の交渉を行ってはいるが、未だに見通しが明らかでないことが強調されていた。

大臣もまた、日本、及びソ連から公表されている抑留日本人の人数に、大きな隔たりがあり、日本の厚生省の情報によれば、ソ連に少なくとも一四、〇〇〇人の日本人がいるはずであると述べた(66)。

日本の高官のこの発言に反して、二つの社会団体の線での接触は、目に見えて進展した。モスクワから交渉への招待を受け取って、日本赤十字社の幹部は直ちに、代表である須藤孝夫外国課長を日本政府とソ連訪問予定の日本代表団との関係を明らかにするため、外務省に派遣した。

政府は本件に関して外務省アジア五課に、省として今後の行動を承認し、必要な支援をするとの一致した合意を与えた。日本外交政策当局の雰囲気から判断して、日本赤十字社代表がソ連を訪問する件は障害もなく解決され、復員局は戦犯の大部分が本年中に家に帰れるかも知れないと、嬉しい期待を表明した。

「ソ連にいる日本人戦争犯罪人帰国の道」を開いた、大山日本平和擁護委員会委員長とモロトフ・ソ連外相の会談を総合評価して、多くの日本の社会団体も明るい少なからざる期待を表明した。

日本平和擁護委員会が、その声明の中で、特に述べたのは次のことである。「我々はソ連に友好関係を感謝する。しかし、この問題の解決は始まったばかりである。今後は、日本赤十字社が行う交渉をベースにする必要がある。もし、日本赤十字社が人道主義に関心があるなら、日本における平和と友好の雰囲気を強化することが出来るし、問題は直ちに解決されると考える。このために、平和擁護委員会は日本赤十字社との

協力のため、努力を惜しまぬつもりであり、また国民の期待にも答えるつもりでもある」(67)

日本赤十字社宛てに抑留者の親戚から、また普通の日本国民から、送還促進に全力を尽くすようお願いする手紙がどんどん届き始めた。

日本の政府関係者もまた日本赤十字社に、ソ連から同胞の出来るだけ早い送還の実現に尽力するよう要請する一方で、ソ連の新聞に公表されたような、大量の戦犯を日本に送還することが果たして可能か、強い疑問を持っていた。またソ連から受け取った電報を検討して、送還者の枠は刑期満了者、または、恩赦を与えられた者に限定されるかもしれないということを良く認識していた。さらに、日本に本件に関する具体的情報がなかったため、様々な憶測がなされた。電報に刑期満了者のことが書いてあったので、多分、今回の話は主として戦後間もなく法廷に呼び出されて、一〇年以下の刑を受けた人たちのことを対象としているのではないかなどと想像した。

しかし、日本外務省の意見は、送還の見通しは悲観一色の暗いものではなかった。最近、ドイツに対して示したソ連の人道的なジェスチャーは、ソ連の指導者が「平和と人間性」に対する重大な犯罪を除き、抑留戦犯を解放、祖国に放免することに同意したことを、はっきりと意思表示したものであった。昨年九月末、祖国に送還したドイツ戦争犯罪人の中には、二〇年の有罪判決を受けていた者もいた。

この考え方は「信濃毎日新聞」の社説にも書かれていたが、今回送還される人のカテゴリーが、刑期完了者及び恩赦を与えられた人に限られるのは残念である。しかし、社説の執筆者は「問題の解決は、今後の交渉の進行状況によって決まる。全ての戦犯に、送還される希望が無いとは決していえない。今や我々は、ほかの抑留者の運命についても詳しく知る事が出来る。」と書いている。(68)

さらに、新聞はこの問題が、国連捕虜特別委員会成立までの僅かな間に取り上げられ、そこでドイツとイタリアの捕虜に関する同様の問題が検討されたことに、読者の注意を喚起した。しかし、ソ連代表が欠席していたため、会議はこの方向での効果的な対策を採択することが出来なかった。そして、捕虜送還プロセスの早期完了に努力する、との表現に留まらざるを得なかった。

こうした状況下での、ソ連の対日交渉の準備を、新聞は「日本国民に呼び掛けるソ連側からの平和攻勢」と評価すると同時に、当時「日本政府はますます、自分の目論見を全てアメリカに頼る意向を示していた」しかし、上記のこととともに、社説には両国間に外交関係が無い条件の下で、「純粋に人道的見地から取り上げられた復員問題に、政治的粉飾が加えられたこと」に対して、警告がなされていた(69)。

この懸念はすでに、日本人の中国からの送還に関する政府機構間及び民間組織間交渉の経験から出ていた。全ての基になるものは、明らかにここにあった。日本の外務省自身が繰り返し、赤十字社との話し合いには介入しないと公言していたにもかかわず、日本の代表団に「人道的見地から」パスポートを発給する用意があることを確認した。

一〇月一四日、日本赤十字社はソ連赤十字社に一〇月二四日にヘルシンキ経由で、島津忠承総裁、工藤忠雄国際関係局長、木内利三郎同局課長、木崎国義医師、石田国義通訳のメンバーでソ連に行く用意があることを確認した。

代表団出発直前に、日本のマスコミがソ日交渉の見通しについての論争を展開した。一〇月二一日付「朝日新聞」は「今回のモスクワでの交渉では困難な条件が出てくるだろう。第一に、日本側とソ連側の抑留日本人の数に大きな差がある。第二に、抑留中の全日本人をソ連は戦争犯罪人と称している。日本側としてはこれを認めるわけには行かない」と予言した(70)。

この問題に関する別の懸念として、「UP通信」記者は、次のように報じた。一〇月一四日、すでに「日本政府はクレムリンが戦犯の数を明らかにしたことがないと言う単純な理由で、戦犯の人数に関する正確な情報がないため、問題を先鋭化させるのではないか」。さらに、今年初め、「日本ではロシア領、千島列島、樺太に一四、〇〇〇人の日本人市民がいることが明らかになったと報じた」点を指摘した(71)。

一〇月二三日の「ラジオ東京」もまた、「一つ不明な問題が残っている。いったい、何人の戦犯が返還されるのかに注目している」と強調している。ここで、次のデータが引用された。「一九五二年一〇月以降、ソ連にいる日本人戦犯より親戚が受け取った手紙は一、四〇〇通であった。この数はソ連が宣言している日本人戦犯の数一、四八七人に近い。国連の委員会で日本が行った、ソ連にいる日本人戦犯に関する報告によると、次のようになる。ソ連領に生存している日本人一二、七二二人プラス三、二二〇人（著者註　多分生存している者）、死者四〇、七七〇人。従って、二四、八二八人の帰還が期待できる。これらの人々は、本年〔一九五三年〕八月現在、生存しているものと考えられる」[72]。再びコメントとして強調されているのは、日本ではそのときまで、同胞がいかなる戦争犯罪を行ったのか、その内容が不明であった。なぜならば、日本政府はソ連政府から、この件に関するいかなる情報も得ていなかったからである。

一〇月二七日付「朝日新聞」は、再び来るべき話し合いの問題を採り上げ、次のように報じた。復員局の会議で、日本人のソ連からの送還は、本年の一一月後半か一二月前半の見込みであると発表された。この予測は次の根拠に基づくものである。

第一に、新聞記事によれば、「現在、ソ連は平和攻勢をかけている。日本赤十字社の代表をソ連に特別招待することは、日本人を出来るだけ早く帰国させようとするソ連の努力を証明している」

第二に、「一一月一五日に、国連の委員会が招集されるが、ソ連はそれまでに、世界の世論の注意をソ連にひきつけるために、日本人捕虜問題を解決しておこうと決めたのであろう」

第三に、この記事の執筆者は続けて、「最近、捕虜の親戚が受け取った手紙から、彼らは自分の祖国で新年を迎えるつもりのようだ」との「朝日新聞」の見解を述べている。この見解を確認して、復員局長は「多分、一一月後半か一二月前半には、ソ連に抑留中の約一、四〇〇〇人の同胞が帰国するはずだ」と言明した[73]。

しかし、日本代表団メンバーと、ソ連赤十字社・赤色新月連合会執行委員長との第一回会談で、日本人一、四〇〇〇人の話は出なくて、日本人捕虜は全部で四二〇人のみとの話であった。それらのうち、一九五三年三月二七日付のソ連最高幹部会の恩赦令により、期限前に解放された者二七人、ソ連最高裁決定による者三九八人、刑期満了者二二人であった。戦争捕虜の祖国送還以外に、刑期満了、恩赦、期限前解放の者、約九〇〇人の日本国籍市民が対象に含まれていた。

八　日ソ赤十字社のラインで抑留者帰還交渉

一九五三年一〇月三一日に開始されたソ日交渉は、具体的な細部の合意及び今後の共同作業の諸条件についての合意を取り付けるために、何段階もの交渉を経て、それらはコミュニケの形で、今後のベースとして盛り込まれた。同時に、ソ連赤十字社・赤色新月連合会は日本代表団との会談後、会談の詳細メモを上級機関に上げて、そこの厳しい指示・指導を受け、また、次の交渉の運び方に対する指示を受けた。

一九五三年一一月一一日にソ連閣僚会議令が出された後で、日本側との予備協定書を批准し、ソ連代表団は日本国籍の捕虜送還に対する協力に合意することを確認した。そして、送還者人数の確認の後、最終送還条件やその他の問題についてのコミュニケ文案を提示した。

その主な状況は、次の通りである。第一段階の送還は、捕虜四二〇人、市民八五四人であった。上記の者を送還後、残りの日本人捕虜、総計一、〇四七人もまた刑期完了次第、祖国に送還されることになった。日本人捕虜及び日本市民の祖国への送り出し港は、ナホトカ港、または、ソ連側によって指定される任意の他の港と定められた。復員船はソ連赤十字社・赤色新月連合会によって、日本赤十字社に送られた電信による通知後、一〇日以内に日本側により配船されることと取り決められた。

日本船の出港日を日本赤十字社が、ソ連赤十字社・赤色新月連合会執行委員会に通報することが義務づけられた。捕虜の引き渡しは、ソ連赤十字社・赤色新月連合会執行委員会による日本赤十字社総裁及び日本から捕虜引き取りのために入港した船長宛ての氏名リストに基づいて行われ、現認証明書を船長に渡すことになった。日本人捕虜及び市民には、ソ連税関法により持ち出し禁止の物を除き、個人の私物を持ち出すことを許可した。捕虜の乗船開始の瞬間から、食料、医療サービスは日本側の責任範囲と成った。双方は、不測の事態（氷、気象条件など）が起こった際には、送還を一時ストップすることが出来ると取り決めた(74)。

日本赤十字社は、これらの書類には完全には満足しなかった。特にそこに書かれている送還者の人数、一、〇四七人に異議があった。この数字には日本中が動揺した。一一月一一日、東京で約一二、〇〇〇人が参加した大衆集会が開催された。そこで、再び、マレンコフ首相に、ソ連にいる日本人全部を帰すよう訴える決議が採択された。同時に、この決議には赤十字社の線でモスクワでの交渉が開始されたことに対する感謝の意が表明されていた。

ソ連政府が宣言したソ連領にいるはずと確認された一、〇四七人の数字は、日本政府のデータと一致しなかった。この決議はソ連指導部に、ソ連から日本人を全部送還するだけでなく、抑留者の氏名、取り扱い条件、行方不明者、死者、死者の遺骨の返還も含めて、返還リスト作成のために、全面的な支援が必要なことを訴えた。

その他、この集会で毛沢東、国連、日本政府、議会宛て決議が採択された。大会参加者は日本政府に今までのような受身の対策ではなく、具体的な行動に入るよう訴えた(75)。これらの決議は、在日本外国諸代表に手渡された。

モスクワにいる日本代表団のメンバーは、冬季になるとソ連の港湾は閉鎖されて航行不能となる恐れがあるので、送還交渉の停滞を何よりも心配した。日本のマスコミは、この状態を次のようにコメントした。「抑留者送還問題に関するモスクワでの公式交渉は、一一月初めから何の進展もない。この状況が心配を惹き起している」と、日本のラジオが報道した。「最初はこれらの交渉は、うまくいくと期待が表明されたが、送還は来春まで延期となるのではないか。しかし、コメントにはソ連からのわが同胞送還の遅れは、確認や準備に手間取っていることが強調されていた。関係者は若干の遅れはあるとしても、最初に、ソ連側が交渉を行うことを提案してきたのであるから、この交渉が潰え去るようなことはありえない」と考えた(76)。

こうした状況のもとで、ソ連側から提案された書類の草案に対して、東京からしかるべき指示を受けて、日本代表団は一、〇四七人の人数問題を除いて了承した。一九五三年一一月一九日付コミュニケ調印の際、日本赤十字社島津総裁はハラトコフ・ソ連赤十字社・赤色新月連合会総裁に、日本赤十字社「功労」勲章を授与した。それと同時に、日本代表団は送還第一グループ八一〇人が、すでにナホトカ港に集結しており、送還は日本赤十字社が電信で通知してから一〇日後に行われる見込みとの通報を受けた。

実際には、これが捕虜に関する日ソ代表の最初の交渉であった。問題の範囲が広く、日本人のグループを監獄から解放し、祖国に送り出す仕事を組織のみに限定することができなかったのはけだし当然である。

捕虜家族代表小幡とみは、日本代表団のメンバーが、モスクワを出発する前に聞いてきて欲しいと頼まれた、全ての問題を交渉時に採り上げてくれたことを、家族が大変に喜んでいることを明らかにした。彼女の言によれば、「家族が最も心配していることは、送還者の中に入っていない、ソ連に残された日本人のことであり、もし代表団がすべて検討し、残留日本人が日本で刑期を満了することが可能かという問題すらも、代表団が採り上げてくれたなら、家族はどんなにか心穏やかであったろう」と語った。(77)

まず最初に、日本側は日本人捕虜のソ連での残存刑期を、日本の監獄で完了することが可能かに関心を持った。これについては直ちに、本件は司法機関の専管事項であるとの回答があった。ソ連当局に提議されたもっと重要な問題は、捕虜として働いた報酬を日本人捕虜に支給するのか、そして、ソ連から出国時に、その報酬を持ち出すことは可能か、と言うものであった。回答は、ソ連内務省の合意が必要であるとして、次の確認があった。「日本人捕虜は労働に対して、お金を受け取るが、税関法により、お金を海外に持ち出すことは許可されない。しかし、復員者は所持金で色々な物を購入することは可能である」(78)

ソ連赤十字社・赤色新月連合会執行委員会での最後の会談で、当面の問題として、ソ連当局によって、有罪判決を受けた者、無罪判決を受けた者、送還の指名のあった者、ソ連に家族のある捕虜及び市民、正確な死亡者数、その他、行方不明者、具体的情報のない者などソ連に住んでいる日本人の人数を確定することなど、基本的な問題も提議された。

しかし、現実はあらゆる場合に、ソ連側はデータがないとか、公式報道を引用したり、ソ連の印刷物に公表されたものの参照に留まった。ところで、会談時に、「タス通信」の報道から取った死者、障害者一〇、二六七人という数字がしばしば言われた。具体的リストの提供が拒否されたため現地でしかるべき計算をするのは不可能な状況で、特に戦闘行為終了直後の時期は全く不可能であった。同じことが、中国政府に引き渡すことが確定された日本人捕虜九七一人についても(二一人死亡)、九六九人が引き渡されたとのソ連の印刷物の活字から取った情報が繰り返された。北朝鮮、モンゴル人民共和国在住の日本人の運命を明らかにする件は、直接当事国のしかるべき組織に接触してはとのアイディアが述べられたに過ぎない。

既存の国際的基準を変更することは出来ないとの官僚的口実のもとに、ソ連赤十字社経由で、収容中の日本人宛ての手紙を渡して欲しいとの日本側の依頼は無視された。この規則は代表団メンバーが、日本から同胞に直接渡すために持ってきた郵便物にも厳格な適用された。

ソ連赤十字社・赤色新月連合会幹部会が、日本代表と歩み寄った唯一のことと言えば、日本人捜索問題であって、所定の規則による協力を約束した。この規則には、日本赤十字社が公的な申請書によって、この組織に申し出るべきことが規定されていた。(ソ連赤十字社・赤色新月連合会の基本的活動方針の一つが正にここにあることは明らかである)

日本の代表団にはイワノボ州の捕虜収容所を訪問し、元関東軍司令官山田乙三及び二六人の元日本軍将軍に面会する機会が与えられた。彼等との対話により、代表団は上級将校のためのこのエリート用収容所での収容者に対する処遇内容が良好である、と確信することが出来た。

日本共産党の報道機関、特に「自由日本放送」(北京で日本向けに送った短波放送」はこの会見について、「中国及びソ連にいる日本人の帰還は極めて重大な問題であり、国民は政府がこれを解決するのを待っている。こういう問題は、通常、国家間の交渉で解決されなければならないが、それにもかかわらず両問題は市

民団体のすなわち国民の努力によってのみ解決されてきた」と論評した。(79)

日本では全般的に交渉の成功が認められた。コミュニケが署名されたのみならず、直ちにその実現が開始されたのである。一一月二八日には四二〇人の日本人捕虜及び三八九人の一般市民合計八〇九人(一名は帰還を拒否)がナホトカ港より興安丸に乗船、一二月一日に無事舞鶴港に到着した。

一二月二日、日本赤十字社指導者はソ連を飛び立ち、一二月九日、日本に帰国し、ソ連大使館を訪問、ソ連大使館員に謝意を表明した。祖国に帰ると直ちに行われた記者会見で、日本赤十字社代表島津氏と赤十字社渉外部部長工藤氏は、一月に北京で行われた帰還交渉のときよりも、モスクワでの交渉は遥かに困難が少なかったと強調した。

彼等はまた刑期が終了するロシアにいる一、〇四七人全ての捕虜が直ちに帰国するだろうと報告した。両氏はまた、故近衛文麿首相の子息である近衛文隆も、四六四人の帰国予定者からなる、近く日本に帰国することになっている第二陣に入るだろうと述べた。(同人はイワノフスク州チェルニツィ村の第四八収容所で釈放を待たずに、一〇月二九日死亡した)一九五〇年に中華人民共和国政府に引き渡された九六九人の捕虜及びモンゴル、北朝鮮になお抑留されている者については、日本当局と協議の後、本件につき、三か国の赤十字社と交渉を行うつもりであると述べた。(80)

一二月九日、日ソ間の交渉結果についての、日本赤十字社代表団の報告書は、帰還問題に関する衆議院特別委員会に提出された。工藤氏は「モスクワで行われた交渉は多分、完全なものではないかもしれないが、この交渉は将来の交渉に道を開く上で役立つであろう」と評価した。(81)

大山教授の名誉をたたえるために催された祝宴で、工藤氏は演説を行った。日本の政界、経済界、文化界代表二五〇人の出席者のもとで、工藤氏は帰還事業における大山教授の努力に感謝した。工藤氏は「ソ連からすべての抑留者が帰還するのは、遠い将来のことであろう。その実現のためには、日ソ国民間の友好関係の確立が大きな意味を持つであろう」と述べた。(82)

日本代表団長島津氏の声明も、本質的に同じ言葉を繰り返しており、「プラウダ」紙に引用された。帰国を前にモスクワで島津氏は、「残念ながら戦後、長年、日ソ間には正常な外交関係がなかった。しかし、我々のモスクワ滞在と交渉結果は、日ソ国民の更なる接近に貢献したものと深く確信する」と述べた。[83]

一九五三年一二月二四日、日本赤十字社は、電報によりソ連赤十字社執行委員会に日本人第二グループの帰還の時期について照会し、第二船の出発を遅延させないように要請した。一九五四年三月一八日、ナホトカ港で四二〇人（成人四一五人、子供五人）の帰還者グループの日本側への引渡しが行われた。三月二〇日、第二陣は帰国した。

ナホトカ港における日本赤十字社の代表として、この帰還グループを受け取るために訪ソした渉外部長工藤氏は、ソ連赤十字社及び共産党宛てに多くの文書を手交し、完遂された作業に対する感謝の言葉とともに、新しい諸問題を提起した。

その中では特に抑留中の一、〇四七人の日本人が、日本の親族と文通する機会がないと触れている。またソ連赤十字社に対し、日本人捕虜が恩赦により早急に釈放されること、裁判結果の見直し、刑期を終了した者を大量帰還を待たずに、個別的に帰国させることについて一層の努力をしてもらいたい旨の要請が語られている。具体的な人間の捜索、ソ連で死亡した日本人の名前、年齢、階級、日本における住所を解明し、さらに死亡年月日、場所、死因についての情報提供などについて、日本赤十字社の要請が述べられている。

一九五四年四月七日、日本赤十字社は、ソ連にいる日本人の調査結果については今のところ如何なる情報も無いとの結果を、航空便で受け取った。この件に関し日本赤十字社の調査課長は、ソ連赤十字社は行方不明者の探索に誠実に対応しており、今回の回答は行方不明者の家族に希望を与えるものであることが明らかになった、と述べた。[84]

一九五四年三月二七日、日本赤十字社の年次総会が開催され、採択された決議の中で、「日本赤十字社第二次年次総会は、一九五四年三月二七日開催されたが、総会はソ連赤十字社・赤色新月連合会に対して、両社が今回日本人のソ連領からの帰還のために果たした人道的努力に対し深い謝意を表し、両社ができる限り早くソ連にいる全ての日本人が帰国できるよう協力を継続してもらいたいと心から希望する」と述べている。[85]

　さらに日本政府は、何千人もの日本人がまだソ連にいる、と声明することを止めなかった。三月二九日、日本国外相はその演説の一つで、ソ連にはなお一二、六〇〇人の日本人がいるということを想起させることをやめなかった。その際、外相は自己弁明のため、この数字は必ずしも正確ではない、なぜならばこの数字はソ連に日本人が送った手紙の数及びその他の「間接的資料」に基づくものであると付け加えた。[86]

九　日本人の継続帰還求める大量の手紙

　ソ連指導部宛ての日本人の継続帰還を要請する大量の手紙が、日本から送られることは止まらなかった。一九五四年四月一〇日、ソ連から帰還した者によって創設された組織である、ソ連より日本人帰還促進協会の大会決議は、G・M・マレンコフ宛てに送付された。「ソ連は一九四五年八月満州を突然攻撃した際、貴国政府は〝日本人を救う〟と声明した。日本人は今その声明の正しさを確信したい」と、かつての捕虜たちは書いている。[87]

　太平洋戦争にソ連が参戦して九周年が近づくと、幾つかの日本の超国家主義団体はソ連政府に対して新たな要求を提起し始めた。

「日本占領後、ソ連により殺戮された日本人に対する補償金を支払うこと」また、「中立条約を違反したことに対して謝罪すべきこと」について述べている。[88]

　しかし、全般的には日本人の帰還を求める諸団体の政治路線は政府機関の一層の接近に賛同する点を除き、事実上変更は無かった。

　四月七日、衆議院の帰還問題委員会は、会期終了後の四月中旬に、ソ連赤十字社に対し、帰還に対する援助に感謝を伝え、またこの人道的措置の継続について交渉を続けるために、国会議員団をモスクワに派遣する提案を行った。しかし、この提案を実現する前に、代表団は本件につき外務省と日本赤十字社と協議を行った。この結果、日本の国会議員団はストックホルムで六月二〇日から二六日まで開催が予定されている国際平和会議に初めて参加した後、ソ連を訪問し、一ヶ月間滞在するとの決定がなされた。訪ソ後中国を訪問し、香港経由で帰国することを計画した。

ソ日戦争終了後、これは最初の日本の国会議員団であった。議員団には事実上、日本の国会の全党の代表が参加した。その後、ソ連で判明した情報では、政治社会活動家の中には、中曽根康弘、桜内義雄、松前重義らが入っていた。この訪問は国家間レベルの関係正常化の始まりととらえることができる。

これと同時に進行していた交渉も、その意義を失っていない。社会的団体を通じる交渉もその意義を失っていない。一九五四年五月六日、日本赤十字社はV・A・ハラトコフ宛てに航空便を送付した。書簡の中には、最近、帰国した日本人からえた情報によれば、刑期を終えて釈放された「かなりの数」の日本人がソ連に住んでいると記されていた。同時に、ソ連赤十字社がこれらの日本人の帰国についても協力要請が表明されていた。書簡には、また手紙を受け取ってはいるが、抑留あるいは釈放され生存している（近衛文麿の息子近衛文隆のような）一、〇四七人の日本人リストに記載されていない者がいるかどうか、尋ねていた。日本赤十字社はこの手紙について、五月二四日からオスロで開催される、ソ連の代表団も出席を予定している世界赤十字連盟会義で回答を希望する旨書かれていた。(89)

オスロのこの会議で、日本赤十字社の島津総裁は、日赤、平和委員会および日中友好協会の三つの組織の全権代表の資格で、中国の代表と交渉する任務があった。一九五四年一月七日の数ヵ月前に、日本赤十字社はジュネーブの赤十字連盟の協力のもとに、北朝鮮赤十字社宛てに、北鮮にいる日本人の帰還問題に関して協力を求める電報を送った。

この電報の中で、日本赤十字社は北朝鮮赤十字社が北鮮に残留する日本人について、出来る限り情報を与え、家族との文通に協力し、可能な限りこれら残留日本人の早急な帰還問題に援助して欲しい旨述べた。

終戦時に北朝鮮には二〇万人ほどの日本人が残留したが、一九四六年末より、これらの日本人は南朝鮮経由で帰国したことに考慮しなければならない。大部分の日本人は帰国し、日本政府の資料によれば、この時点でなお北朝鮮には二、〇〇〇人が残留していた。(90)

しかし、北朝鮮との接触はソ連赤十字社との接触よりも困難であった。ソ連赤十字社との協力においてもまた、たえず新しい問題が生起した。それゆえに日本政府や国会の代表はこれらの接触については静観していた。

一九五四年五月六日、日本赤十字社の渉外部長工藤氏および帰還問題局次長田辺氏は何回も日本の国会の衆議院引揚問題特別委員会に召喚され、状況説明を詳細に述べるよう求められた。工藤氏は委員会で、ソ連赤十字社と締結した帰還協定によれば、約一、二〇〇人が帰還し、ソ連には一、〇四七人の戦犯が残っていると報告した。「しかし帰還者から得た情報によれば、刑期を終えた百名の戦犯が残っており、彼等の帰還促進問題を提起している」と工藤氏は強調した。このほか一〇人が戦犯リストに記載されておらず、家族との文通を許されている。したがって日本赤十字社は、ソ連赤十字社に本件についての説明を求めていると述べた。

田辺氏は、一、〇四七人のリストに登載されている戦犯のうち三人はすでに帰還し、帰還者からの情報でわかったことだが、一人はすでに死亡し、その結果、ソ連邦には一、〇四三人が残っていると述べた。帰還者からの情報によれば、生存者は四六〇人であり、そのうち百人は刑期を終了したものであるとの情報がある。[91]

日本赤十字社はソ連からの日本人の帰還の実現に努力を続けた。

一九五四年七月二三日、日本赤十字社はソ連赤十字社執行委員会及び共産党に対し、「本件の早急な満足できる解決のための協力」を要請する電報を送った。日本の報道によれば、A・Y・ビシンスキー外務次官は、一九五四年七月二二日、日本の国会議員との会談で、「刑期を軽減し、抑留日本人を釈放する問題は、肯定的に解決されるであろうと確信する」と述べた模様である。[92]

実際、戦犯については日本の国会議員団との会談で、ビシンスキーは、「自分が承知しているところでは、現在ソ連の司法当局は、日本人の刑期終了前の釈放の可能性について検討している」と述べた。[93]

ソ連当局者の言明は、日本で広範な反響を呼んだ。

一九五四年八月七日、ソ連抑留者日本人家族全国協会は創立一周記念の総会で、ビシンスキー宛てに電報を送り、その内容は日本人の早期釈放措置を取ることを呼びかけるものであった。同様の内容の電報が、大会全参加者の署名を付してマレンコフ・ソ連首相宛てに送られた。

一一月二七日付「朝日新聞」は、「日本赤十字社島津代表はモスクワに、抑留日本人に関する釈放要請の電報を打電した。日ソの赤十字社間の連絡は、ソ連からの第二陣の帰還から途絶えていた」と報じた。この時点までに、ソ連から第一、二陣一、二二九人が帰還していた。

電報の中で島津氏は、刑期を終了し、ソ連邦に残留している日本人で、帰国を希望する日本人の早急な帰還を依頼した。これと同時に、抑留あるいは釈放された日本人で文通が開始されてはいるが、先にソ連日赤が発表した一、〇四七人のなかに入っているかどうかの問題を提起した。同時に抑留者リストに掲げられてはいるが、如何なる文通も実現されていない抑留者の所在地について質問した(94)。

日本ではソ連からの日本人の帰還の最終段階は、一九五〇年末から一九五五年初めと期待されていた。一九五四年の終わりにかけて、直ぐに帰国が出来ると伝える手紙が日本人家族からますます寄せられた。これに関し、一九五四年一二月二二日、戦犯家族会代表が、鳩山一郎首相、重光葵外相を訪問して陳情書を手渡した。陳情書には、日本政府に対し、共産圏諸国に日本人の帰還促進を目的とした政府代表団を送るとともに、多くのその他の政治的措置をとるよう要請していた。

一二月二八日、衆議院引揚問題特別委員会は、マレンコフ・ソ連首相およびモロトフ外相宛てに航空便を送った。その中で日本人帰還問題に対するソ連政府の善意に感謝が表明されていた。またソ連に住む日本人からの手紙を引用し、彼等の日本への早期帰還の問題について触れていた。同日、帰還問題国民運動及びその他の組織の代表を伴って、委員会の指導部は同じ目的をもって東京のソ連大使館を訪問した。

今後の一層の帰還促進についての日本側の要請に、少数の戦犯グループが加わった。これは彼等が釈放されたことによって可能になったことであった。一九五五年四月一五日、八六人の日本人と二人の子供が日本に送還された。そのうち四四人はソ連に自由に居住していた者であり、四二人は、矯正収容所から刑期終了後釈放された者であるか、ソ連司法当局によって、刑期終了前に釈放された者であった。その中には、日本赤十字社の要請にもとづき、ソ連刑事訴訟法四五七条に基づき、重病を理由に釈放された者がいた。日本赤十字社は一一人の重病の囚人及び二人のソ連閣僚会議付属国家保安委員会（ＫＧＢ）の決定による刑期前の釈放と、帰還が決定されていた者を含んでいた。

一九五五年八月三〇日に三六人が帰国し、同年一二月九日に四三人が帰国した。一九五六年三月、赤十字社を通じて一八人の釈放されたグループが帰国した。五月二八日、ソ連赤十字社はさらに日本赤十字社に対して、六〇人の帰還者のため、六月中旬の配船を要請した。これに続きさらに百人の帰還を準備することとなった。こうして一九五六年七月末には、ソ連に残ったのは日本人は一、〇〇〇人あまりであった。

それにもかかわらず、日本人戦犯の刑期前釈放と帰国の最終的解決は、ソ日関係正常化の進展による対日関係の全般的改善まで延期された。

第七章

ソ日関係正常化で日本人捕虜のソ連からの帰還が完了

一　平和条約は国民の要求か政治家の取引か

ソ日関係正常化の道は、その一部に日本人のソ連からの帰還完了問題があり、日本の政界、財界で激しい論争点となった。ソ日関係を改善する目的を持ったソ連指導部の「平和攻勢」に、肯定的に反応した政治勢力は、鳩山一郎を党首とする民主党であった。

鳩山は、吉田首相の過去のあまりにも親米的な路線に反対する、従前からの保守陣営の政治エリート層を代表していた。ところで、この古い政治世代が政治の前面に出てきたことは、過去への回帰を意味しなかった。鳩山は、自分の政治路線を国民から広範な支持を獲得することを目指して、世論に積極的に訴えた。鳩山は、日本が早急に戦後、国民を捕らえた重苦しい敗戦気分から抜け出し、かっての偉大にして独立した国民の精神の再生を呼び掛けた。日本の政治経済の自立性、独立性の強化路線が民主党の政権公約に反映されている。

一九五三年三月の国会選挙で、民主党はソ連との関係回復に賛成する選挙民の気持を広範に利用し、選挙民に対してソ日関係の改善の方向に具体的な措置を取ることを約束した。一九五四年末、政権交代が起こり、日本の指導者に鳩山氏が就任した。鳩山の公約は、現実的基盤を獲得した。

一九五四年一二月九日、鳩山内閣の重光　葵外相は、「UP通信」記者に対して、「日本は、もし彼等が掲げる平和共存政策を現実に実行するならば、大陸の隣人たちと関係を改善する用意がある」と言明した(1)。

外相は具体的な国名を述べなかったが、彼の言明の意図は明らかである。一九五二年四月二八日、サンフランシスコ平和条約が発効した日、吉田政府は台湾との平和条約に署名した。この措置はかなりの程度、米国に対する譲歩であった。当時、国民党政府は中国の唯一の正当政府とみなされ、中華人民共和国政府は中国人民を代表することを拒否されていた。日本にとっては、大陸中国との公然たる対決は困難であり、台湾との平和条約は避けられぬ措置であった。

日本政府にとって、少なからず重要で困難なものが対ソ政策であった。吉田前内閣は米国の圧力のもとに、ソ連との貿易経済関係及び文化交流も禁止していた。また、駐日ソ連代表への入国ビザも発行せず、駐日ソ連代表部員の家族にも入国ビザを発給しなかった。

したがって、重光の言明は日本では直ちに広範な支持を受けることとなった。このような国民感情の影響下に、一二月一一日、外相は日本の外交政策全般を分析し、相互に受け入れ可能な条件のもとで、ソ連と中国との国家関係の樹立を呼び掛ける政府プランを具体化した。これに続き、国民世論の賛同を得て、国会における影響力のある親米派の反対にもかかわらず、ソ連との正常な外交関係樹立のための政府の意図を公式に声明した。

この提案はモスクワでは肯定的に受け取られた。ソ連はすでにかなり前から具体的な活動を開始する気持ちであった。一九五四年九月一一日、「中部日本新聞」編集局長とのインタビューで、モロトフ・ソ連外相は、ソ連政府に代わって日本との外交関係樹立の用意がある旨表明した。同年一〇月一二日、ソ連と中華人民共和国の両国政府は共同声明を発表し、その中で日本との全面的関係改善に賛成する旨発表した。

このため、日本のこの公式提案に対して、ソ連から即座に公開の回答が寄せられた。一九五四年一二月一六日、モロトフ・ソ連外相声明の形式で表明されている。すなわち「ソ連は、関係改善の用意のある全ての国との関係発展の用意がある。このソ連の政策は対日関係についても該当するものであり、なんとなれば、ソ日関係の正常化は両国の利益のみならず、極東の平和の強化と国際的緊張緩和に関心を寄せる全ての国の利益に答えるものである」と述べている。結論として、もし日本政府がこの方向に具体的な措置をとる意図があるならば、ソ連政府はソ日関係の正常化実現のため、具体的措置を検討する用意がある、と強調している(2)。

日本政府の反応もまた迅速であった。日本の報道機関が報ずるところによれば、鳩山内閣は日ソ間の戦争状態を終了させることに大きな注意を払いながら、ソ連との正常な関係の確立を計画した。前内閣がソ連との外交関係樹立のための前提条件として、歯舞、色丹島の返還及び全ての日本人のソ連からの帰還を前提条件としたのに対し、鳩山内閣は異なった戦術を取った(3)。

民主党の本件に関する政策の違いは、基本的問題の完全な解決のために、最後通告戦術を否定したことにある。新首相とその支持者は国際緊張の緩和を目的として、ソ日間の戦争状態の法律的終結が不可欠であり、その後で段階的に論争点の調整にとりかかるというものであった。

しかし、この時点では政府部内にもソ連との交渉の性格や目的について統一的な見解は無かった。たとえば重光外相は、すべてのソ日間の問題解決に先立って、完全な規模を持った平和条約の締結のため長期交渉を開始することを提案した。ソ日関係の正常化は米国の活動に対しても、重大な障害となった。二国間交渉の始まる前に、すでにJ・ダレス米国務長官は、鳩山首相に書簡を送り、ソ連との関係改善に日本政府が反対すべきであり、さもなければ日本に対する援助を停止すると脅した。しかし、日本の首相は自分の政策を維持しつづけた。

二月一日「UP通信」記者との会談で、鳩山首相は日本の領土の返還、日本人抑留者の返還を求め、公海上の漁業権を求める交渉を開始したい。しかし、我々は「第一に、両国間の戦争状態の終結に関して、ソ連の声明を求めなければならない」と強調した。(4)

日本では最初、これが戦勝国として一方的宣言の表明によって実現され、その後両国が通商代表部を設置することによって実現されるものと期待されていた。しかし、このシナリオは、両国にとって受け入れられないものと判明し、両国は二国間交渉の道を選択した。

米国の圧力のもとで、日本政府はこの交渉をニューヨークで行うことを提案した。ニューヨークなら、米国政府は交渉過程に常時、影響を与えることが出来るからである。しかし、長期の協議の後、交渉場所としてロンドンを選択した。

ソ連政府は交渉の全権として、Y・A・マリク英国駐在ソ連大使を任命した。マリクは一九四二―一九四五年の間、東京駐在大使を務め、その後一九四八年から一九五二年まで、ニューヨークの国連安全保障理事会でソ連代表を務めた著名な外交官であった。ソ連政府がマリクをソ連の代表団長として選んだことは、極めて的を射たものであった。なぜならマリクは日本外交の慣行を熟知していたからである。日本側の代表には、鳩山首相の信任の厚い人物、松本俊一駐英大使が任命された。

しかし、公式交渉が始まる前に、一九五五年五月二六日、日本の国会では来たる二国間会談の日程について、詳細かつ慎重な審議が行われた。この結果、日本の外交官は交渉遂行の令状を受け取った。

重光外相はこの目的で国会で演説し、将来の行動計画について詳細に述べた。重光は第一に、来たるロンドン交渉の日本側代表団は、ソ連との外交関係再会問題の審議に移る前に、ソ連側に対して四つの条件を提起することを、議員たちに断言した。その一つは、ソ連領に抑留されている日本人の帰還に関して、ソ連政府の同意を得ることであった。

日本側はまた、ソ連側より日本領土の尊重、内政不干渉、将来の諸問題を平和的に解決する点につき、事前の保証を得ることを期待していた。これら四つの条件については、重光は極めて抑制された報告の中で述べたが、厳しい要求としては提起されず、重光外相は具体的な諸問題の検討前に、以上の条件についての合意を受けたいと述べ理解を求めた。

さらに、次の幾つかの課題について、ソ連政府と合意したいという希望が示された。すなわち、ソ連側が従来阻止していた日本の国連加盟につきソ連側の合意を得ること、また、南樺太及び千島列島、さらに外相が「北海道の一部」であると呼ぶ歯舞群島の返還である。さらに、「第二次大戦後」多くの漁船が、ロシアのパトロール船に拿捕《だほ》されていると外相が言う「北方海域における操業問題」について、ソ連側と調整したいと提起した。また、両国間の貿易の拡大についても触れた。その際、重光外相は「ソ連に抑留されている日本人の釈放と帰還問題は、まず解決されなければならない」と強調した(5)。

重光の演説は、国会で活発な議論を惹起した。その審議過程で北海道選出の自由党代表で、かつ大物産業人である大橋武夫氏は日本政府に対して議員質問を行った。彼の質問は、本質的に彼の属する自由党員の間の支配的な意見を反映していた。

大橋議員の演説の独特な冒頭部分は、「日本人の抑留はポツダム宣言に違反し、国際法や国際慣行を侵犯するものであり、不法な行為であり、人道の観点から見逃すことが出来ない」という事実の確認であった。

自由党の意見を反映し、大橋氏は「本件は日ソ関係正常化の交渉結果如何にかかわらず、早急に実現されなければならない問題である」と主張した。大橋氏は特にこの二つの問題を分けて、検討する必要性を強調した。「二国間関係の調整に結びついた取引対象」に、帰還問題を代えてしまうことに強く反対すると警告した。特に「西側諸国間で合意された行動は、今次交渉の結果に大きな影響を与えるであろう」と強調した。(6)

国会に出席した鳩山首相は演壇に立ち、質問に対して詳細なコメントを述べざるを得なかった。第一に、内閣は、近い将来ソ連に抑留されている者及び捕虜の釈放実現のために、あらゆる努力を行う用意があることを確約した。

「日本政府は今次交渉が開始されると、ソ連政府が残留日本人全ての帰還問題に着手し、彼等の無条件な帰還が早急に実現するよう強く要請していく」と鳩山首相は言明した。(7)

本件を第一に解決することに、大きな関心とその審議に取り掛かる用意があることを示すことによって、国会議員の前で一九五五年五月一日現在の政府が保有する公式数字を公にした。その資料によれば「ソ連領内には一、四五二人が生存しており、その行方が不明な者が一一、一九〇人である。このほか情報の無い、かなりの日本人がいると考える」と付け加えた。(8)

五月二六日は一日中、来たる日ソ交渉の審議に費やされた。この問題は国会のみならず日本政府及び全党の関心事項であった。

民主党及び自由党指導部は本件について、いつものように何よりも深刻な見解の対立をした。民主党は現時点がソ連との外交関係の調整に最も適切な時期とみなしていた。それに対して、自由党は「ソ連に対する外交政策は力によって補強すべきである」と述べ、この意味で現在は交渉を開始すべき時期ではないと反対した。

具体的な問題について、特にソ連からの日本人の帰還要求については、自民党は「本件はポツダム宣言の人道主義の諸原則にもとづき、政府間交渉とは別個に解決されるべきである」と主張した。(9)

日本の政界におけるこれら議論は、ソ連からの日本人の早期帰還を求める日本の様々大衆な組織の声明によってかなり先鋭化した。

一九五五年五月九日、国外に抑留されている日本人救済国民運動総会及びその他の組織は、五月二一日に東京で二国間交渉が始まる前に全国的な大衆集会を開くことを決めた。この集会の目的は、もう一度ソ連からの日本人帰還問題に世界の世論を引き付けることにあった。

このような様々な社会団体のメンバーとともに、集会には労組、婦人、文化団体などの代表が参加し、それぞれの団体がソ連政府に対して、それぞれの要請を送付した。同時に、委員会指導部は抑留中に死亡した者、あるいは収容所で強制労働を強いられた者に対するソ連側の補償を求める意向を表明した。

政府間交渉の準備が進むとともに、日本ではソ連政府宛てにますます多くの新しい要求が提起された。例えば五月一二日、参議院社会労働問題委員会の審議で、ソ連に抑留されているいわゆるすべての戦犯のケースについてソ連政府が正義に基づいて見直しを行うよう、日本政府への要求がなされた。

一九五五年五月二一日、東京日比谷公園で三、〇〇〇人の大衆集会が予定通りに開催された。その集会で鳩山首相は、今回は帰還問題の解決に成功するだろうと、来たる交渉について楽観的な見通しを述べた。その次に日ソ交渉全権松本氏が演壇に立った。松本氏は「戦犯御家族の苦しみは日本国民全員の苦しみである」と強調した。これをソ連側に伝え本件の解決に努力する旨、約した。[10]

来たるべき日ソ平和交渉について、日本の報道機関も詳細に論評した。「毎日新聞」はその論説の中で、次のように触れている。

鳩山首相と重光外相は来るべき日ソ平和交渉に関して、政府の基本政策を最近説明した。

政府の立場は、外交関係の樹立後に領土問題、漁業操業問題の解決にとりかかるのではなく、平行して検討することを予定している。さらに政府は日ソ間の戦争状態の終結のみならず、ソ連との平和条約の締結にまで交渉が進む可能性があると期待している。

我々は政府の政策を支持する。しかし、問題は日本政府が望む全ての問題が解決されなかった場合、平和条約に政府は署名するかどうかの問題である。我々の見解では、一方の要求が百パーセント満たされると言う目標で交渉が行われた場合、外交交渉は成功するとは思わない。同時に、日本は絶対に譲歩できない多くの要求を持っている。したがって、交渉の始まる前に、これらの要求の個々について、最終的な方針を定めておく必要がある[11]

「東京新聞」は平和条約交渉に関して、政党間の交渉の必要性を認めつつ、このたびのソ連との交渉について「サンフランシスコ平和条約のあとの最も大きな外交事件」であると評価した。同時に、同紙は「ソ連側から日本を自由陣営から引き離す可能性」についての懸念を表明した。

同紙は「鳩山首相は慎重な姿勢をとり、日ソ交渉に関して強固な政党間の政策を作り出す上で、野党の支援を求めた。左右社会党は鳩山内閣を支持した。しかし、自由党は鳩山政府の政策に完全には同意していない。ソ連との平和交渉が日本側にとって有利にするために、自由党は鳩山内閣と広範な協力路線を取るべきである」と述べた[12]。

「東京タイムズ」は、第一面を来たる交渉に割き、第一に戦犯の問題について読者の注意を喚起した。今次平和交渉は両国間に生じている問題解決の可能性を持っていると強調しつつ、ソ連側が今次交渉にどれだけ真剣に対応するのかという問題を提起している。「ソ連に抑留されている日本人問題は、我々を困惑させる。戦後一〇年が過ぎてもソ連には戦犯としてなお一、〇〇〇人あまりの日本人が抑留されている。日本外務省の資料によれば、戦犯とは別に、ロシアには多くの日本人が抑留されており、帰国できる日を今か今かと待っている」と論説委員は書いている[13]。

同紙は「ソ連が日本人の帰還問題を来たる平和条約交渉の切り札に利用する可能性もある。日本人の帰還問題は人道問題であり、これを政治目的で利用してはならない。我々はソ連が日ソ交渉に誠実な立場から、また完全な真摯《しんし》さをもって対することを期待する」と書いている[14]。

一九五五年六月一日、ロンドンで、公式な交渉開始前に両国代表団長の会談が行われた。その中で多くの手続き問題が解決された。六月七日、ソ日交渉は本題の内容に突入した。まさにこの日、ソ連政府が西独政府に、両国間の外交関係の復活に関する提案を含む口上書を発出したことは、意義深いことである。こうして、東西同時に戦後の平和交渉が開始されたのであった。

モスクワとの交渉開始の前提条件として、予期されていたように日本代表団は文書の形で有名な「七項目」を提案した。第一項目は日本人及び戦犯の祖国帰還問題であった。この要求の根拠として、松本全権は五月二六日に国会で行われた重光外相演説のテキスト及びそれを基にして作成された、来たる交渉の基本として日本側が提案する覚書を読み上げ、ソ連側に手交した。これと同時に、ソ連側に手交されたものは同日の国会審議の詳細な速記録であり、その中には大橋議員の質問と鳩山首相の回答が含まれていた。

日本側代表団は交渉条件の提案に当たって、単に公式文書に導かれていたのみならず、かなりの程度国民感情にも支配されていた。一九五五年の世論調査によれば、日本人はソ日交渉では帰還問題が最も重要な問題であるとみなしていた(15)。

日本でまったく異なる政治的立場を代表していたのは、日本共産党が北京から日本に向けて放送を行った日本の報道機関であった。特に「自由日本放送」であった。同放送局は二国間交渉に関する論評の中で、日本の新聞、ラジオは国民の意見に合致しない要求を広めていると述べている。日本政府の政治的立場については、日ソ交渉前にソ連の抑留者問題、領土問題その他が解決されなければならない、その後初めて外交関係の回復問題を審議することを計画していると論評した。

「国民にとって、日ソ関係で公然たる問題が存在しているとすれば、それはアメリカによって引き起こされている、ソ連に対する敵対的関係の廃絶問題にほかならない」と「自由日本放送」は断言した(16)。

さらに同ラジオ局はソ連抑留者帰還問題に関して、以下の実情を示し、聴取者に伝えている。

米国と吉田内閣は、ソ連の戦犯帰国の後もなお三六万人の日本人が残留していると断定している。この断定は反ソ宣伝の武器となっている。民主主義的諸団体は勤労者たちに抑留日本人の引用された数字は完全な虚構であると伝えた。

高良とみほか多くの日本人が訪ソし調査した結果、ソ連は戦犯のほか如何なる日本人も抑留していないことが明らかになった。いま最終的に明らかになったことは、米国と吉田内閣のかかる行為はソ連に対して敵対感情を喚起する目的を持った、嘘の反ソ宣伝である…。

このデマ宣伝に失敗し、彼等はソ連に抑留されている日本人の帰還を口実に、戦犯の釈放を要求し始めたのである。しかし、日本は憲法により戦争を放棄し、その結果、相当の義務を自らに課しており、第二次大戦を惹起し、ソ連、中国、アジア諸国に恐るべき損害を与えた戦犯たちの釈放を公然と要求することは出来ない。

それにもかかわらずソ連政府は、日本の戦犯に寛大にも恩赦を与え、祖国帰還を援助してきた。現在ソ連には第一級の戦犯が残っているだけであり、彼等は細菌戦の準備のため、何ら罪の無い人々を残酷に殺害し、また侵略戦争の中心的人物であった者たちである。(17)

このような立場は、ロンドン交渉で二国会談及び協議の最初の段階より、この問題を本質的に回避しようとするソ連代表の政治路線が、日本で一定の支持をある程度受け入れられることを可能にした。

一九五五年六月一四日の第三回会談で、ソ連代表が日本代表団に自らの平和条約草案を日本側に手交した際、以上の点が明確になった。草案は二国間の戦争状態の終結、平等と領土と主権の相互尊重にもとづく外交関係の樹立、内政不干渉、相互不可侵を内容とするものであった。また、ポツダム宣言に宣言された日本に対する有効な国際協定を確認し、具体化するものであった。さらに両国で貿易、航海、漁業、文化協力などについては個別の条約を交渉することを提案していた。ソ連に残留した日本人の帰還問題は、条約草案にはまったく触れられていなかった。

この草案を受け取った日本全権は、再び平和条約締結前に日本人を帰還させる依頼と要求を繰り返した。草案を検討し、東京の当局の見解を通知する旨、答えた。東京の反応は、従来と変らぬものであった。ソ連の条約草案を知ると、重光外相は両国間で合意していた交渉の非公開性を無視して、直ちに日本の主要新聞の政治部長と会議を行った。ここで外相はソ連草案について否定的な反応を示し、ロンドンの日ソ交渉の展望を悲観的に評価した。重光の声明は明らかに交渉を阻害し、自分の周囲に日本及び世界の世論の有利な意見を作り出そうと明らかに意図したものであった。

マリク・ソ連代表は松本全権との会談で、重光外相の行動は両国代表団が事前に合意した約束に反するものであり、相互の合意なしに交渉過程を公表しないという国際慣行に反すると非難した。松本はこの事件について基本的な立場を述べながら、日本側が積極的に取り上げてきた戦犯問題の討議の必要性を強調した。ソ連には一、〇〇〇人あまりの戦犯しかおらず、その他の日本人は帰国しているというマリクの声明によって、戦犯の存在は明白なものであった。

日本人はこの外交的な駆け引きを直ちに理解し、ソ連側が平和条約交渉の討議全体を拒否するための確実な口実として、ソ連代表に理解させることを計算に入れて、公然たる示威活動に移った。松本全権は、六月七日に受け取った文章には諸問題の討議の順番が記されていることに言及しながら、帰還問題の決定はその他の諸問題の検討に優先するものと主張し、このシナリオが実現できない場合には、今後の二国間交渉には参加できないと述べた。日本人戦犯問題に対する日本側の断固たる強力な立場は、マリクが「平和条約締結後、日本人帰還問題は日本側にとって満足の出来る解決が行れるであろう」[18]と確約したにもかかわらず、揺らぐことはなかった。

二　日ソ関係正常化に全抑留者帰還の前提条件

六月一七日、日本外務省は本件について公式声明を発表し、ソ連政府を激しく攻撃し、両国間の平和条約締結の条件として、ソ連国内に抑留されている全ての日本人の帰還が条件であると述べた。同時にこの声明の中には、行方不明者の原因を究明して、死亡者に関する詳細な情報を提供すること、可能な場合にはその遺骨の返還を要求していた。

この声明の後、六月二〇日に重光外相は日ソ交渉に関する各党議員の質問に答え、「ソ連に抑留されている日本人の帰還は、必ず実現されなければならない。それゆえに本件を第一順位で提起している。本件が解決されれば両国関係は正常に動き出し、その時は平静に漁業、領土問題及びその他全ての問題が解決できるであろう。それゆえに我々は帰国問題の解決を執拗に要求しているのである。ソ連側は本件を検討すると述べている」と再び強調した[19]。

この方針に沿って、六月二一日に第四回ソ日・ロンドン交渉の総会で、ソ連との関係正常化の基本条件として、日本側は全ての日本人及び戦犯の釈放と帰還を再び断固要求した。しかし、マリク・ソ連代表は交渉を成功させるための第一歩は日本人の帰還であるとの要求を一週間前に再検討すると約束していたが、今回もまたこの問題についての如何なる具体的な回答も行わなかった。本件の検討は次回会議に持ち越された。松本全権の方は平和条約に関するソ連側草案の検討はまだ終わっておらず、ソ連の日本人問題を再び提起した。松本全権は、彼が保有する公式資料によると、ソ連が戦犯のほか、一、〇〇〇人以上の日本人を抑留していると指摘した。国会の帰還問題委員会の委員から受け取った電報を示し、松本全権は本件の早急な解決を要請した。その際幾度も、日本人帰還問題は日本国内に好い印象を与え、日ソ交渉の進展に肯定的な影響を与えるであろうと強調した。

六月二四日に開催されたソ日代表の会談で、マリクは今回こそ日本側の要求をモスクワに伝えるだろうという希望を述べるほか、本件の解決については何らの建設的な変化ももたらされなかった。予想されたことであったが、日本は再び日本人の帰還についての要請をソ連側に提起した。

ソ連大使館での二時間の会談で、松本全権はマリクに対して、日本人戦犯を人道の観点から直ちに帰国させるべきで、日本人戦犯の問題は第一の重要性を持っており、その他の問題の審議の前に解決されるべきであると述べた。しかし今回は、日本代表団は第二次大戦後ソ連の監獄、労働収容所にいる日本側の推定による約一万二、〇〇〇名の日本人の行方について質問した[20]。

この独特な政治的呼びかけは、日本側の繰り返された要求に関して、モスクワがほぼ三週間も沈黙していることに対して行われたものである。日本側の質問に対して、ソ連代表団はソ連には戦犯しか残っておらず、彼等は刑期が終了すれば帰国することになるだろうと繰り返し述べて、戦犯問題を審議日程から完全に、最終的に除いたかに見えた。

ロンドンで行われている七月一九日の日ソ交渉と平行して、東京・日比谷公園で二三団体の発起による定例の全国集会が開かれた。この集会では日本人の早期釈放、千島と南樺太の返還、北方海域における漁業権の付与をソ連に要求する決議が、一致して行われた。集会の参加者は、日ソ交渉の全権代表である松本氏に特別の訴えを採決した。同時に、ソ連に提起する要求実現のための全国委員会は、集会の決議を鳩山首相と重光外相に手渡す決定を行った。

日本側のこのような執拗な活動に対して、ソ連外務省では急いで、ソ日交渉の日本人帰還問題に関するソ連代表の声明案が準備されていた。「タス通信」によれば、再び帰還過程の数字が繰り返されていた。要するに結論として「ソ連政府は日本人の釈放と帰還を中断しておらず、ソ連における一、〇一六人の戦犯及び三五七人の日本市民の釈放と帰還に関する問題の解決に当たって、ソ連側の人道的に寛容な対応について松本全権は疑問を挟む余地がない」と結論している[21]。

ロンドンでは、モスクワからの新しい指令が待たれていた。この時点で、モスクワでは本件の解決のために、ソ連の諸機関は、一九五五年六月二〇日のソ連共産党中央委員会の指示に基づきソ連にいる外国人の問題につき提案を準備していた。これによって、第二次大戦中行われた犯罪によって、ソ連で収容されているすべての外国人の釈放と帰還問題、彼等を引き続き収容しておくことが、究極的にソ連の国家安全に抵触しない、その他全ての外国人の釈放と帰国問題が出てきた。

ソ連共産中央委員会が中央委員会決定案に添付した一九五五年七月四日付のメモは、日本人に関する特別な項目を含んでいた。その中には刑期を終了した者を日本との交渉の成否に関わりなく、赤十字社を通じてソ連からの帰還を継続することが明記されている。

これに該当する者として、近く一六人の日本人の帰還が予定された。これについては、マリク代表を通じて日本側に通知し、同時に、ソ連に在住する全日本人のリストを日本側に手渡すことが計画された。その際マリクは「刑期を終えていない日本人の釈放問題は、現在検討されている」と述べ、「ソ連最高会議は平和条約締結後帰国させるために恩赦を与える」との確信を表明するよう指示されていた。(22)

文書には日本人釈放に関するソ連最高会議の決定案と、一九五五年五月二三日付ソ連共産党決議により、日本との平和条約締結の翌日、公表するとの決定も添付されていた。

結論として一九四九年のハバロフスク裁判で、細菌戦を準備し実行した者を除き、全ての戦犯と市民を釈放するというものであり、細菌戦関係戦犯についてはさらに刑期を務めても、釈放することは不可能であるとしている。彼等については、日本政府に戦犯として手渡されるとしている。

戦犯で刑期を終了した者及び一般市民一六人の帰還に関するモスクワの政治的な決定は、七月二六日のソ日交渉の会議で日本側に知らされた。これは一九五三年の両国の赤十字社間の共同コミュニケに基づき、ソ連政府が日本に帰還させる第四陣であった。(なおこれに一一人が八月一六日追加された)この措置はソ連政府がソ日関係の正常化を待たずに、日本人をソ連から継続的に帰国させることにより、平和条約草案作成の環境を整えて、交渉を容易にしようとしていることを、日本側に確信させる措置であった。これについて七月二六日に、マリク・ソ連代表はモスクワの同意を得て、松本全権にソ連は自国に抑留されている一、〇一六人の軍人及び市民三五七人の名前を通報する用意があることを知らせた。

その翌日、日本政府当局は、このソ連の姿勢の「驚くべき変化」を歓迎した。しかし、同時に帰還させるとした抑留者の数について若干の失望が表明された。この数字は日本で期待されていた帰還者の約半分であった。日本政府の公式な資料によれば、一、四五二人が生存し収容所にいるが、なお一、〇〇〇人の日本人がサハリンに残留しているとのことであった。このほか一九五〇年以降入手した様々な情報によれば、一〇、〇九〇人の抑留者がいるとされ、彼等の状況と生存場所が不明であった(23)。

さらにソ日交渉はまた中断により、引き延ばされた。「読売新聞」が伝えるところでは、「日本外務省は松本全権より第九回の会談について報告を受け取ったが、交渉はついに具体的な段階に入った。なぜならば日本人の帰還問題の審議が始まったからであり、また日本の国連加盟問題、内政不干渉及びその他のソ日間でそれまで触れることのなかった問題の検討に入ったからであるとの報告を受け取った。

報告の中では、会議の冒頭マリク代表はソ連側の提案についての日本側の回答を聞きたいと述べたが、松本全権は「日本人の帰還問題が交渉の第一段階で解決されるべきだ」と再び声明した(24)。

結局、日本側は交渉の方向を日本人の釈放問題の解決に当てることを目指した。駐英大使で日本代表団代表松本は、一九五五年八月四日に、マリク・ソ連代表との会談でこのことを明白に言明し、多くのほかの問題の中で、特に帰還問題を強調したのである。

松本全権はソ連が刑期を終了した一六人のリストを提供したこと、また、ソ連に残留するすべての日本人の情報を提供すると約束したことによって、日本国内の感情はかなり改善したと述べた。同時に、松本は行方不明となっている日本人のリストの提供を是非求めたいと述べ、これはすべての捕虜の帰還を直ちに求める日本国民の意思であると執拗に説明した。

マリクは、「自分もソ連国民を代表しており、ソ連にも考慮に入れてほしい一定の国民感情がある」ということを、同じように述べざるをえなかった。マリクも日本側に対して、「ソ連には犯罪によって判決を受けた者以外の捕虜はいない。そして現在は帰還問題については全て解決されていて、問題はない。刑期を終えた人間に対しては、彼等を釈放する前に司法的な手続きが必要であり、準備作業が必要である。ソ連は誰かれを分けて抑留する意図はない。それどころか一人一人は厄介者である」と述べた。

「行方不明者については戦時下で、また、戦後直後の混乱で、すべての人間について正確に記録することは出来なかった。したがって行方不明者のリストも、情報も存在しない」。したがってマリクは「もしリストに載っていないたった一人の日本人でも見つかりしだい、直ちに帰還者リストに載せるつもりである」と言わざるをえなかった。(25)

やがて日本代表団は、ロンドンのソ連外交官に対して大攻勢に移った。そのために幾度も会見や会談が行われ、その主要テーマはやはり帰還問題であった。

その兆候となるものは、日本側の要請で定例協議が行われる二日前、在英ソ連大使館S・L・チフビンスキー参事官と朝日新聞ロンドン支局長森恭三氏の非公式会談が行われたことであった。森氏は著名なジャーナリストで長年、海外勤務につき日本の政界と大きな繋がりを持っていた。

森氏の見解では、日ソ関係の調整の遅れは両国民の利益にならない。交渉を円滑に進めるためには、ソ連側が幾つかの譲歩することを森氏は薦めた。特に刑期が終了しているか否かにかかわらず、ソ連にいる戦犯全員を帰国させることである。森氏はソ連政府の決定のためにオーストラリアの例を挙げて、ソ連の監獄や特別収容所にいる、全ての日本人戦犯の刑期を務めさせることを条件に引き渡すことを提案した。

この会見では、日本赤十字社代表団が日本人墓地を訪問し、ソ連で死亡した日本人捕虜の正確な数を調べることが望ましいとの提案も取り上げられた。三番目の譲歩勧告は、ソ連が歯舞群島と色丹島に対する権利を放棄して日本に引き渡すというものであった。森氏は、ソ連政府がこの三つの譲歩をすることが、日ソ外交関係の回復させるための「最小限」必要なものであるとの見解を示した。(26)

チフビンスキーはこの会談から、森氏が提起した問題はロンドンのソ日交渉松本全権により示唆されたものである、との印象を受けた。

日本の報道機関は、ロンドンでの交渉に詳細な光を当てて、交渉プロセスに寄与しようとしていた。各紙はソ連で刑期を終えた捕虜、戦犯の早急な帰国についての日本側代表団の要求を支持した。各紙は日本政府機関に一一、〇〇〇人の日本人がソ連にいると断定的に伝えた。

しかし、ソ連各紙が伝えるところでは、当時、ソ連には一、四八七人の日本人がおり、戦争犯罪により判決を受けた捕虜であるとしていた。交渉開始前に一、四八七人の戦犯のうち、すでに四五〇人以上が帰国していた。(27)

二ヵ月間に、日本側はソ連の平和条約草案の審議を拒否して、日ソ間の基本問題の解決以前のこととして、全日本人戦犯の無条件の、遅滞の無い帰還を求めつづけた。ソ連代表団は会議の席上でも、個々の代表団との対談でも、草案の各条ごとの審議に入りたいと提案し、まず最も容易で論争点の少ない問題を解決し、次いで、より複雑な問題の解決にかかりたいと提案した。平和条約のソ連草案に対するコメントを、日本側は初めて八月九日に述べた。日ソの意見交換の結果、両国間には大部分の条項について、見解の一致が認められた。

一方、日本代表団は八月一六日に、日本側の平和条約草案を提出した。ここで初めて、ソ日二国間の立場の根本的な相違点が明らかになった。それは第一に、領土と海峡問題に関するものであった。

さらに日本側はこの会議で、ソ連に抑留されている日本人の完全なリストを受け取ることを期待していた。そして従来通り、ソ連からの日本人の早急な帰還の要求に固執した。しかし、この方面では如何なる根本的な前進もなく、日本側には不満の波が襲った。

このような状況の原因解決のため、日本側は外務省条約課長高橋道敏氏と駐英ソ連大使館チフビンスキー参事官との会談を提案した。会談は定例のソ日交渉の日の前日である八月二六日に行われた。

日本側代表が最も関心を持つ問題は、翌日の会議でソ連側が抑留捕虜のリストを提出するかどうかであった。高橋はこのリストが受け取れる可能性に深い満足の意を表明し、このことの実現のみならず、その日付もまたソ日交渉の一層の進展に一定の意義を持つだろうと述べた。

この言葉の意味に、彼は日本の一般世論を念頭においていた。この情報は日本では今か今かと待たれていたものであるからである。このリストは一〇年間も何ら情報の無かった何十万人もの自分の肉親、親族の行方を知ることを可能にしたからである。高橋は「捕虜の問題が平和条約のテキストに入らないとしても、それだけに日本政府および日本の世論にとって本件は一番の意義を持っている」と強調した。(28)

日本代表のこの要求は、論理的には無条件降伏に署名し、戦勝国と平和条約を締結することを目指す敗戦国の立場というよりも戦勝国の最後通告に類似したものであった。本件に関して、日本側が交渉で採った強硬な姿勢について諸外国の研究者も関心を持った。

例えば、インドの歴史学者、S・ビシュバナタンは「外交関係回復交渉での日本側代表の声明は、ソ連側代表にしばしば日本は戦争に敗北し、無条件降伏したということを想起させざるを得なかった」(29)

日本側が刑期を終了した日本人捕虜帰還問題の解決を優先的に固執し続けたが、両国の交渉参加者にとってはこれが事の論理に反するということは明白であった。実際、松本全権代表らは、人為的に交渉を引き延ばすという重光外相が与えた使命を遂行していたのである。ロンドン交渉を通じてソ連の外交官たちは、日本側の立場は多くの点で国益によるものではなく、米国の政治的圧力によるものであることを直ちに確信した。ソ連側は交渉で三つの大きな切り札、すなわち日本人捕虜問題、国連加盟問題、オホーツク海での日本漁船の操業権の付与を持っていたが、それらを有効には利用しなかった。

三　領土か人命か――困難な選択に直面する日本

八月三〇日、日本側は領土問題に関する提案を行った。それはサンフランシスコ平和条約で日本が署名し、批准した条文と矛盾するものであった。サンフランシスコ条約では「日本は千島列島と、一九〇五年九月五日付のポーツマツ条約によって主権を獲得した樺太と、その隣接する諸島の法律的根拠と請求の全ての権利を失う」とされている。(30)

今回の日本側提案では、択捉、国後及び歯舞群島に対する日本の主権回復要求とともに、日本側は南樺太及び付属島嶼及び千島列島の領土問題を提起し、それをソ連と日本を含むすべての連合国間の交渉を通して解決することを提案した。

このような問題の取り扱いはまったく根拠がなく、ソ連の国益に反するものとして、ソ連側より直ちに拒否された。しかし、日本全権は引き続く交渉で、必死に要求を認めさせようと試みた。

日本の代表団員と助言者たちは、ソ連外交官との非公式会談で、領土問題は日本の国際的義務であり、軍事的同盟の義務であり、また、日本の海峡を軍艦が通過する条件について理解を求めた。そして、これらの問題は米国の同意なしに、独自に解決することは出来なかった。これらの問題は米国により日本政府が交渉することから除外されていた。したがって、最も合意の達成が困難な問題であった。

ところで、この時点では帰還問題の議論は弱まっていた。一九五五年九月五日、ソ連代表団はロンドン交渉で、日本側にソ連に残留している一、三七三人の日本人リストを提供した。一、〇一六人はかつての捕虜であり、三五七人は一般市民である。説明によれば、リストの中で捕虜となっている者のうち四人は死亡し、一人はドイツ人であることが判明した。したがって、生存者のリストは一、〇一一人がかつての日本軍人であり、三五七人は一般市民である。しかし、実際には三五四人になった。というのは、三人が帰国を拒否したからである。さらに考慮しなければいけないのは、一、三六五人の中にはすでに日本に帰国した者三六人が入っていた。こうして提出されたリストに以上の修正を加えると、未帰還日本人の数は一、三二九人であった(31)。

日本と世界の報道機関は、この事件に様々に反応した。ロンドンの日本のラジオ特派員は、「三ヵ月目に入った日ソ交渉は、ついに一定の前進を見せた。しかし、領土問題やその他の交渉問題は、今まで通りデリケートな状態にある」と報じた(32)。

イギリスの政治評論家O・グリン氏は本件に関して、「見たところでは、幾つかの問題については、ロシア側が頑迷な姿勢を変えていないということは疑いもない。日本の国連加盟問題には事実上合意が達成され、また、内政不干渉、通商問題については合意されたかに見える。またロシア近海で日本の漁業権を付与することも如何なる困難もない。しかし、両国は二つの問題、すなわちロシアが南樺太、千島列島、歯舞、色丹を領有し続けること、第二に日本人捕虜がなおロシアに残留していることについては、両者とも譲らない」と論評した。

リストに掲載された戦犯と市民の数については、グリン氏は、刑期を終えた捕虜とその他の者は釈放されるだろうと言うソ連の声明を引用した。(33)

これらの問題は相互に譲歩することがなかったために、交渉の継続は困難なものとなった。これは九月一三日に行われた第一五回日ソ交渉でも、明らかになった。この会議で松本日本全権は九月五日に、ソ連側から提出された抑留者リスト以外の日本人の情報につき、提供を求めた。

諸外国の報道によれば、「松本全権は東京が行方不明としている一一、〇〇〇人以上の日本兵士の行方について承知していないと言うことに驚愕した。松本は九月一三日の第一五回会議でマリク大使と会い、これら兵士に何が起こったのか知らせるよう求めた。マリクは抑留者問題と、第二次大戦中に日本側が喪失した領土の返還要求について譲歩を拒否したので、会談は明らかに行き詰まった」というものであった。(34)

しかし、このような評価にもかかわらず、ロンドンでのソ日間の交渉を早急に成功裡に達成する見通しは、翌日、西独がモスクワと外交関係を確立したと言う情報により、若干改善した。分析家たちはソ独交渉、ソ日交渉の内容に多くの類似点があり、特に捕虜の帰還問題に関して類似点を見出した。

それまでにドイツは同じく「ロシア人の手中にある」捕虜の早急な解放を求めたが、ソ連側は従来通り平和条約が結ばれるまでは、一定の抑留者グループについては、釈放を断固拒否していた。これに関連して、左右社会党はボンとモスクワの合意をもって、鳩山首相がソ連に譲歩するための一層の梃子となり、そうしない場合には現内閣は瓦解すると予測していた。日本社会党は米国のアジアでの反共戦線を強化するために、海外に日本軍を送ることを米国に約束したかもしれないと言うことで、重光外相に対して不信を表明していた。これと同時に、野党社会党は「西独のコンラッド・アデナウアー首相のような明白な反共義者が、クレムリンと合意できたのだから、鳩山首相もこれが出来るであろう」と声明した。(35)

「朝日新聞」論説員北見忠志氏は、日ソ交渉の展望に関する論文の中で、ソ連との交渉でアデナウアー首相は外交関係の確立を条件に、ソ連残留のドイツ人捕虜の帰還問題をソ連政府に約束させることに成功した、と次のように書いている。

「マリク駐英大使との交渉過程で、わが国の松本全権は抑留日本人の釈放問題について、幾度も取り上げたが、ソ連からの帰還が実現した捕虜の数はわずか二五人であり、その他多くの者の将来はまだ解決されていない。要するにアデナウワーはモスクワに数日滞在することで日本に追いつき追い越したのだ。ソ連に抑留されていたドイツ人捕虜が祖国に帰還し始めたというにニュースが日本に伝わったときに、日本のソ連抑留者たちの家族はどう考えるかを想像することに難くはない。その上考えるべきは、不幸な同抱の解放を望んでいるのは家族だけではなく、全日本人であるということを考慮すべきである」と、北見は締め括っている。[36]

さらに報道機関の予測に反して、現実にはまったく異なる状況が生まれていた。日ソ交渉の最中、マリク駐英大使が第一〇回国連総会に出席することになった。さらなる変化は、日本の国会議員がソ連の指導者N・R・ブルガーニン、N・S・フルシチョフと会見することによって生じた。

日本の国会議員団がモスクワに到着する前、鳩山はソ日交渉での日ソ間の合意達成計画につき、自分が作成した計画を私的会談の中で述べた。日本側はロンドンでのソ日交渉の間、ソ連は日本人捕虜問題が第一番目の優先取り決め事項であることに合意できなかった。したがってこの問題は、モスクワで特別に交渉するという点から出発したのであろう。日本側の計画の作成者は二つの点を念頭に置いていた。

第一に、彼等はソ連に抑留されている日本市民と捕虜の数については、ロンドンのソ日交渉の場ですでに調整され、両国間のリストの差は結果的に三五人―七九人である。この数はこの問題に関して反ソ宣伝の目的で使われた、日本側から最初に提出された数を含んでいない。

第二にソ日間で平和条約を締結することが合意された場合、モスクワで行われる日本人捕虜の問題の交渉は成功するとみなしていた(37)。

しかし、事前に作成された政治的な準備は、日本の国会議員とソ連の指導者との間の交渉では、事実上実現不可能であった。最初の会談での政治的提案は、ソ連側にとっては全部であった。交渉に新しい刺激を与えようと欲して、フルシチョフは課題解決に当たって、次のようなプロセスを提案した。すなわち戦争状態の終結、平和条約の締結、その上で外交関係の確立、それから全ての残りの問題を解決するというものであった。フルシチョフはソ連にとってこれは「プレステージ（威信）の問題である」と、強調した。

「もしソ連が日本側提案の条件を受け入れて、平和条約締結前に捕虜と領土問題を解決するならば、それは平和条約は署名されないと言うことを意味する。ソ連はそのようなことはしない。我々は日本の威信を掘り崩すような如何なる要求も、日本国民に対して提起しない」と、フルシチョフは言明した(38)。

ソ連指導者は日本政府が戦争状態の終結と、正常な外交関係の回復に真剣に対応しておらず、交渉を長引かせていると非難した。フルシチョフは、肯定的な例として「今まで極めて悪い状態にあった」西ドイツの例を挙げた。西ドイツとの外交関係の回復問題は「わずか五日間で解決された」と述べた。このことからフルシチョフは四ヵ月間あれば、両国に意志があるなら、ソ日交渉は十分成功するはずだと述べた。

ソ連側は平和条約を早急に結びたいと言う希望を示す一方で、「歯舞、国後問題が日本側に有利なように解決される」ことを求める日本側代表団の要求に、ソ連指導部は理解を示した。この要請に対する回答として、ソ連指導部は「歯舞、色丹島は日本列島に近いこともあり、日本国の利益とソ日間の友好関係発展のために、日本の国会議員団の要請を好意的に検討する」と約束したことが、報じられている(39)。

こうした経緯の証人が確認するところでは、このような立場は交渉の最初の段階から、ソ連共産党中央委員会政治局によって確認されていた。さらに、このソ連の立場は事前にマリクに知らされているばかりか、一九五五年八月九日までには日本側に非公式に通告されており、日本側は両国の接近と交渉達成の可能性のしるしとしてとらえていた。

一九八九年の「外交フォーラム」誌に掲載されたインタビューで、ロンドン交渉の日本側代表団のメンバーであった新関欣哉は、「日本代表団はソ連側からそのような譲歩を期待していなかった。ところが、マリクの突然の声明は、あたかもフルシチョフが交渉の遅延に不満をもって、このような指示を与えたかのようにとらえられ」と述べている。新関欣哉によると、実は一九五五年七月、すでにモスクワのソ連共産党中央委員会総会で決定されていたことであったのである。(40)

四　日本を非難するフルシチョフ・ソ連首相

しかし、今回日本の国会議員とフルシチョフとの会談速記録を分析したうえで、西側のジャーナリストは、モスクワの外交界では日本との関係正常化のために、ソ連は如何なる前提条件にも合意しないだろう、との意見が広がっているとの見解を表明した。報道機関はフルシチョフがロンドン交渉が失敗したものと見て、アデナウワー首相のときと同じように、モスクワで直接交渉するほうがよいと論評した。

「フルシチョフは、戦犯の釈放と歯舞、色丹の返還は、戦争状態の終結と外交関係の正常化の後、同時に解決さるべきであると明白に述べている」(41)

日本の「ジャパンタイムズ」紙は、フルシチョフが日本政府が交渉を「遅滞」させているのは「不合理である」と非難し、日本側もまたソ連に対して同じような非難をするかもしれないと述べている点を、特に強調した。「遅滞と見解の相違は、別問題である」と、同紙は書いている。(42)

フルシチョフが平和条約締結の後ならば、漁業問題と戦犯問題は簡単に解決されると述べたことに関して、そんなに簡単に解決される問題ならば、なぜ条約の署名を待たなければならないのか、と同紙は驚きを表明している。同紙はこれらの問題について「ソ連の指導者は意識的に日本の世論を攪乱させようと試みている」と報じた。「フルシチョフは現在、ソ連の監獄や収容所に〝人質〟となっている近親者の帰国を、何万もの日本人家族が待っていることを明らかに知っている」と報じた。(43)

この会談の内容が公表された後、鳩山首相は日ソ関係の行き詰まりを解決するために、近く帰国することになっている松本全権と日ソ交渉の過程について検討し、本件の今後の方針を決めると声明した。同じ目的で、鳩山は野党の党首たちと会見する意向を述べた。

他方、外務省、民主党と自由党議員からなる外交協会及び民主党の外交委員会は、いわゆる重光外相構想を断固支持した。戦犯問題と領土問題が解決されないうちは、ソ連との関係正常化は行わない、という意見であった。

こうした議論の結果に対して、松本全権は日本赤十字社で開かれた、海外抑留者帰還促進国民評議会の会員の前で懸念を表明した。彼は日ソ交渉を続けるか否かについて論争が起きているとはっきりと述べた。そして、交渉が中断する場合には、帰還問題もまた延期されることになるとの懸念を表明した。

松本は、この人道問題は全部で一五回行われた会談で討議され、本件はソ連側にとっても非常に大きなテーマであると述べた。ブルガーニン首相とフルシチョフ・ソ連共産党第一書記は日本人の帰還に関してソ連指導部の立場を何回も言及、ロンドン交渉でマリク・ソ連代表がそれを幾度も表明したと証明「ソ連側は今まで交渉取引の人質として、抑留者を利用しようとする考えを捨てなかった」と、松本は述べた。(44)

この会議の組織者、すなわち海外からの帰還促進国民会議は、当時、巨大な社会運動を行うことができ、かつまた、日本の政府機関に最も影響力を持つ団体の一つであった。この組織の権威は、その指導者がかつての外相有田八郎であったことである。彼はそれゆえに鳩山首相に直接会い、ソ連に抑留されている戦犯の帰還問題について、早急な効果的な措置を取るよう働きかけ、また、重光外相とも直接会見することが出来た。

ほかの社会団体も、黙ってはいなかった。未帰還家族の全日本会議の代表二五〇人、海外抑留者同胞支援運動本部はそれぞれの集会で政府に対して、戦後、何らかの情報があった、生存して残留している日本人の帰還の検討を要求した。夕刻、彼らは鳩山首相を訪問して、日ソ交渉で帰還問題を優先させるよう求める要請を行った。彼等は如何なる情報もない一万人以上の日本人に関して、ソ連が調査を行うことを約束しない限り、平和条約を結ばないよう求めた(45)。

一九五六年一月、ロンドン交渉の再開の前に、日本側はソ連が提案している早急な外交関係の回復前に、戦犯問題の調整を求める従来通りの提案を行った。日本の情報筋によると、この交渉の第二段階で、松本はロシアに対してより強硬な姿勢をとったということである。また、鳩山内閣も日本の国連加盟申請に対して、ソ連が拒否権を行使したことから、ソ連には一層譲歩しなくなったとされている。

九月に日本側は、捕虜の釈放と歯舞、色丹の返還で満足するとほのめかしたのに対し、今回は全ての日本人捕虜の釈放と南樺太と千島列島の四つの島の返還に固執した。

ソ連との交渉が緊迫したのは、一九五六年四月に日本の新内閣が発足することと関連していた。与党自由民主党は従来通り、全ての論争点を解決して平和条約締結によるソ連との関係正常化に賛成していた。

一九五五年一一月に民主党と自由党が合同した際、新しい統一党指導者は新たに日本の政策課題を作成した。吉田内閣の目的は、米国との緊密な同盟を基礎に、戦後の発展により有利な条件を達成することにあったが、今次政権は日本の外交を世界的規模の水準に持ち上げることを試みた。ここから新党、自由民主党とその指導者の国際的活動の主要な方針が生まれた。

その第一のものは、アメリカへの接近政策の結果生まれた歪みを是正して、日本の主要な同盟国と真のパートナーシップを獲得しようというものであった。

第二の方向は、輸出市場への接近を保証するために、世界市場に積極的に出ていくことに向けられていた。

これらの目的は、日本政府の現実の政策の中では、ソ連との外交関係の回復、国連への加盟、中華人民共和国との関係正常化に具体化された。

これに関連して新しい保守合同は日ソ交渉に対して特別な政治路線を採択した。それは同時に日本政府の政策でもあった。

その路線とは

―ソ連に対して、ソ連からの日本人の即時完全な帰還を求める。

―歯舞、色丹、南千島の無条件の返還をソ連に対して要求していく。
—その他のかつての日本領土の帰属については、国際会議で関係諸国が決定する。
—平和条約には、内政不干渉条項を入れることを要求する。
—ソ連に対して日本の国連加盟を支持するよう約束を取りつける。[46]

鳩山政府は周知のように以上の路線をロンドンの日ソ交渉で固執したが、予期した成果をもたらせなかった。それゆえに鳩山は、平和条約締結なしに、両国間の関係正常化のための余地があるかどうかを探った。

一九五六年一月一七日、鳩山首相の非公式な代理人であるシミズ氏が、A・I・ドムニツキー・ソ連代表を訪問し、現状におけるロンドン交渉の早急な遂行のための唯一の方法として、鳩山首相及びその支持者はソ連が日本との戦争状態の終結を宣言することであると見なしていると述べた。同時に、これは戦犯の釈放と大使館の相互設置により、その他全ての問題を外交ルートで解決することを意味していた。

具体的な解決方法は次のようなものであった。鳩山はソ連側が日本側の提案に同意するとソ連政府側の確認をドムニツキーを通じて行うことに同意するというものであった。鳩山にとって必要な準備期間を経て、このような提案を松本全権からマリクに対して行うことが計画された。

しかし、モスクワからの回答を得る前に、日本の各紙には、ドムニツキーを通じてソ連側のそのような提案がなされたという情報が報道された。この日本の報道は、日本の世論に驚くべき反応を惹起した。

さらに、一月三一日にシミズ氏は再びドムニツキー氏を訪問し、鳩山はいまブルガーニンに直接接触することができないと通報した。鳩山の側近は、当時、ブルガーニンの鳩山に対する意思表示は、時期早尚であるとみなしていた。と同時に、ソ連首相のそのような呼び掛けは、ロンドン交渉が再び行き詰まる時には受け入れられるだろうと考えていた。予期した通り、これは一九五六年二月中旬に行われることとなっていた。

シミズ氏はまたソ連政府に対して、駐日米国大使アリソン氏が鳩山首相に対して、「米国は日ソ間の交渉

で、西ドイツの交渉で起こったような敗北を再び繰り返すことを許すことは出来ない」と警告した。(47)

分析家たちは、一九五六年二月、ソ日交渉は再び行き詰まったと予測している。一九五六年二月一〇日、歯舞、色丹島を日本側に返還するという領土問題に関する新しい草案が日本側に手交された。しかし、松本全権は新提案が従前の会議でマリクが述べていたことと何ら関わりのない提案であると指摘し、日本側はこの提案に絶対同意できない、とソ連側の新提案を事実上無視した。

三月六日の次の会談で、日本側は日本の世論は交渉達成までまだ熟しておらず、平和条約の締結のためにはさらに二か月必要であると率直に述べた。この声明は交渉中断の準備、またソ連政府に対する圧力とみなすことができる。後者については以下の事件が物語っている。

三月一二日に重光外相は参議院予算委員会で、「ソ連が最近行われたモスクワの党大会の結果、対日政策を変えたことを証明する何らの情報もない」と述べた。「外務省は党大会がロンドンの平和交渉でのソ連の立場に、如何なる影響を与えたか注視してきたが、今のところ何ら変更の兆しも見られない」と付け加えた。(48)

重光外相はその際、日本は従来通り政治路線を堅持するだろうと強調した。再び活動目標が繰り返された。すなわち日本人の早急な帰還、歯舞、色丹、国後、択捉の無条件の返還、そして、南樺太と北千島の将来を、かつての連合国の国際会議によって決めると言う立場である。一九五六年三月二〇日、領土問題の審議が行き詰まり、日本側の意思で会議は一定期間中断された。三月二〇日、日本政府と代表団の立場の合意に必要なものであるとの口実で休会を求めた。そして、実際のところこの休会は自国の領土要求を推し進めるために、日本の政治家が巧みに考えた行動であった。国連第一〇回総会での日本の加盟拒否もまた、日本では一定の否定的な反応を惹起したかに見える。

三月二一日、根本竜太郎官房長官はこの事件を論評して「日本の立場からすれば、ソ連は両国間の平和交渉の完全な中断を避けている」と言明した。また官房長官は、「一時的な交渉の中断は、三月一五日に重光外相がすでに述べていたように、ソ連に抑留されている全ての日本人の帰還問題が遅延することを意味するであろう」と遺憾の意を表明した。さらに官房長官は、「日本は平和交渉の枠の外で日本人の帰還交渉を続行するつもりである」と述べた(49)。

ソ連赤十字社と定期的な接触を維持していた日本赤十字社の代表も、これに反応して発言した。日本赤十字社がソ連赤十字社と協力して行ったことの一つは、日本人捕虜で刑期を終了した者のために、ソ連に人道的な物資を送付することであった。「共同通信」の報道によれば、一九五五年五月四日に日本赤十字社は日本人に対して日本食品を一、四六二キログラム送付した。その内容は、味噌、海苔、醬油などである。これら食品全部が、ハバロフスク及びその他の五か所の収容所に送られた(50)。

新しい状況の中で、日本赤十字社代表は日ソ交渉に生じている事態に関して、次のように自らの見解を表明した。「日本側は最初から、日本人の帰還問題を人道問題として、領土問題と切り離して解決しなければならないとの観点から、日ソ交渉を行ってきた。したがって我々は日ソ交渉の中断にもかかわらず、日本人の帰還交渉は継続されなければならないと考える。抑留者の大量の解放問題が、放置される可能性がある。さらに、我々は刑期を終了した者は、従来通りのやり方で帰還させたい。我々はまた、ソ連赤十字社との関係を強化して、赤十字間の仲介によって帰還問題が解決されるよう、努力するつもりである(51)」

他方、日本政府の指導者及び与党自由民主党の指導者は、一九五六年四月二日に、ソ連に抑留されている日本人の生活状態を視察するためにソ連に議員団を送る決議をした。議員団は帰還問題の解決の方法も見つける努力を行うものと期待された。この使節団の派遣に対するモスクワの同意取り付けは、西春彦駐英大使を通じて行われた。

この情報は捕虜家族たちに様々な反応を引き起こした。ある者はこの議員団の旅行は単に視察的性格を持つとして、帰還問題は無期限に延長されるとの不安が生じ、この気持ちが自然発生的な座り込みストとなった。

この事件に関連して、翌四月三日に東京で重光外相は捕虜家族に対して、もしモスクワが同意するならば、家族にもソ連行きパスポートが発行されるだろうと約束しなければならなかった。　四月一〇日に外務省内で、日本の諸団体の代表団が日本の戦犯を訪問することについて会議が行われた。そこではソ連側の反応に関係なく、幾つかの事態発展のシナリオが作成された。捕虜家族がモスクワに行くことが、ソ連当局の許可を得られなかった場合には、ハバロフスクに派遣する。最悪の場合、この使節団は日本赤十字社の代表団の行程と同じに変更する。しかし、現実はシナリオとは異なった結果となって、ソ連はこれら計画の実現に同意しなかった。

日本人捕虜の収容所を訪問した日本の最近の代表団は、一九五五年九月二〇日の国会議員団であり、訪問先はイワノフスク州レジネフスキー地区のチェルニツイ村の第四八収容所であった。この高級軍人のための収容所には、二三七人の日本とドイツの戦犯が収容されており、そのうち三五人は日本人であり、内訳は二三人が将軍であり、その中には山田乙三元関東軍司令官、一〇人の士官と二人の兵士がいた。議員団は日本人捕虜に面会して、会談する機会が与えられた。

それ以前にこの収容所を訪れたのは、日本赤十字社の代表団であり一九五三年一一月のことであった。また、一九五四年七月には国会議員団が訪れた。国会議員団の後に続いて、この模範収容所を訪問したのは、ソ連政府と漁業交渉のために訪ソ中の河野一郎農相であった。収容者との面会と会談を通じて、日本の高官は日本人の健康状態と収監状態に極めて良い印象を受けた。この収容所訪問による宣伝効果は、ソ連政府が計算していたものであったが、それなりの効果を示した。

「わが国の戦犯がいる収容所という概念は、日本で考えられているものと、我々が個々に見たものとまったく異なる。日本人があのように良い環境に収容されていることに驚いた。私は収容中の誰一人からも不満を聞かなかった。日本に帰国したら、ここでは日本人が如何に収容されているかについて、政府と世論に報告したい」と河野農相は述べた。(52)

この収容所訪問数日前に、河野はブルガーニン・ソ連首相と会見した。彼らの間ではソ日関係に関して、帰還問題も含めて、かなり率直な意見の交換が行われた。

ブルガーニンは河野に、前年、ブルガーニンとフルシチョフが日本の国会議員団と会見したことを、想起させた。

我々はその際、アデナウアー氏と五日間で合意に達し、ドイツ人の帰還が始まった。日本とは一年間も交渉している。五日とは言わないが、関係を正常化し、大使館を交換し、刑期を終了した日本人を帰国させようではないか。私はこのようなやり方に賛成である。

我々に対してノーと言い、貴方がまず日本人を解放しそれから合意しようというのであれば、我々は受け入れることは出来ない。これはわが国の権威の問題であり、そのような問題提起は最後通告のように聞こえる。我々は同意できないし、同意しないであろうと述べ、ドイツとの交渉問題に話を移した。アデナウアー氏との会談の際、同氏もその同僚も最初に、ドイツ人捕虜の釈放問題を解決しようと試みた。しかし我々は「ニエット（否）」と言った。我々は、わが国の権威を落とすことは出来ない。我々は条約に署名しよう、それからドイツ人を帰還させようと述べた。(53)

河野農相の訪ソは、ソ日関係の発展に重要な役割を演じた。彼は漁業協定と海難救助協力協定を締結した。この際、一定の妥協が図られた。これは上記取り決めが、平和条約締結後または外交関係回復後に効力を発するという点にあった。ソ連側が採ったこの外交的措置は、日本の政界がこの方向に積極的になるよう促す目的を持っていた。河野もまたこの目的達成のために、自分の影響力を用いる約束をした。彼とはまた、ソ日正常化交渉を一九五六年七月三一日までに再開させるという予備的合意に達した。

五　ソ日交渉を巡る日本の政党間の争い

河野が帰国すると、すぐソ連駐日代表を通じて、日本政府が交渉再開に公式に同意する旨伝えられた。日本代表として重光外相が任命された。交渉場所として、今回はモスクワが提案された。

七月二一日に駐日代表を通じて、日本との交渉再開をする用意があるとのソ連側回答が寄せられた。ただし一九五六年七月三一日より遅くない時期に、とされていた。これは河野とのモスクワ会談で予備的合意がなされていたからである。しかし、この日が近づくにつれて、東京では代表団の構成と全権代表について、またソ日関係の調整の方法について、激しい政治的論争が起こった。

先鋭的な分派闘争が、与党自由民主党を分裂させた。同党は従来通り二つの派に分裂した。一方は鳩山が代表する以前の民主党員のグループであり、いわゆる党の基幹グループであった。右に対抗したのは吉田派で、かつての自由党員の多くを含むものであった。吉田グループはアメリカと緊密な関係にある大ブルジョワで、影響力がある層の利益を反映していたが、「急ぐこと」に反対し、日ソ関係についていわゆる「慎重政策」の遂行に賛成していた。そして、日ソ関係の調整の前提条件として、ソ連が第一に領土問題に関する日本の要求を認めるべきだと提案した。

同じような立場をとったのは、旧民主党の多くの政治家で、特に重光外相がいた。重光は自分の立場を一九五六年七月半ばに発刊された『エイマシン』の八月号に発表した。その論文で重光は「遅かれ早かれ日ソ関係は回復されなければならない」ことを認めた。しかしその際、「ソ連との関係回復問題にとりかかる前に、第一に我々は国内の安定をはかり、国内と国際分野において自由陣営に属することを、強く確認しなければならない」と付け加えた(54)。

鳩山グループはソ連との関係正常化を通して、米国への依存を弱めることを目指す日本のブルジョワ層を代表するもので、日ソ関係の早急な調整に賛成していた。このグループは日本が提案している要求はソ日交渉の中止に導くかも知れず、日本は特に領土問題については、歯舞、色丹の返還要求にのみに限定すべきであると考えた。

鳩山グループの多くの政治家は、私的会談や講演の中で、しばしば日ソ間ではまず戦争状態の終結と外交関係の樹立の達成につき合意すべきであり、その後でその他の対立点を解決して行くべきであることに賛成すると述べた。これはいわゆる「アデナウワー方式」であり、独ソ交渉で用いられ成功したものであり、日本でもますます多くの賛同者が生まれていた。

一九五六年一月二六日、ロンドン交渉の時期にすでに鳩山は「戦争状態を終結させ、その他の問題は交渉によって逐次解決して行くのがよいだろう」と述べていた。[55] 鳩山派である河野農相は、「毎日新聞」とのインタビューで、「ソビエト・ロシアとの関係回復のためにはいわゆる〝アデナウワー方式〟が日本にとって受け入れられる唯一の方式だ」との意見を述べた。[56]

これらの発言に続き、一九五六年七月六日の記者会見で、鳩山は「日ソ関係は新しい方式、すなわち平和条約を締結し、その後で領土問題を調整するという方式によって調整されうる」と賛成の意を表明した。

この問題について特徴的であったのは、日本社会党の立場であった。それは一九五五年一〇月、左右社会党統一大会で採択された「基本政策」に述べられている。その文書には、社会党は日ソ間の戦争状態を終結させ、外交関係を樹立することを目指すとしている。

一九五五年一〇月二一日、日ソ関係に関する社会党声明の中で、平和条約締結が困難な場合には、戦争を終結させるために中間的合意によって戦争状態を終結させると述べられている。また、抑留日本人は直ちに帰還さるべきであり、大使館の開設も行われるべきであり、平和条約の締結に向けて努力がなさるべきであり、その他の諸問題の調整がなさるべきであると述べている。

日ソ関係の正常化要求と、日ソ間の外交関係の樹立については、一九五六年前半の党活動計画の中に、社会党中央執行委員会によって挿入された。これと同時に、一九五六年七月に予定されている参議院選挙前の党の選挙公約の中にも入っている。

社会党は現在の状況下で外交関係樹立に関して、臨時の合意がなしうるとみなした。特に社会党党首鈴木茂三郎氏は日ソ交渉の早急な遂行の必要性に触れて、社会党は平和条約を基礎にした日ソ交渉の遂行に賛成するものであるが、現在必要なのは外交関係樹立の臨時的合意の形式に限定されるべきであると声明した。[57]

一九五六年七月二〇日、社会党国際部と外交委員会

の共同会議で、日ソ関係に関する党の最終的立場が決定された。採択された決定には、社会党は鳩山政府に対して、日ソ交渉における合意の達成、とくに戦争状態の終結と外交関係の樹立を求めるとしている。

この見解と若干異なり、日本共産党は野坂参三党首であったが、一九五五年一二月一四日の演説の中で、ソ日間では最初に平和条約が締結され戦争状態が終結されるべきであり、その後ソ連にいる日本人の帰還問題及び領土問題が検討されるべきである、と述べた。しかし、一九五六年五月二六日に若干立場を修正して、モスクワとの外交関係の早急な樹立のために、いわゆる「アデナウワー方式」を取るべきであると述べた。

もう一つの日本の政党―日本労農党の立場は、ソ日関係に関する要求については日本共産党に近かった

一九五六年七月三一日に開始が予定されていた日ソ交渉の時期が近づくにつれ、鳩山グループと吉田グループとの間の意見の相違は一層強まった。その最初の表れとしては、与党と政府の上記分派の間の闘いは、日本全権代表団の構成の問題についてであった。鳩山グループは出来る限り、自派をもって代表団を構成して、「慎重政策」派の代表を交渉に参加させまいと努めた。この目的で鳩山は、内閣からソ連との早急な関係正常化の反対派、特に重光外相を排除するために、内閣改造まで考えた。

他方、「慎重政策」派は、内閣の改造と全権代表の構成問題の両方について、鳩山グループの意図の実現を阻止しようとして積極的な活動を展開した。この結果、鳩山グループは、一九五〇年六月に参院選で自由民主党が伸び悩み、また、党内の分派闘争の先鋭化によって弱体化した結果、譲歩を余儀なくされた。

ソ連との交渉の全権に重光葵外相と先のロンドン交渉の日本全権松本俊一が任命された。前者は日ソ関係正常化については「慎重政策」派とみなされ、平和交渉では「強硬路線」の味方とみなされていたのに対し、後者は早急な関係正常化の支持者であった。

重光へのソ連との交渉代表任命に関連して、日本の吉田元首相は重光氏に書簡を送り、その中で外相が来る交渉で強硬な立場を取ることを呼び掛けた。同書簡では、特にロシアとまだ調整出来ていない諸問題は交渉を通じないで、過去の連合国の参加による国際会議

で調整さるべきであるとの考えが表明されていた。

日ソ交渉の回復に対する積極的な反対者は、アメリカ人であった。彼等はソ日関係の正常化を許すまいと努めた。この目的のために日本の報道機関に宣伝活動が行われ、また、日本の領土要求を支持する政界、財界、社会団体などに対しても宣伝を行った。

一九五六年六月一日にU・シーボルト米国国務次官補が来日し、彼は自由民主党内の反鳩山グループに対して、彼等の活動を活発化するように働きかけた。同じ情報によれば、シーボルトは吉田との会談の前に、鳩山内閣打倒の必要性を提起した。

ソ連との妥協反対派は、鳩山内閣の退陣を積極的に求めた。彼らの背後には、米国との関係に利害を持つ全ての金融、産業界がおり、彼らは日米関係の冷却化を恐れていた。

政府機関の意見対立の結果、来たるべきモスクワ交渉でのソ連との関係正常化について、参院選まで最終的な方針を作成できなかった。それは党内の対立が強まって、それが選挙の際に政権与党である自民党全体としての立場が弱体化することを恐れたがゆえである。

一九五六年七月一八日の臨時会議で、自民党執行委員会が行った決定は、以前の政府の路線を変えることなく継続すると言うものであった。以前からの基本的立場は、ソ連側から最大限の譲歩を引き出すために、比較的長期の交渉を行うことに賭けられていた。

会議は、平和条約締結のうえ、関係正常化に固執すべきと進められた。しかし、領土問題に対するソ連の強硬な姿勢にぶつかり、日本は結局、外交関係の樹立と大使の交換についての合意に署名し、領土問題は将来の解決に引き伸ばすとのシナリオは排除されなかった。

また、同じようなシナリオが、まず第一に、漁業問題などの問題を最終的に解決する必要性により、ソ連との関係正常化促進を支持する世論がますます高まっていたことによる。この点については、特にソ連との関係正常化の促進に賛成する左翼政党の参院選での勝利に認められた。与党としては、世論の意見を無視することはますます難しいものとなった。ソ日交渉の失敗は、与党自由民主党の立場の一層の弱体化につながるかもしれなかった。

一九五六年七月三一日、ソ日交渉の第二段階が始まり、領土問題とともに再び帰還問題が提起された。この事態はモスクワ側では予期されていた。この問題ではソ連代表側はあらかじめ取るべき一定の立場について、事前に指令を受けていた。交渉の進行計画では、平和条約の締結を行うこと、これが不可能な場合には日本側に対して交換公文によって外交関係を樹立する提案を行うことであった。

予期されていたように、日本側代表重光外相は、ソ連側から直ちに反対されたが、再び帰還問題を交渉日程に含めるように試みた。重光は「これは人道問題であり、その解決は平和条約締結を容易にし」、「日ソ間の関係強化に役立つだろう」と述べた(58)。同時に日本外相は、本件に関するソ連の立場を「人質政策」と称して非難した。

このソ連に対する非難について、反論が直ちに行われた。ソ連側代表D・T・シェピーロフ外務次官は、帰還問題を交渉日程に入れることは、交渉を複雑化するだけであると述べた。重光に対して「日本市民の帰還は、とうに終了している。ソ連は百万人以上を帰国させせた。ソ連には戦争犯罪で判決を受けたわずかなグループしか残っていない。ソ連赤十字社と日本赤十字社との一九五三年一一月の協定にもとづき、日本人戦犯は刑期を終了した場合、あるいは何人かは刑期終了前に帰還させている。

例えば一九五四年三月には四二〇人が、一九五五年四月には八六人が、同年八月には三六人が、一二月には四三人、一九五六年三月には一八人、五六年六月には六〇人が帰還している。ソ連には一、〇〇〇人あまりの人間しか居らず、近々、さらに、一一四人の帰還が予定されている」と伝えられた(59)。

日本ではこの回答を見て「ソ連側の立場はロンドン交渉の時と変わっておらず、当時ソ連のマリク代表は、抑留日本人は平和条約締結後になってのみ釈放されるだろうと述べていた」と評価した(60)。

しかし、この最初の評価にもかかわらず、一九五六年八月三日の第二会談で、日本側代表は再び帰還問題を取り上げた。重光は日本側の資料によれば、ソ連にはなお一一、一七七人が残っており、彼らについての情報提供を求めた。重光は他の国は日本人戦犯をとう

の昔、日本政府の監視下に引き渡しているということだ、と付け加えた。(61)

この回答に対して、ソ連代表団は従前通り、一九四六年一二月から一九五〇年四月まで、日本には百万人以上が帰国し、ソ連には判決を受けた一、〇〇〇人あまりしか残っていないと答えた。日本代表が提出したリストに関して、ソ連側は行方不明者か、捕虜になってから死亡した者たちだろうと述べた。

ソ連代表は日本側のもう一つの断定が、真実でないことを証明しようと試みた。そのために以下の事実を述べた。「新華社通信によれば、一九五四年七月四日、フィリッピンには一一一人が抑留されており、そのうち五九人が死刑判決を受けているものであり、二〇人は三二年から終身刑を受けているものである。米国で判決を受けた日本人四二三人のうち一五五人は終身刑であり、二五八人は様々な刑期のものである。刑期を務めている日本人戦犯はオランダ、オーストラリア、その他の国にいる。ところで、ソ連政府は多くの戦犯を刑期前に釈放している。日ソ関係が正常化されたならば、同時にその他の者は直ちに釈放されるし、問題は解決されるだろう」と報じていると伝えた。(62)

交渉は日本側が自己の立場を無益に擁護し、自己の論証を全て使い果たした後、交渉を完成させ条約に署名する必要があるとの結論に達した。この結果について、河野一郎はこのような日本側の立場の変化は、重光が様々な理由のほか党内の想定された判断のほか、「党の役員たち」が首相に打ち勝った結果であると述べた。「このことをもって、河野は重光が鳩山に交代し、自民党の総裁と首相のポストにつこうという意図がある」(63)

それにもかかわらず、さらに慎重な重光氏は条約の署名を急がず、本件をダレス米国国務長官と討議するために休会をとりたかった。このために良い口実となったのは、スエズ運河問題に関するロンドン会議への出席であった。見るところでは、重光は従来通り、米国が再び日ソ関係の正常化の妨害を試みてくると予想した。

領土問題のみならず、また、日本人の帰還問題、日本の国連加盟問題、外交関係、領事関係の樹立問題も合意のないまま持ち越された。さらに、日本が平和条約発効前に帰還問題を解決したいという立場に固執した結果から、日本は外交関係の樹立問題については、平和条約が発効した後に協議を開始する順序を選択することになった。

案の定《じょう》、重光が考えたように、米国は干渉してきた。八月一九日にロンドンで日本の外相と会談の際、ダレス国務長官は日本の国民感情を玩《もてあそ》ぶ試みを行ったのだ。米国政府の名において、ダレスはもし日本が南樺太と千島列島をソ連領とすることに同意するなら、米国は琉球諸島を自国のために永久に保持するとの条件を突きつけたのだ[64]。

この声明の数日前、米国国務省はワシントンの日本大使館に対して同様の外交措置をとり、一方、駐日米大使館も日本の外務省に対して同じ行動に出た。これら米国の警告はサンフランシスコ平和条約の規定を一層厳密に引用し、ロンドンにおける重光との会談でもダレスによって繰り返された。日ソ交渉の過程を阻止するため、米国は明確に表明された目的を遂行していた。すなわち日ソ関係の正常化を出来る限り邪魔をし、それにもかかわらず日ソ平和条約の締結を阻止できない場合には、日ソ間で領土問題を調整させないでおくことによって、将来の日ソ関係の発展に影響力を与える口実を作ろうというものであった。

六　日ソ平和条約交渉の最後の困難な歩み

米国の日ソ交渉の決裂を目指す積極的な活動は、日本国内に嵐のような怒りと抗議を引き起こした。ほとんど全ての日本の新聞は、日ソ交渉を決裂させる目的を持った日本政府に対する圧力の試みだと糾弾した。米国のこの新しい巨大な圧力とともに、日本政府は非常に困難な立場に立たされた。というのは、それがおもに首相のポストと党総裁のポストを巡る激しい闘争の起きている与党自民党内の意見の対立によるものであったからだ。

鳩山政府、自民党指導部は多くの党及びかなりの財界人からの激しい批判を受けていた。社会党は再び鳩山首相の退陣を求めた。社会党指導者たちは、新しい国会選挙を行うことと、選挙民に対しては社会党に投票するよう早くも呼び掛けていた。自民党に代わって社会党は新たな政府を作り、ソ連と中華人民共和国との関係正常化政策をとることを公約した。与党自民党内にもモスクワ交渉の中断に関連して、鳩山首相の退陣を要求する声がますます高まった。

九月七日、七八人の日本の貿易・産業界の巨大企業の指導者たちが署名した退陣要求を求める陳情書が政府に渡された。東京ではファシスト団体の、鳩山首相、河野農相、駐日ソ連代表部を攻撃する内容のポスターが貼られた。東京上空より何千枚もの反ソビラが撒かれた。九月七日、真にソ連との早急な関係正常化を求める世論の支持を受け、政府はこれらの活動を激しく非難した。

これらの要求を勘案したうえで、一九五六年九月一七日、鳩山は平和条約を署名することなく、日ソ関係の正常化問題に関する日ソ首脳レベルの新しい協議をモスクワで行う提案を発表した。この決定が宣言される前夜、鳩山は多くの声明で、以下の点でソ連の満足できる日ソ関係の正常化を行う用意があると述べた。すなわち日ソ間の戦争状態の終結宣言に対する署名、外交関係の樹立と大使の交換、ソ連からの日本人の帰還、一九五六年に署名された日ソ漁業協定の発効、国連加盟に対するソ連の支持への同意である。

領土問題の解決については、鳩山の見解によると、ソ連が両国間の関係正常化の後も、領土問題について交渉を継続することに同意することを条件として、将来に延期されるというものであった。

この五項目の日ソ交渉継続の基本条件として、鳩山はブルガーニン首相宛てに書簡を送った。その際、ロンドン及びモスクワ交渉で合意に達した条項については、日ソ首脳間の会議では検討を行わないとの希望が述べられていた。

ソ連政府は九月一三日、この新提案に同意した。同時に、領土問題に関するソ連の立場を追加的に説明した。ブルガーニンの鳩山首相宛ての回答は、一九五六年九月一五日に手交された。しかし、モスクワの肯定的反応にもかかわらず、ソ連への日本の首相の訪問は日本の政界に大きな対立をよんだ。日本の首相が領土問題の解決を延期して、日ソ関係を正常化するという提案に関連して、少なからぬ論争が生じたのだ。

この訪ソに対して、自民党のかなりの議員が反対した。多くは元自由党員であり池田勇人元蔵相を代表とするものであった。（いわゆる吉田派は絶えずソ日関係については「慎重政策」を行うことを主張していた）このグループの代表池田は、報道機関に対して公然と、鳩山の訪ソに反対し、日本政府はソ連に対しては如何なる譲歩も行ってはならないと述べた。

鳩山プランの支持者たちは、現下の日本の政情で、日ソ交渉の中断は鳩山内閣の即時退陣に導くのみならず、自民党が政権を手放す可能性があると見ていた。他方、南千島の返還要求を日本政府が行わないような平和条約の締結は、不可避的に日ソ関係正常化の反対派より批判を惹起し、日本社会のある層に不満を呼ぶことになるだろう。

社会党でさえかつての日本の領土の返還を求め、日ソ関係の早急な正常化に賛成していたが、社会党も領土問題の決定を延期することに同意したことを想起するだけで十分であろう。鳩山プランは支持者の意見によると、大多数の日本人から支持されるだろう。鳩山は日ソ関係の正常化を行うとともに、将来、領土問題について立ち戻る可能性を開いた。

九月一七日、自民党の執行委員会は大多数でいわゆる「新政策」を公式に採択した。党の「新政策」は、ソ連からの日本人の帰還を直ちに無条件に実現し、歯舞、色丹島を即時に返還させ、南千島の返還交渉も継続するとしている。

一九五六年一〇月三日、社会党は特別声明を発表し、鳩山首相の訪ソは社会党の要求に完全に合致している。なんとなれば訪ソの結果、二国間の外交関係の樹立、ソ連からの日本人の即時帰還の実現の見通しが現れたからである。声明には、この決定はまた日本が「東西間の架け橋」の役割を果たすための一歩前進であると も、述べられている。

日本共産党もまた、鳩山訪ソを支持した。日本共産党は九月一三日、機関紙「赤旗」に日ソ関係正常化に関する論文を発表し、党の見解を述べた。論文は平和条約締結が日ソ関係正常化の最上の方法であると結論しているが、鳩山提案による正常化に反対していない。

当時、自民党内部の意見の不一致は拡大していた。自民党が作成した新政策は歯舞、色丹島の即時返還要求と外交関係樹立後に「国後、択捉からなる南千島の日本の権利の完全なる回復」について日ソ間で交渉を継続するというものであった。九月一八日、政府と自民党首脳は、鳩山首相訪ソの合目的性の問題について会議を行った。その際、この協議の大多数の参加者は、ソ日交渉の再開と対ソ政策が最終的に作成され、党内の対立は克服された(65)。

日ソ正常化の反対者は、領土問題に関するソ連の見解を再び説明することを求めた。この目的のため自民党指導部は、九月一七日にモスクワに松本俊一氏を派遣する決定を行った。翌九月一八日、党の政治委員会は今次訪ソ目的を次のように規定している。すなわち「松本のモスクワ派遣は、鳩山訪ソの事前交渉を行う目的ではなく、ソ連側の見解を探る点にある。鳩山訪ソ問題は、松本の報告を待って再び検討されなければならない」としている(66)。

九月二九日、日本側の要請でグロムイコと松本は書簡を交換した。書簡の中には国交樹立後、領土問題を含む平和条約締結の交渉をする旨、述べられている。ソ連側ではその他の未解決問題で、来たる交渉日程に入っている問題について積極的な準備が始まった。

ソ連外務省極東部によって、一〇月一一日最高指導部のために、ソ日交渉のための特別な調査書が作成された。その調査書の付属の一つとして、日本人捕虜、市民の帰還問題が添付されていた。その中には、以下の総括資料が書かれている。

—一九四五年の戦争中、五九万四、〇〇〇人の日本人士官、将軍が捕虜となった。

—このうち戦闘地域で七〇、八八〇人が直ちに釈放された。

—一九四六年から一九五一年の間に、五一万四一七人が帰国した。

—一九五〇年に九六一人が中華人民共和国の監督下に引き渡された。

—一九四六年から一九五〇年に、五〇万七、五六九人が帰還した。

—ソ連と日本の赤十字との間に、一九五三年一一月に結ばれた協定に基づき、同年同月から一九五六年八月までに七グループ、総計一、四六八人が帰国した。

—一九五六年九月にソ連で捕虜として判決を受けた

者は八五九人であり、判決を受けた市民は三一四人で、総計一、一七三人である。

調査書にはまた判決を受けた者以外に、無国籍の日本人が七一三人いた。この種の日本人の存在については、リストに掲載されておらず、日本側にも通知されていない。捕虜と未帰還でソ連で刑期を終了している者(約一万人)との間の差は、死亡者か行方不明者と考えられ、右については一九五三年一一月、ソ連赤十字社の代表が発表している。ソ連赤十字社はそれらの者のリスト作成は捕虜となってから、特に初期のころ現地では正確な計算を作成することが困難であったからであるとしている。

調査書には、一九五五年のロンドン交渉の際、ソ連にいて、帰国していないと想定される一一、一七七人の日本人リストを日本側が提出したことについても触れている。この文書から分かることは、ソ連内務省の部分的調査の結果、上記リストのうち一三九人は日本に帰国しており、八九五人が各地で死亡しているということが判明した。その他の者の調査は継続している。(67)

しかし、このソ連外務省の完全な資料は、ソ連当局、特に秘密機関の公式文書によって作られたものであり、あるいはソ連の報道機関の情報に基いたものであり、後に明らかになったのは、この資料もまた確実なものでないことが判明した。

ロシア連邦国立公文書館で、ソ連内務省の特に重要な文献が発見された。すなわち「一九四五年のソ連との戦争で、旧日本軍の捕虜の数についての調査書」というもので、一九五六年一〇月一八日にフルシチョフ、ブルガーニン、ミコヤン宛てに署名を求めるためにソ連外務省の要請により、その前夜作られたものである。この文書の中で初めて、従来の日本人捕虜に関する資料との相違が示されている。

特に一九四五年九月一二日付ソ連情報局(ソヒンフォルムビューロー)の総括報告の中で、日本人捕虜の総数が五九万四、〇〇〇人であると発表されていたのに対し、今度初めて、かつては明確な数字として把握されていなかった日本人捕虜の数が、六三万九、七七六人であることが明確となった。このうち六〇万九、四四八人が日本人であり、三〇、三二八人が中国人、モンゴル人・朝鮮人などであった。六〇万九、四四八人の捕虜のうち一六三人が将官であり二六、五七三人が士官であり、五八二、七一二人が下士官及び兵士で、その他三六人であった。調査書の中には一九四五年から一九五六年までに釈放され、帰国した日本人の数についても初めて修正が加えられ、その数は五四万六、七五二人の日本人、内訳は一一二人の将官、二五、七二八人の士官が含まれていた。その他この期間中に六、二四一人の抑留者、逮捕者が日本に帰還した。比較のために述べれば、「タス通信」では帰国した人数は五一万四〇九人の捕虜であった。特に注目すべきは、初めてここで引用された死亡した捕虜の人数六一、八五五人であり、内訳は将官三七人であり、士官六〇七人である。かつて捕虜となって死亡した日本人の数の公表はなかった。調査書には特に次のように述べられている:戦線で直接釈放された日本人、あるいはソ連領内に輸送前に死亡した者、また戦線の捕虜収容所で死んだ者について、ソ連内務省は彼等のリストを持っていないというものである。

次いで、日本側が交渉時に提出した一、〇四七人の捕虜名簿についてである。内務省の調査書は、次のように述べている。このリストのうち、一七六人は刑期終了により、または終了前の釈放により、帰国している。(一人はソ連邦閣僚会議付属国家保安委員会の要請により、中華人民共和国政府に引き渡された)三人は日本への帰国を拒否したため釈放された。そしてソ連に居住している。二六人は死亡している。

したがって内務省が収監している者は、八四二人の戦犯であり(うち一人が朝鮮国籍の日本人である)この数は日本赤十字者代表から提出されたリストに記載されている。このほか内務省の収容施設には、一八八人の一般市民の犯罪者が収監されている。「これら合計一、〇三〇人の日本人は、ソ連刑法五八条六項の規定及びソ連邦最高会議幹部会指令の罪により、ソ連の司法当局が一九四三年四月一九日より二〇年から二五年の判決を下したものである」と、同文書には示されている。

別項目でソ連内務省は市民権のない者で、住所を示す国内パスポートを持たずに、ソ連領内に居住している日本人についても触れている。一九五六年一月一日にその数は七一三人になり、その大部分は家族関係及び職業の理由で、日本に帰国することを拒否している者である。五七七人はサハリン州におり、一〇三人はクラスノヤルスク地方に居住している。このうち四一九人は婦人で、おもに主婦である。男性は様々な企業や集団農場（コルホーズ）で働いている。[68]

もちろんこの情報は、「極秘」の印がついた三人のソ連の最高指導者に宛てた情報であり、日本側には示されなかった。見るところでは、この文書については今も日本では知られていないと思う。しかし、行方不明となった多くの日本人の行方について、一層の調査が必要であることは日本政府も疑いを持っていない。これに関連して、交渉の最終段階で松本全権は共同宣言の本質について多くのコメントを行った。

特に共同宣言第五項にある日本人の釈放と帰還項目について、日本側は「ソ連は日本の要求に基づき行方不明日本人の調査を行う」という新しい追加文をを入れることを提案した。

松本はこの要請について、日本側は一〇、一七七人の資料が日本にあり、ソ連にいるに違いないとされるリストを持っている。しかし、彼等については何ら情報がない。松本全権はこれらの人々のリストは、かつてロンドン交渉の際にマリク代表に渡し、重光氏はシェピーロフ次官との交渉の際に、彼等の捜索を継続して欲しい旨の要請を行った。

この要請及び多くのその他の追加的な日本側の要請に対して、一九五六年一〇月一六日、ソ連外務省は、ソ連の指導者たちに特別な書簡を送付した。その書簡には特に「わが方の文案に固執し続け、ソ連の権限ある諸機関は、日本側の要請を受けてソ連領内にいる日本人の行方不明者の解明に協力するその他の諸国民の市民の捜索も行われている。日本側がもし共同宣言にこの条項を挿入することに固執する場合には、若干の字句の修正を行って合意する」ことが提案されている。[69]

七　モスクワでソ日共同宣言の調印

一九五六年一〇月一九日、モスクワで外交関係及び領事関係の樹立に関するソ日共同宣言が調印された。共同宣言第五項は次のように規定している。

ソ連で判決を受けた全ての日本人市民は、この共同宣言の発効とともに釈放され、日本に帰還される。

行方不明の日本人に関しては、ソ連は日本の要請に基づき、その行方の解明を継続する。(70)

共同宣言が発表されると、ソ連内務省は日本人のソ連からの帰還準備措置の実行に着手した。この問題は内務省の当該部局によって作成され、詳細な計画が確定された。この計画によれば、全ての日本人は二か所に集結する。すなわちハバロフスクの第一六収容所、及びイワノフスク市のイワノボ第四八収容所である。慎重に輸送手段、身支度、食事、移動中の帰還者に対する護衛兵が決定された。

この活動のため快適な乗客室、行程では人々に暖かい食事、タバコ、寝具が準備され、また、医療サービスが行われた。出発前に、日本人には新しい軍装品一式（将官たちには背広、合着コート、洋服、帽子、ネクタイとワイシャツ、長靴、靴下二足、下着二着）が、与えられた。

帰国前に、全ての日本人は収容所での労働に対する完全な金銭の支払いが行われた。また希望があれば、収容所に特別に用意された売店で、工業製品及び食料品を求めることが出来た。出発一〇日前に、全ての日本人は、すべての労働から開放される措置がとられた。日本人は自分の私物以外に、購入した工業品、食料品、文学書、絵葉書、また日本人の何人かが保管していた死亡した日本人の遺毛、指の骨を持ち出すことが許可された。

有罪判決を受けた日本国民の来るべき帰還に関連して、至るところで集会が開かれ、全員に対し日ソ共同宣言の条文の説明が行われた。政治教育、文化活動も強化された。対談、報告が行われ、週二回劇映画が上映され、アマチュア演芸会のコンサートやパーティ、その他の行事が行われた。

日本人の要請により、帰国前にハバロフスク第一六収容所の日本人はハバロフスク名所の観光、第四八収容所の日本人についてはモスクワの名所旧跡の観光が行われた。

しかし、この国際協定が発効するまでは、ソ連政府は帰還の完了を急がなかった。一九五六年一一月二七日付鳩山首相の、ブルガーニン首相宛ての共同宣言の批准に関する書簡の中で、鳩山首相はこの共同宣言により日本人の釈放と帰還が取り決められていることに言及することを逃さなかった。書簡には特に「日本政府と国民は、日本人の釈放と帰還が遅滞なく実現することを希望している」と書かれていた。(71)

一九五六年一一月三〇日の返書の中で、ソ連首脳は日本の首相に「ソ連政府はソ日共同宣言の発効とともに、本年末までにソ連より日本人の帰還を行うための必要な措置に取り掛かっている」と述べている。(72)

一九五六年一一月二三日付ソ連内務省のフルシチョフ、ブルガーニン及びフェドレンコ（当時は外務次官）宛ての書簡によれば、「一一月二〇日現在、収容所に一、〇四〇人の日本人囚人がおり、そのうち八二五人は戦犯であり、二一五人は民間人の囚人である。戦犯の中には二一人の将官がいる。そして、このほかハバロフスク市の集結所では、本年一二月二日司法当局が刑期を完了したとして収監場所から釈放された二二人の日本人がおり、彼等は日本赤十字社の代表にナホトカ港で引き渡される」と伝えていた。(73)

ここで注目すべきは、一〇月一八日通報の資料より、日本人の囚人の数が増えているのは、沿岸警備隊によって領海侵犯、ソ連領海における不法漁労の罪により、さらに抑留された者が生じたからである。以前、書簡の中で触れられた日本人七一三人の中で、一一月一日現在、日本に帰国したいと言う希望を表明した二〇人はいたのだ。(74)

一九五六年一二月一二日、フェドレンコ外務次官と重光外相は東京で批准書の交換をして、共同宣言が発効した。翌一二月一三日、ソ連で受刑している日本人の恩赦に関するソ連邦最高会議の指令が発表された。

日本人の恩赦に関するソ連最高会議の指令が出された日（一二月一三日）、日本の「共同通信」は日本からの次のようなコメントを伝えている。「一二月二六日、一、〇〇〇人あまりの日本人戦犯がソ連から帰還する。中国からは四四人を除いて戦犯たちは帰国している。未解決の問題は、巣鴨の監獄にいる戦犯たちに関してであり、米国に対する犯罪として判決を受けた者たちである。現在、対米戦犯として巣鴨には九一人がおり、対オーストラリア戦犯として二六人、対英国戦犯として二三人がいる。近くオーストラリアによって、六人の戦犯が釈放されることが予定されている。日本外務省は常に、米国に対して、すべての戦犯の釈放を要求してきた。しかし、米国は日本国民の希望に応える如何なる措置も取っていない(75)」

八　日本人の帰還に政治的意義を付与するソ連

米国とは異なり、ソ連政府はこのたび日本人の帰国に大きな政治的意義を付し、それをソ連特有の効率で準備した。一二月一二日の恩赦令が出る前日、N・P・ドゥドロフ内相は、ソ連共産党中央委員会に日本人の帰還準備について報告した。中央委員会に対し、一二月八日イワノフスク市から五〇人の日本人、このうち二六人は将官であり、全ての予定された行程を経て移送された。モスクワでは彼らのために昼食会と市内観光が組織された・・赤の広場、クレムリン、大学、地下鉄である。さらに彼らはハバロフスクに送られ、そこから一二月二一日ハバロフスク収容所に集結した他の日本人とともに、一二月二七日ナホトカ港に移動する、と詳細に報告している。

ハバロフスクでは日本の将官のために、ソ連国防省によって送別会が行われ、そこには国家保安委員会の代表、内務省の代表が出席した。日本人の日本政府への引き渡しは、一九五六年一二月二三日に予定された。

この素晴らしく企画された計画は、いくつかの悲劇的な事件に直面した。川越重貞第五軍参謀長(一八九七年生まれ)は、ハバロフスクから八〇キロのところで梗塞を起こし、一二月二七日病院で死亡し、ハバロフスクの墓地に埋葬された。自殺事件も起きた。ハバロフスク市からナホトカ港に日本人を輸送する前、国境警察部隊のかつての職員山下太郎(一九一四年生まれ)は、車両の中で手鋸の尖ったベルトを胸に突き刺し、重態でハバロフスクの病院に運ばれた。そこで必要な手当てが加えられた。山下を自殺に追いやった理由は、かれがほかの日本人の裁判で証拠を出したことが、日本当局から責任を追及されることを恐れていたからである。

それにもかかわらず、ほかの全ては事前に立てられた計画通りに進められた。現存する文書によれば、「全ての帰還者に対して、祖国への出発前に、収容所の労働に対し完全な金銭対価が支払われ、個人所有物及び貴重品が返却された。祖国出発前に新しい衣服、靴が与えられた。一人一人には希望により工業品、食料品の取得の機会が与えられた。全ての日本人が購入した工業品と食料品の価格は総額一九万五、九〇〇〇ルーブルとなり、内訳はワイン、ウォッカ、ビール二五六、〇〇〇ルーブル、宝石類一二、〇〇〇ルーブル、一一〇個の時計三三、〇〇〇ルーブル、さまざまなソ連の書籍六五、〇〇〇ルーブル、葉巻と紙巻タバコが二、〇〇〇ルーブルなどである(76)。

帰還する日本人には、一二月八日から労働を免除され、毎日映画が上映され、その他の文化的催しが行われた。ハバロフスクで、彼等は映画館、ミュージカル・コメディー劇場を訪れ、街を観光し、死亡した仲間が埋葬されている墓地を訪ねた。一二月二〇日、日本の将官と士官は、将校会館で行われたお別れ会に招待された。そこでは彼等のために御祝いの夕食とコンサートが催された。帰還者は一二月二一日、二つの重要な軍用列車でナホトカに輸送された。ナホトカでは一二月二三日、日本当局に対して引き渡された。一二月二四日一三時三二分(現地時間)一、〇二五人の日本人を乗せた興安丸は、舞鶴港に向けて出航した。

ソ連共産党中央委員会に対するソ連内務省の情報によれば、「日本側に引き渡された日本人は、旧日本軍の二〇人の将官、一人の第二級顧問官、満州国警察本部長(将軍待遇)であった、また三〇六人の士官がいた。帰還者中に六一人の病人と障害者がいた。一、〇四〇人の帰還者のうち、一人は一二月二日、一九五六年一一月二三日に報告した刑期を終了した二人とともに、一二月二日に帰国した。帰国前に彼等のうち六人は親戚がソ連におり、三人は中華人民共和国、一人は朝鮮民主主義共和国に親族がいるということで、計一〇人が拒否した。そのうち二人は国籍がないことで計一〇人が拘留されている。彼等については特別に決定されるだろう(77)」

モスクワの日本大使館新関参事官はソ連外務省で、「新年に向って全ての恩赦を受けた者たちが帰国することは、日本国民に非常に歓迎されるだろう。なぜなら新年は日本では最も大きな祭日であるからだ」と述べた。[78]

しかし、日本でのこのような政治的な喜びは、長くは続かなかった。すでに一二月二六日、日本の最後の帰還者の一群が日本に到着した日に、「フランスプレス」特派員は東京電として、日本政府の見解によると「ソ連の監獄に八八〇人がおり、彼等の釈放のために交渉を継続する必要がある。また、樺太の漁民の帰還、一九四五年満州国から行方不明になった約一、五〇〇人の軍人の行方について、情報を受けなければならない」と伝えた。[79]

日本の指導者の一人である益谷秀次衆議院議長は、一二月二七日は最後の日本の帰還船が舞鶴港に入港した後、舞鶴港でソ連にいる日本人の帰還は終わっていない、と述べた。日本の交渉団が提出したリスト及び日本の厚生省の統計資料によれば、「興安丸」には漁民を含め少なくとも一、五〇〇人が乗船していなければならないと述べた。

彼は「多くの日本人がまだ樺太にいる。まだ多くの問題が解決しておらず、例えば日本人行方不明者についての情報の提供を求めているし、また、死亡者についてはその遺骨がどこにあるかという問題がある。ソ連からの帰還問題は、解決からほど遠い。自分は衆議院に帰還諸問題に関する特別委員会を、来月衆議院が開会時に直ぐ作るように求め、帰還者問題が出来る限り早く解決するように交渉を行いたい」と主張した。[80]

厚生省引揚援護局は、「マリク・リスト」に載っていない三八五人の日本人が、ソ連にいるとの信頼性ある資料を持っていると強調した。これと関連して、厚生省はソ連からはまだ約一一、〇〇〇人の日本人が帰還していないと述べた。[81]

厚生省はまた、「マリク・リスト」に載っていないが、生存しているとみなされる者のリストを作成した。このリストによると、約四〇〇人が載っている。このほか海上保安庁の資料によれば、約一〇〇人の日本人漁民がソ連に抑留されている、としている。これらリストの中から帰国した者は僅か四三人であり、残りの約四五〇人の行方は不明のままである。[82]

このほか興安丸に乗船した帰還者から得た情報によ

れば、当時、約八〇〇人の日本人が樺太にいるとの結論が出たが、厚生省が承知しているのはほぼ一五〇人の氏名であった。また、ソ連に残留した日本人の中には、ソ連人と結婚した者がおり、帰国を拒否したことが明らかになった。以上に述べた人数のほかに、日本政府の推定では約一〇、〇〇〇人の日本人がまだ行方不明のままである。[83]

　以上の情報の影響下に、一二月二八日、内閣は近く開設されるモスクワの日本大使館に帰還問題を特別職務とする、アタッシェ〔ある専門分野担当の大使館員〕を置くことを決めた。その職員の任務はソ連になお残留している全ての日本人の帰還に協力するというものである。アタッシェは厚生省の職員から選ばれる予定である。

　同日、京都西本願寺の僧侶たちはブルガーニン首相宛てに、ソ連に埋葬された日本人の遺骨収集と収容所のあったところで法事を行いたいとの許可を求める書簡を送った。これと同時に、この寺院の僧侶たちは他の宗教団体および遺族たちにも加わるように呼び掛けた。

　しかし、ソ連当局にとって、日本人捕虜の問題は、共同宣言の署名により、長年にわたり政治課題から外されていた。祖国に帰還したかつての日本人捕虜たちにとっては、自らの権利回復を求める闘いの新しい段階が始まった。

結語

国際条約を侵犯したソ連の政治路線

一　捕虜はつねに国家間の政治的人質

捕虜の運命は常に政治家たちによって、決定されてきた。他方、諸国民はこの問題を文明の枠の中で、最初は通常の法律として、それから戦時法として、その先は人道法に移行してきた。そして、常に捕虜は戦闘する国家間の政治的利益、やがて国家の政治的その他の目的達成手段の人質であった。関東軍の捕虜がたどった歴史は、ソ連の収容所に収容され、帰国するまでに非常に長い時間がかかった。このことも、大国、まずソ連と米国の世界の主導権をめぐる争いの結果、六〇万人以上の人々の運命が翻弄された重たい例である。

すでに一九四六年三月五日、チャーチル英国首相は、米国のフルトンで、トルーマン大統領の臨席のもと、激しい反ソ演説を行なった。その中でチャーチルは、「東の共産主義」との闘いのために、英米の軍事同盟を強化し、また、「英語圏」の支配の確立を提案したことは特徴的であった。チャーチルのこの演説は、二極社会の創設計画、新しい世界秩序の基本原則としてその後長年にわたり、確立していったものである。このスピーチの一年後、トルーマン大統領は一九四七年五月一二日、議会における演説で、米国の激しい反ソ外交政策（「トルーマン・ドクトリン」）を提起した。「冷戦」政策はまず、ソ連及びその他全ての社会主義陣営に対する米国の公式な政策となった。

ソ連はこの売られた呼び掛けを受けて立たざるを得なかった。これに対抗して自らの外交政策を打ち立て、世界で自国の利益を積極的に追求した。ソ連の利害は、自国の領土の国境をはるかに越えるものであった。ドイツ・ファシズムとの闘いに勝利し、東ヨーロッパに自国の影響力を拡大し、そこに新しい社会主義の同盟国を作り出したソ連は、極東でも同じ戦略を踏襲しようとした。ソ日戦争は、この目的の達成のために、かなり有利な状況を作り出したかのように見える。軍事行動の結果として、ソ連は中国の巨大な領土に独占的な影響力を確立し、朝鮮半島北部を占領し、この地域の民族解放運動を拡大することに協力した。

こうした中で、最後の最も重要な極東の前進基地となる日本の征服は、極東での新しい社会主義陣営の創造の行方が、多くの点でかかっていた。だが、ソ連指導部のあらゆる軍事、外交的策略にもかかわらず、日本占領は実現しなかった。ソ連社会主義共和国・北海道はスターリンの見果てぬ夢と終わった。

しかし、米国は直ちに用意周到に黙々と、戦後の日本の運命の決定に、ソ連が参加することのあらゆる可能性を排除することを決めた。日本は完全に米国占領軍の支配下に入り、占領軍は直ちに日本に米国をサンプルとする新しい国家、この地域における米国の信頼が置ける強力な同盟国の建設に着手した。他方、露日戦争〔一九〇五―一九〇六年の日露戦争〕で失われた領土回復の権利を維持することで、ソ連は満足しなければならなかった。事実、米国外交官の政治的な力量のおかげで、また、ソ連政治指導部のサンフランシスコ平和会議の決定に際しての近視眼の結果、この権利は適切な法律的基盤を確保できなかった。このことにより将来、領土問題は未解決のままに置かれ、今日まで続いている領土紛争の基本的な原因となった。

当初、日本に対する米国の完全に一方的な占領政策を牽制して、連合国の占領政策の基本的な方向を作成するために、全く民主的な合議の形態、すなわち、対日理事会の創設という形をとることになった。それはこの政策を実現するための合議体であった。ソ連にとって不利に展開している日本における状況を、何らかの形で自国のコントロール下に置こうと努力したソ連側の相当な圧力の下で、この機関の創設が行なわれたことを想起すべきである。ところが、この機関が実際に機能するにつれて、対日理事会の活動の例から判断できるのは、冷戦過程の矛盾の激化に伴って、かつての連合国の矛盾が年ごとにますます先鋭化するようになったことだ。

「冷戦」の「生きた事物」の一つが、日本人捕虜問題であった。日本人捕虜に敵対するソ連の対応と彼等の祖国帰還問題のすべてが、英米陣営によるソ連及びその共産主義イデオロギーに対する広範な宣伝攻勢に利用された。この攻勢に日本の政治社会組織、日本と世界のマスコミ、国際機関が動員された。

やがて日本人捕虜問題は、ソ連と日本の関係の枠を超えて、国連機関の検討に付された。国連に対する影響力の確保を求めて、世界二大陣営の米ソ間で、一層激しいイデオロギー闘争が展開されていた。ソ連にとってこの問題は、次第に自国の国際的な権威擁護の問題に変わっていった。すなわち、国連では尖鋭化する冷戦の中で米国が仕掛けてくる宣伝攻勢に対抗する観点から、国際的な規模で戦略を遂行する立場から検討されたからである。

日本人捕虜は本質的に、トルーマンがスターリンにソ連軍の北海道上陸を拒否したことから始まるソ米間の人質であった。そしてソ連の指導者は、四大国によって拘束されたものの、即時帰国を期待して自発的に捕虜となった関東軍の兵士や士官を、ソ連で強制労働に服させるというポツダム宣言の公然たる侵犯の道を取ったのである。

もう一つの歴史的なパラドックスは、ソ連と米国の政治的対立の犠牲者は、ソ連の収容所に収容された日本人であったが、これら日本人の運命は、彼等のソ連からの帰国に関する二国間の困難な交渉につながったことだ。米軍による日本占領の歴史的な状況によって、日本人の運命は戦勝国と敗戦国との間の交渉ではなくて、勝利を巡る二つの勝利者間の、論争の中で解決されることになったのであった。

二　徳田日共書記長に対する断罪

対日理事会のメンバーが国会議員とともに、一九四九年から一九五〇年に組織した徳田球一日本共産党書記長に対する、あからさまな審問は、日本及びその他の国に大きな政治的反響を与えたことを想起するだけで十分である。徳田はソ連の収容所で捕虜の中から反ファシスト的民主主義的な思想を持つ日本人を養成する一方、共産主義思想の敵対者を祖国に帰還させないことをソ連の指導者たちと共謀したとして、罪を問われた。いわゆる「徳田要請事件」である。この断罪は日本における反ソ運動の新しい広範な波の突破口となり、同時に、日本共産党及びその機関紙「アカハタ」が受けることになった圧迫の始まりとなった。

このような合意があったのかどうか、如何なる形であったのか、この問題について証拠となる文書が欠如しているので、答えることは難しい。ただ次のことは断定できる。比較的最近モスクワで明らかになった文書によると、特にソ連政府による捕虜に対する工作として「捕虜の中から強固な反ファシストを養成し、帰国後は日本の民主的改革とファシズムの残滓《ざんし》を根絶する闘いを行なう者にする」という課題が、出されていた(1)。米国占領軍当局はこの反ファシスト教育と、かつての捕虜の帰還後、大衆集会、ストライキその他の様々な形態の抗議集会に常に神経を尖らせていた。

今日、全く明らかなのは、ソ連に対する米国の非難の全てが、完全に嘘であるとは言えないことだ。そこには当時、ソ連の外交官が書いた文書やマスコミが書いたように、真実の根拠があったと言えるのではないか。もう一つは如何なる目的をもってソ連側に提起したかである。

一九五〇年初め、日本へのソ連の活動に対して、米国の諜報機関が行った例を取り上げよう。それは「日本人捕虜、彼等のソ連収容所における生と死」という表題の特別報告が広く社会的に注目を集めた。米国の諜報機関によって作成されたこの文書及びソ連抑留の恐怖について引用された資料は、日本ならびにその他の国でかなり大きな宣伝効果を持った。

ソ連当局に対する主な中傷者アメリカ人が、実はソ連に抑留された日本人捕虜の待遇と同じ処遇をしたということから始めなければならない。特に日本人捕虜を、軍事的目的を持った施設及び危険な生産活動の禁止すべき危険な労働に従事させたことだ。決して米国及び連合国の収容所における捕虜の収容条件は、理想的なものではなかったということである。マッカーサー司令部のかなり矛盾した統計資料によっても、米国を含む様々な国からの日本人捕虜の帰還のテンポは明らかに誇張されたものである。ソ連に対する批判は、事実ともまた嘘とも言えない。このことは対日理事会でのソ連代表の報告、また、国連におけるソ連代表の声明が表明している。

ソ連収容所の否定的な評価をたとえ少しでも弁護することは、不道徳である。それは死亡率の異常な高さ、何十万の日本人がソ連に抑留され、病気、食料不足、厳しい気候、生活条件、強制肉体労働に苦しんだことを考えるならば当然である。しかし、それでもソ連指導者は最小限の生きるための条件の維持と、労働の手段に対して多くの配慮を行なったことを認めざるを得ない。

このことについて、I・U・ボンダレンコを含む数人の研究者が、「日本の捕虜に対して、ソ連政府は捕虜に関する国際協定の規範を厳格に守った。日本人捕虜に対しては、高カロリーの食事が与えられた。また、衣服、靴、医療サービスが当てられた。収容所の管理部は、労働の安全と捕虜の健康、休息に大きな注意を払った。ハバロフスクでは、『日本新聞』が日本語で発行され、日刊二〇万部にのぼった。小包を受け取ることも許されていた」と書いている(2)。

これら極めて肯定的な評価は、著者の良心に任せよう。もちろん収容所の状況は、ボンダレンコが書くようなものでは全くなかった。文字通り、国際条約に違反する強制重労働が、軍事施設や健康にとって危険な生産現場で行われ、また、司法当局及びそれ以外の当局側からの恐るべき勝手気儘《かってきまま》もあった。当時、ソ連中で貧困、破壊、飢え、寒さが支配していた。収容所所長らの権限乱用、窃盗、愚劣さ、非経済、無能さもあった。しかし、多数の人々の意識的な殺害、残酷な拷問、侮蔑はなかった。にもかかわらず、米国はこういうことがソ連で行われていた、と非難することに努めた。

三　国際条約を侵犯したソ連指導部

筆者は捕虜に対する処遇に関する国際条約をしばしば侵犯した、日本人捕虜に対するソ連指導部の政治路線を決して弁護するものではない。さらにこの問題が世界に反響を与えたと言う点からだけで、ソ連のみが捕虜の待遇に関して非難されることは正しいだろうか。

次の事実を想起するだけで良い。第一次大戦中、ドイツにおけるロシア人捕虜の死亡率は五・四パーセントであった。それに対してヒトラーの収容所では、ソ連の捕虜の五七・八パーセントが死んでいる(3)。

ドイツのみならず日本も、日本が征服した国民に対して、残酷な非人道的な行為のサンプルを示している。そして、戦争遂行時における慣行や規則を、大きく侵犯している。ドイツとイタリアの捕虜たちの死亡率と比較して、日本の捕虜となったものの死亡率を、以下に見てみよう。ドイツ、イタリアのイギリス人捕虜の総数四二、三一九人のうち死亡したのは七、一三〇人である。一六・八パーセントである。日本の捕虜となった五〇、〇〇〇人のイギリス人捕虜のうち死亡したのは、一二、四三三人、すなわち二四・八パーセントである。日本の収容所にいたアメリカ人捕虜に関しても、ほぼ同じ数字をあげることができる(4)。

歴史は露日戦争時代の捕虜に対して、日本人がとった人道的な配慮の例を知っている。逆にまた、第二次大戦時における捕虜に対する恐るべき拷問、大量な残虐行為を知っている。

ソ連軍の捕虜に関しては、その数は幸いにも比較的少ない。しかし、この恐るべき拷問を受けた者は生存し得ただろうか。ソ連の軍人に対する日本人の扱いの一例として、兵士デムチェンコの例をあげよう。彼は日本人に捕まり拷問を受けても、如何なる情報も与えることを拒否した。彼は特別な部隊「七三一部隊」〔旧日本陸軍が細菌戦の研究と遂行のために一九三二年に創設、ハルビン郊外の平房に設けた特殊部隊の略称〕に送られた。そこでは人体実験が行われ、ここで病気に感染させられた。

中国領にある強制収容所の「保護院」からここ「七三一部隊」に約四〇人のソ連市民が送りこまれ、彼等は実験の過程で死亡した。

一九四九年のハバロフスク裁判で、多くの関東軍の秘密書類が公開された。その中には、「秘密戦争従事要綱」があり、その文書は「捕虜尋問の基本規定」を含んでいた。そこには特に次のような記載がある。「捕虜になった者は、あるいは脱走兵、あるいは日本側に逃げこんできた住民は尋問される。ただし特別な問題に関しては、特別な尋問方法によって行われる。場合によっては、拷問を用いることは良い場合がある。拷問は肉体的苦痛を与え、苦痛から逃れる何らの方法がないような方法で、行わなければならない。その結果真実の自白を得ることができる(5)」。この文書には捕虜に対して幾つかの「推奨される拷問方法」が書かれている。

公式的にはこの時期、日本は一九二九年の捕虜の取り扱いに関するジュネーブ協定を批准していた。しかし、批准の際も「必要な修正を加えて行なう」との留保をつけた。現実にこの変更は、東京裁判の判決文何十万ページを見ても明らかであり、この東京裁判判決文の付属文書二巻は、日本軍が第二次大戦中に行った具体的な犯罪事実を記載している。

ソ連はまた、一九二九年のジュネーブ条約の締約国ではなかった。なぜならば、この条約の規定する制度が、ソ連にとって満足のできるものではなかったからである。これに関連して、モスクワは大祖国戦争〔一九四一年六月から一九四五年五月まで戦われた独ソ戦のロシアでの呼称〕の初期、ドイツとの相互主義の条件で、一九〇七年のハーグ条約の適用が可能であると述べた。現実としては、両国の意図の宣言のみに終わった。実際は、国際法規は「捕虜に関する規定」と称する内務人民委員部の省令による国内法によって、国際法規に代えた。一九五五年三月になって初めてソ連政府は次のように宣言した。ソ連政府は、一八九九年及び一九〇七年に、ロシアが批准したハーグ条約と諸宣言を承認する。ただしそれが国連憲章に矛盾せず、ソ連が加盟している諸協定の修正や変更がない限りにおいてである。一九四九年の捕虜の取り扱いに関するジュネーブ条約の批准も、同じような困難な過程をへなければならなかった。たとえそれがソ連の捕虜に関してソ連が法律的犯罪を犯したとしても、ソ連の責任を全面的に免除するものではない。付言すべきは、現存する国際的捕虜に関する法規の侵犯は、当時の大部分の国によって一般的であった。この侵犯は残念ながら、今日においても除去されていない。これと同時に注目すべきなのは、一定の政治目的のために、国際協定に規定されたあれこれの法的概念や規定を意図的に歪曲し、あるいは単に誤って解釈することが一般的であることだ。

四　捕虜補償の権利否認する日本の司法機関

例えば、日本の司法機関は、ソ連の捕虜として、不法に判決を受け、その後名誉回復された者たちに対して、補償を求める権利を否認している。その理由として、この拒否は彼等が抑留中に捕虜としての資格を失っていたからであるとしている。しかし、一九四九年のジュネーブ条約によれば、たとえ監獄に収監されていた場合にも最初の捕虜としての資格を失われないことになっている。

周知のとおり、さらに大きな司法的な問題は、満州〔現在の中国東北地方〕からソ連の強制労働のために連れ去られた関東軍軍人たちの資格規定の問題に生じている。彼等が捕虜に関するハーグ、ジュネーブ条約、その他の条約に該当するのかどうかという議論が生まれているのだ。この一定の法的問題について、我々は多くのロシアの研究者の見解を見ることができる。例えば次のような見解がある。ソ連が一九二九年のジュネーブ条約を当時承認していなかったから、形式的には戦闘国間で講和が行われた場合、直ちに捕虜を帰還させることが規定されている同条約七五条に違反していると、非難することは難しい。

ロシアの学者、特にV・P・ガリツキーは「平和条約」の概念に対して、「休戦」と言う問題を提起し、このようなものが欠如している場合には、理論的にはロシアは自国領に日本人捕虜を抑留しているおく根拠がある。[6] しかし、周知のとおり、ドイツと同じように日本でも、占領下の状態では閣僚が逮捕された後、民族政府が存在していない状況で、そのような講和を結ぶものが単に存在しなかったと言う状況が、生まれていた。

国際赤十字委員会は、一九四五年八月二一日すでに、ソ連、米国、英国、フランスに対する覚書の中で、生じている現状に対して理解をもって対応することを呼び掛けた。なぜならば如何なる場合にも、捕虜でいる期間は未定とすることはできないからである。米国政府は国際赤十字委員会が、ジュネーブで戦争の犠牲者を擁護するための条約を改定する非公式会議を開くと言う発案を支持し、ソ連政府もそれを支持するように提案した。しかし、外務人民委員部〔のちの外務省〕では国際赤十字社のイニシアティブを、単にできる限り早く捕虜を帰国させる意図とのみ解釈した。

もう一人の学者S・I・クズネツォフは、一九五六年のソ日共同宣言の分析の中で、この宣言により両国間の戦争状態が終了し、これをもとにして一九五六年一二月にこの文書が批准されるとともに、最後の日本

人捕虜が帰国したがゆえに、ソ連の行動に国際法の規範の侵犯がなかったとしている。(7)

実際のところ、ソ連が日本人をソ連の強制労働に送り、次いで長期にわたって彼等の帰国を引き延ばしたソ連の不法な行動については、国際条約の侵犯のみならず、この問題について特に重要なのは、ポツダム宣言九項に特に規定されている日本人捕虜の運命に関する連合国の協定に違反していることである。この意味で、過去の連合国と日本政府のソ連に対する政治的要求、激しい政治的批判は根拠を失っていない。他方、いかにそれを実現して、また誰の名前によって実現するかという問題は、別の問題である。

連合国がとった行動の中で、一つも人道的動機がなかったということは客観的でない。同時にまた、日本の世論を無視しては、彼等を公式的に非難することもできないということは疑いがない。しかし、事実ここに、国際条約や彼等の政治的リーダーの個人的に約束を順守することについて、彼ら独特の非良心に欠けるやり方の問題に直面する。例えばここでヤルタ協定の例や、あるいはルーズベルトがスターリンに宛てた日本との領土的分割問題についてあげることができる。

また無礼にもアメリカ人は、外交交渉、すなわち極東国際軍事裁判（東京裁判）の参加者たちの間で合意した国際的な約束を侵犯した。東京裁判の基礎となったのは、ニュルンベルク裁判で認められた国際法の原則におかれていた。また、国連総会の決議によって確認されたものであったことは、周知のことである。ところが、始まったばかりの「冷戦」は極東国際軍事裁判に変更をもたらした。その結果、全ての戦犯が被告席につかなかった。さらに彼等のうち多くの者が、一九四九年にワシントンの指令により釈放されてしまった。

五　スターリン型の秘密法廷での判決

ソ連もまた、極端な反対方向に向かった。全捕虜は軍人、軍属であったが、みんな軍事法廷に属することになった。そして多くの場合、司法当局でなく、悲しくも有名な「トロイカ」（三人の法務官による弁護人抜きの即決裁判〕であった。すなわち捕虜に対する判決は、スターリン型の秘密法廷によって行われ、説得力ある如何なる罪の証拠もなく、証人も、弁護士も、場合によっては通訳なしに行なわれたのである。判決は見直されることもなく、ロシア共和国刑法五八条と一九四三年四月のソ連最高会議幹部会指令に基づいて行われ、二五年の強制労働収容所行きか、ある場合は死刑であった。

今日、疑いもなく言えることは、日本人捕虜問題はソ連のかつての同盟国、特に米国によって利用された。米国は対日理事会を支配し、国際赤十字委員会、国連、その他の国際委員会を牛耳り、自国の利益のためにソ連を貶《おとし》め、ソ連の世界における政治的立場を弱体化させようとした。同時に、日本人捕虜の問題とともに、少なからず先鋭的な領土問題は、わが国のかつての同盟国米国により戦略的視点で計算され、長年にわたってソ連と日本の間の関係に、克服不可能な障害を作り出し、それは今日においても除去されていない。

当時から今日まで、日本人捕虜は、ソ米間の人質ではなく、ソ日間の、ロ日間の人質と考えられてきた。もちろんこの問題について、米国の影響を完全に排除することはできない。アメリカ人は、実際には彼等の舞台裏で参画する形をとったのだが、ソ連に残った日本人捕虜のソ連からの早急な帰還は、一九五五年六月から一九五六年一〇月まで中断しながら続いた、戦争状態の終結と、外交関係の樹立に関するソ日交渉を始めるために、日本側の基本的な要求となった。

一方、モスクワもこの人道問題を、日本に対する自国の政治的利益推進のために利用しようと努めた。それは国の赤十字社を通じるソ日間協議や、ソ連側にとって極めて受け入れやすい国家間の交流ルートを探索する長期の準備が行なわれたことを想起するだけで、十分である。これについて言及すべきは、ソ連と日本の間に存在している人道問題と同じケースが、他の多くの諸国の間にもあったが、それにもかかわらずお互いに平和友好協力条約を結ぶことができたはずだ。サンフランシスコ平和条約は、その当時、日本の捕虜を完全に帰国させない諸国が署名した。しかし、日本政府はソ連に抑留されている捕虜の数と比べて、比較できないほどの僅かな捕虜しか、これら諸国にいなかったと言うことで正当化した。捕虜問題については、ソ連との関係と比べ、中国、北朝鮮と日本の接触は、これらの国に対しては相互間に民族的な屈折した心理が存在していたために、ソ連の場合と比べて大きくならなかった。

一方、日本とソ連の交渉が行われた当時、平行して西ドイツとの交渉があり、西ドイツとの交渉パターンは、ソ連指導部によって対日関係でも繰り返された。日本とドイツとロシアの間には、平和条約が署名されておらず、友好協力条約と言えるものも署名されていなかった。西独政府は、長い戦中の過去を清算するために、積極的な行動を取った。

周知のとおり、捕虜の問題は、ソ日共同宣言の第五項に入っているが、この文書は日本人捕虜の権利の実現に関連した、多くの原則的な問題を規定していない。平和条約は結ばれなかった。平和条約締結のそれ以上の遅延を避けるために、捕虜の問題によって、絶えず中断の危機にあった難しい交渉で、両国は最も重要な課題である戦争状態の終結、外交関係の樹立、捕虜の帰還の完遂という合意に制約されていた。その他の最も難しい問題、それは捕虜の問題であり、死亡者のリストやその埋葬個所のリストの提供、捕虜時代の労働に対する証明書の発給、補償金の支払いと言った重要な問題は、さらなる政治的な討論に深入りしたくなかったソ日両国の政治家の関心の枠外に置かれた。これらの問題は、次世代の決定に先送りされた。またしても明白な政治的な妥協、またもや、元捕虜たちの政治的な犠牲——。

ソ連で民主的な改革が始まったことにより、ソ連の歴史の中で秘密となっていたものの一つである、日本人捕虜問題は長年の沈黙の後、ついに公に研究できるようになった。そして、現代のロシアは歴史の真実と正当性を復活させて、限られた範囲ではあるが、この大切な人道分野について決定的な決断を行った。しかし、これに対して日本はいかに答えたか。

日本の社会はソ連国内のそうした変化を喜びと興奮をもって迎えたが、日本の公的機関は依然として抑制した態度をとり、かつ冷淡に対応した。ここに戦後の全ての時代を通じて、日本人捕虜の問題は民族の悲劇とされ、そして常に日本国内に反ソ的な気分を醸成するために政府機関やマスコミによって利用される大きな要因があった。もともとかつての日本人捕虜たちの現実の闘いは、六〇年代にその活動を組織し、日本政府に対して、抑留中に死んだ人々の名前を解明することと、抑留中の労働に対する補償金の支払いその他を求める運動となった。彼等の積極的な活動の結果、抑留時代の問題は、やがてソ日両国間のレベルまで格上げされたのであった。

米国、英国、ニュージーランド、オーストラリアその他の国から帰還した日本人捕虜たちは、捕虜期間中に支払われなかった労働の対価〔労働賃金〕の証明書を受け取っていた。この証明書によれば、一九四九年のジュネーブ条約第六六条にしたがって、捕虜の所属国政府が支払うことになっている。だが、ソ連に収容された元日本人捕虜者たちは、ソ連政府からこのような証明書を受け取っておらず、直ちに差別的な状況に置かれることになった。

六　労働証明書の正当性を否認する日本政府

残念ながらこの状態は、今日まで続いている。元日本人捕虜たちが組織する「全日本捕虜協会」（全国抑留者補償協議会＝全抑協）は、斎藤六郎氏（故人）が会長を務めていたとき、ソ連政府と交渉して、シベリアなどで強制労働をさせられたときの未払い労働賃金の支払いを日本政府に義務づける労働証明書を発行させた。ところが、日本政府当局は、ロシア政府が元日本人捕虜たちに発行した労働証明書の正当性を認めない。また、元戦犯捕虜の名誉回復証明書も認めない。これは司法的、政治的、経済的性格を持ったその他の議論と並んで、日本の司法当局が、ソ連の収容所にいた捕虜たちの、度重なる要望を拒否する根拠の一つとなった。日本政府による労働証明書などの発行はロシアの人道的な措置で、いわばロシアの勝手な自由意思によるものなので、それに対して日本政府は何ら責任を負うことはないという態度だ。これは日本政府の余りにも身勝手な言い分である。全抑協がこれを不服として、日本政府をジュネーブの条約違反など国連人権委員会へ提訴する基礎となった。

日本政府のこうした姿勢の基礎には、一つの点が見えてくる。すなわち、ソ日間には領土問題が存在し、平和条約が締結されていないロシアとの二国関係の中では、元シベリア抑留者の強制労働に対する国家補償問題は不十分な関心しか払えないとして、日本はこの問題の解決を希望していないというものだ。他方、日本の政治家の懸念は、日本の侵略の犠牲者となったアジアの諸国民たちから補償を求める連鎖反応が発生する可能性の根拠が失われていないことだ。日本では時々、一九五六年のソ日共同宣言によって、両国があらゆる請求権を放棄したにもかかわらず、ロシア政府が捕虜時代の労働に対して補償金を支払うべきであるとの声が聞こえてくる。

しかし、大部分の元捕虜はロシアに対して友好的な感情を維持しており、ロ日平和条約の早期締結とともに、ロ日交渉によって、シベリア抑留労働に対する国家補償など、全ての未解決の問題の速やかな解決を図って合意に達することを求めている。その際、達成された合意は、平和条約それ自体、それに付属する別の議定書に書き込むことが提案されている。

これらの措置の基礎は、両国の歴史が教えている。すなわち一九〇五年のポーツマス平和条約は露日戦争の総括であるが、単に新しい国境を定めるのみならず、日本におけるロシア人捕虜の抑留に関連する問題も規定している。

これらの要求に動かされた全日本捕虜協会〔全国抑留者補償協議会の外国語呼称〕は、一九九七年に百万人の署名を集めて、平和条約の締結を支持するとともに、クラスノヤルスクのロ日首脳会議で、両国の指導者にこの陳情書を手渡した。しかし、両国の政治家は、複雑化の覚悟があるとは、述べなかった。彼らはこの簡単ではない人道問題が、今次大戦の結果と結びついているということを忘れたので、この複雑な人道問題について、戦後の清算を行うための二国間交渉はほとんどなかった。彼らの注目課題は従来通り領土問題であって、それが平和条約締結の障害となっていた。

こうして、かつての日本人捕虜は今日再び、ロ日関係の政治的人質と化している。もしかしたら二十一世紀の今もなお「冷戦」気分が残っているだけでなく、同時に、両国の政治文化に深く根ざした、捕虜問題に対する否定的な姿勢が、なお存在しているのかもし知れない。

七　望まれる捕虜問題の人道的解決

いずれにせよ、元日本人捕虜のシベリア抑留に絡むロ日関係におけるこの重要な人道問題の解決は、ロ日間の相互理解と善隣関係とに基づく旨の平和条約締結への直接の道を開くものである。かつまた、まだ安定していないロシア、さらに残念ながら、まだ新たな軍事的な冒険から守られていない、不安定なわがロシアにおける、国際法の勝利を世界に示すものとならねばならない。

参考文献

文書及び公的刊行物

ロシア連邦外務省外交公文書館（AVPRF）

ロシア連邦国家公文書館（GARF）

ロシア国家軍事公文書館（RGVA）

ロシア連邦国防省中央公文書館（TSAMO）

『祖国戦争中のソ連の外交政策　文書及び資料』モスクワ、一九四七年、第三巻。

『ソ連邦外交政策文書集』モスクワ、一九四六年、第四巻。

「ソ連における捕虜　一九三九―一九六九年、文書及び資料」（M・M・ザゴールシカほか編纂）、モスクワ、二〇〇〇年。

『軍事百科辞典』モスクワ、一九八六年、第七巻。

『世界史』第一〇巻、モスクワ、一九六五年。

『外交辞典』モスクワ、一九四八年、第一巻。

『ソ連外交政策文書』全二三巻、モスクワ、一九五七―一九九八年。

一九四九年八月一二日付「ジュネーブ条約及び付属議定書」モスクワ、一九九四年。

『戦争法規及び慣例、最重要国際条約』モスクワ、一九四二年。

『ソ連における第二次大戦中の外国人捕虜』V・A・ゾロターレワ編集．モスクワ、一九九八年、第一巻、標準文献。

『ソ連大祖国戦争史』モスクワ、一九六二年、第五巻。

『ソ連外交政策史一九一七―一九八五年』全二巻．モスクワ、一九八六年。

『太平洋戦争史』全五巻、日本語からの翻訳、モスクワ、一九五七―一九五八年。

『第二次大戦史　一九三九―一九四五年』第一一巻、モスクワ、一九七四年。

『外交史　第二版』モスクワ、一九七五年、第四巻　第二次大戦中の外交。

『主要文献における国際法』全三巻、モスクワ、一九五七年。

『ソ連外務省・大祖国戦争中のソ連首相と米大統領、英国首相との通信』第二巻、一九四一―一九四五年。F・ルーズベルト及びG・トルーマンとの交信（一九四一年八月一九四五年一二月）第二版、モスクワ、一九八九年。

『ソ連外務省・大祖国戦争中の国際会議におけるソ連』一九四一―一九四五年。第二巻『三大国―ソ連、米国、英国首脳によるテヘラン会議』（一九四三年一一月二八日―一二月一日）文献集、モスクワ、一九七八年第四巻『三大国

ソ連、米国、英国首脳によるクリミヤ会議（一九四五年二月四―一一日）文献集』モスクワ、一九七〇年。第六巻

『三大連合国ソ連、米国、英国のベルリン（ポツダム会議）（一九四五年七月一七日―八月二日）文献集』モスクワ、一九八〇年。

『第二次大戦の最後の捕虜・日本人捕虜に関するソ連共産党中央委員会文書―歴史文献集』一九九三年、No.1。

P・S・ロマーシキン『戦犯及び戦争発起人たちとの闘いに関する文献及び資料』モスクワ、一九四九年。

ロシア公文書館、『一九四五年のソ日戦争　三〇―四〇年代の二国間の軍事政治対立の歴史　文献及び資料』第一巻、モスクワ、一九九七年。

『一八五六―一九一七年間のロシアと他国との条約集』モスクワ、一九五二年。

『対日文献資料集一九五一―一九五四年（サンフランシスコ平和条約講和会議、日本との平和条約及びその他の合意、また日本に関する口上書及び公式声明）』ソ連外務省、一九五四年。

『ソ連から発出された対日理事会宛ての声明勧告集』外務省、一九四九年。

『日本に対する和平交渉に関するソ連、米国、中国、英国その他諸国政府の口上書及び声明集』一九四七年七月―一九五一年七月、ソ連外務省、一九五一年、四一九ページ。

『極東委員会決定集（一九四六年二月―一九四八年七月）』ソ連外務省、一九四八年。

『極東委員会におけるソ連代表の声明、提案、及び質問集』一九四六年三月から一九五〇年一月、モスクワ、一九五〇年。

『戦時中のルーズベルトとチャーチルの秘密交信』（英語からの翻訳）モスクワ、一九九五年。

『一九四一―一九四五　大祖国戦争間のソ英関係　文献及び資料』全二巻、モスクワ、一九八三年。

『一九四一―一九四五年大祖国戦争間におけるソ米関係　文献及び資料』全二巻、モスクワ、一九八四年。

『テヘラン―ヤルタ―ポツダム　文献集（第三版）』モスクワ、一九七一年。

『ロシア共和国刑法典　一九四七年三月一日の修正を伴う公式テキスト』モスクワ、一九五七年。

回想録

ベロボロードフ、A・P『ハルビンの突破』モスクワ、一九八二年。

ワシレフスキー、A・M『全生涯の事業』モスクワ、一九八九年。

メレツコフ、K・A『人民に奉仕して』モスクワ、一九八三年。

東郷茂徳『日本外交官の回想』モスクワ、一九九六年。

フィナール『一九四五年　軍国主義日本の粉砕に関する歴史ドキュメント概要』モスクワ、一九六九年。

チャーチル、W『第二次大戦』第二巻、英語からの翻訳、モスクワ、一九九一年。

重光葵『日本とその運命』ロンドン、一九五八年。

マッカーサー、D『回想録』ニューヨーク、一九六四年。

単一問題論文及び共著

アレクサンドロフ―アゲントフ、A・M『コロンタイからゴルバチョフまで』モスクワ、一九九四年。

アレクセーエフ、N・S『悪行と懲罰』モスクワ、一九八四年。

アルバートフ、A・G『大祖国戦争中のソ米関係、一九四一年―一九四五年』モスクワ、一九八四年。

アルチバーソフ、I・N／イーゴロフ、S・A『軍事紛争：法、政治、外交』モスクワ、一九八四年。

バグロフ、B・N『サハリン及びクリル作戦（一九四五年八月）』モスクワ、一九五九年。

バザーロフ、O／クズネツォフ、S『シベリア虜囚』ウランウデ、一九九四年。

バルスーコフ、M・I『ソ連赤十字と赤色新月、簡略歴史概要』モスクワ、一九四六年。

ベレジコフ、B・M『外交史のページ』モスクワ、一九七八年。

バブレーネフ、V・A／リャザンツェフ、V・B『死刑執行人と犠牲者』モスクワ、一九九三年。

ボリソフ、U・A『ソ連とアメリカ　戦中の同盟国、一九四一―一九四五』モスクワ、一九八三年。

ブルクス、L『日本降伏の舞台裏』英語からの翻訳、モスクワ、一九七一年。

『第二次世界大戦　現下の諸問題』モスクワ、一九九五年。

ガリッツキー、V・P『内務人民委員部収容所のフィンランド人捕虜』（一九三九―一九五三年）モスクワ、一九九七年。

ガッセル、Kh―P『国際人道法、序章、国際赤十字委員会』モスクワ、一九九五年。

ガルンスキー、S・A『日本人戦犯に対する裁判』モスクワ、一九四七年。

グロムイコ、A・A『記憶すべきこと』第一巻、モスクワ、一九八八年。

エピファーノフ、A・E『ソ連におけるヒットラーの戦犯とその共犯者たちの責任（歴史・法的責任）』ボルゴグラード、一九九七年。

ザラタリョエフ、V・A『祖国の軍事的安全保障（歴史・法的研究）』モスクワ、一九九六年。

『ロシアにおける外国人　抑留、捕虜、流刑』イルクーツク、一九九四年。

『日本の歴史　一九四五—一九七五』モスクワ、一九七八年。

『日本の歴史　一八六八—一九九八』教科書、モスクワ、一九九九年、第二巻。

コジェブニコフ、F・I『ソ連の大祖国戦争と幾つかの国際法の諸問題』モスクワ、一九五四年。

コナーソフ、V・V『ソ連におけるドイツ人捕虜の運命　外交的、法的、政治的諸問題、概論及び文書』ボログダ、一九九六年。

コナーソフ、V・B『ソ連におけるドイツ人捕虜の裁判問題の外交的側面』モスクワ、一九九八年。

コーシキン、A・A『「熟し柿」戦略の崩壊、日本の対ソ軍事政策（一九三一—一九四五年）』モスクワ、一九八九年。

クズネツォフ　S・I『第二次大戦後のロ日関係における捕虜問題』イルクーツク、一九九四年。

クズネツォフ、S・I『シベリア抑留の日本人（一九四五—一九五六年）』イルクーツク、一九九七年。

クズィミナ、M『捕虜　ハバロフスク地方の日本人捕虜』コムソモリスク・ナ・アムーレ、一九九六年。

クターコフ、L・N『日本の外交政策と外交』モスクワ、一九六四年。

クターコフ、L・N『ソ日外交関係史』モスクワ、一九六二年。

ペトロフ、D・V『『第二次大戦後の日本の外交政策』モスクワ、一九六五年。

パルタラク、A・I／サビンスキー、L・I『軍事紛争と国際法　基本的問題』モスクワ、一九七六年。

ラギンスキー、M・U『被告席の軍国主義者、東京及びハバロフスク裁判の資料より』モスクワ、一九八五年。

ラギンスキー、M・U『日本の主要戦犯に対する国際法廷』モスクワーレニングラード、一九五〇年。

ロマーシキン、P・S『帝国主義の軍事犯罪』モスクワ、一九五三年。

セミリャーガ、M・I『われ等はいかにドイツを管理したか』モスクワ、一九九五年。

スラビンスキー、B・N『ソ連と日本—戦争への道、一九三七—一九四五年の外交史』モスクワ、一九九九年。

スラビンスキー、B・N『極東におけるソ連の外交政策、一九四一—四五年』モスクワ、一九九五年。

スラビンスキー、B・N『ソ日中立条約：一九四一—一九四五年の外交史』モスクワ、一九九五年。

スミルノフ、L・N／ザイツェフ・E・B『東京裁判』モスクワ、一九八四年。

『現代日本』モスクワ、一九七三年。

『ソ連—日本、ソ日外交関係樹立五〇周年に向けて』モスクワ、一九七八年。

『ソ連と日本』モスクワ、一九八七年。

『捕虜の悲劇、国際法研究実践会議資料集、四四』クラスノゴルスク、一九九六年。

ウトキン、A・I『フランクリン・ルーズベルトの外交』スベルドロフスク、一九九〇年。

フレストフ、O・N『赤十字と国際人道法』モスクワ、一九七七年。

シンドレル、D『国際赤十字委員会と人権』国際赤十字委員会、一九九四年。

日本語文献

バブリョーノフ、V・A『シベリア抑留史』鶴岡、一九九二年。

『全抑協読本』（資料編）、鶴岡、一九八〇年。

石川忠雄『カスピ海から旅立つ』横浜、一九九四年。

『異国シベリアに眠る友を』東京、一九九一年。

カルポフ、V『スターリンの捕虜たち』札幌、二〇〇一年。

カタソノワ、E・L『ロ日関係における抑留問題』一九九九年の日露フォーラム・スピーチ。

カタソノワ、E・L『シベリアにかける橋』恒文社、一九九七年。

カタソノワ、E・L『領土問題解決に希望の光』毎日新聞朝刊、一九九七年一〇月二四日付。

「極東シベリア．墓参案内図」鶴岡、一九九二年。

松井久雄『忘れ得ぬ抑留の思い出』東京、一九九五年。

前田徳四郎『シベリア抑留小史』東京、一九九五年。

「労働賃金に関する陳情書」一九九二年。

『シベリアの日本人捕虜収容所』アルバム、東京、一九九〇年。

斎藤邦夫『涙の兵隊物語』東京、一九九三年。

斎藤邦夫『シベリア抑留兵よもやま物語』東京、一九九〇年。

斎藤六郎『回想のシベリア』（全二巻）、一九九四年。

斎藤六郎『シベリアの挽歌』一九九五年。

『シベリア抑留　歴史の流れの中で』（写真集）東京、一九九七年。

白井久也『国際法から見た日本人捕虜のシベリア抑留』ロシア・東欧学会年報、No.23、東京、一九九四年。

白井久也「捕虜は少しも恥ではない　問われるシベリア抑留国家補償」雑誌「全貌」一九九七年、No.4。

白井久也「国際法は捕虜の権利を補償する」雑誌「全貌」、一九九七年、No.8。

白井久也「早期解決を求める戦争被害者」東海大学平和戦略国際研究所発行「ヒューマン・セキュアリティー」一九九八年　No.3。

「世界が問う、日本の戦争責任」国際市民フォーラム、東京、一九九九年。

「戦後五〇周年記念国際人道シンポジウム」東京、一九九五年。

高橋大造『六〇年目の弔辞』東京、一九九三年。

『沈黙のファイル』共同ニュース、一九九六年。

『東京地裁判決（シベリア強制労働に対する補償支払いを求める件についての東京地裁判決）』一九八九年。

平出節夫『シベリアに埋めたカルテ』東京、二〇〇〇年。

穂刈かしお『シベリア抑留記』長野、一九六二年。

ソ連における日本人捕虜の生活体験を記録する会編『捕虜体験記』（全八巻）東京、一九九八年。

論文と命題

アンフィーロフ、V「極東へのソ連参戦の原因と結果」―「独立新聞」二〇〇〇年九月二日。

ベズボロドワ、I・V「ソ連内務人民委員部―内務省捕虜抑留者問題管理局の活動史の源泉としての捕虜に関する個人的統計問題」―「古文書専門家報知」一九九二年、No.1。

ベズボロドワ、I・V「ソ連における外国人捕虜及び抑留者　戦後（一九四五―一九四六年）における内務人民委員部、内務省捕虜管理局の活動の歴史より」―「祖国史」一九九七年、No.5。

ボンダレンコ、E・U「過酷なロシア捕虜」―「極東の諸問題」、一九八九年、No.3。

ボンダレンコ、E・U「囚われからの長い帰還」―「極東の諸問題」一九九四年、No.4。

ボンダレンコ、E・U「捕虜の運命　日本の戦犯に対する東京及びハバロフスク国際法廷とその結果（一九四八―一九四九年）」ロシアとATR、一九九三年、No.1。

ブラーソワ、E・V「大祖国戦争時代の捕虜に対する内務人民委員部文書」―「古文書専門家報知」一九九五年、No.5。

ガリツキー、V・P「捕虜問題とソ連政府の対応」―「ソ連国家及び法」一九九〇年、No.4。

ガリッツキー、V・P「ソ連における敵国捕虜（一九四一—一九四五）」—「軍事歴史誌」、一九九〇年、No.9。

ガリッツキー、V・P「捕虜問題とソ連国家の対応」—「ソ連国家及び法」、一九九〇年、No.4。

ガリッツキー、V・P「外国人捕虜及び外国市民に対するソ連政府の抑圧政策（一九三九—一九五六）—古文献学、史料学、及び史料編纂学における現下の諸問題」—大祖国戦争戦勝五〇周年における全ロシア科学会議、ボログダ、一九九五年。

ガリッツキー、V・P「捕虜の状況下での国際グループ関係の社会心理的側面」—「社会学研究」一九九一年、No.10。

ガリッツキー、V・P「ソ連における日本人捕虜、真実と推量」—「軍事歴史誌」一九九一年、No.4。

ガリッツキー、V・P／ジモーニン・V・P「北海道上陸は変更」—「軍事歴史誌」、一九九四年、No.3。

ガルマーエフ、V「ザバイカル地方の雪の中の桜　日本人捕虜の追憶」バイカル、一九九二年、No.6。

ヨシダ、U「ザオーゼルナヤの生活の思い出」—「今日の日本」一九九七年、11号。

「日本との平和条約に関する米国案についてのソ連政府のコメント」—「ノーボエ・ブレーミヤ」一九五一年、No.22。

ジモーニン、V・P「第二次大戦の最後の発生地」モスクワ、二〇〇二年。

イワーショフ、L・G／エメーリン、A・S「わが国の歴史における道徳的、法的捕虜の問題」—「軍事歴史誌」一九九二年、No.1。

カタソノワ、E・L「ロ日関係発展における社会的関係の役割、ロ日シンポジウム（二一世紀へ向けてのロシア日本）資料」モスクワ、一九九九年。

カタソノワ、E・L「モスクワと東京の対話」—「独立新聞」一九九七年二月二七日。

カタソノワ、E・L「日本の戦争の謎」—「独立新聞」二〇〇〇年八月一〇日。

カタソノワ、E・L「二一世紀へ向けて」—「今日の日本」一九九三年三月号。

カタソノワ、E・L　日本人の「シベリア抑留」—「ロシア報知」一九九四年四月一九日。

カタソノワ、E・L「スターリンの見果てぬ夢の一つについて」—「今日の日本」二〇〇〇年一一月号。

カタソノワ、E・L「第二次大戦の最後の捕虜」—「外交官」二〇〇一年、No.9。

カタソノワ、E・L「現代ロシア史におけるリヒアルト・ゾルゲ」—「日本　二〇〇二—二〇〇三年」、年報、モスクワ、二〇〇三年。

カタソノワ、E・L「捕虜労働に対する補償金支払いの理論と実際」—「ロシア司法」二〇〇三年、No.6。

カタソノワ、E・L「シベリア捕虜　未解決の諸問題」—「今日の日本」二〇〇〇年一〇月号。

カタソノワ、E・L「戦時捕虜の運命決定の舞台裏」—「今日の日本」二〇〇一年一月号。

カタソノワ、E・L「いつ正義が勝利するだろうか」—「平和と人道」一九九四年二月。

「日本の国会議員団のソ連滞在について」—「ノーボエ・ブレーミヤ」一九五五年、No.40。

カレーロフ、M「共産主義建設における捕虜たち（一九四六—一九五〇）L・P・ベリヤの「特別ファイル」より」—「祖国」、一九九七年、No.9。

コロービン、E・K「ジュネーブ条約の改定に向けて」—「ソ連法」一九四五年、No.3。

ラルチェンコフ、V「わが国に敬意を表するための『万歳』」—「ソビエト兵士」一九九二年、No.3—4。

レベジェフ、V・G「ソ連における外国人捕虜の行方の捜索と埋葬地の問題について」—「捕虜の悲劇　国際科学実践会議資料集」クラスノゴルスク、一九五六年。

レベジェワ、N／フィラートフ、A「『三大国』の政策における戦争終結の公式」—「国際生活」一九九六年、No.4。

レービン、B・D「戦犯の刑事責任について、刑事法の諸問題、資料集」モスクワ、一九四五年。

マニコフスキー、B・S「ドイツ管理委員会の立法府における刑法の諸問題」—「ソ連国家と法」一九四六年、No.9。

メドゥベージェフ、R「何故日本人は攻撃しなかったか」—「光栄を有する」一九九三年、No.4。

ムレーチン、L「忘れられた墓場の花」—「ノーボエ・ブレーミヤ」一九九一年　No.10。

ポポフ、U「日本人記念碑」—「カザフスタン・ソビエト」一九九三年九月一四日。

プロコペンコ、A・S「当局の法律がない間に、自らの『機密』を最後まで守るだろう」—「イズベスチヤ」一九九二年八月五日。

リュドゥネフ、B・N「日本人捕虜：ロシアは一歩踏み出した　日本はいかに答えるか」—「イズベスチヤ」一九九二年六月二三日。

リュドゥネフ、B・N「日本人捕虜のソ連強制労働に関する文書」—「イズベスチヤ」一九九二年一月二五日。

リュドゥネフ、B・N「かつての日本人捕虜への勲章」—「イズベスチヤ」一九九三年四月一三日。

斎藤六郎「外交が国民の意思に反する時」—「ロシア報

知」一九九五年六月七日。

斎藤六郎「戦争の残滓を終わらせる時」―「ロシア報知」一九九四年九月八日。

斎藤六郎「アムール地方の日本の『鶴』」―「ロシア報知」一九九五年七月二八日。

斎藤六郎「戦争の残滓のもとにまた、一つの側面が提起された」―「ロシア報知」一九九四年一一月二九日。

高杉一郎、「北方の光のもとの暗黒の中で―知ってください」―「日本」一九九三年、No.4。

トライニン、A・N「非人間的人道主義」―戦争と労働階級」一九四四年、No.9。

トライニン、A・N「ファシストの悪行に対してだれが刑事責任をとるのか」―「戦争と労働階級」一九四三年、No.1。

トライニン、A・N「ニュールンベルクから東京へ」―「ノーボエ・ブレーミヤ」一九四八年、No.12。

チェレフコ、K・E「大祖国戦争初期のソ日関係　一九四一年六月二二日～一二月八日」―「日本」一九九六～一九九七年、年鑑、モスクワ、一九九七年。

シェバリン、G・F「永久にクズネツカヤの土地に残った」―「われ等が新聞」(ケメロボ)一九九三年一月二二日。

ヤコベンコ、D「ソ連における日本人捕虜の運命について」―「ダウガワ」一九九二年、No.2。

学位論文

バザーロフ、O・D「ブリャートにおける日本人捕虜（一九四五―一九四八年）」イルクーツク、一九九七年。

ベズボロードワ、I・V「ソ連内務人民委員部―内務省の捕虜抑留問題管理局（一九三九―一九五三年）」歴史学博士候補論文、モスクワ、一九九七年。

ビチェフボスト、A・F「ソ連人と外国人の帰還　内政と国際的側面（一九四四―一九五三）」歴史学博士論文、サラトフ、一九九六年。

コナーソフ、V・B「ドイツ人捕虜に対するソ連の国家政策（一九四一―一九五六年）」モスクワ、一九九八年。

クズネツォフ、S・I「第二次大戦後のソ連における日本人捕虜（一九四五―一九五六年）」イルクーツク、一九九四年。

スムイカーリン、A・S「一九一七年から六〇年代初めまでの、ソビエト・ロシアの懲罰システム（歴史―司法研究）」歴史学博士候補論文、エカテリンブルク、一九九八年。

スピリドーノフ、M・N「クラスノヤルスク地方における日本人捕虜（一九四五―一九四八年）」クラスノヤルスク、二〇〇一年。

【監訳者解題】

日本人捕虜とシベリア抑留

日露歴史研究センター代表　白井久也

本書はロシアの有名な日本学者、エレーナ・レオニードブナ・カタソノワ女史の著書『ソ連における日本人捕虜——大国の大きな駆け引き』（ロシア語原題 ЯПОНСКИЕ ВОЕННОПЛЕННЫЕ В СССР: большая игра великих держав）のロシア語版の全訳である。博士の学位を取得するための論文として書き下されたもので、二〇〇三年九月にモスクワのクラフト社より出版された。二〇〇四年五月二六日にモスクワで開かれたロシア国防省付属戦史研究所学位論文審査会で、圧倒的多数の賛成を得て厳しい審査に合格、カタソノワ女史に歴史学博士の学位が授与された。

「スターリン体制のソ連」を厳しく批判

本書の特徴は、敗戦によって投降した日本兵の早期本国帰還をうたった「ポッダム宣言」第九項に違反して、多数の関東軍兵士を捕虜に取ってシベリアなどソ連各地に長期抑留、強制労働に従事させた「スターリン体制のソ連」を、ヒューマニズムの立場から激しく告発したことである。

ゴルバチョフが一九八五年に政治の桧舞台に現れる以前のソ連は、徹底した言論統制が行われていた。一般市民が政府や国家を批判することは「タブー」とされていた。もしこの禁を破れば、世界に先駆けて水爆開発を行ってソ連の核戦力の増強に大きな功績をあげたアンドレイ・サハロフ氏のような著名な科学者でさえも、特権を剝奪されて国内流刑の島流しにあって、窮屈な生活を強いられる羽目に陥った。このためたとえ腹に一物あっても、多くの市民は批判的な言辞を弄《ろう》することなく、黙々と暮らしていた。当時はまだ、スターリン時代に吹き荒れた政治粛清の嵐の記憶が鮮明に残っていて、「触らぬ神にたたりなし」というのが、一般市民が頼った処世術であった。

それががらっと変ったのは、ゴルバチョフがペレストロイカ（改革）を始めて、何でも物が自由に言えるようになってからだった。早いもので、それから約二十年――。超大国・ソ連は崩壊し、その後継国家ロシアでは、エリツィンからプーチンへと民主化路線が引き継がれ、市場経済も順調に発展して、欧米諸国や日本と同じ価値感を共有する国になった。しかし、ロシア社会全体を見ると、スターリン時代やブレジネフ時代に教育を受け、ペレストロイカを受け入れることができず、未だに保守的な考え方にしがみついている人が数多くいることを見逃せない。

全ロシア世論研究センターが二〇〇三年三月、全国一〇〇カ所で一、六〇〇人を対象に行った調査で、「私たちの祖国にとってスターリンの果した役割をどう評価するか」と意見を求めたら、スターリンを肯定する回答が五三パーセントも占めた。ソ連崩壊後、過去の「負の遺産」の象徴として否定されてきたはずのスターリンが今なお、ロシア国民の根強い支持を得ている事実に驚かされる。

〇三年三月五日は、スターリン没後五〇年。モスクワの赤の広場で、スターリンを追悼する記念集会が開かれた。掲げられたプラカードには、「ソビエト万歳」「共産主義の栄光」など、ソ連時代を思い起させるスローガンが並んでいた。ソ連は二〇世紀に米国とともに世界を二分した社会主義陣営の盟主。スターリンはロシア人が「大祖国戦争」と呼ぶ第二次大戦を勝利に導いたトップリーダーで、「強いロシア」の象徴でもあった。ソ連崩壊後、米国の後塵を拝するロシアの現状は、ロシア人のプライドを痛く傷つけ、米国と世界を二分したかつての「超大国・ソ連」へのノスタルジアが、スターリンの人気を一段と増幅しているのであった。

今年五月二十六日にモスクワで開かれたカタソノワ女史の博士論文審査会は、ロシアの歴史学界に今だに一定の勢力を保つスターリン主義者の跳梁《ちょうりょう》する格別の場になった。「戦争に負けた軍隊が捕虜に取られるのは国際法の常識で、捕虜労働はジュネーブ条約でも認められている」「大祖国戦争でドイツ軍の捕虜になったソ連兵に対する虐待に比べれば、日本人捕虜に対するソ連の処遇ははるかに人道的であった」「ソ連は捕虜の待遇に関する一九二九年のジュネーブ条約に加盟していなかったから、捕虜条項を守る必要がなかった」と、正に言いたい放題。良識のかけらもなかった。

しかし、審査員の大半は改革派。ただちに「日本人捕虜の長期抑留に、本国への早期帰還をうたったポツダム宣言の明らかな違反だ。対日宣戦に先立って、同宣言に署名した以上、ソ連は守る義務があった。それを反古《ほご》にしたソ連の国際法違反は、自国の名声を地に落したばかりか、人道主義の立場からも厳しく批判されなければならない」と反論が行われて、スターリン主義者たちの息の根を止めてしまった。とくに、「ロシアの歴史学では、捕虜問題について人道主義の観点で学問的な解剖を行った研究は皆無であった」という指摘は、審査員の大多数の支持を受けた。

延々四時間に及ぶ討議の後で、博士号授与の賛否が問われた。出席審査員二〇人のうち、一六人が賛成、反対は四人に留まった。こうして、本書は圧倒的多数の賛成によって、無事厳しい審査をパスすることができたのであった。

ゴルバチョフのペレストロイカに始まったロシアの民主化も二〇年以上たって、しっかり根づいたことを物語る出来事であった。

六四万人の関東軍将兵をシベリアに抑留

本書がテーマとして取り上げたのは、戦後、ソ連に拉致・連行されて強制労働を科せられた日本人捕虜のシベリア抑留問題である。とは言っても、日本の大方の若い人たちにとって、日本人捕虜とか強制労働とかシベリア抑留という言葉は馴染みのないもので、何のことかさっぱり分からない人が多いかもしれない。二一世紀の現代は、人口一億二、〇〇〇万人の日本人の三分の二以上が、戦争を体験したことのない若い世代によって構成される時代である。また、中学校や高校の歴史教科書で、日本人捕虜のシベリア抑留問題が詳細に取り上げられることもほとんどない。若い世代の人々が日本人捕虜のシベリア抑留問題について、何ら新しい情報や知識を持ち合わせていないとしても、仕方のないことである。

だが、敗戦直後に何十万という留守家族が自分たちの身内であるシベリア抑留者の早期帰還を求めて走り回り、それが国民的な大きな課題となった歴史的事実があったことは、日本国民ならば決して忘れてはなるまい。シベリア抑留問題は、実は抑留者本人とその留守家族を含めると、敗戦直後の日本人一〇〇人に一人が関わった全国民的な重大事件であったのだ。戦後間もなく大ヒットした流行歌、『異国の丘』や『岸壁の母』は、シベリアに抑留された日本人捕虜の一日も早い祖国帰還を願う悲痛な叫び声であった。あれから早くも半世紀以上たった今日……。年老いた元抑留者の胸中には、未だに報われないシベリア強制労働補償の古傷が疼《うず》いている事実に、目をつぶってはならない。元シベリア抑留者にとって、正に戦争は遠くなったが、彼らの戦後は今もまだ終っていないのである。

事の起りは、太平洋戦争の最終末期に、ソ連が日ソ中立条約を一方的に破棄して、対日参戦したことによる。一九四五年八月九日、一五〇万のソ連の大軍がソ満国境を越えて満州（現在の中国東北地方）に侵攻。たった一週間の戦闘で関東軍を降伏させ、六四万人の日本人将兵を捕虜に取り、シベリアなどソ連各地へ拉致・連行して収容所にぶち込み、強制労働を科したのだ。厳寒、飢餓、重労働の「シベリア三重苦」に喘ぐ過酷な抑留生活は、短い者で二―四年。長い者は十余年に及んだ。この結果、彼《か》の地で六二、〇〇〇人が死亡、四五、〇〇〇人が負傷、不具廃疾者となった者も少なくなかった。

戦前、戦中の日本は、「明治憲法」による万世一系の天皇が国を統治する天皇制国家で、「日本国憲法」の下に民主国家に生まれ変わった戦後の日本とは、まったく異なっていた。天皇の赤子《せきし》として徹底した皇民教育を受けた六四万人の関東軍将兵が、敗戦とともに日本と敵対していた社会主義国家・ソ連に強制連行され、そこで何年間も厳しい抑留生活を強いられながら、ソ連型社会主義の「異文化体験」をしたのだ。日本の歴史上、かつてなかったことである。少なからぬカルチュア・ショックを受けたとしても、不思議ではない。彼らはソ連で何を見て、何を考え、何を土産にして祖国へ帰ってきたのか？　換言すれば、日本人にとってシベリア抑留とは、一体、何であったのか？　歴史家でなくても、これほど興味と関心をそそられるテーマは、そうざらにはあるまい。

日本の大陸侵略政策の「破綻」とその「結果」

日本には現在、私家版も含めて二、〇〇〇冊前後にのぼる元シベリア抑留者の手記、回想録、報告書などが出回っていると言われている。そのすべてに目を通したわけではないが、その中にはヒューマン・ドキュメントとして感動を呼ぶものや、歴史の証言として高い価値を有するものが少なからずあることは、確かである。だが、多くのシベリア抑留物は、自分の体験を単に記録するか、あるいは小説やエッセイの形で綴っただけに終っている。とりわけ歴史的な視点でシベリア抑留を見直す立場が欠けており、必ずしも満足のいく読後感が得られないのが難点である。

一般的にシベリア抑留と言うと、「ソ連は実にけしからん国だ」と、日本ではいつもソ連が悪者になっている。無理もない。ソ連は一九四五年四月五日、日本に対して日ソ中立条約（一九四一年四月一三日締結）の不延長を通告した。しかし、この条約が実際に失効するのは一九四六年四月二五日なので、ソ連が満州へ侵攻したとき、同条約は引き続き有効であった。つまりソ連の満州侵攻は、国際法上ソ連による日ソ中立条約の一方的な破棄と見なされ、日本側が到底、容認できるものではないことは言うまでもない。

しかも、ソ連は満州で投降した関東軍将兵六四万人を「トウキョウ・ダモイ（帰還）」と騙して、シベリアなどに拉致・連行後、長期抑留生活を強いて過酷な強制労働に使役したのだ。だが、日本が無条件降服に当たって受諾した「ポツダム宣言」は第九項で、日本軍の武装解除後連合軍の捕虜になった日本兵は本国へ早期帰還させることをうたっている。従って、元関東軍将兵の長期シベリア抑留は、国際法であるポツダム宣言の明らかな違反と言えよう。

これらはだれが見ても、もっともな主張で、日本人であるならば、当然、同意せざるを得まい。だが、この議論はその前に、なぜ大規模な日本の軍隊、つまり精強をもって鳴る関東軍が、日本の領土でもない満州という異国に駐留していたのかという重要な視点が欠落している。関東軍というのは、関東州及び満州に駐留した日本陸軍の部隊の総称。日清・日露戦争に勝った日本が一九一九（大正八）年、それまで置かれていた守備隊を独立した部隊に改編・増強したものだ。この関東軍の役割は、大陸侵略の「外征軍」であると同時に、満州国支配の「植民地軍」という二つの顔を持っていて、日本の軍隊の中では最も侵略的な性格を持つた軍隊であった。太平洋戦争末期のソ連の対日参戦は、一九四五年二月のヤルタ会議でスターリンとルーズベルトが談合して、取り決めた「密約」を実行に移したもので、それによって明治以降大正を経て昭和に至る日本の大陸侵略政策は完全に破綻して、その結果が関東軍将兵のシベリア抑留へつながって行ったのである。こうした歴史的な視点を捨象してソ連の非道ぶりのみ非難して、日本が被害者面をするのは公平を欠くことになろう。この点、日本人はもっと謙虚になって歴史の見直しをする必要がある。

二〇世紀前半に日本が推進した二つの侵略戦争、すなわち日中戦争と太平洋戦争は、約二一〇万の日本国民と約二、〇〇〇万人のアジアの人々の尊い命を奪った。日本人捕虜のシベリア抑留は、日本が関わったこの二つの侵略戦争と決して無縁な歴史現象ではなくて、必然的に起るべくして起った日本国民にとっての大変な厄災であった。死亡者や負傷者を含めた元抑留者やその遺家族にとっては、極めて酷な言い方かもしれないが、シベリア抑留問題のすべての責任をスターリン体制のソ連のせいにして、ソ連を呪い罵倒するだけでは、本当の意味でシベリア抑留問題から「歴史の教訓」を引き出すことはできない。抑留体験を歴史体験にまで昇華して、後世に末長く伝えて行くためには、シベリア抑留問題を日本の近現代史の中でどう把えるか。とりわけ事実に即した能動的な歴史認識が不可欠である。換言すれば、日本人捕虜に測り知れない苦痛と犠牲を強いたシベリア抑留は、単なる一個人の体験の問題に押し止めて、結果的に委小化するのではなくて、戦争の悲惨さや平和の尊さを教える「歴史の教訓」の問題として新たに把え直して、後世に長く語り伝えて行かねばならないのだ。こうした観点からカタソノワ女史のこの新著を見直したときに、その歴史的な意義はどこに求めることができるのだろうか?

ロシア社会の「タブー」に挑んだカタソノワ女史

カタソノワ女史の現職は、ロシア科学アカデミー東洋学研究所日本問題上級研究員である。モスクワ国立大学付属アジア・アフリカ諸国大学日本語科卒の日本語のベテラン。若いころ、ソ連共産党中央委員会の外郭団体、ソ連対外友好文化交流団体連合会（略称　対文連）の下部機関、ソ日協会で日本担当として、日ソ文化交流の推進に力を尽した。その後、ソ連が崩壊した一九九一年に、元シベリア抑留者たちが結成した全国抑留者補償協議会（略称　全抑協）の斎藤六郎会長（故人）の求めに応じて、東洋学研究所から学術出張の形で日本に派遣され、会長補佐として、当時、全抑協本部があった山形県鶴岡市に四年間住んで、シベリア抑留問題の人道的な解決に取り組んだ人物である。このときは主として、シベリアで強制労働に従事した元抑留者の未払い労働賃金の国家補償を日本政府に求める運動や、ソ連各地で亡くなった抑留者を埋葬した日本人墓地の整備のほか、日本人墓参団の現地案内業務などに奔走して、祖国に帰還した抑留者やその遺族たちから、絶大な信頼と尊敬を得たのであった。

斎藤氏の要請で、全抑協職員になったカタソノワ女史が、こうした全抑協運動に携わりながら「いちばん問題だ」と思ったのは、元抑留者に対する国家補償を巡る日本政府の「差別政策」であった。カタソノワ女史は、語る。

「南方地域で米軍などの捕虜になった元抑留者には、労働賃金計算カードが発行され、本国帰国時に日本政府が未払い労働賃金を支払いました。だけども、ソ連当局はこうした労働証明書を発行しなかったため、シベリアなどソ連地域から日本に引き揚げてきた元抑留者たちに対して未払い労働賃金の支払いはなく、ただ働きさせられる結果になったのです。こんな不都合、不公平は断じて許してはなりません」

人一倍正義感に燃える彼女はこうして、国際法で保証された捕虜の権利回復を求めるため、日本政府を相手取った全抑協の裁判闘争にのめり込んで行ったのであった。ロシア人でありながら、なぜ日本人捕虜のシベリア抑留問題の打開に取り組むのか？　彼女の親しいロシア人の友人たちは、どうしても合点がいかなかった。「わが国は第二次大戦で二、〇〇〇万人の戦争犠牲者を出したじゃないの。あなたがロシア人なら、まずロシア人戦死者の慰霊とその支援活動をやるべきだわ」と、厳しい批判を受けた。しかし、彼女は一向にひるまなかった。「私は日本関係の専門家。歴史の不都合、不公正を正すのは私の役目。私の活動は、必ずロ日関係の改善に役立つはずだわ」と押し切ったのである。こうして彼女の獅子奮迅《ししふんじん》の働きがあって、斎藤氏は逐にロシア政府に元シベリア抑留者の未払い労働賃金の国家補償を法的に義務付ける労働証明書を発行させることに成功したのであった。その数は約三三、〇〇〇通にのぼった。

しかし、最高裁まで争った「シベリア抑留訴訟」は、提訴以来一六年目に当たる一九九七年三月に、原告側の敗訴が確定してしまった。判決は立法措置で労働賃金の支払いが認められていない原告側の立場に一定の理解を示したものの、「戦争被害は国民が等しく負担すべきもので、その犠牲は国家補償の対象には当たらない」という理由であった。裁判闘争の先頭に立った斎藤氏も、裁判の最終的な結果を見ないまま、他界してしまった。斎藤氏が急死すると、全抑協の活動は停滞。カタソノワ女史はモスクワに、引き揚げざるを得なくなった。五年振りにモスクワに戻った彼女は、以後、「研究者の立場で日本人捕虜のシベリア捕虜問題の真実を見直したい」欲求がこみあげてきて、東洋学研究所を足場にして、その学術的な研究に邁進することになったのである。

もっともその当時のロシアでは、ロシア人が日本人捕虜のシベリア抑留問題を研究することは、一種の「タブー」とされていた。ソ連当局は長期にわたる日本人捕虜のシベリア抑留が「ポツダム宣言」だけではなくて、「陸戦の法規慣例に関する一九〇七年のハーグ条約」や「捕虜の取り扱いに関する一九二九年ならびに四九年のジュネーブ条約」など、一連の国際法に違反することを自覚していた。また、捕虜労働に対する労働賃金の支払いを法的に義務づける労働賃金計算カードの発行を怠ったことが、日本人捕虜の「不法抑留」に当たることも十分承知していた。もし、ロシア人研究者が日本人捕虜のシベリア抑留問題の調査を行えば、スターリン体制下で捕虜行政を遂行したソ連内務官僚のこうした不詳事が暴露され、大きな政治問題にならないとも限らない心配があった。ソ連当局としては、それだけは何としても避けたかった。早速、臭い物に蓋をするべく、シベリア抑留関係資料は戦後の早い段階で厳秘に付されてしまった。こうしてソ連・ロシア社会では長い間、日本人捕虜のシベリア抑留問題は、歴史学者やジャーナリストの研究・取材対象となることもなく打ち捨てられてきたのであった。

しかし、全抑協で斎藤六郎氏の補佐として積局的に活動しているうちに、シベリア抑留問題の重要性に目覚めたカタソノワ女史は、ロシア人社会の中に長年培かってきた独自の人間関係を使って、外国人には不可能な門外不出のシベリア抑留関係の第一次資料のアクセスに成功することができた。具体的には、ロシア外務省外交公文書館（ＡＶＰＲＦ）、ロシア連邦国立公文書館（ＧＡＲＦ）、ロシア連邦国防省中央公文書館（ＴＳＡＭＯ）などで埃をかぶって眠っていたコピー禁止の多数の文書に目を通して、必要なものをノートに書き写す日々が続いた。日本人捕虜のシベリア抑留に関するソ連外務省の暗号文書、会議記録、職務メモや分析資料、ソ連内務省ならびにソ連国防省の各種報告書、諜報と防諜の各種文書・資料の数々……。さらに、ソ連の捕虜になったり、ソ連領内で死んだり、祖国へ帰還した元関東軍将兵から、ソ連、米国、日本の関係筋がそれぞれ別個に聞き取り調査を行って作成した様々な種類の統計データを、入手することができた。本書はこうして、丹念に収集された三百点以上の埋もれた歴史史料を使って執筆されたもので、それが何よりも大きな特徴となっている。本書が日本人のシベリア抑留問題をテーマとしながらも、元シベリア抑留者たちが書いた個人の体験記とはまったく異なる学術的な価値を持っているのは、このためである。

日本人捕虜は「冷戦構造」が生んだ「人質」

では、本書が日本人のシベリア抑留問題の歴史的な解明に当たって、提起した最も新しい視点とは、何か？　カタソノワ女史によれば、シベリアに抑留された日本人捕虜は、戦後世界を二分した、「冷戦構造」の下で、米ソ両超大国が世界的な主導権の確立を求めて政治的、外交的、軍事的に激しく争った複雑な国際関係が生み落したまぎれもない「人質」であったという見方である。日本人捕虜のシベリア抑留問題を日ロ二国関係の絡み合いだけで見る限り、せいぜい関東軍将兵を捕虜に取って、シベリアなどで強制労働させたスターリン体制のソ連が悪いという非難に終ってしまいがちだ。それ以上の議論の発展は、あまり考えられない。それが冷戦構造下での米ソの激しい角逐が、日本人捕虜のシベリア抑留の原因になったという視点に立てば、当時の国際関係はどうであったか、関係国や国連などの国際機関はどのように振る舞ったか、それによって日本はどんな影響を受けたかなど、これまでまったく未知であった分野にまで切り込んで、日本人捕虜のシベリア抑留問題の本質を解明することも可能である。現に本書は国連や国際赤十字の場、米ソ二国間交渉の場、日ソ二国間交渉、とくにロンドンで行われて日ソ国交回復交渉の場で、シベリアに抑留された日本人捕虜の早期帰還問題を巡って外交官や関係者が丁丁発止《ちようちようはつし》と争った有り様が、未公開だった歴史文書や関連資料を使って見事に再現されていて、学術書としては極めて珍らしく臨場感に溢れる迫力に富んだ仕上がりになっている。日本人捕虜のシベリア抑留問題が、複雑かつ変転極まりない国際関係とどのように絡まり合って、それがどう処理されてきたか、歴史の事実に照らしながら、分かりやすく解明を試みた初めての専門著作として、高く評価されねばならない所以である。

ソ連が六四万人の関東軍将兵を捕虜に取って、シベリアなどで強制労働をさせた理由については、かねてから諸説がある。ソ連の戦後復興に必要な労働力不足を補うためなどは、その好い例であろう。本書の立場は、どうか？　カタソノワ女史はトルーマン米大統領の強固な反対によって、「北海道上陸作戦」の撤回に追い込まれたスターリンがその報復として、日本人捕虜を強制労働に使うことを決定したとの見方を取っている。このことについては、過去に日本のマスコミを通じてすでに報道が行われているので、「既知の事実」となっていて、格別の目新しさはない。だが、この際知っておいて欲しいのは、このことを裏付ける歴史史料を公文書館で最初に発見したのは、カタソノワ女史であったという事実だ。彼女が補佐を務めた斎藤六郎全抑協会長は、そのニュース性に着目、某社モスクワ特派員にリークして、日本国内で大々的に報道されるに至ったのであった。

ならば、スターリンはなぜ途中で、北海道上陸作戦を取り止めたのか？　まず何よりも、太平洋戦争末期にソ連の対日参戦を巡って、ルーズベルト米大統領の急死をきっかけに、米ソ関係が急転回したことをあげねばなるまい。

戦時中、スターリンとルーズベルトはかなり誠実な安定したパートナー関係を築き、維持していた。日本を早期に降伏させるために、ソ連を対日参戦に抱き込むことは、米国にとってとっくに決定済みの問題であった。ルーズベルトはソ連の対日参戦を取り決めたヤルタ会談（一九四五年二月）のはるか以前から、そのためにはスターリンの領土要求を満たす必要があると考えていた。米国が当初、立案した日本領土の占領体制は、米ソ両国による日本の「分割占領」で、ソ連軍の占領地域はクリル列島、北海道、本州東北地方となっていた。これによって、対日占領に必要な米軍の員数と占領コストが、著しく減少することが見込まれた。しかし、ルーズベルトの急死に伴って後継大統領に反共主義者のトルーマンが就任したことは、米ソ関係に重大な軋《きし》みを生み、米国の対ソ戦略に決定的な変更をもたらすことになった。トルーマンが対ソ戦略で何よりも優先したのは、ソ連を東アジアの戦後の調整問題から隔離して、その介入を徹底して阻むことであった。「米ソ冷戦」の始まりである。

トルーマンが描いた東アジアの戦後世界の構図は、ソ連の勢力浸透を徹底的に排除して、米国の軍事的覇権をこの地域一帯に確立することであった。その点日本列島の存在は地政学的に見て、東アジア全域を米国が支配するのにもってこいの戦略的な地位を占めていた。米国はのちに占領支配が終って独立国となった日本と安保条約を結び、日本に提供させた軍事基地を使用して、東アジアだけではなく、広くアジア・太平洋地域全体に軍事的に覇権を確立して行くのだが、トルーマンは大統領に就任するや否やそのために、ルーズベルトの「対ソ宥和政策」を放棄して、ソ連と対決する強硬な「対ソ封じ込め政策」を打ち出したのであった。

トルーマンは日本が降伏した一九四五年八月一五日、マッカーサー大将宛てに「一般命令第一号」を発した。ここには日本軍の降伏に関する細目についての指示が列挙されていて、スターリンにも打電された。それによると、満州、三八度線以北の朝鮮及び樺太にある日本の司令官たちと、すべての陸上、海上、航空及び補助部隊は、極東ソ連軍総司令官に降伏しなければならないことになっていた。ルーズベルト時代に作られた米ソ両国による日本領土の分割占領計画は、微塵《みじん》もなかった。これを知ったスターリンはトルーマンに対して直ちに、次のような重要な修正提案を行った。

一　クリミヤの三大国の決定にもとずき、全クリル列島の日本軍は、ソ連軍に降伏する地域に編入され、クリル列島全島はソ連の領土にならなければならない。

二　サハリンと北海道の間にあるラベールルズ海峡〔宗谷海峡〕に北側で接する北海道の北半分の日本軍は、ソ連軍に降伏する地域とする。北海道の南北間の境界線は、東部沿岸の釧路市から西部海岸にある留萌市までの線に沿うものとし、両都市も北海道北部に含める。

そして、スターリンは最後にこう付け加えたのであった。

「周知のとおり、一九一九―二二年に日本軍は全ソ連極東を占領した。〔シベリア出兵を指す〕ロシアの世論は、もしロシア軍が日本本土の一部でも占領することがなかったならば、非常に立腹するであろう」

スターリンはトルーマンが自分の要求を飲むだろうと、最初は高を括《くく》っていた。極東ソ連軍による北海道上陸作戦は八月一八日に敢行する予定で、総司令官のワシレフスキー元師からスターリン宛てに、何回も裁可を仰ぐ暗号電報が届いていた。ところが、八月一八日付のスターリン宛てのトルーマンの極秘電報は、クリル列島全島をソ連軍に降伏すべき地域に含めることに賛成したものの、北海道の北半分をソ連軍に降伏する地域とするスターリン提案は、断固として拒否するものだった。スターリンが怒り心頭に発したことは、言うまでもない。しかし、相手は強大な米国である。まともに喧嘩を売ることはできない。トルーマンに「私と私の同僚たちは、あなたからこうした回答を期待していなかった、と言われなければなりません」（八月一八日付電報）と伝えて、スターリンは北海道上陸作戦を中止してしまった。

それにしても、トルーマンに鼻っ柱を折られて、収まらないのはスターリンだった。彼はこの以前に、極東ソ連軍総司令官ワシレフスキー元師に対して、満州で捕虜に取った関東軍将兵は、ポツダム宣言の精神に沿って、ソ連領への移送は行わないことを指令していた。そこで早速、この方針を転換して、スターリンは日本人捕虜をシベリアに抑留して、強制労働に従事させることを決めたのであった。スターリンが長となる国家防衛委員会（ＧＫＯ）に八月二三日、極秘の公印がある「日本軍捕虜の収容、配置、労働利用」に関する９８９８号指令を採択、これに基づいて満州からシベリアなどソ連各地に日本人捕虜の移送が行われることになった。関東軍将兵にとっては、長くて辛いシベリア抑留の始まりであった。

「国体護持」のための「兵力賠償」

スターリンが六四万人の関東軍将兵を捕虜にして、シベリアなどソ連各地に移送する命令を下した背景には、トルーマンの策謀によって、「北海道占領計画」の断念に追い込まれたことがあるが、もう一つの大きな理由として、考えられるのは何よりもまず、「国体（天皇制）護持」を最優先して、ソ連の寛大な戦後処理を期待して日本政府の意向を汲んで、大本営陸軍部や関東軍首脳が率先して日本兵をソ連の労役に使うよう「兵力賠償」の提供を積極的に申し入れた事実を忘れてはなるまい。

日本が連合軍に対して、太平洋戦争の敗北を自覚したのは、米軍の猛攻によって沖縄を失陥した一九四五（昭和二〇）年六月ごろであった。盟邦のイタリアとドイツはいち早くともに敗れ、ムッソリーニもヒトラーも無残な死を遂げて、日本のみただ一カ国が孤独な戦闘を続けていた。こうした中で、日本政府は当時、中立国であったソ連に米英との和平斡旋を依頼するため、近衛文麿元首相を天皇の特使としてモスクワに派遣して、スターリンとの会談を行わせる根回し工作を密かに進めた。これに先立って、近衛が宮中で天皇と直々に会ってまとめた「和平交渉の要綱」は、「国体の護持は絶対にして、一歩も譲らざること」を条件にして、ソ連が米英との和平交渉の仲介をやってくれるならば、「賠償として、一部の労力を提供することには同意する」として、「国体護持」と引き換えに「兵力賠償」の対ソ提供を臆面もなく申し入れる内容になっていた。それは敗北に先駆けて、将が敵軍に兵や民を売る「棄兵棄民」政策の最たるものであった。

しかし、外交ルートを通じた必死の対ソ折衝にもかかわらず、「近衛訪ソ」は不発に終わってしまった。日本側が近衛の派遣を希望した七月一五日から、米英ソ中四カ国首脳がドイツのポツダムで対日戦後処理問題などについて会談を開くため、ソ連も含めた関係国はその準備に忙殺されていた。モロトフ・ソ連外相は日本側からの申し入れに関して、近衛訪ソの意図について十分な情報を取ったのち、「今はその時機ではない」と受け入れを拒否する「ニェット（否）」

の返答をするようロゾフスキー外務次官に指示して、スターリンとともにポツダム会談に臨んでしまった。こうして、近衛・スターリン会談は、遂に実現することなく、日ソ開戦に至ったのであった。

米国による広島、長崎の原爆投下に続くソ連の対日参戦で、あっけなく敗戦に追い込まれた日本の指導層は、連合国から国体護持の確約を取り付けるため、必死になった。天皇制反対のソ連から「対日宥和政策」を引き出す狙いで日ソ間で蒸し返されたのが、ほかならぬ兵力賠償の対ソ提供であった。極東ソ連軍に投降した関東軍総司令部と大本営参謀がともに大本営陸軍部の意向を汲んで、具体的な対ソ指衛を行ったもので、関東軍総司令部の「ワシレフスキー元師ニ対スル報告」ならびに、朝枝繁春大本営参謀の「関東軍方面停戦状況ニ関スル実視報告」がその歴史的な証拠として、今も、残されている。これら関東軍文書には、「国体護持」そのものについては何の言及もないが、兵力賠償の対ソ提供に関する考え方は、近衛訪ソのために内意された「和平交渉の要綱」の考え方をそっくりそのまま引き継いでいて、関東軍文書を貫く論理は「国体護持」を前提のうえに組みたてられるものであることは、だれが見ても否定できない事実である。

以下は、関東軍総司令部がまとめた「ワシレフスキー元師ニ対スル報告」の「兵力賠償」に該当する部分で、この報告文書の上欄には「八月二六日に受領」とロシア語の書き込みがあり、ワシレフスキー元師に回覧されたことがうかがえる。

一　次は軍人の処置であります。満州に生業を有し家庭を有するもの並びに希望者は、満州に止まって貴軍の経営に協力せしめ、その他は逐次内地に帰還せしめられ度いと存じます。右帰還の間に於きましては極力基軍の経営に協力する如く御使い願い度いと思います。

一　其の他例えば撫順などの炭鉱に於て石炭採掘に当たり、若しくは満鉄、製鉄会社などに働かせて戴き、貴軍隊を始め満州全般の為本冬季の最大の難関である石炭の取得その他に当たりたいと思います。

一方、朝枝の文書も同じ八月二六日にソ連側に提出されていて、「全般的に同意ナリ」とする秦彦三郎総参謀長の

「大本営参謀の報告ニ関スル所見」が添付されていた。以下は兵力賠償に関する必要事項の抜枠である。

一　一般方針

内地ニ於ケル食料事情及経営事情ヨリ考フルニ既定方針通大陸方面ニ於テハ在留邦人及武装解除後ノ軍人ハ「ソ」聯庇護下ニ満鮮ニ土着セシメテ生活ヲ営ム如ク「ソ」聯側ニ依頼スルヲ可トス

二　方法

1　患者及内地帰還希望者ヲ除ク外ハ速カニ「ソ」聯ノ、指令ニヨリ各々各自技能ニ応スル定職ニ就カシム

2　満鮮ニ土着スル者ハ日本国籍ヲ離ルルモ支障ナキモノトス

元来、日本軍の降伏はポツダム宣言の受諾を条件としてのもので、その第九項には「日本将兵は武装解除の後、平和な家庭に帰る」ことが明記されている。だが、この関東軍文書は、「日本兵士は極力貴軍の経営に協力するよう使っていただきたい」とか、「満鮮ニ土着スル者ハ日本国籍ヲ離ルルモ支障ナキモノトス」とかいう文言が記されていて、明らかに正常ではない。時期は八月末。急ぐべきは本国への帰還者を運ぶべき輸送船の確保であった。にもかかわらず、兵隊を労働力としてソ連に差し出すとは……。その魂胆は、ソ連のご機嫌を取って「国体の護持」を図ろうとする「兵力賠償」の見本ではないか？

この二つの関東軍文書は、斎藤六郎全抑協会長が当時、会長補佐であったカタソノワ女史の協力を得て、モスクワ近郊のボドクリス市にあるロシア国防省参謀本部公文書館の収蔵庫で発見した。斎藤会長から情報を入手して、共同通信が「ソ連軍に捕虜使役を申し出る」「関東軍司令部の謹惑画付け」「シベリア抑留問題で新事実」などの見出しをつけて、記事を全国に配信した。日刊各紙や各テレビ局が一斉に飛びついて、大々的に報道したため、日本中が大騒ぎになった。シベリア抑留者の間ではかねてから大本営や関東軍が「国体護持」のため「兵力賠償」の秘密提案を極東ソ連軍に行ったとの疑惑が燻ぶっていて、このニュース報道がこれを裏付ける客観的な証拠として広く受け止められたからだ。

もちろん敗軍の将が降伏に際して、その兵を売った例が過去に皆無であったわけではない。だが、そうした暴挙はも

ちろん人道や正義の見地から、断じて許されてはならない。「一将功成り万骨枯る」例は、今となっては遠い昔の話であった。二〇世紀の近代軍隊にあって、そんなことがあって良かろうはずがない。だが……。関東軍文書の存在をマスコミ報道によって、初めて知らされた元シベリア抑留者たちの気持ちは、複雑かつ悲痛であった。「やっぱり俺たちは国の棄兵棄民政策の犠牲者だったのだ」。そうしたやり場のない思いに駆られた元抑留者たちは、心の安定を取り戻すのに、何日もかかったのであった。

皇軍兵士だった朝鮮人捕虜の運命

日本人捕虜のシベリア抑留問題を考えるとき、絶対に忘れてはならないのは、推定三千五百人の朝鮮人が日本人捕虜としてシベリア送りとなって、強制労働をさせられた歴史的事実である。なぜ、そんなことが起ったのか？　彼らは実は、一九一〇年の「日韓併合」によって、日本が朝鮮半島を植民地支配した結果の犠牲者であったことを、理解する必要がある。

日露戦争に勝った日本は、三次にわたる不平等条約、「日韓協約」を朝鮮に押しつけ、統監府を設けて内政外交を完全に牛耳り、一九一〇年八月の「日韓併合に関する条約」の調印で、朝鮮は名実ともに日本の植民地となった。日本の敗戦に至るまでの三十五年間、朝鮮の植民地支配中枢機構となった朝鮮総督府の下で、「内鮮一体」の同化政策が強引に進められ、民衆による反対運動や蜂起は憲兵警察の弾圧と軍隊の出動によって鎮圧された。

三七年七月に日中戦争が勃発すると、朝鮮では全面的な戦争動員体制が確立。戦争遂行の「皇民化」の一環として、朝鮮人に日本人の名前を名乗らせる「創氏改名」の法律が三九年十一月に公布され、翌四〇年二月から施行された。さらに、太平洋戦争開戦一年後の四二年五月には、朝鮮人に対する徴兵制が閣議決定され、翌四三年八月から施行された。こうして朝鮮人も「皇軍兵士」として、戦争に駆り出されることになったのであった。

日本の敗戦を前に、強制的に徴兵されて関東軍に配属された人たちは、ソ連の対日参戦によって侵攻してきたソ連軍の捕虜となった。彼らの当時の国籍は日本で、創氏改名によって日本人の名前をつけられていたため、元来、朝鮮人でありながら日本人捕虜とされてしまった。

そんな事情を知らないソ連収容所当局は、日本人と一緒に朝鮮人も強制労働に駆り立てた。しかし、一年ぐらいすると、日本人捕虜の中に朝鮮人が混じっていることが判明。収容所内に朝鮮人だけの独立作業隊が作られて、日本人捕虜とは別の作業を割り当てられるようになった。もちろん名前も朝鮮人固有の名前を名乗るようになって、人権を回復した。しかし、強制労働の厳しさと貧しい食事は、日本人捕虜と何ら変わることがなく、朝鮮人捕虜も否応無く生き地獄を体験させられた。

彼らの苦難は、自由の身となった帰国後も続いた。戦後の朝鮮半島は南北に分断されたばかりか、冷戦のあおりで南北朝鮮は政治的に厳しい対立状態にあった。韓国人の元シベリア抑留者たちは、保安機関に出頭を求められ、共産主義者または特別な指令を受けた工作員ではないか、と徹底的な取り調べを受けた。履歴書に本当のことを書くと、どこも雇ってくれなかった。就職では著しい不利益をこうむった。元シベリア抑留者たちは冷戦期間中、家族以外に抑留体験を語ることはなかった。沈黙を破ることができるようになったのは、ソ連と韓国の国交が樹立された一九九〇年以降のことであった。

一九九一年十二月。九人の元シベリア抑留者たちが集まって親睦団体を結成して、「朔風会」と名づけた。朔風とは北から吹く強い風の意味である。あの厳しいシベリアの寒さの中で、生き残ったことを思い出し、ともに語り合って、一緒に余生を送ろうというものだ。一時は五十六人まで増えた会員も、今では二十人に減ってしまった。しかし、連帯の絆は堅い。親睦を目的に始まった朔風会も時を経て変質した。補償要求を行うべきだとの声が高まってきた。だが、どうやって運動を進めるかやり方が分らない。一緒にシベリアで重労働をして、生死をともにした仲間が日本にいるはずだ、といろいろ情報を集めたら。日本に元抑留者団体があって、活発に活動していることが分かって、支援を求めることになった。

一九九三年九月、当時の斎藤六郎全国抑留者補償協議会長がソウルを訪問、朔風会のメンバー全員と会談して、ソ連政府から労働証明書の交付を受けたことを明らかにした。シベリア抑留中の強制労働に対する未払い労働賃金の国家補償を義務づける重要な文書であった。早速、書式や申請方法を教えてもらって、韓国外務部を通じてモスクワ代表部に、ロシア側公文書館から労働証明書を発行してもらうよう申し入れてもらった。この二カ月後に外務部から労働証明書が届いたとの連絡があった。こうして朔風会のメンバーは自国政府を通じて労働証明書を入手することができた。

朔風会のメンバーは、一九九九年に、当時の小渕首相に補償要求書を提出、一年以上たってもらった回答はすべて拒否する内容で、何の成果もなかった。そこで、今度は二〇〇三年に、日本政府を相手取って東京地裁に約三億円の未払い労働賃金の支払いを求める提訴をした。全抑協が同様の裁判を起して、九七年に最高裁で敗訴が確定している。果して、勝目はあるのか？　韓国シベリア朔風会の李炳柱会長は、語る。

「はっきり言えば、負けるのは火を見るより明らかだ。それでもやるしかない。働いたのに一銭ももらえないとなれば、私たちは奴隷だったことになる。このままでは死んでも死にきれない。全抑協の皆さんと一緒に、最後まで頑張って、死ぬまでこの運動を続けて行くつもりだ」

戦争捕虜と降伏敵国人員の身分差

今さら言うまでもないことだが、戦争に捕虜は付き物である。戦争があれば必ず捕虜が出るものだ。古今東西の戦争の歴史が、それを示している。一九四五年八月の日ソ戦争がそうだった。にもかかわらず、日本の軍隊は、捕虜の発生と存在を一切認めようとはしなかった、世界でも稀有《けう》な軍隊であった。日本の軍隊は軍人の徳目として、「戦陣訓」を掲げて、次のように教えている。

「生きて虜囚の辱《はずか》しめを受けず、死して罪禍の汚名を残すことなかれ」

つまり戦闘に臨んでは、死を覚悟せよ、生き延びることは、罪禍の汚名を残すことになって家門の恥である。死んで詫びよと強制するのだ。日本の兵隊はこれが皇軍精神の神髄である、と徹底的に叩き込まれたものである。

これに対して、欧米の軍隊は捕虜について日本とは正反対の立場を取っている。戦闘が絶望と判断された局面では、国家は軍隊の犬死を許さないのだ。最高司令官は部隊に投降命令を下して、兵隊の生命を全《まっと》うさせる措置をとる。これは何も卑怯ではなくて、軍の伝統として国家、国民によって公認されている事柄である。欧米の国民感情は、敵の手に落ちた将兵をむしろ英雄視して、救援・恤兵《じゅっぺい》の活動を措しまない。国家もまた、捕虜になった将兵の本国帰還に際しては、手厚い慰藉・補償の道を講じている。捕虜の身分は国際法上、名誉ある地位なのである。

だが、日本ではそうとは受け取られていなかった。日本の国会が捕虜の取り扱いを定めた一九二九年のジュネーブ条約を批准したのは、戦後も八年たった一九五三年であった。以来、半世紀ほどたつのに、この条約に基づく国内法の整備は、まったくと言って良いほどなされてこなかった。それががらっと雲行きが変ったのは、ブッシュ米大統領が始めた大義なき「イラク戦争」がらみの有事立法整備の関係で、二〇〇四年六月の国会で同条約追加認定書が批准される一方、国際人道法違反行為処罰法案や捕虜取り扱い法案などがばたばたと成立を見てしまったからだ。小泉政権が米国のブッシュ政権の要請に基づいて、憲法違反の自衛隊のイラク派兵を強行、日本が戦闘に巻き込まれたときに遭遇するであろう捕虜問題をうまく処理するための法整備であった。元来、ジュネーブ条約は捕虜の人道的処遇を規定した国際人道法なので、その国内規定を定めた捕虜取り扱い法が有事立法の一環として把えられ、事実上戦争肯定の法として受け止められたことは、ジュネーブ条約の理念にも反していて、誠に残念と言わざるを得ない。

では、一九四五年の日ソ戦争に勝って、六四万人の関東軍将兵を捕虜に取ったソ連は、国際法上彼らをどのように処遇したのだろうか？　ソ連はもともと賠償代りの労働力確保のため、日本人捕虜を拉致・連行したことを自認している。この目的を果す見地からすれば、できるだけ労働原価を抑える必要があった。こうしてソ連が援用したのは、次に掲げる陸戦の法規慣例に関する一九〇七年のハーグ条約第三条（兵力の構成）であった。

「交戦当事者ノ兵力ハ、戦闘員及非戦闘員ヲ以テ之ヲ編成スルコトヲ得、敵ニ捕ワレタル場合ニ於テハ、二者均シク捕虜ノ取扱ヲ受クルノ権利ヲ有ス」

捕虜問題に明るい斎藤六郎著『シベリア捕虜志』（波書房）によると、この規定は、捕われの身となった者に対して、捕虜の権利を認めるもので、自ら投降してきた関東軍将兵は、同じ捕虜であっても身分が違って、この捕虜規程を適用するいわれはない。英語でこれを記せば、戦争で捕虜として捕われた者（Prisoner of War—P・O・W）と、降伏した敵国人員（Surrenderd enemy person—S・E・P）は元来、別個の存在であった。両者の地位は本質的に異なるのだ。要するにP・O・Wには捕虜として名誉ある地位と諸権利を認めるが、S・E・Pにはそのような地位も権利も認めない――これがソ連側の捕虜解釈であった。

ソ連のこの捕虜解釈は、奇妙なことに関東軍首脳部の意見と合致していた。日本の軍隊は「戦陣訓」によって「捕虜は恥」とする風潮があって、天皇の詔勅によって停戦後に投降した関東軍将兵は断じて捕虜ではなくて、抑留者であると主張してやまなかったからだ。アナクロニズムも甚だしいのだが……。

それにしても、一国の軍隊が何一〇万人という単位であげて降伏するなど、かつてなかったことで、満州ではハーグ条約やジュネーブ条約も予期しなかったまったく新しい事態が発生した。それを奇貨として、ソ連は降伏したS・E・Pは自給自存のため、労務に服するのは当然であるといって手前勝手の論理にこだわった。このため、米国政府が一九四七年に「S・E・Pは一九二九年国際赤十字条約に定める捕虜としての取り扱いを受ける資格がある、と見なすべきである」という抗議のメッセージを国際赤十字に寄せるまで、ソ連はこの捕虜解釈を変えずに、日本人捕虜を事実上ただ働きさせたのであった。ソ連が曲りなりにも、日本人捕虜の処遇に当たってハーグ条約の適用に踏み切ったのは、そのあとのことであった。

では、ソ連とともに連合軍としてナチス・ドイツや日本軍国主義と戦った米国や英国は日本人捕虜をどう処遇したのか？ 前掲書によれば、こうだ。まず英国は敗戦によって降伏した日本軍を日本降伏軍（Jananese surrendered personnel＝J・S・P）と呼び、戦争中に捕えられた戦争捕虜（Prisoner of war＝P・O・W）と区別して、その処遇も異にしていた。すなわち、P・O・Wは労働の義務が課せられたが、労働賃金が支給され、戦争終了と同時に優先的に対日送還された。これに対して、J・S・Pは労働の義務はなかったが、労働賃金の支給もなかった。

一方、米軍の捕虜処遇は英国とは異なる独自のものであった。米軍は日本人捕虜全員に労働には関係なく月額三ドルを給料として支給した。労働に従事した者は、これとは別個にさらに日額八〇セントの労働賃金を支払った。米軍の捕虜になった者は帰還に際して横浜正金銀行で一人二〇〇円、それを超えた分については郷里の銀行でもらえるように、支払証明手形を交付された。（当時一ドル＝日本円三〇円で交換）

戦争中、フィリピン戦線で米国の捕虜になった作家大岡昇平は、戦後の記録文学の傑作と言われる『俘虜記』の中で、これを裏付ける事実を刻明に記している。この本の表題になった「俘虜」という言葉は、それ自体の意味はもちろん法律的な意義も、「捕虜」と同じであった。大岡がちゃんとした捕虜待遇を受けていたことが分かる客観的資料となっている。以下は、この事例に該当する部分の同書からの引用である。

　金を貰った。月三ドルの俸給は酒保品で支払れたが、外業に出れば、一日八仙《セント》の手当があり、それが積み立てられてあったのである。日本へ現金を持ち込む限度二百円を超えた分は、日銀宛の手形もしくは支払指令書（正確には何と呼ぶべきか知らない）が与へられる。計算のため米収容所事務所は三日間徹夜したそうであるが、それでも誤まりがあり金額は著しく不公平であった。

　捕虜は一列に並んで受け取った。金は将来各自の勝手の用に使われるものであり、我々は既に集団ではなく個人であった。カイゼル・ウイルヘルムに似た支払官は「うっふ、うっふ」と笑ってゐた。

これに対して、ソ連は労働を強いたが、米国が国際赤十字に抗議のメッセージを寄せるまで、日本人捕虜に労働賃金は支給しなかった。ポツダム宣言の解釈を巡って、当時の日本政府が予想された、ソ連の意図を「賠償に代る意味の労務の提供」と評価したことは、「けだし適切であるといわねばなるまい」と斎藤氏は同書の中で述べている。

経済効率が極めて悪い捕虜労働

スターリン体制下のソ連は「収容所群島である」とその非人間性を鋭く告発したのは、ロシア人作家アレクサンドル・ソルジェニーツィンだった。ロシア革命の父レーニン死後の党内闘争で、政敵を次々に粛清して権力を確立したスターリンは、一九三〇年代に農業集団化路線を推進、これに批判的な者は知識人、労働者、農民を問わず全国各地につくられた収容所にぶち込んで、強制労働に駆り立てた。ソ連の国民経済は労働者、農民による一般労働に加えて、日本人捕虜や、無辜《むこ》のソ連市民の強制労働、そして特殊な囚人労働の上に成り立っていた。

第二次大戦によるソ連の人的損耗は約二、〇〇〇万人にのぼり、ソ連では戦後の再建に必要な労働力が決定的に不足していた。スターリンが国民経済の復興に不可欠の追加労働力の供給源として考えたのは、ほかならぬ捕虜労働であった。戦勝国のソ連が確保した捕虜総数は二四カ国、約四一七万人にのぼり、六四万人の日本人捕虜は、二三九万人のドイツ人捕虜に次いで二番目に多かった。しかも、日本の軍人は規律が正しいうえ行動的で、才能もあって、とくに熟練労働力として優れていて、ソ連当局から見ると、日本人捕虜は単なる工業労働や農業労働の分野のみでなく、厳しい気候や基本的な生活条件を欠いて最も危険な未開地域で行われる労働にも、適していた。

では、戦後ソ連の国民経済の再建に当たって、捕虜労働はどんな役割を果したのか？　本書が優れているのは、こうした極めて難しい設問に対しても一定の回答をしていることである。答えは、「捕虜労働の経済効率は小さくて、捕虜を生存させるための経費を補塡することすらできなかった」と、否定的な結論を出している。ハバロフスクなどロシア極東地方の大都市を行くと、日本人捕虜が建てた立派なビルがあちこちにあるが、マクロの数字で見ると捕虜労働は十分にペイしなかったわけで、極めて意外な感じがする。

本書によると、ソ連内務省管轄下の捕虜収容所はすべて連邦予算で賄われていた。収容所の予算は連邦予算から支出され、捕虜労働による収入は連邦予算の収入となった。赤字は補助金の形で、連邦予算で埋められた。一九四六年五月までに二五二のうち一三九の収容所に、連邦予算から補助金が支出されたが、利益を出した収容所は一一三だったそうだ。

内務省捕虜・抑留者問題総局（GUPVI）の予算収支によると、一九四六年四月の時点に収容所の維持に支出された金額は三億七、六〇〇万ルーブルにのぼったが、その年度に捕虜労働によって得た金額は三億四、三〇〇万ルーブルであった。このためこの差額分の赤字三、三〇〇万ルーブルは、連邦予算から補塡された。労働する捕虜はもちろん、捕虜を管理する収容所当局も、厖大なエネルギーを消費していたのに、この数字を見ると経済効率が極めて悪い捕虜労働の実態が浮び上がってくる。こうした研究が公になったことは今までにないだけに、大変貴重な指摘と言えよう。

ところで、日本人捕虜のシベリア抑留問題を論じるとき、いつも問題になるのは、捕虜の人数である。ソ連軍が満州、北朝鮮、樺太、千島などの占領地域で何人の日本兵を捕虜に取って、シベリアなどソ連各地に移送したか、正確な数は今もって不明である。満州に駐留していた関東軍将兵だけで六〇数万人にのぼると見られるが、移送のときソ連式の作業大隊に編成されて抑留されたこと。また、抑留後も収容所から収容所へ移動が頻繁に行われたこともあって、捕虜の人数の確定が最初から困難なのである。

また、ソ連から日本への帰還等についても、最終的な人数の確定が非常に難しい。厚生省発行の『引揚げと援護三十年の歩み』によると、終戦後満州、北朝鮮、千島、樺太からソ連本土に抑留された日本人は、昭和二一年一二月から、ソ連側によって「戦争犯罪人関係の一、四八七名以外の日本人捕虜の送還は完了した」として、引き揚げが中断された二五年四月までに約四七万人が帰還したことになっている。ソ連本土（外蒙古＝モンゴル＝も含む）における死亡者の数は約五五、〇〇〇人。この両者を合計しても五二万五、〇〇〇人で、ソ連軍が満州からシベリアなどに移送したはずの六〇万人前後にも達しない。この差は一体、どうなったのか？

一方、ソ連側は日ソ交渉の第二段階が始まった一九五六年七月三一日、D・T・シェピーロフ外務次官が日本側代表

シベリア抑留者総数と死亡者の明細

		1	2	3	4	5	6	7	
民族		日本人	中国人	朝鮮人	モンゴル人	満州人	ロシア人	マレー人	合計
内訳	将官	163	24	1	3	—	—	—	191
	上級、下級将校	26,573	8	1	1	—	—	—	26,583
	下士官、兵卒	582,712	15,902	10,204	3,629	486	58	11	613,002
軍事捕虜総数		609,448	15,934	10,206	3,633	486	58	11	639,776
死亡者内訳	将官	31	—	—	1	—	—	—	32
	上級、下級将校	607	5	—	—	—	—	—	612
	下士官、兵卒	61,217	133	71	3	—	—	—	61,424
死亡者総数		61,855	138	71	4	—	—	—	62,068

（注１） 1945年にソ連軍が捕獲した旧日本軍捕虜のうち、旧ソ連邦内務省捕虜・抑留者問題総局（GUPVI）が把握していた人数

（注２） 全国抑留者補償協会提供

重光葵外相に対して、次のように語った事実を忘れてはなるまい。

「日本市民の帰還は、とうに終了している。ソ連は一〇〇万人以上を帰国させた。ソ連には戦争犯罪で判決を受けたわずかなグループしか残っていない。ソ連赤十字社との一九五三年一一月の協定にもとずき、日本人戦犯は刑期を終了した場合、あるいは何人かは刑期終了前に帰還させている」

満州からシベリアなどに移送された関東軍の捕虜総数が六〇万人前後なのに、「一〇〇万人以上帰国させた」とは、何を根拠に言うのか？　実に無責任も甚だしい。外交交渉に必要な手練手管《てれんてくだ》とは言え、ここにシェピーロフ発言を引用するのは、捕虜の数は日ソによって、また、取り扱うデータによって、かくも違うことを示したかったまでだ。

本書では捕虜、帰還者、死亡者などについて、様々な統計数字が使われるが、そのどれもが整合性があるとは限らない、同じ事象を論じる場合でも、別個の統計数字を使ったりすることもあるからである。しかし、数字が合わないからと言って、本書の信頼性がないことにはならない。そのことによって、本書の持つ意義や価値がゼロになるほど、事は単純ではないことをご理解願いたい。仮りにそういう欠点があったとしても、本書は専門書として大いに利用されるべきだというのが、筆者の意見である。

なお、シベリアなどソ連各地に抑留された日本人捕虜の総数と内訳について、現在、最も正確と言われているソ連内務省捕虜・抑留者問題総局（ＧＵＰＶＩ）作成のリストを前ページに揚げておくので、是非ご参考に供していただきたい。

「冷戦構造」の狭間で弄ばれた日本人捕虜

戦後世界を二分した「冷戦構造」の生きた事物が、日本人捕虜のシベリア抑留問題であった。遅れたとは言え、ポツダム宣言に署名した以上、ソ連は日本人捕虜の早期帰還条項を順守する義務があったのに、これを踏みにじって日本人捕虜に対する人道的な処理を怠った。この点について、カタソノワ女史は結語の中で、次のように「スターリン体制のソ連」を厳しく批判している。

「実際のところ、ソ連が日本人をソ連の強制労働に送り、次いで長期にわたって彼等の帰国を引き延ばしてソ連の不法な行動については、国際条約の侵犯のみならず、この問題について特に重要なのは、ポツダム宣言第九項に特に規定されている日本人捕虜の運命に関する連合国の協定に違反していることである。この意味で、過去の連合国と日本政府のソ連に対する政治的要求、激しい批判は根拠を失っていない」

しかし、これと同時に日本人捕虜に対するソ連の非人間的対応と、彼等の祖国帰還問題のすべてが、「英米陣営によるソ連及びその共産主義イデオロギーに対する広範な宣伝攻勢に利用された。この攻勢に日本の政治社会組織、日本と世界のマスコミ、国際機関が動員された」ことも、事実であった。日本人捕虜問題はやがてソ連と日本の二国関係の枠を越えて、国連機関の検討に付されただけではない。国連に対する影響力の確保を求めて、世界二大陣営の米ソ間で「一層激しいイデオロギー闘争が展開される」事態にまで発展。ソ連にとってこの問題は、次第に自国の国際的な権威擁護の問題に変わって行ったのであった。

カタソノワ女史によれば、「全く、疑いもなく言えることは、日本人捕虜問題はソ連のかつての同盟国、特に米国によって利用された。米国は対日理事会を支配し、国際赤十字委員会と国連その他の国際委員会に重きをなし、自国の利益のために、ソ連を貶《おとし》め、ソ連の世界における政治的立場を弱体化させた」と、米国のえげつない反ソ攻勢に苦言を呈している。

だが、少しは日本の立場も考えてほしい。戦後の「冷戦構造」の狭間《はざま》にあって、さんざん「人質」として弄《もてあそ》ばれた日本人捕虜とその家族はたまったものではなかった。まして抑留中に死んだ捕虜の心情を考えると、遺家族は胸をかきむしられる思いがしたに違いない。日ソ両国の国交回復を定めた「日ソ共同宣言」（一九五六年一〇月一九日）は、第五項で捕虜問題に言及しているが、かつての日本人捕虜の権利の実現に関連して多くの原則的な問題は何も規定していない。死亡者や埋葬地リストの提供、捕虜当時の労働証明書の発行、補償金の支払いなどについて、日ソ双方とも政治的な討論を避けたためで、これらの問題は次世代に先送りされてしまった。またしても、元捕虜たちの政治的な犠牲――。こうした中で現在、最も解決が急がれているのが、元日本人捕虜に対する未払い労働賃金の問題である。

特別給付金の支給義務づける特別立法

元日本人捕虜の未払い労働賃金問題とは、シベリアなどソ連各地で過酷な強制労働に従事したにもかかわらず、結果的にただ働きさせられてしまったので、国が労働補償する形で、未払い労働賃金を支払えというもの。国際法によると、捕虜労働には対価（賃金）の支払いが義務づけられている。シベリアなどに抑留された日本人捕虜の場合、労働賃金は標準労働量（ノルマ）の遂行量によって決定された。賃金額はそれぞれ個人の所得として計算されたのち、捕虜が生きるために必要な給養費つまり生活費を差し引いて、残余があれば捕虜個人に支給する方式がとられた。日本人捕虜について言えば、その大半は、全抑留期間を通じて労働賃金から給養費を控除すると、残金の賃金勘定はマイナスとなり、収容所当局からルーブルによる賃金の支払いを受けたことがなかった。仮りにあったとしても、ごく稀であった。

ところが、日ソ両国は戦争状態の終結を急ぐあまり、平和条約の締結を後回しにして、日ソ共同宣言第六項で相互に相手国の国、団体、個人に対する一切の請求権を放棄してしまったのだ。これが禍いして、抑留期間中に労働賃金から給養費を差し引かれた日本人捕虜は本来、国が負担すべき給養費をあろうことか、自弁する羽目に陥ってしまった。文字通りただ働きさせられた結果になってしまったわけだ。

いかなる国でも、兵の給養を兵自身が強制労働で取得した労働賃金で償うことは認められていない。捕虜にとって給養が無償であることは、「鉄則の慣行」であった。もとより兵士の所得（労働賃金）を国家の経費で賄う給養費に充当するなど、絶対にあってはならないことなのである。にもかかわらず、日ソ共同宣言で日ソ双方とも相互に請求権を放棄したため、元来あってはならない給養費の捕虜による「自弁」という前代未聞の事態が起ってしまったのであった。

こういう事態を招いた責任は、一体、だれがとるのか？　今さらソ連の後継国家であるロシアに給養費を控除してもらって、未払い労働賃金の支払いを求めることはできない。「ならば、日本政府が未払い労働賃金を支払え」と、斎藤六郎氏ら全抑協に籍を置く元日本人捕虜たちは国を相手取って提訴した。一般にはなぜ未払い労働賃金の支払いを求める対象が、ソ連・ロシア政府でなくて日本政府なのか極めて分かりにくいが、国際法の見地から見ると、それは非常に道理にかなった要求になるのであった。

だが、元捕虜たちの願いも空しく、一六年かけて闘った裁判闘争は、一九九七年七月に最高裁が国側勝訴の一、二審判決を支持して、原告側の上告を棄却したため、敗訴が最終的に確定してしまった。南方地域で米軍や英軍の捕虜になった人々に対して労働賃金が支払われたのに、ソ連の捕虜になった人々には何の補償もない非合理、不公平……。最高裁判決は、戦後処理問題についての司法判断の限界を示すとともに、戦争関連の「谷間」の救済はあくまでも国の政策に委ねられていることを、改めて考えさすことになった。

その後、戦術を転換した全抑協は、未払い労働賃金に相当する特別給付金の支給を国に義務づける超党派の特別立法の制定を目指して、国会前で座り込みを行う一方、与野党の幹部や議員に積極的に働きかけた。全抑協のこうした活動に対して、最も積極的に対応したのは民主党で、二〇〇四年六月九日に「戦後強制抑留者に対する特別給付金の支給に関する法律案」を衆議院に提出した。これはシベリアなど酷寒の地で強制労働に従事させられたのに、その対価が支払われていない事情に配慮して、元強制抑留者に慰労のための特別給付金を国が支払えというもの。特別給付金の金額は、帰国時期の区分に応じて、次の表に掲げる額として、三年以内に償還すべき記名国債をもって交付することになっている。

帰国の時期	特別給付金の額
一九四八（昭和二三）年一二月三一日まで	三〇〇、〇〇〇円
一九四九（昭和二四）年一月一日から一九五〇（昭和二五）年一二月三一日まで	五〇〇、〇〇〇円
一九五一（昭和二六）年一月一日から一九五二（昭和二七）年一二月三一日まで	一、〇〇〇、〇〇〇円

一九五三（昭和二八）年一月一日から一九五四（昭和二九）年一二月三一日まで　一、五〇〇、〇〇〇円
一九五五（昭和三〇）年一月一日以降　二、〇〇〇、〇〇〇円

ただし、法案提出の時期が遅れに遅れて国会の会期末と重なったため、審議されることなく、惜しくも廃案になってしまった。全抑協事務局はこれにひるむことなく、再び民主党に働きかけて参院選挙後に開く秋の臨時国会に再提出してもらう考えである。

日本人捕虜の最初のシベリア抑留が始まってから、二〇〇四年は早くも五九年――。元捕虜たちに対する戦後処理は未だに決着がついておらず、慰労のための特別給付金支給の立法化の目途すら立っていない。同じ敗戦国のドイツの元捕虜たちは、特別立法で国がちゃんと補償を行っている。これに比べると、日本の対応の遅れはひどすぎる。元捕虜たちのシベリア抑留は今から半世紀以上前のことだが、補償問題はなお、今日のホットな問題なのである。国民一人ひとりが特別給付金支給の立法化の実現に協力して、未解決の戦後処理問題の早期決着を図る必要が望まれている。

イラク戦争と捕虜問題

それにしても気がかりなのは、いつ果てるとも知れない「イラク戦争」の行方である。小泉政権は米国の要請に基づき「人道復興支援」の名を借りて、憲法違反の自衛隊のイラク派兵を強行、二〇〇四年六月一八日にはイラクに派兵した自衛隊の多国籍軍参加を閣議決定した。イラクを占領する米英軍主導の連合軍（占領軍）はすでに多国籍軍に名称を変更している。政府に自衛隊の参加について「多国籍軍の指揮下に入らず、人道復興支援活動に限る」ことを口実に、正当化を試みている。だが、国連安保理決議一五四六は、「多国籍軍が統一された指揮下に置かれる」ことを明記していて、自衛隊が多国籍軍の主導権を握る米軍の指揮下で、武力行使に踏み込まざるを得なくなる可能性を否定できない。

自衛隊の多国籍軍参加の閣議決定に先立つ国会で、日本が武力で攻められたときに備える国民保護法など有事関連七法が自民、公明、民主三党の賛成で成立した。有事関連法の危険な本質は、米軍が海外で引き起す戦争に自衛隊が本格

的に参戦し、地方自治体も民間企業も一般国民も総動員するところにある。平和憲法をいただきながら、日本はいよいよ海外で戦争ができる国家に変身してしまった。何と言うことか。

日本は二〇〇五年に戦後六〇年を迎えるが、過去五九年間一度も戦争したことはなく、だからこの間一人の捕虜も出なかった。しかし、これからはそうはいかない。多国籍軍に参加する自衛隊は、いくら日本人指揮官の下で人道復興支援活動のみやるのだと主張しても、占領に反対するイラクの武装勢力やゲリラにとっては、多国籍軍の一員である自衛隊は当然敵軍として攻撃の対象とならざるを得ない。自衛隊とイラク武装勢力の戦闘が起れば、双方に死傷者や捕虜が出ることが予想される。

二〇〇四年の通常国会で成立した有事関連立法の中には、捕虜の人道的取り扱いをうたったジュネーブ条約追加議定書や捕虜の取り扱い法があるので、日本側が捕獲したイラク側の捕虜は、当然人道的に取り扱うことが義務づけられている。しかし、イラク側の手に落ちた自衛隊の捕虜が人道的に処遇されるという保証は何もない。現に、イラクの武装勢力は、戦闘中に捕獲した捕虜や身柄を拘束した民間人の人質の解放を条件に、米軍や米軍に加担している諸国の軍隊の撤退を要求、拒否されれば捕虜や人質を殺害する動きに出ている。一方、米国はジュネーブ条約の加盟国だが、イラク武装勢力の捕虜を収容したバグダッドのアブグレイブ刑務所などでは、捕虜の虐待や拷問が繰り返されて、ブッシュ政権は世界中から厳しい指弾を受けた。日本人捕虜のシベリア抑留は半世紀以上前の古い話だが、イラク戦争に対する自衛隊の多国籍軍参加によって、捕虜問題が再びにわかに現実味を帯びてきた。

イラク戦争と捕虜問題を考えるうえでも、カタソノワ女史が心血をそそいでまとめた本書は、専門的な角度から研究する価値があることを指摘しておきたい。

あとがき

本書の日本語判の出版は、筆者が代表を務める日露歴史研究センターの会員ならびに協力者の積極的な支援によって、可能になった。

出版を快く引き受けてくださった社会評論社は、元来、高い志《こころざし》のある数少ない出版社の一つだが、多額の翻訳料を負担するほど資金的な余裕はない。そこで、日露歴史研究センターが会員ならびに協力者に呼び掛けて、資金カンパを募って翻訳料を捻出、翻訳の関係では出版社側に金銭的な負担をかけることなく、本書の翻訳出版が実現することになった。もし、こうした形の資金協力がなかったら、こんなに早く本書の翻訳出版はできなかったに違いない。資金カンパに応じていただいた日露研究センターの会員ならびに協力者の皆様方に、心からのお礼を申し上げたい。

本書のロシア語版の翻訳は、筆者がキャップとなって、翻訳チームを組み、東京・代々木の「ミール・ロシア語研究所」（東一夫所長）所属の石井友香子、柴田禎子、福原千恵子、元商社マン小林佶《ただし》、元外交官中嶋重厚の六氏で行った。訳文や表記は、筆者が統一した。

長引く出版不況にもかかわらず、困難な本書の出版をお引き受けいただいたことに対して、社会評論社の松田健二社長に深甚なる謝意を表したい。同時に、同社の一層の発展をお祈りする次第である。

二〇〇四年七月

白井久也

監訳者略歴

白井久也（しらい・ひさや）

1933年、東京に生まれる。1958年、早稲田大学第一商学部卒業後、朝日新聞社に入社。経済部・外報部記者を経て、モスクワ支局長、編集委員（共産圏担当）などを歴任。1993年定年退社。1994年から1999年まで、東海大学平和戦略国際研究所教授。現在、学校法人杉野学園理事兼杉野服飾大学客員教授、日露歴史研究センター代表。著書に『危機の中の財界』『新しいシベリア』（以上、サイマル出版会）、『モスクワ食べ物風土記』『未完のゾルゲ事件』（以上、恒文社）『現代ソビエト考』（朝日イブニングニュース社）、『ドキュメント・シベリア抑留―斎藤六郎の軌跡』（岩波書店）、『明治国家と日清戦争』（社会評論社）など。共著に『日本の大難題』（平凡社）など。編著に『ゾルゲはなぜ死刑にされたのか』（小林峻一と共編）、『国際スパイ・ゾルゲの世界戦争と革命』（共に社会評論社）など。

関東軍兵士はなぜシベリアに抑留されたのか

2004年10月30日　初版第1刷発行

著　者――エレーナ・カタソノワ
監訳者――白井久也
装　幀――桑谷速人
発行人――松田健二
発行所：株式会社社会評論社
東京都文京区本郷2-3-10
☎03(3814)3861　FAX.03(3818)2808
http://www.shahyo.com
印　刷：太平社＋互恵印刷＋東光印刷
製　本：東和製本

ISBN4-7845-1310-8

人名索引

外国人名の表記は、原則として一部を除き、姓・名前・父称の順となっている。

【さ】

【た】

日本人捕虜のシベリア抑留関係年表

	日ロ・日ソ関係	日本と世界の動き
1904年（明治37）	02.04　日露戦争始まる（陸軍部隊、仁川に上陸。連合艦隊、旅順港外のロシア艦隊攻撃）	
1905年（明治38）	03.01-10　奉天会戦 05.27-28　日本海海戦 09.05　日露講和条約（ポーツマス条約）調印（日本、韓国保護権、南樺太・遼東半島租借権、東支鉄道支線などを獲得）	01.22　ロシアで「血の日曜日」事件（ロシア第1次革命始まる）
1907年（明治40）	07.30　第一次日露協約成立（清国の領土保全、機会均等の尊重。秘密協約で日露の勢力範囲などを規定）	
1910年（明治43）	07.04　第2次日露協約調印（満洲における日露両国の鉄道の保護・改善協力。秘密協約で、満州の権益を日露両国で分割）	08.22　日本が韓国を併合する日韓条約調印（08.29公布、即日施行）
1917年（大正6）	03.27　閣議、ロシア臨時政府を承認	03.12　ロシアで2月革命勃発 03.15　ニコライ2世退位 11.7-8　ペトログラードで革命軍が武装蜂起し、社会主義革命（10月革命）成る
1918年（大正7）	04.05　シベリア出兵始まる（日本軍、英軍とともにウラジオストク上陸）	
1919年（大正8）		06.28　ベルサイユ条約調印
1921年（大正10）		03.08　ソ連共産党第10回大会、新経済政策（ネップ）への移行決定 11.04　原敬首相、東京駅頭で暗殺さる 12.30　ソ連邦発足

1922年 (大正11)	06.24　政府、シベリア派遣軍の撤退を声明 10.25　シベリア派遣軍、北樺太を除き撤退を完了	
1923年 (大正12)		09.01　関東大震災
1924年 (大正13)		01.21　レーニン没
1925年 (大正14)	01.20　日ソ基本条約調印（02-27公布、日ソ国交回復）	
1928年 (昭和３)		06.04　張作霖爆殺 06.29　日本、治安維持法を緊急勅令で改正公布（最高刑は死刑とする）
1930年 (昭和５)		01.11　日本、金輸出解禁実施 01.21　ロンドン海軍軍縮会議開く
1931年 (昭和６)		01.15　日本、ロンドン海軍軍縮会議を脱退 09.18　満州事変勃発（関東軍が奉天郊外柳条湖の満鉄線を爆破し、中国軍を攻撃）
1932年 (昭和７)		03.01　満州国建国宣言、溥儀執政に就任 09.15　日満議定書調印。日本、満州国を承認 10.03　「武装移民団」第１陣416人が出発、満州の佳木斯に入植
1933年 (昭和８)		01.30　ドイツにヒトラー政権誕生 03.04　ルーズベルト、米大統領に就任、ニューディール政策を始める 03.27　日本、国際連盟脱退を通告、詔書発布
1934年 (昭和９)		03.16　ドイツ、再軍備宣言 12.3　日本、ワシントン海軍条約破棄を決定

1935年 (昭和10)		08.12　永田鉄山陸軍省軍務局長暗殺さる
1936年 (昭和11)		02.26　「2.26事件」(皇道派青年将校、下士官・兵士1400名を率いて、斎藤実内大臣、高橋是清蔵相を殺害) 07.17　スペイン市民戦争勃発 11.25　日独防共協定調印
1937年 (昭和12)		07.07　日中戦争始まる(盧溝橋で日中両軍が武力衝突) 11.20　日本、大本営を設置
1938年 (昭和13)	07.11　張鼓峰事件(ソ満国境紛争)起こる	01.11　日本、御前会議で「支那事変処理根本方針」を決定 04.01　日本、国家総動員法公布(05.05施行) 09.29　英仏独伊首脳、ミュンヘン会談を行なう
1939年 (昭和14)	05.12　ノモンハン事件(ソ満国境紛争)始まる	08.23　独ソ不可侵条約調印 09.01　独軍、ポーランド侵攻 09.03　英仏、対独宣戦布告、第2次大戦始まる 09.17　ソ連軍もポーランド侵攻
1940年 (昭和15)	10.30　日本、ソ連に不可侵条約締結を提議 11.18　ソ連、日本に中立条約締結を提議	06.24　近衛文麿、枢密院議長を辞任、新体制運動推進の決意を表明 09.27　日独伊3国同盟調印 10.01　日本で大政翼賛会発足
1941年 (昭和16)	04.13　モスクワで日ソ中立条約調印 07.09　大本営、関東軍特種演習(関特演)を発動(ソ満国境地帯に70万の兵力を集中)	07.02　日本、御前会議で「情勢の推移に伴ふ帝国国策要綱」を決定(対ソ戦の準備・南進のための対米英戦も辞さず) 07.28　日本軍、南部仏印へ進駐 08.01　米国、対日石油輸出を全面禁輸 08.14　ルーズベルトとチャーチル、大西洋憲章発表 09.06　日本、御前会議で「帝国国

		策遂行要領」を決定（10月下旬を目途に対米英蘭戦争準備を完成） 12.08　太平洋戦争始まる（日本軍、マレー半島に上陸・ハワイ真珠湾空襲、日本対米英宣戦布告）
1942年 （昭和17）		04.18　米陸軍機、東京・名古屋・神戸を初空襲 06.05　ミッドウェー海戦（日本空母を4隻喪失） 12.31　大本営、ガダルカナル島撤退を決定
1943年 （昭和18）		02.02　独軍、スターリングラードで降伏 07.25　ムッソリーニ失脚 11.27　米英中3国首脳、日本に対するカイロ宣言に署名 11.28　米英中3国首脳がテヘラン会談
1944年 （昭和19）		06.06　米英軍、ノルマンディー上陸 07.18　東条内閣総辞職
1945年 （昭和20）	02.04　ヤルタ会談（ルーズベルト、チャーチル、スターリンの米英ソ3国首脳が対日参戦などを決定） 04.05　ソ連、日ソ中立条約の不延長を対日通告 05.07　独軍、無条件降伏 07.05　関東軍、兵力増強の必要から大本営に在満在留邦人に対する「根こそぎ動員」を上申。大本営、直ちにこれを裁可 07.10　最高戦争指導会議、ソ連に終戦斡旋依頼のため近衛文麿特使の対ソ派遣を決定（-13、ソ連に申し入れ。-18、ソ連、和平斡旋依頼を拒否） 08.09　ソ連、対日参戦 08.16　スターリン、トルーマンに	04.12　ルーズベルト米大統領没、後任にトルーマン副大統領が就任 05.07　独軍、無条件降伏 07.17　ポツダム会談（トルーマン、ソ連の対日参戦懇請） 07.28　鈴木首相、ポツダム宣言を黙殺、戦争継続の談話を発表 08.06　米、広島に原爆投下 08.09　米、長崎に原爆投下 08.14　日本、御前会議でポツダム宣言受託を決定 08.15　正午に「終戦の詔書」をラジオ放送（15年戦争集結）、マッカーサー将軍、ボツダム宣言署名4カ国の合意により連合国軍最高司令官に就任 08.18　陸軍「帝国復員要領」を発

	北海道北半分（釧路－留萌を結ぶ線より以北）占領に関して、秘密書簡を送る 08.18　トルーマン、スターリンの要請を拒否 08.19　ソ連・極東ジャリコーウォで極東ソ連軍最高司令官ワシレフスキー元帥と秦彦三郎関東軍総参謀長の停戦会議が行われる 08.23　ソ連国家国防委員会議長スターリンは指令「日本軍捕虜将兵50万人をシベリアに移送せよ」を発表 08.26　朝枝繁春大本営参謀「関東軍方面停戦ニ関スル実視報告」を提出。関東軍総司令部、「ワシレフスキー元帥ニ対スル報告」を提出。 ８月末　日本人捕虜のソ連領移送始まる 09.02　スターリンの対日戦勝記念演説 09.12　ソ連情報局（ソフィンフォルム）が「1945年８月９日から９月９日までの期間の極東における日本軍の損害として、59万4,000人以上の日本軍兵士・士官と将官148人（このうち20,000人の負傷者を含む）が、わが軍の捕虜となった」と発表	表。内外駐留日本軍の復員業務の開始 09.02　日本、降伏文書調印 09.24　国際連合発足 11.20　ニュルンベルク国際軍事裁判始まる 12.26　モスクワで米英ソ外相会議（極東委員会・対日理事会設置で合意）
1946年 （昭和21）	12.08　ソ連本土よりの帰還者2,555人を乗せた引き揚げ第１船「大久丸」がナホトカから舞鶴港に入港 12.19　ソ連地区引揚米ソ協定締結（毎月50,000人送還）この年12月８日から、翌47（昭和22）年１月６日までの間に引揚船４隻により、10,009人が舞鶴港に引き揚げ	01.01　天皇、神格否定の詔書（人間宣言）を発表 03.05　チャーチル、米ミズーリ州フルトンで「鉄のカーテン」演説 05.03　極東国際軍事裁判（東京裁判）始まる 05.19　東京で食糧メーデー 10.01　ニュルンベルク裁判、最終判決 11.03　日本国憲法公布（1947.05.03施行）

1947年 (昭和22)	この年、４月７日から12月５日までの間に83隻により17万6,581人が舞鶴港に、１万9,184人が函館港に引き揚げ	04.12　米大統領「トルーマン・ドクトリン」を宣言（共産主義に対抗してトルコ・ギリシャへ援助要請） 06.05　マーシャル米国務長官、欧州復興援助計画（マーシャル・プラン）を発表
1948年 (昭和23)	この年５月６日から12月４日までに、84隻により16万9,619人が舞鶴港に引き揚げ	11.12　極東国際軍事裁判所、25被告に有罪判決（12.23　東条ら７人に絞首刑執行）
1949年 (昭和24)	この年６月27日から12月20日までの間に44隻により87,403人が舞鶴港に引き揚げ。従来の引揚者と異なり、引揚船中で船長・船員を吊し上げ、上陸に際しては「天皇島敵前上陸」と叫び、引揚業務に協力しなかった。 8.11　政府、「引揚者の秩序保持に関する政令」を公布、すべての帰還者に適用	03.07　ドッジ米公使、超均衡財政（ドッジライン）を発表 04.04　北大西洋条約機構（ＮＡＴＯ）発足 08.26　シャウプ米使節団、税制改革勧告案発表 09.25　ソ連、原爆保有を発表 10.01　中華人民共和国成立
1950年 (昭和25)	この年は1月21日から４月22日までの間に、４隻により7,547人が舞鶴港に引き揚げ 4.22 この日、引揚船信濃丸が舞鶴港に到着すると、タス通信がソ連政府声明として、「残留日本人は戦犯2,458人（うち971人は中国へ引き渡し）病人９人を除き、すべて送還を完了した」と発表。 ソ連から日本へ送還された日本人捕虜は全部で51万409人で、この中には直接戦闘地で釈放された者は入っていないことを明らかにして、国民に衝撃を与えた。	06.06　マッカーサー元帥、日本共産党中央委員全員24人の追放を指令 06.25　朝鮮戦争勃発 08.10　政府、警察予備隊（のちの自衛隊）令公布
1953年 (昭和28)	11.19　日ソ両国の赤十字社による引き揚げ再開共同コミュニケ調印 11.28　赤十字協定による第１次引き揚げは総数811人	03.05　スターリン没

1954年（昭和29）	03.21　赤十字協定による第２次引き揚げは総数420人	03.01　米のビキニ水爆実験で第５福竜丸被災
1955年（昭和30）	04.18　この日から翌56（昭和31）年12月4日までの間に８回にわたって刑期満了者433人が引き揚げ 06.07　ロンドンで日ソ国交回復交渉始まる。交渉途中でマリク・ソ連全権代表が1,365人のソ連残留日本人名簿（マリク名簿）を日本側に手交	04.24　インドネシアで29カ国参加して、アジア・アフリカ会談（バンドン会議）開催（-24、平和10原則発表） 05.14　ソ連・東欧８カ国、友好協力相互援助条約（ワルシャワ条約機構）調印
1956年（昭和31）	10.19　日ソ共同宣言調印 10.26　国交正常化によって、ソ連残留日本人1,025人が興安丸で舞鶴港へ引き揚げ、これによって日本人捕虜の本国帰還は完了した	08.24　ハンガリー事件（反政府暴動鎮圧にソ連軍出動） 12.18　国連総会、日本の加盟案可決

第一章　注

（1）2000年8月10日付「ソビエツカヤ・ロシア」より引用.
（2）同上.
（3）同上.
（4）『日本の歴史』モスクワ，1999年，466ページ.
（5）同上．463ページ.
（6）スラビンスキー，B・N『ソ連と日本—戦争への道：1937年—1945年』モスクワ，1999年，419ページ.
（7）『日本の歴史』モスクワ，1999年，467ページ.
（8）「戦史ジャーナル」1994年，No. 3. 6ページ.
（9）同上.
(10) モロジャコフ，V・E『審判される勝利者』東京．1996年，59ページ.
(11) 同上．60ページ.
(12) 同上．59-60ページ.
(13) コーシキン，A・A『(熟し柿) 戦略の崩壊　日本の対ソ外交1939-1945年』モスクワ，1989年，463ページ.
(14) スラビンスキー，B・N『ソ連と日本—戦争への道：1937-1945年』モスクワ，1999年，18ページ.
(15)『世紀』1998年，No. 44.
(16) 同上.
(17)「戦史ジャーナル」1994年，No. 3. 6ページ.
(18) ロシア連邦国防省中央公文書館（TSAMO），収蔵庫（f）66．目録（op）178499，目録（d）9，文書（l）24-33
(19) 同上．f．66，op．178499，d.8，l.379-380.
(20) 同上．f．66，op．178499，d.9，161
(21)「戦史ジャーナル」1994年，No. 3 .10ページ.
(22) 2000年8月10日付「ソビエツカヤ・ロシヤ」より引用.
(23) 同上.
(24)『ソ連外務省．大祖国戦争（第二次大戦）中のソ連首相と米国大統領ならびに英国首相との交信。1941年から1945年。第2巻．ルーズベルトとトルーマンとの交信（1941年8月—1945年12月　第2版)』モスクワ．政治出版所，1989

年，285ページ.
(25) 同上.
(26)「文学新聞」，1990年4月11日.
(27) クズネツォフ，S・I『シベリア抑留の日本人（1945-1956年）』より引用，イルクーツク，1997年，27ページ.
(28)「全日本捕虜協会ブレティン」1994年2月，No. 10，18ページ.
(29) ロシア連邦外務省外交公文書館（AVPRF），(f) 6，(d)150，(p)15，(l) 4-5
(30) セミリャーガ，M・I『いかにドイツを管理したか』モスクワ，1995年，203ページ.
(31)「国際生活」，1996年，No. 4.
(32)『祖国戦争期におけるソ連の外交政策．文書と資料．第3巻』，モスクワ，1947年．275ページ.
(33) スミミルノフ，L・L／ザイツェフ E. B.『東京裁判』，モスクワ，1984年．536ページ.
(34)「戦史ジャーナル」1991年，No. 4. 69ページ.
(35)『ロシア資料コレクション　ソ連の第二次大戦中の外国人捕虜』第13巻，モスクワ，1996年，37ページ.
(36)『軍事百科事典』モスクワ，1986年，143ページ.
(37) 同上．293ページ.
(38)『1949年8月12日付ジュネーブ条約及び同付属議事録』モスクワ，1994年，67ページ.
(39) 同上.
(40) 同上．60ページ.
(41)『ロシア資料コレクション　1945年ソ日戦争：両国間の軍事政治的敵対の歴史　文書と資料．第7巻(1)』モスクワ，1997年，371ページ.
(42)「プラウダ」1949年9月12日.
(43)『世界史』モスクワ，1965年，第10巻　548ページ.
(44) ロシア連邦国家公文書館（GARF）(f) 1，(op)23，(d) 1，(l)30，(op)01a，(d)46，(l)12.
(45)「戦史ジャーナル」1991年．No. 4. 48ページ.
(46)「ソ連軍」1992年，No. 3-4，72ページ.

(47)「スプートニク　ソ連出版ダイジェスト」1991年．No. 6.

(48)「ソ連軍」より引用．1992年，No. 3. 472ページ．

(49)「戦史ジャーナル」1999年，No. 4. 69ページ．

(50) 同上．66-70ページ．

(51) ロシア連邦外務省外交公文書館（AVPRF），(f)0146，(op)48，(p)319，(d)23，(l)192.

(52)「イズベスチヤ」1993年11月11日．

(53)「全日本捕虜協会ブレティン」1990年，No. 123，8-9ページ．

(54) 同上．

(55) チャーチル『第二次大戦』第2巻．英訳，モスクワ，1991年，604ページ．

(56) フィラートフ，A・M『外務人民委員部委員会にて―第二次大戦，現下の諸問題』モスクワ，1995年，56，64ページ．

(57)「国際生活」1996年，No. 4. 92ページ．

(58) メレツコフ，K・A『人民に奉仕して』モスクワ，1983年，423ページ．

(59) 斎藤六郎『シベリアの挽歌（シベリアの追憶）』鶴岡，1995年，208-209ページ．

(60) ロシア国家軍事公文書館（RGVA），(f) 1 p，(op)4，(d)18，(l)33. TSDNI (f)4916.（op) 1，(d)340，(l)29.

(61)『ソ連における捕虜　1939-1956年　文書と資料』モスクワ，2000年，673ページ．

(62) 同上．1047ページ．

(63) 同上．47，1047ページ．

(64) 同上．35ページ．

(65) クズネツォフ，S. I.『シベリア抑留の日本人（1945-1956年）』イルクーツク，1997年，47ページ．

第二章　注

(1)「米国務省ブレティン」 第8巻　No. 326，1945年9月23日，423ページ．

(2)「ソ連対外政策」1945年，モスクワ，1949年，155-158ページ．

(3) 同上．159-160ページ．

(4) ロシア連邦外務省外交公文書館（AVPRF） 収蔵庫（f）0146，目録（op）1，ファイル（p)2，ファイル（d)9，文書（l)48-49（エレーナ・カタソノワ

の編集）

（５）「ソ連における外国人捕虜　1939-1956年」モスクワ，2000年，36ページ

（６）AVPRF　f. 013，op. ７，p６，d. 69，l. 30-32.

（７）AVPRF　f. 0146，op. 30，p. 281，d. 19，l. １-２.

（８）ロシア連邦国家公文書館（GARF）（f）4459，（op）27，（d）5188，（l）80.

（９）AVPRF　f. 0146，op. 30，p. 281，d. 19，l. ２.

（10）GARF　f. 4459，op. 27，d. 5188，l. 93.

（11）AVPRF　f. 0146，op. 30，p. 281，d. 19，19.

（12）AVPRF　f. 0146，op. 30，p. 281，d. 19，l. 59-61.

（13）「毎日新聞」 1945年９月29日.

（14）AVPRF　op. 48-b，p. 367，d. ２，l. 66.

（15）AVPRF　op. 48-b，p. 367，d. ２，l. 75.

（16）「ジャパンタイムズ」 1945年10月12日.

（17）AVPRF　f. 018，op. 8，p. 9，d. 119，l. 34.

（18）AVPRF　f. 0146，op. 30，p. 281，d. 19，l. 39-43.

（19）AVPRF　f. 0146，op. 30，p. 281，d. 19，l. 59-61.

（20）GARF　f. 4459，op. 27，d. 5189，l. 61.

（21）AVPRF　f. 18，op. 8，p. 9，d. 119，l. 46-47.

（22）GARF　f. 4459，op. 27，d. 5189，l. 97.

（23）GARF　f. 9526，op. 1，d. 306，l. １.

（24）GARF　f. 9526，op. 1，d. 306，l. 26-28.

（25）GARF　f. 9526，op. 1，d. 306，l. 35-36.

（26）GARF　f. 9526，op. 1，d. 306，l. 182-185.

（27）AVPRF　op. 30，p. 281，d. 19，l. 226.

（28）GARF　f. 4459，op. 27，d. 5189，l. 168.

（29）「スターズ・アンド・ストライプス」1947年１月４日.

（30）GARF　f. 4459，op. 27，d. 6384，16ページ.

（31）同上.

（32）AVPRF　f. 0146，p. 280，d. ２，ll. 100，113.

（33）クタコフ，L・H「日本の対外政策と外交」モスクワ，1964年，211-212ページ.

（34）同上.

(35) ロシア国家軍事公文書館（RGVA） f 1／p, op. 9 a, d. 9, l. 17.

(36) AVPRF f. 0146, op. 30, p. 281, d. 19, l. 124-125.

(37)「ソ連における捕虜 1939-1956年，文書と資料」モスクワ，2000年，56ページ.

(38) GARF f. 9526, op. 1, d. 402, l. 84-85.

(39)「スターズ・アンド・ストライプス」1947年7月12日付.

(40)「アカハタ」1948年11月17日.

(41) GARF f. 4459, op. 27, d. 108879, l. 16.

(42) AVPRF f. 0146, op. 32, p. 298, d. 16, l. 28.

(43)「ジャパンタイムズ」 1948年11月3日.

(44)「東京タイムズ」1947年2月13日付.

(45) GARF f. 4459, op. 27, d. 6384, l. 111.

(46) GARF f. 9526, op. 1, d. 401.

(47) AVPRF f. 06, op. 9, p. 84, d. No. 1331, l. 9.

(48) 同上.

(49) 同上.

(50) AVPRF f. 0146, op. 31, p. 289, d. 16, l. 25-26.

(51) AVPRF f. 0146, op. 31, p. 288, d. 8, l. 8-10.

(52) GARF f. 4459, op. 27, d. 6385, l. 97.

(53) GARF f. 4459, op. 27, d. 6385, l. 188.

(54) 同上.

(55)「時事新報」1947年11月1日.

(56) 同上.

(57) AVPRF f. 0146, op. 32, p. 298, d. 1, l. 52.

(58) 同上.

(59) GARF f. 4459, op. 27, d. 6385, l. 217.

(60) 同上.

(61) GARF f. 4459, op. 27, d. 6385, l. 259.

(62) GARF f. 4459, op. 27, d. 7691, l. 34.

(63) AVPRF f. 0146, op. 32, p. 298, d. 13, l. 74.

(64) GARF f. 4459, op. 27, d. 7691, l. 102.

(65) AVPRF f. 0146, op. 32, p. 29, d. 14, l. 48.

(66) AVPRF　f. 0146, op. 32, p. 298, d. 13, l. 75.

(67) GARF　f. 4459, op. 27, d. 7691, l. 121.

(68) 同上.

(69) 同上.

(70) AVPRF　f. 0146, op. 32, p. 298, d. 14, l. 71-72.

(71) GARF　f. 4459, op. 27, d. 7691, l. 207.

(72) GARF　f. 4459, op. 27, d. 7691, l. 210.

(73) AVPRF　f. 0146, op. 32, p. 298, d. 14, l. 81-82.

(74) GARF　f. 4459, op. 27, d. 7691, l. 277.

第三章　注

(1)「戦争と労働階級」1943年, No. 1, 18ページ.

(2)「テヘラン―ヤルタ―ポツダム文書集」モスクワ, 1967年, 130-131ページ.

(3)「ソ連国家と法」1946年, No. 9, 53-55ページ.

(4) ロシア連邦外務省外交公文書館 (AVPRF) 収蔵庫 (f) 06, 目録 (op) 9, (p) 84, ファイル (d) 1331, 文書 (l) 61-62.「ニュルンベルク裁判, 資料集」モスクワ, 1957年, 第1巻, 67-68ページ.

(5) AVPRF　f. 06, op. 9, p. 84, d. 1331, l. 61-62.

(6)「日本の歴史」モスクワ, 1998年, 497ページ.

(7)「赤い星」1949年12月14日.

(8) ロマシュキン, P・S「戦争犯罪者, 戦争扇動者の闘争問題に関する文書と資料」モスクワ, 1949年.

(9)「1949年8月12日付ジュネーブ条約とその付属議事録」モスクワ, 1994年, 97ページ.

(10) 同上. 96ページ.

(11)「ソ連の捕虜1939-1956年　文書と資料」モスクワ, 2000年, 53ページ.

(12) AVPRF　f. 0146, op. 44, d. 19, p. 312, l. 46.

(13) AVPRF　f. 07, op. 23a, p. 30, d. 406, l. 1-2.

(14)「ソ連の捕虜　1939-1956年　文書と資料」モスクワ, 2000年, 57ページ.

(15) AVPRF　f. 0146, op. 53, p. 333, d. 26, l. 36.

(16) RGVF　f. 1/p. op. 21, d. 9259, l. 140.

(17) AVPRF　f. 0146, op. 44, d. 18, p. 312, l. 67.

(18) ロシア連邦国家公文書館（GARF） f. 4459, op. 27, d. 9259, l. 161-162.

(19) GARF　f. 4459, op. 27, d. 10871, l. 89.

(20) 同上.

(21) GARF　f. 4459, op. 27, d. 11688, l. 112.

(22) 同上.

(23) GARF　f. 4459, op. 27, d. 11689, l. 89.

(24) GARF　f. 4459, op. 27, d. 11689, l. 88.

(25) AVPRF　f. 0146, op. 53, p. 333, d. 26, l. 37.

(26) AVPRF　f. 0146, op. 32, p. 289, d. 26, l. 30.

(27) AVPRF　f. 0146, op. 32, p. 298, d. 16, l. 3.

(28) AVPRF　f. 0146, op. 32, p. 298, d. 16, l. 10.

(29)「ハーグ合意とその他の合意集」モスクワ，1995年，18ページ.

(30) GARF　f. 4459, op. 27, d. 79691, l. 85.

(31)「ロシアと他国との合意集 1856-1917年」モスクワ，1953年，341-342ページ.

(32)「ロシア共和国連邦会議全日本捕虜協会請願書 1994年2月15日」

(33)「ソ連の捕虜　1939-1956年」モスクワ，2000年，49ページ.

(34) 同上.

(35) 同上.

(36) 同上.

(37) AVPRF　f. 0146, op. 32, p. 298, d. 16, l. 3-5.

(38) GARF　f. 4459, op. 27, d. 7692, l. 8.

(39)「プラウダ」1948年11月26日付.

(40) 同上.

(41) 同上.

(42) GARF　f. 9256, op. 1, d. 860, l. 92.

(43) AVPRF　f. 0146, op. 44, p. 312, d. 18, l. 1.

(44) GARF　f. 4459, op. 27, d. 9258, l. 198.

(45)「プラウダ」1949年5月20日.

(46) GARF　f. 4459, op. 27, d. 9259, l. 223.

(47) 同上.

(48)「神戸新聞」1949年6月6日.

(49) GARF　f. 4459, op. 27, d. 9258, l. 227.
(50) GARF　f. 4459, op. 27, d. 9259, l. 228.
(51) GARF　f. 4459, op. 27, d. 9258, l. 144.
(52) GARF　f. 9526, op. 1, d. 629, l. 12.
(53) GARF　f. 4459, op. 27, d. 9259, l. 89.
(54)「ジャパン・タイムズ」1949年11月27日付.
(55) GARF　f. 4459, op. 27, d. 9259, l. 109.
(56)「アカハタ」1950年1月8日.
(57)「日本新聞」1949年12月25日.
(58)「時事新報」1950年1月24日.
(59)「朝日新聞」1949年12月16日.
(60) AVPRF　f. 0146, op. 48-6, p. 367, l. 124-125
(61) 同上.

第四章　注

(1) ロシア連邦外務省外交文書館（AVPRF）収蔵庫（f）0146, 目録（op）48-b, ファイル（p）367, 書類（d）2, 紙片（l）58.
(2) ロシア連邦国家公文書館（GARF）f. 4459, op. 27, d. 9259, l. 139.
(3) 同上.
(4) 同上.
(5) 同上.
(6) GARF　f. 4459, op. 27, d. 9259, l. 156.
(7) 同上.
(8)「ジャパン・タイムズ」1949年12月22日.
(9)「時事新報」1949年12月22日.
(10) GARF　f. 4459, op. 27, d. 9259, l. 147.
(11) 同上.
(12) 同上.
(13) GARF　f. 9526, op. 1, d. 629, l. 164-165.
(14) AVPRF　f. 0146, op. 52, p. 329, d. 19, l. 15-23.
(15) GARF　f. 4459, op. 27, d. 10871, l. 16-17.

(16)「アカハタ」1950年1月5日付.
(17) AVPRF　f. 0146, op. 48, p. 319, d. 23, l. 147.
(18) GARF　f. 4450, op. 27, d. 11688, l. 95-96.
(19) AVPRF　f. 0146, op. 48-b, p. 367, f. 2, l. 9 ,10,12.
(20) AVPRF　f. 0146, op. 48-b, p. 367, d. 2, l. 15.
(21) 同上.
(22) AVPRF　f. 0146, op. 48-b, p. 367, d. 2, l. 13-14.
(23) AVPRF　f. 0146, op. 48-b, p. 367, d. 2, l. 23.
(24) AVPRF　f. 0146, op. 48-b, p. 367, d. 2, l. 27.
(25) AVPRF　f. 0146, op. 48-b, p. 367, d. 2, l. 27-37.
(26) GARF　f. 4459, op. 27, d. 9258, l. 277.
(27) 同上.
(28) GARF　f. 4459, op. 27, d. 9259, l. 4 .
(29) 同上.
(30)「ジャパン・タイムズ」1949年8月12日.
(31)「ジャパン・タイムズ」1949年7月11日.
(32)「日本の歴史」モスクワ, 1998年 540ページ.
(33) GARF　f. 4459, op. 27, d. 11688, l. 209.
(34) GARF　f. 4459, op. 27, d. 10871, l. 145.
(35) GARF　f. 4459, op. 27, d. 10871, l. 147.
(36) GARF　f. 4459, op. 27, d. 10871, l. 146.
(37) AVPRF　f. 0146, op. 48-b, p. 367, d. 2 , l. 59-88.
(38) AVPRF　f. 0146, op. 48-b, p. 367, d. 2, l. 137.
(39) AVPRF　f. 0146, op. 48-b, p. 367, d. 2, l. 58.
(40)「プラウダ」1950年4月22日.
(41) GARF　f. 4459, op. 27, d. 10672, l. 13.
(42) 同上.
(43) 同上.
(44)「ブリタンスキー・ソユーズニク」1950年5月28日. 1ページ.
(45)「ノーボエ・ブレーミャ」1950年, No. 20, 27-28ページ.
(46)「プラウダ」1950年6月9日付.
(47) GARF　f. 4459, op. 27, d. 11689, l. 132.

(48) 同上.

(49) 同上.

(50) AVPRF　f. 0129, op. 34, p. 226, d. 9, l. 113-114.

(51) AVPRF　f. 192, op. 17a, p. 167, d. 1, l. 56.

(52) GARF　f. 4459, op. 27, d. 11689, l. 177.

(53) 同上.

(54) AVPRF　f. 0146, op. 48, p. 319, d. 23, l. 208, 210, 211.

(55) GARF　f. 4459, op. 27, d. 19873, l. 51.

(56) AVPRF　op. 48, p. 319, d. 23, l. 135-136.

(57) GARF　f. 4459, op. 27, d. 10873, l. 93.

(58) GARF　f. 4459, op. 27, d. 10873, l. 96.

(59) GARF　f. 4459, op. 27, d. 10872, l. 67.

(60) 同上.

(61) GARF　f. 4459, op. 27, d. 12952, l. 311.

(62) AVPRF　f. 192, op. 18-b, p. 177, d. 1, l. 172-173.

(63) GARF　f. 4459, op. 27, d. 10872, l. 14.

第五章　注

(1) ロシア連邦国家公文書館（GARF）収蔵庫(f)4459, 目録(op)27, 書類(d) 10872, 紙片(l). 224

(2) GARF　f. 4459, op. 27, d. 10873, l. 7.

(3) GARF　f. 4459, op. 27, d. 10872, l. 27.

(4) GARF　f. 4459, op. 27, d. 10972, l. 141.

(5) GARF　f. 4459, op. 27, d. 10872, l. 222.

(6) GARF　f. 4459, op. 27, d. 10872, l. 230-231.

(7) GARF　f. 4459, op. 27, d. 11690, l. 233.

(8) ロシア連邦外務省外交公文書館（AVPRF）収蔵庫（f）0146, 目録（op）48, ファイル（p）319, 書類（d）23, 紙片（l）244-252.

(9) AVPRF　f. 0146, op. 48, p. 319, d. 23, l. 273-274.

(10)「国連総会第5会期　社会・人道・文化問題第三委員会　小報告」ニューヨーク, 1950年, 403ページ.

(11) 同上．404ページ．
(12) GARF　f. 4459，op. 27，d. 11512，l. 93-95.
(13) GARF　f. 4459，op. 27，d. 11512，l. 93-95.
(14)「国連総会第５会期」 404-405ページ．
(15) GARF　f. 4459，op. 27，d. 11512，l. 131.
(16) 同上．134ページ．
(17) 同上．407ページ．
(18) 同上．
(19) GARF　f. 4459，op. 27，d. 11690，l. 19.
(20) AVPRF　f. 041，P. 36，d. 18，l. 11.
(21) GARF　f. 4459，op. 27，d. 12862，l. 19.
(22) AVPRF　f. 0146，op. 52，P. 326，d. 19，l. 15-23.
(23) AVPRF　f. 082，op. 38，P. 231，d. 53，l. 85.
(24) GARF　f. 4459，op. 27，d. 12862，l. 12.
(25) GARF　f. 4459，op. 27，d. 12862，l. 12-13.
(26)「朝日新聞」1951年９月10日．
(27) GARF　f. 4459，op. 27，d. 12862，l. 18-19.
(28) AVPRF　f. 047，op. ６-F，P. 31，d. １，l. １-２.
(29) AVPRF　f. 047，op. ６，p. 36，d. 18，l. 25.
(30) AVPRF op. 52-B，P. 388，l. １-21 を参照．
(31) AVPRF　f. 047，op. ６，p. 36，d. 18，l. 31.
(32) AVPRF　f. 082，op. 40，p. 257，d. 28，l. ３-７.
(33)「プラウダ」1952年１月25日．
(34) AVPRF　f. 082，op. 40，p. 257，d. 28，l. 103.
(35) AVPRF　f. 0147，p. 333，d. 26，l. 52.
(36) AVPRF　f. 0147，op. 52，p. 333，d. 26，l. 51,74,63-64.
(37) 同上．
(38) AVPRF　f. 047，op. ７，p. 31，d. 11，l. 14.
(39) GARF　f. 4459，op. 27，d. 14707，l. 155.
(40) GARF　f. 4459，op. 27，d. 14767，l. 177.
(41)「プラウダ」1953年８月31日．
(42)「プラウダ」1953年４月25日．

(43) 東郷茂徳 「日本外交回想録」モスクワ，1996年，389ページ．
(44) スミルノフ，L・H／ザイツェフ，E・B「東京裁判」モスクワ，1980年，535ページ．
(45) AVPRF f. 082，op. 30，p. 129，d. 17，l. 40-43.
(46) アジベコフ，G・M「コミンフォルムと戦後のヨーロッパ 1947-1956年」モスクワ，1994年，17ページ．
(47) GARF f. 9501，op. 5，d. 3，l. 1.
(48) アジベコフ，G・M「コミンフォルムと戦後のヨーロッパ」 90-98ページ．
(49) 同上．185ページ
(50) 同上．
(51)「ロシアースイス 1813-1955年 文書と資料」 モスクワ，1995年，504ページ．
(52)「プラウダ」1952年6月4日．
(53)「プラウダ」1952年4月29日．
(54) ニコラエフ，A・B「赤十字国際委員会」(法的構造と政策代表)「ソ連国家と法」1952年，No. 8. 43-51ページ．
(55) AVPRF f. 0141，op. 34，p. 126，d. 5，l. 6-10.
(56) AVPRF f. 0146，op. 53，p. 333，l. 26，l. 94-95.
(57)「第18回国際赤十字会議（ソ連代表団長N. V. スラビヌィとの会談 ソ連赤十字社」 1953年，No. 5，29ページ．
(58) 同上．30ページ．
(59) GARF f. 9501，op. 13，d. 105，l. 292.
(60)「プラウダ」1953年9月18日， 9月19日．
(61)「国連総会第8会期 社会・人道・文化問題第3委員会 小報告」ニューヨーク，1953年 289ページ．
(62) GARF f. 4459，op. 27，d. 14767，l. 243.
(63)「国連総会第8会期」 289ページ．
(64) AVPRF f. 041，op. 9，p. 39，d. 9，l. 3-5.
(65) 同上．
(66) 同上．
(67) 同上．
(68) 同上．

(69) 同上.

(70) GARF　f. 5501, op. 13, d. 116, l. 52.

(71)「読売新聞」1954年７月15日.

(72) GARF　f. 4459, op. 27, d. 15594, l. 249.

第六章　注

(１) ロシア連邦国家公文書館（GA RF), 収蔵庫(f)4459, 目録(op)27, ファイル(d)13819, 文書(l) 6 .

(２) GARF　f. 4459, op. 27, d. 13819, l. 38.

(３) GARF　f. 4459, op. 27, d. 13819, l. 21.

(４) ロシア連邦外務省外交公文書館（AVPRF), op. 4456, p. 344, d. 3,　1 . 27.

(５) GARF　f. 4459, op. 27, d. 13819, l. 61.

(６) GARF　f. 4459, op. 27. d. 13819, l. 129.

(７)「平和新聞」1952年11月27日

(８) GARF　f. 4459, op. 27, 13819, l. 146.

(９)「ニューズウィーク」1952年03月28日号

(10) GARF　f. 4459. op. 27, d. 13818, l. 80.

(11) GARF, f. 4459. op. 21, d. 13818, l. 264-265.

(12) GARF　f. 4459. op. 27, d. 13818, l. 260-261.

(13) GARF　f. 4459. op. 27, d. 13819, l. 120.

(14) 同上.

(15) GARF　f. 4459. op. 27, d. 13819, l. 146.

(16) GARF　f. 4459. op. 27, d. 13819, l. 60.

(17) 同上.

(18) GARF　f. 4459. op. 27, d. 13819, l. 141.

(19) GARF　f. 4459. op. 27, d. 13819, l. 69, 90.

(20) GARF　f. 4459. op. 27, d. 13819, l. 69.

(21) GARF　f. 4459. op. 27, d. 13819, l. 90.

(22)「読売新聞」1952年06月16日.

(23) GARF　f. 4459. op. 27, d. 13819, l. 96.

(24) 同上.

(25) GARF　f. 4459. op. 27, d. 13819, l. 106.

(26) 同上.

(27) ロシア連邦外務省外交公文書館（AVPRF), f. 0146, op. 54, p. 336, d. 7, l. 44.

(28) GARF　f. 4459. op. 27, d. 13819, l. 141.

(29) GARF　f. 4459. op. 27, d. 13819, l. 87.

(30) AVPＲF, f. 0146, op. 54, p. 336, d. 6, l. 15.

(31) AVPLF, f. 0146, op. 54, p. 336, d. 6, l. 19-20.

(32) 同上. L 20.

(33)「読売新聞」1953年5月7日.

(34) AVPRF　f. 0146, op. 54, p. 336　d. 7, l. 125.

(35) AVPRF, f. 082, op. 41, p. 271, d. 26, l. 36-39.

(36)「プラウダ」1953年3月6日.

(37) GARF, f. 4459, op. 27, d. 14767, l. 178.

(38) GARF, f. 9401, op. 12, d. 205, l. 38-41.

(39)「ロシア史文書集」1994年, No. 4. 108-110.

(40) 同上. 110-111.

(41) GARF　f. 4459, op. 27, d. 14767, l. 115.

(42) GARF　f. 4459, op. 27, d. 14767, l. 117.

(43) AVPRF　f. 0146, op. 54, p. 336, d. 7, l. 125.

(44) 同上. 125-126ページ.

(45) 同上. 126ページ.

(46) AVPRF　f. 0146. op. 54, p. 336, d. 7, l. 44.

(47) 同上.

(48) AVPRF　f. 0146, op. 4, p. 336, d. 6, l. 149.

(49) GARF　f. 4459, op. 27, d. 14767, l. 29.

(50) 同上. 150ページ.

(51) 同上. 163-164ページ.

(52) 同上.

(53) GARF　f. 4459, op. 27, d. 116989　L. 260.

(54) GARF　f. 9501, op. 13, d. 105, l. 292.

(55) GARF　f. 4459, op. 27, d. 14767, l. 163-164.

(56) AVPRF　f. 0146, op. 54, p. 336, d. 6, l. 135.
(57) GARF　f. 4459, op. 27, d. 14767, l. 169.
(58) AVPRF　f. 0146, op. 54, p. 336, d. 7, l. 146.
(59) GARF　f. 9501, op. 13, d. 106, l. 13.
(60) AVPRF　f. 0146, op. 54, p. 336, d. 6, l. 1.
(61) GARF　f. 4459, op. 27, d. 14768, l. 2.
(62) 同上. 1ページ.
(63) 同上. 2ページ.
(64) 同上. 3ページ.
(65) AVPRF　f. 0146, op. 54, p. 336, d. 6, l. 8-9.
(66) GARF　f. 4459, op. 27, d. 14768, l. 2.
(67)「朝日新聞」1953年10月12日.
(68)「信濃毎日新聞」1953年10月13日.
(69) 同上.
(70)「朝日新聞」1953年10月21日.
(71) GARF　f. 4459, op. 27, d. 14768, l. 26.
(72) GARF　f. 4459, op. 27, d. 14768, l. 44145. 331).
(73)「朝日新聞」1953年11月27日.
(74) AVPRF　f. 0146, op. 55, p. 339, d. 7, l. 182-183.
(75) GARF　f. 4459, op. 27, d. 14768　l. 66.
(76) GARF　f. 4459, op. 27, d. 4768, l. 68.
(77) GARF　f. 4459, op. 27, d. 14768, l. 82.
(78) GARF　f. 9501　op. 13, d. 106, l. 253.
(79) GARF　f. 4459, op. 27, d. 14768　l. 88.
(80) GARF　f. 4459, op. 27, d. 14768, l. 139.
(81) 同上. 141ページ.
(82) 同上. 140ページ.
(83)「プラウダ」1953年12月3日.
(84) GARF　f. 4459, op. 27, d. 15594, l. 81.
(85) GARF　f. 9501, op. 5, d. 84, l. 116.
(86) GARF　f. 4459, op. 27, d. 15594, l. 64.
(87) 同上. 203ページ.

(88) 同上.

(89) 同上. 108ページ.

(90) 同上. 2ページ.

(91) 同上. 109ページ.

(92) AVPRF　f. 0146, op. 55, d. 7, p. 339, l. 289.

(93) AVPRF　f. 0146, op. 56, d. 7, p. 344, l. 80.

(94) GARF　f. 4459, op. 27, d. 15595, l. 63.

第七章　注

(1) ロシア連邦外務省外交公文書館 (AVPRF), 収蔵庫 (f). 0147　目録(op). 57, ファイル(p). 347　ファイル(d). 6, 文書(l). 91.

(2) 同上.

(3)「朝日新聞」1955年1月6日.

(4) ロシア連邦国家公文書館 (GARF) 収蔵庫, (f). 4459, 目録(o)p. 27, ファイル(d). 16423, 文書(l). 215.

(5) GARF, f. 4459, op. 27, D. 16425, l. 110-111.

(6) AVPRF, f. 0146, op. 56, p. 344, d. 2, l. 8-11.

(7) 同上.

(8) 同上.

(9) GARF, f. 4459, op. 27, d. 16425, l. 114.

(10) GARF, f. 4459, op. 27, d. 16425, l. 71.

(11) 同上. 142ページ.

(12) 同上. 143-144ページ.

(13) 同上. 144ページ.

(14) 同上.

(15)「毎日新聞」1955年10月24日.

(16) GARF, f. 4459, op. 27, d. 16425, l. 273-274.

(17) 同上. 274-275ページ.

(18) AVPRF. f. 0147, op. 57, p. 347, d. 6, i. 93.

(19) GARF　f. 4459, op. 27, d. 16421, l. 20.

(20) GARF　f. 4459, op. 27, d. 16426, l. 43.

(21) AVPRF　f. 0146, op. 56, p. 344, d. 3, l. 92-93.
(22) GARF　f. 9401, op. 2, d. 465, l. 154-155.
(23) GARF　f. 4459, op. 27, d. 16426, l. 132.
(24)「読売新聞」1955年8月3日.
(25) AVPRF　f. 0146, op. 56, p. 344, d. 2, l. 25.
(26) 同上. 15-16ページ.
(27)「国際生活」. 1956年, No.4. 3ページ.
(28) AVPPF, f. 0146, op. 56, p. 344, d. 2, l. 2.
(29) インターネット：www. innnauka. ru.
(30)『日本の歴史』モスクワ, 1998年, 563ページ.
(31) AVPRF, f. 9501, op. 13, d. 28, l. 103.
(32) GARF　f. 4459, op. 27, d. 16426, l. 288
(33)「スコッツメン」1955年9月15日.
(34) GARF　f. 4459, op. 27, d. 16426, l. 307.
(35) 同上. 310ページ.
(36)「朝日新聞」1955年9月15日.
(37) AVPRF　f. 0146, op. 56, p. 344, d. 3, l. 148.
(38) GARF　f. 4459, op. 27, d. 16427, l. 73.
(39) 同上. 48ページ.
(40) インターネット：www. innauka. ru.
(41) 同上.
(42)「ジャパン・タイムズ」1955年9月24日.
(43) 同上.
(44)「朝日新聞」1955年10月3日.
(45) GARF　f. 9502, op. 13, d. 116, l. 112.
(46) AVPRF　f. 0146, op. 57, p. 347, d. 6, l. 104-106.
(47) 同上. 2ページ.
(48) GARF　f. 4459, op. 27, d. 19400, l. 106.
(49) GARF　f. 4459, op. 27, d. 17400, l. 156.
(50) GARF　f. 4459, op. 27, d. 16425, l. 36.
(51) GARF　f. 4459, op. 27, d. 17499, l. 170.
(52) GARF　f. 9401, op. 2, d. 480, l. 139.

(53) AVPRF　f. 0146, op. 57, p. 347, d. 1, l. 8 - 9 .
(54) AVPRF　f. 0146, op. 57, p. 347, d. 6, l. 106.
(55) 同上. 107ページ.
(56)「毎日新聞」1956年５月21日.
(57) AVPRF　f. 0146, op. 57, p. 347, d. 6 , l. 114.
(58) AVPRF　f. 0536, p. 12, d. 186, l. 18.
(59) AVPRF　f. 0536, p. 12, d. 185, l. 13.
(60) GARF　f. 4459, op. 27, d. 17403, l. 301.
(61) AVPRF　f. 0536, p. 12, d. 185, l. 23-24.
(62) AVPRF　f. 1536, p. 12, d. 186, l. 25-27.
(63) インターネット：www. innauka. ru.
(64)『日本の歴史』モスクワ, 1998年, 564ページ.
(65) 同上. 164ページ
(66) 同上.
(67) AVPRF　f. 0146, op. 57, p. 347, d. 6 , l. 185-187.
(68) GARF　f. 9401, op. 2, d. 482, l. 9 -12.
(69) AVPRF　f. 0146, op. 57, p. 347, d. 6 , l. 189,191.
(70)「イズベスチヤ」1956年10月20日.
(71) AVPRF　f. 0146, op. 57, p. 347, d. 6 , l. 219.
(72) 同上. 220ページ.
(73) GARF　f. 9402, op. 2 , d. 482, l. 97-99.
(74) 同上.
(75) GARF　f. 4459, op. 27, d. 17407, l. 268.
(76) AVPRF　f. 5 , op. 30, d. 176, l. 221.
(77) 同上. 219-222ページ.
(78) AVPRF　f. 0146, p. 150, d. 3 , l. 40.
(79) GARF　f. 4459, op. 27, d. 17407, l. 300.
(80) 同上. 308ページ.
(81) 同上. 312ページ.
(82) 同上. 302ページ.
(83) 同上. 302-303ページ.

結語　注

（1）歴史記録資料コレクション保存センター（TSEKHSDK）収蔵庫(f)1/p，目録(op)9a，目録(d)9，文書(l)17.

（2）「極東の諸問題」1989年，No. 3，204-205ページ.

（3）「捕虜問題　歴史と現代」ボログダ，1997年，6ページ.

（4）ロシア連邦国家公文書館（GARF），収蔵庫(f).4459，目録(op).27，ファイル(d).5189，文書(l).213-215.

（5）ラギンスキー，M. Y.「被告席の軍国主義者たち」東京及びハバロフスク裁判資料．モスクワ，1985年．209-210ページ.

（6）「近現代史」1999年，No. 2.

（7）クズネツォフ，S・I「シベリア抑留の日本人」イルクーツク，1997年，35ページ.